プリント形式のリアル過去問で本番の臨場感！

北海道

北嶺中学校

2025年春受験用

解答集

本書は，実物をなるべくそのままに，プリント形式で年度ごとに収録しています。
問題用紙を教科別に分けて使うことができるので，本番さながらの演習ができます。

■　収録内容

・解答集(この冊子です)

書籍ＩＤ番号，この問題集の使い方，最新年度実物データ，リアル過去問の活用，
解答例と解説，ご使用にあたってのお願い・ご注意，お問い合わせ

・2024(令和６)年度　～　2020(令和２)年度　学力検査問題

JN132012

○は収録あり	年度	'24	'23	'22	'21	'20	
■ 問題収録		○	○	○	○	○	
■ 解答用紙		○	○	○	○	○	
■ 配点							

全教科に解説
があります

注)国語問題文非掲載:2021年度の三

問題文の非掲載につきまして

著作権上の都合により，本書に収録している過去入試問題の本文の一部を掲載しておりません。ご不便をおかけし，誠に申し訳ございません。

本文の一部を掲載できなかったことによる国語の演習不足を補うため，論説文および小説文の演習問題のダウンロード付録があります。弊社ウェブサイトから書籍ＩＤ番号を入力してご利用ください。

なお，問題の量，形式，難易度などの傾向が，実際の入試問題と一致しない場合があります。

教英出版

■ 書籍ＩＤ番号

入試に役立つダウンロード付録や学校情報などを随時更新して掲載しています。
教英出版ウェブサイトの「ご購入者様のページ」画面で，書籍ＩＤ番号を入力してご利用ください。

書籍ＩＤ番号　103401

（有効期限：2025年9月30日まで）

【入試に役立つダウンロード付録】
「要点のまとめ(国語／算数)」
「課題作文演習」ほか

■ この問題集の使い方

年度ごとにプリント形式で収録しています。針を外して教科ごとに分けて使用します。①片側，②中央のどちらかでとじてありますので，下図を参考に，問題用紙と解答用紙に分けて準備をしましょう（解答用紙がない場合もあります)。

針を外すときは，けがをしないように十分注意してください。また，針を外すと紛失しやすくなりますので気をつけましょう。

① 片側でとじてあるもの

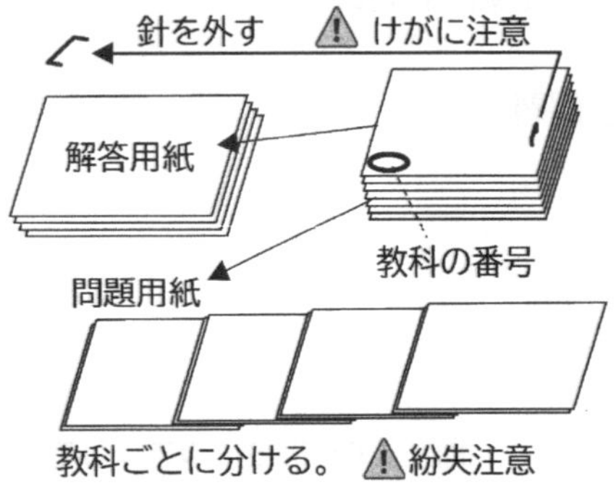

② 中央でとじてあるもの

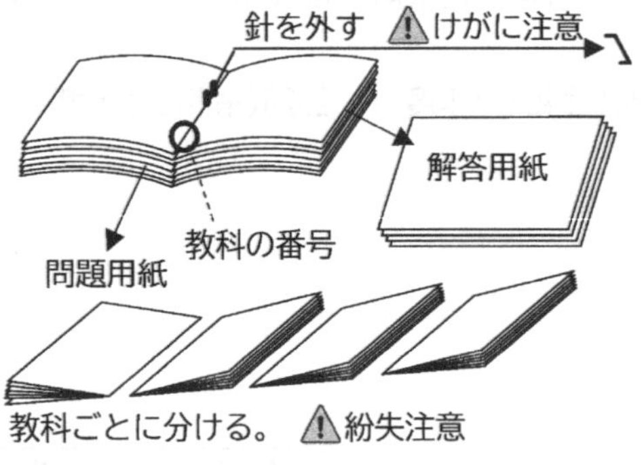

※教科数が上図と異なる場合があります。
解答用紙がない場合や，問題と一体になっている場合があります。
教科の番号は，教科ごとに分けるときの参考にしてください。

■ 最新年度 実物データ

実物をなるべくそのままに編集していますが，収録の都合上，実際の試験問題とは異なる場合があります。実物のサイズ，様式は右表で確認してください。

問題用紙	Ｂ５冊子(二つ折り)
解答用紙	Ｂ４片面プリント

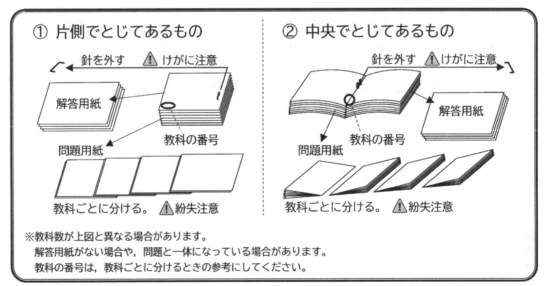

リアル過去問の活用

～リアル過去問なら入試本番で力を発揮することができる～

本番を体験しよう！

問題用紙の形式（縦向き / 横向き），問題の配置や余白など，実物に近い紙面構成なので本番の臨場感が味わえます。まずはパラパラとめくって眺めてみてください。「これが志望校の入試問題なんだ！」と思えば入試に向けて気持ちが高まることでしょう。

入試を知ろう！

同じ教科の過去数年分の問題紙面を並べて，見比べてみましょう。

① 問題の量

毎年同じ大問数か，年によって違うのか，また全体の問題量はどのくらいか知っておきましょう。どのくらいのスピードで解けば時間内に終わるのか，大問ひとつにかけられる時間を計算してみましょう。

② 出題分野

よく出題されている分野とそうでない分野を見つけましょう。同じような問題が過去にも出題されていることに気がつくはずです。

③ 出題順序

得意な分野が毎年同じ大問番号で出題されていると分かれば，本番で取りこぼさないように先回りして解答することができるでしょう。

④ 解答方法

記述式か選択式か（マークシートか），見ておきましょう。記述式なら，単位まで書く必要があるかどうか，文字数はどのくらいかなど，細かいところまでチェックしておきましょう。計算過程を書く必要があるかどうかも重要です。

⑤ 問題の難易度

必ず正解したい基本問題，条件や指示の読み間違いといったケアレスミスに気をつけたい問題，後回しにしたほうがいい問題などをチェックしておきましょう。

問題を解こう！

志望校の入試傾向をつかんだら，問題を何度も解いていきましょう。ほかにも問題文の独特な言いまわしや，その学校独自の答え方を発見できることもあるでしょう。オリンピックや環境問題など，話題になった出来事を毎年出題する学校だと分かれば，日頃のニュースの見かたも変わってきます。

こうして志望校の入試傾向を知り対策を立てることこそが，過去問を解く最大の理由なのです。

実力を知ろう！

過去問を解くにあたって，得点はそれほど重要ではありません。大切なのは，志望校の過去問演習を通して，苦手な教科，苦手な分野を知ることです。苦手な教科，分野が分かったら，教科書や参考書に戻って重点的に学習する時間をつくりましょう。今の自分の実力を知れば，入試本番までの勉強の道すじが見えてきます。

試験に慣れよう！

入試では時間配分も重要です。本番で時間が足りなくなってあわてないように，リアル過去問で実戦演習をして，時間配分や出題パターンに慣れておきましょう。教科ごとに気持ちを切り替える練習もしておきましょう。

心を整えよう！

入試は誰でも緊張するものです。入試前日になったら，演習をやり尽くしたリアル過去問の表紙を眺めてみましょう。問題の内容を見る必要はもうありません。どんな形式だったかな？受験番号や氏名はどこに書くのかな？…ほんの少し見ておくだけでも，志望校の入試に向けて心の準備が整うことでしょう。

そして入試本番では，見慣れた問題紙面が緊張した心を落ち着かせてくれるはずです。

※まれに入試形式を変更する学校もありますが，条件はほかの受験生も同じです。心を整えてあせらずに問題に取りかかりましょう。

2024 解答例 令和６年度　北嶺中学校

《国　語》

一　㈠A．初冬　B．包　C．腸　㈡1．エ　2．カ　3．イ　㈢Ⅰ．ア　Ⅱ．イ　Ⅲ．オ　Ⅳ．ウ　㈣有吉が、医者になろうと入院前より強く思うようになったから。　㈤有吉がまもなく訪れる死を自覚していたに違いない、ということ。　㈥エ

二　㈠A．従事　B．へいぜい　C．こだち　㈡1．ウ　2．カ　3．キ　4．エ　㈢わざとらしい笑顔ばかり載せている雑誌に、不快感を覚えたことを思い出したから。　㈣［Ⅰ／Ⅱ］　②［ア，エ／もらっ］　③［エ，ア／ある］　㈤自然な表情を写すという約束。　㈥イ

三　㈠A．適　B．天敵　C．発展　D．一員　㈡1．ア　2．エ　3．カ　4．イ　㈢エ　㈣何が正しいかわからないときに、あらゆる状況に対応するために用意する、遺伝的な多様性。　㈤答えがあるものに個性はない　㈥ウ

《算　数》

1　⑴$9\frac{293}{299}$　⑵9.12　⑶$3\frac{1}{2}$　⑷ア．45　イ．55

2　⑴①［A／B／C］　(あ)［エ／キ／シ］　(い)［ウ／カ／ス］　(う)［イ／ク／セ］　②D．テ　E．ネ
⑵80　⑶31　⑷314　⑸97

3　⑴250　⑵2750　⑶3640　⑷1500

4　⑴12.98　⑵イ．3　ウ．58　⑶①エ．3　オ．20　②49　③キ．23　ク．4

5　⑴①点…A，D，E，H　長さ…14.13　②辺…AD，EH　面積…42.39
⑵①点…D　長さ…15.7　②辺…AD，DH　面積…30.615

《理　科》

1　⑴①ハリケーン　②サイクロン　⑵ア　⑶エ　⑷イ　⑸①イ　②ア　⑹カ

2　⑴オ　⑵イ，ウ，カ　⑶①4.5　②右グラフ　⑷キ

3　⑴カ　⑵オ　⑶①50　②420　⑷炭水化物…30　脂肪…8　⑸オ　⑹エ

4　⑴ア　⑵バイオ　⑶ウ　⑷①二酸化炭素…220　水…135　②60　③0.15
⑸20

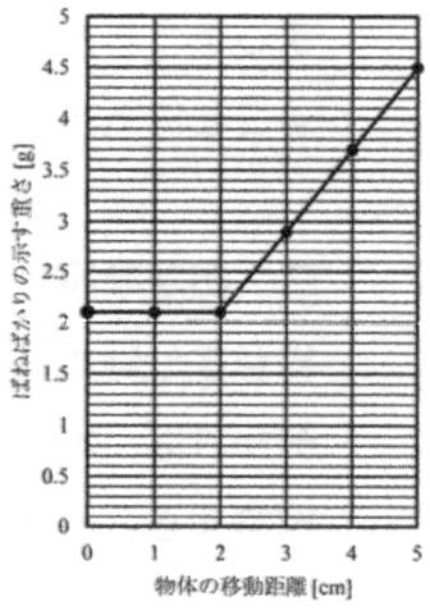

《社　会》

1　⑴①夏目漱石　②ハザードマップ　⑵線状降水帯　⑶忘れたころ　⑷ユーラシア大陸から吹く冷たい北西の季節風が，日本海を流れる対馬海流の上空を通過する時に多くの水蒸気を含み険しい山々にぶつかって大雪を降らす。
⑸ウ　⑹ⅰ)坂上田村麻呂　ⅱ)ア　ⅲ)地熱　ⅳ)下田　ⅴ)徳川吉宗

2　⑴①毛利元就　②トウモロコシ　⑵ⅰ)レアメタル　ⅱ)元々あるものを再利用する。／輸入先を複数国に分散させる。などから1つ　⑶イ，エ　⑷イ　⑸ⅰ)EU　ⅱ)ア　⑹ⅰ)ウ　ⅱ)ウ　⑺エ　⑻ナイル／ア

3　⑴①琵琶湖　②井伊　③カツオ　④四万十　⑵ウ　⑶イ　⑷ⅰ)スイカ　ⅱ)有明　⑸エ　⑹ア
⑺ⅰ)限界　ⅱ)高く険しい四国山地で他県と隔てられ，高速道路の開通も遅く交通も不便だったから。

4　⑴①ローマ　②一里塚　⑵院政　⑶イ　⑷ウ　⑸経済的に負担が大きくなり，幕府に逆らえなくなった。
⑹前島密　⑺箱根　⑻エ　⑼ア　⑽エ　⑾最低限度　⑿イ

《2024 国語 解説》

一 (二)1 棒に振《ふ》るとは、むだにすること。 2 3行前に「有吉は～首を窓に向けたまま」とあり、「ぼく」の方を見ていないことがわかる。顔をそむけるとは、横を向いて正面を見ないようにすること。 3 拍車《はくしゃ》をかけるとは、物事の進行をさらにはやめること。

(四) 直後で「医者はカッコええぞォ～こんなええ職業はほかにない」と言っていることから、入院して間近で医者の働く様子を見ている有吉が――①のように囁《ささや》いたことがわかる。有吉は、入院する前から医学部を目指していた。この言葉からは、入院後、医者になりたいという思いが強まったことが読み取れる。

(五) 前の行に「自分が、いままさに死にゆかんとしていることを知らないままに死んでいく人間などいないと、ぼくは思う」とある。つまり、死を目前にした「十一月十日の有吉」は、自分がまもなく死ぬことを自覚していたと「ぼく」は考えている。

(六) 直後の「その熱情とは～知りたいという願望だった」より、エが適する。

二 (二)1 直後の一文にあるように、筆者は「この雑誌」を「十二冊」手にした記憶《きおく》はあった。それ以外に筆者とこの雑誌の接点はなかったので、「まるで関係を有《も》っていなかった」と言える。 2 少し前に「あたかも」とある。「あたかも」のあとには、「のようだ」「の如《ごと》し」などの言葉がくることが多い。 3 直前に「彼の注文通り」とあり、少し後に「私にはそれがどうしても手を入れて笑っているように拵《こしら》えたものとしか見えなかったからである」とある。つまり、送られてきた写真に写っている筆者は、笑っていたのである。 4 3の解説にあるように、送られてきた写真は「手を入れて笑っているように拵えたものとしか見えなかった」。「家《うち》へ来る四五人のもの」は、「私と同様に」「手を入れて笑っているように拵えたもの」と鑑定《かんてい》したのである。

(三) 傍線部①の筆者の返事は、雑誌社の男の依頼《いらい》を断ろうとしたもの。2～3行後に「けれども其所《そこ》にわざとらしく笑っている顔の多くが私に与えた不快の印象はいまだに消えずにいた。それで私は断わろうとしたのである」とある。

(五) 電話でやりとりをした際に、筆者が、「当り前の顔で構いませんなら」雑誌に載《の》せてもらってもよいと言うと、雑誌社の男は「それで結構で御座いますから」と答えた。つまり、筆者と雑誌社の男は、自然な顔で写真を撮《と》るという約束をしたのである。しかし、実際に写真を撮る際に、雑誌社の男は「御約束では御座いますが、少しどうか笑って頂けますまいか」と言い、傍線部④でも同じ言葉を繰り返した。

(六) 雑誌社の男は丁寧《ていねい》な言葉づかいで、笑ってほしいと繰り返し頼んでいる。しかし、その内容は一方的に希望を伝えるもので、「当り前の顔で」撮るならよいという筆者の意向を無視するものであった。よって、イが適する。

三 (三) 3行前に「生物の能力は『トレードオフ』と言って、どれかが良いとどれかが悪くなるようにバランスが取れている」とあるので、エが適する。「あちらを立てれば、こちらが立たず」は、一方をよくすると他方が悪くなるという意味。

(四) ――②の少し後に、「答えがあるときに、そこに個性は必要ないのである」とある。続いて、答えがないときに「生物はたくさんの答えを用意する。それが『たくさんの個性』であり、遺伝的な多様性なのだ」とある。この部分を中心にまとめる。

(五) この後、キリンやチーターの例も挙げ、「ゾウも鼻が長いことが正解だ～答えがあるときに、そこに個性は必要ないのである」とまとめている。

(六) 少し前に「人間は他の生物に比べると力もないし、足も遅い弱い生物である。だから知恵を出し合って生き抜いてきた。知恵を出し合って助け合うときには、経験が大切になる～色々なアイデアが生まれる。そうして、人類は～発展をしてきたのだ」とある。よって、ウが適する。

《2024　算数　解説》

[1] (1) 与式 $=10\frac{247}{299}-\frac{253}{299}=9\frac{546}{299}-\frac{253}{299}=\mathbf{9\frac{293}{299}}$

(2) 与式 $=4\times8\times\{\frac{1}{4}\times(1.414+1.414+1.732)\}\times\frac{1}{4}=2\times4.56=\mathbf{9.12}$

(3) 与式より，$\frac{3}{14}\times(\square+1\frac{2}{3})-\frac{1}{28}\times\frac{5}{3}=(\frac{9}{2}-\frac{19}{14})\times\frac{1}{3}$　　$\frac{3}{14}\times(\square+1\frac{2}{3})-\frac{5}{84}=\frac{44}{14}\times\frac{1}{3}$

$\frac{3}{14}\times(\square+1\frac{2}{3})=\frac{22}{21}+\frac{5}{84}$　　$\frac{3}{14}\times(\square+1\frac{2}{3})=\frac{93}{84}$　　$\square+1\frac{2}{3}=\frac{93}{84}\times\frac{14}{3}$　　$\square=\frac{31}{6}-1\frac{2}{3}=4\frac{7}{6}-1\frac{4}{6}=\mathbf{3\frac{1}{2}}$

(4) 与式＝{(2×60＋27)分19秒－129分156秒＋(2×60＋2)分2秒}÷3＝

{(147－1)分(19＋60)秒－(129＋2)分(156－60×2)秒＋122分2秒}÷3＝

(146分79秒－131分36秒＋122分2秒)÷3＝137分45秒÷3＝$\frac{137}{3}$分15秒＝$45\frac{2}{3}$分15秒＝

45分($\frac{2}{3}$×60＋15)秒＝**45分55秒**

[2] (1)① (あ)「＝」の右側が6の倍数なので，A群，C群ともに6の倍数に注目する。

(9×6)－(3×6)＝(9－3)×6＝6×6だから，A，B，Cの順に**エ**，**キ**，**シ**である。

(い)「＝」の右側が8の倍数なので，A群，C群ともに8の倍数に注目する。

(8×5)＋(3×8)＝(5＋3)×8＝8×8だから，A，B，Cの順に**ウ**，**カ**，**ス**である。

(う) A群で最大の数は「エ．9×6＝54」，C群で最大の数は「エ．7×9＝63」だから，B群は「＋」，「－」，「÷」のいずれもあてはまらず，「×」に決まる。42×42＝6×7×6×7だから，素因数に7を2個ふくむようにA群，C群から選ぶと，(4×7)×(7×9)＝2×2×7×3×3×7＝42×42となる。よって，A，B，Cの順に**イ**，**ク**，**セ**である。

② **【解き方】素因数分解すると，276＝2×2×3×23，286＝2×11×13となるので，D群とE群の数がこれらの素因数を過不足なくふくむようにする。**

D群とE群のすべての数の中で，11と23を素因数にふくむのは「テ．44×46」，13を素因数にふくむのは「ネ．3×13」だけである。(44×46)×(3×13)＝2×2×2×3×11×13×26＝(2×2×3×23)×(2×11×13)だから，D，Eの順に**テ**，**ネ**である。

(2) 125％増しは，昨年の $1+\frac{125}{100}=\frac{9}{4}$(倍)である。この2割減は，昨年の $\frac{9}{4}\times(1-\frac{2}{10})=\frac{9}{5}$(倍)だから，昨年の $\frac{9}{5}\times100=180$(％)である。よって，昨年の180－100＝**80**(％)増しである。

(3) **【解き方】例えば[1]，[2]，[3]のように異なる3枚のカードからは，3×2×1＝6(通り)の3けたの数が作れる。[1]，[1]，[2]のように2枚だけ同じカードがふくまれる場合は，3通りの3けたの数が作れる。3枚とも同じカードの場合，作れる3けたの数は1通りである。**

和が3の倍数になるように3枚選んだ組み合わせと，その組み合わせから何通りの3けたの数を作れるかをまとめると，右表のようになる。

よって，全部で，1＋3×2＋6×4＝**31**(通り)

3枚の組み合わせ	3けたの数
1，1，1	1通り
1，1，4	3通り
1，1，7	3通り
1，2，3	6通り
1，4，7	6通り
2，3，4	6通り
2，3，7	6通り

(4)　**【解き方】問題の図の曲線の両端《りょうたん》と円の中心をそれぞれ結ぶと，右図のようになる。**

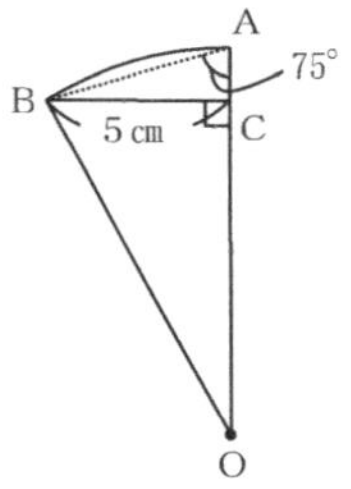

三角形ＯＡＢは二等辺三角形だから，角ＡＯＢ＝180°－75°×２＝30°

30°×12＝360°より，右の図形が12個あれば円になるので，条件に合う。

三角形ＯＢＣは１辺がＯＢの正三角形をちょうど半分にしてできる直角三角形なので，

ＯＢ＝ＢＣ×２＝10(cm)　　よって，円の面積は，10×10×3.14＝**314**(cm²)

(5)　**【解き方】Ｃ君の条件から，問題数は素数であることがわかる。**

Ａ君の条件から，問題数は５×19＋１＝96(問)以上，５×19＋５＝100(問)以下である。

Ｂ君の条件から，問題数は７×13＋１＝92(問)以上，７×13＋７＝98(問)以下である。

したがって，問題数は96問以上98問以下である。このうちの素数は97だから，問題数は**97**問である。

3　(1)　Ａだと送料がかかるので，470＋1380＋400＝2250(円)，Ｂだと500＋1500＝2000(円)かかるから，

2250－2000＝**250**(円)違う。

(2)　**【解き方】なるべく高い商品を先に買い，それによって得られるポイントを最後の商品を買うのに利用すればよい。**

ＱとＲを先に買うと，1000＋1500＝2500(円)かかるので，2500×0.1＝250(ポイント)もらえる。それをＰを買うときに利用すると，500－250＝250(円)でＰが買えるので，支払い金額の合計は，2500＋250＝**2750**(円)となる。

(3)　**【解き方】Ｂで買うときは，(2)のようになるべく高い商品を先に買うようにする。Ｑを買ったときにもらえるポイントをＰを買うときに利用すれば，Ｑは実質1000×(１－0.1)＝900(円)で買えると考えることができる。同様に，Ｂでは，Ｒを実質1500×0.9＝1350(円)で，Ｓを実質2500×0.9＝2250(円)で買うことができる。実質で考えれば，ＰとＳはＡの方が，ＱとＲはＢの方が安い。**

Ｓは実質Ａの方が安く，ＡでＳだけ買っても送料がかからないので，Ａで買う。あとはＢでＱ→Ｐの順に買えばよい。よって，求める金額は，2240＋1000＋500－1000×0.1＝**3640**(円)

(4)　**【解き方】(3)と同様に考える。**

支払い金額の合計が最も少なくなるのは，ＡでＳだけを買い，ＢでＱとＲを買ってからＰを買った場合である。

この場合の支払い金額の合計は，(2)を利用して，2240＋2750＝4990(円)

支払い金額の合計が最も多くなるのは，Ｐ，Ｑ，ＲをＡで１個ずつ買い，さらにＳをＢで買った場合だから，

470＋940＋1380＋400×３＋2500＝6490(円)　　よって，求める金額の差は，6490－4990＝**1500**(円)

4　(1)　３時間51分＝$3\frac{51}{60}$時間＝$\frac{77}{20}$時間だから，Ａさんの速さは，$50\div\frac{77}{20}=\frac{1000}{77}$＝12.987…より，時速**12.98**kmである。

(2)　**【解き方】Ｂさんは，最初の30kmは時速14kmで，次の40－30＝10(km)は時速12kmで，最後の50－40＝10(km)は時速10kmで進んだ。**

かかった時間の合計は，$\frac{30}{14}+\frac{10}{12}+\frac{10}{10}=\frac{90}{42}+\frac{35}{42}+1=3\frac{41}{42}$(時間)である。$\frac{41}{42}$時間＝$(\frac{41}{42}\times60)$分＝$\frac{410}{7}$分＝58.5…分だから，求める時間は，**３時間58分**である。

(3)①　**【解き方】ＣさんがＤさんを初めて追い越すのは，ＣさんがＤさんよりも１周分多く進んだときである。**

１周の長さは2000ｍだから，求める時間は，$\frac{2000}{200-190}$＝200(分後)，つまり**３時間20分後**である。

②　**【解き方】南北の真ん中の地点をＳ，北と南の折り返し地点をそれぞれ「北」「南」，１回目，２回目にすれ違う地点をそれぞれＰ，Ｑとすると，スタートしてから２回目にすれ違うまでの２人の移動の様子は右図のよう**

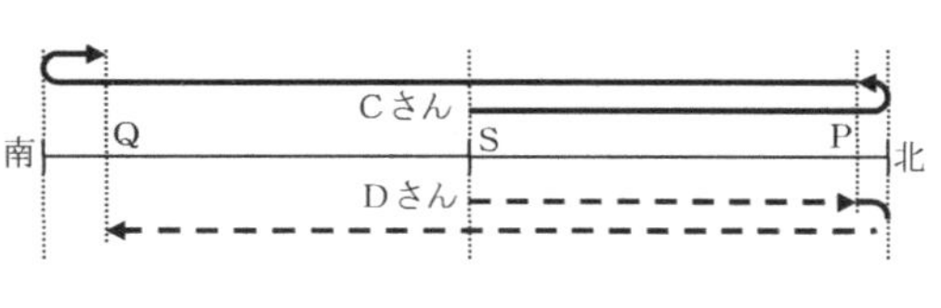

になる。２人がすれ違う時間の周期を考える。

１回目にすれ違うのは，２人が進んだ道のりの和が，「Ｓから北までの道のりの２倍」になったときだから，$\frac{500\times2}{200+190}=\frac{100}{39}$(分後)である。１回目にすれ違ってから２回目にすれ違うまでの時間は，２人が進んだ道のりの和が「北から南までの道のりの２倍」になったときだから，$\frac{1000\times2}{200+190}=\frac{200}{39}$(分)である。これ以降，２人は$\frac{200}{39}$分ごとにすれ違う。

Ｃさんがゴールするまでの時間は，$\frac{50000}{200}=250$(分)である。２人が同時に折り返し地点にいるとしたら，それはＣさんがＤさんを追い越すときだが，追い越すのは200分後の１回だけである。Ｃさんは$\frac{2000}{200}=10$(分)ごとに１周するから，200分後にはＳにいる。つまり，２人が同時に折り返し地点にいることはない。

したがって，２人がすれ違う回数は，最初の１回を除くと，$(250-\frac{100}{39})\div\frac{200}{39}=\frac{9650}{39}\times\frac{39}{200}=48\frac{1}{4}$より，48回である。よって，すれ違う回数は全部で，$1+48=$**49**(回)である。

③　②より，$\frac{100}{39}+\frac{200}{39}\times4=\frac{300}{13}=23\frac{1}{13}$(分後)であり，$\frac{1}{13}$分$=(\frac{1}{13}\times60)$秒$=4\frac{8}{13}$秒だから，求める時間は，**23分4秒後**である。

5　以下の解説では，中心角が90°のおうぎ形を「$\frac{1}{4}$円」と表し，半径ｒcmの$\frac{1}{4}$円を「ｒcmの$\frac{1}{4}$円」と表す。

図1

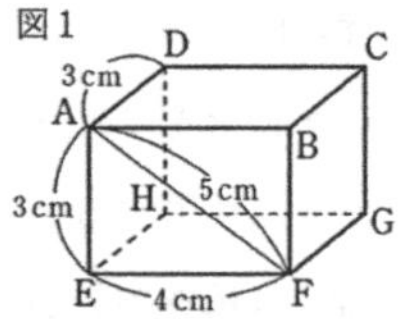

(1)①　**【解き方】Ｂ，Ｃ，Ｆ，Ｇは明らかにあてはまらないので，Ａ，Ｄ，Ｅ，Ｈが動く長さを調べる。**

右図は面ＡＢＦＥ側から見た図である。Ａ(Ｄ)が動いたあとは太い実線，Ｅ(Ｈ)が動いたあとは太い点線であり，動いた長さはどちらも，５cmの$\frac{1}{4}$円と４cmの$\frac{1}{4}$円の曲線部分の長さの合計である。

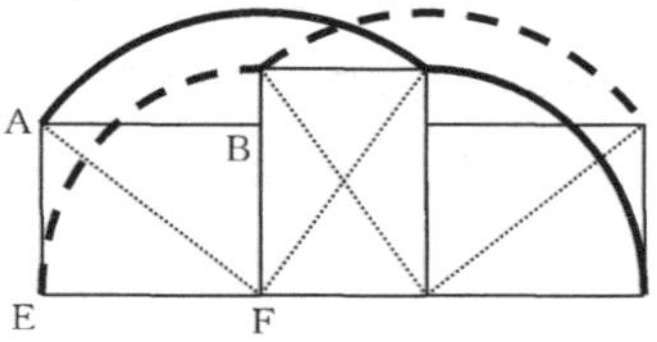

５cmの$\frac{1}{4}$円の曲線部分の長さは，$5\times2\times3.14\times\frac{1}{4}=\frac{5}{2}\times3.14$(cm)

４cmの$\frac{1}{4}$円の曲線部分の長さは，$4\times2\times3.14\times\frac{1}{4}=2\times3.14$(cm)

よって，求める頂点は，頂点「**Ａ，Ｄ，Ｅ，Ｈ**」，長さは，

$\frac{5}{2}\times3.14+2\times3.14=\frac{9}{2}\times3.14=$**14.13**(cm)

②　**【解き方】面ＢＣＧＦ上の４辺は明らかにあてはまらないので，他の８本の辺について考える。**

Ａ，Ｄ，Ｅ，Ｈが動いた長さが同じなので，辺ＡＤと辺ＥＨが動いてできる図形の面積は等しく，

(Ａが動いた長さ)×ＡＤ$=\frac{9}{2}\times3.14\times3=\frac{27}{2}\times3.14$(cm²)

右図は，①の図の記号をおきなおして，点が動いたあとをすべて太い実線で表したものである。直方体を１回だけ回転移動させたとき，辺ＡＢが動いてできる図形の面積は，おうぎ形ＫＮＩと三角形ＫＯＮの面積の和から，三角形ＫＪＩとおうぎ形ＫＯＪの面積を引いた値《あたい》である。

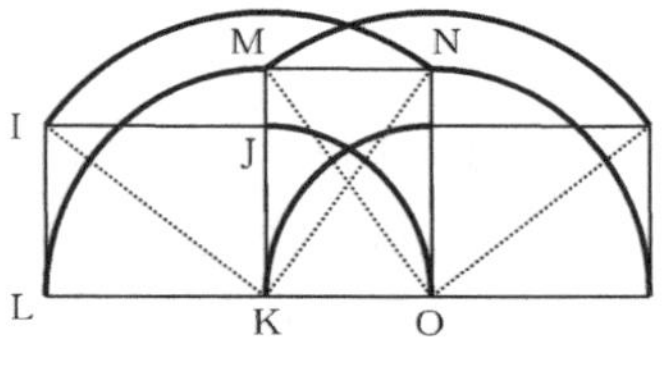

このように，辺を動かしてできる図形の面積は，

(大きい$\frac{1}{4}$円の面積)－(小さい$\frac{1}{4}$円の面積)で求めることができ，大きい$\frac{1}{4}$円の半径は，動かす辺上の点のうち，回転の中心から最も遠い点までの長さであり，小さい$\frac{1}{4}$円の半径は，動かす辺上の点のうち，回転の中心から最も近い点までの長さである。

したがって，１回目の回転移動においてできる図形の面積は次のようになる。

辺ＡＢ→(５cmの$\frac{1}{4}$円の面積)－(３cmの$\frac{1}{4}$円の面積)$=5\times5\times3.14\times\frac{1}{4}-3\times3\times3.14\times\frac{1}{4}=4\times3.14$(cm²)…㋐

辺ＡＥ→(５cmの$\frac{1}{4}$円の面積)－(４cmの$\frac{1}{4}$円の面積)$=5\times5\times3.14\times\frac{1}{4}-4\times4\times3.14\times\frac{1}{4}=\frac{9}{4}\times3.14$(cm²)…㋑

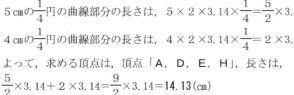

辺ＥＦ→（4 cmの$\frac{1}{4}$円の面積）＝4×4×3.14×$\frac{1}{4}$＝4×3.14(cm²)…ウ

２回目の回転移動においてできる図形の面積は次のようになる。

辺ＡＢ→ウと同じく，4×3.14(cm²)　　辺ＡＥ→イと同じく，$\frac{9}{4}$×3.14(cm²)　　辺ＥＦ→アと同じく，4×3.14(cm²)

よって，辺ＡＢ(ＤＣ)，ＡＥ(ＤＨ)，ＥＦ(ＨＧ)が動いてできる図形の面積は最大でも，(4×3.14)×2＝8×3.14(cm²)だから，求める辺は辺「**ＡＤ，ＥＨ**」，面積は，$\frac{27}{2}$×3.14＝**42.39**(cm²)

(2)① 【解き方】Ｂ，Ｃ，Ｆ，Ｇは明らかにあてはまらないので，Ａ，Ｄ，Ｅ，Ｈが動く長さを調べる。

(1)①より，１回目の回転移動において動いた長さは，ＡとＤが$\frac{5}{2}$×3.14(cm)，ＥとＨが2×3.14(cm)である。

２回目の回転移動において動いた長さは，ＡとＥが2×3.14(cm)，ＤとＨが$\frac{5}{2}$×3.14(cm)である。

よって，求める頂点は頂点**Ｄ**，長さは，($\frac{5}{2}$×3.14)×2＝**15.7**(cm)

② 【解き方】面ＢＣＧＦ上の４辺は明らかにあてはまらないので，他の８本の辺について考える。ここまでの解説をふまえる。動いた長さが最も長い頂点がＤなので，求める辺はＡＤ，ＤＨ，ＤＣのいずれかであると予想できる。他の辺については時間がある場合だけ確認するとよい。

１回目の回転移動においてできる図形の面積は次のようになる。

辺ＡＤ→$\frac{5}{2}$×3.14×3＝$\frac{15}{2}$×3.14(cm²)　　辺ＥＨ→2×3.14×3＝6×3.14(cm²)

辺ＡＢ(ＤＣ)→アより，4×3.14(cm²)　　辺ＡＥ(ＤＨ)→イより，$\frac{9}{4}$×3.14(cm²)

辺ＥＦ(ＨＧ)→ウより，4×3.14(cm²)

２回目の回転移動においてできる図形の面積は次のようになる。

辺ＡＤ(ＥＨ)→イより，$\frac{9}{4}$×3.14(cm²)

辺ＡＢ(ＥＦ)→ウより，4×3.14(cm²)

辺ＡＥ→4×2×3.14×$\frac{1}{4}$×3＝6×3.14(cm²)

辺ＤＨ→5×2×3.14×$\frac{1}{4}$×3＝$\frac{15}{2}$×3.14(cm²)

辺ＤＣ(ＨＧ)→アより，4×3.14(cm²)

表Ⅰ，Ⅱのようにまとめられるので，求める辺は辺「**ＡＤ，ＤＨ**」，面積は，

$\frac{15}{2}$×3.14＋$\frac{9}{4}$×3.14＝$\frac{39}{4}$×3.14＝**30.615**(cm²)

表Ⅰ

辺	１回目の回転移動でできる図形の面積(cm²)
ＡＤ	$\frac{15}{2}$×3.14
ＥＨ	6×3.14
ＡＢ	4×3.14
ＤＣ	
ＡＥ	$\frac{9}{4}$×3.14
ＤＨ	
ＥＦ	4×3.14
ＨＧ	

表Ⅱ

辺	２回目の回転移動でできる図形の面積(cm²)
ＡＤ	$\frac{9}{4}$×3.14
ＥＨ	
ＡＢ	4×3.14
ＥＦ	
ＡＥ	6×3.14
ＤＨ	$\frac{15}{2}$×3.14
ＤＣ	4×3.14
ＨＧ	

《2024　理科　解説》

1　(2)　夏に見ることのできる(８月中旬に極大を迎《むか》える)ペルセウス座流星群(ア)，冬に見ることのできる(１月上旬に極大を迎える)しぶんぎ座流星群(ウ)，冬に見ることのできる(12 月中旬に極大を迎える)ふたご座流星群(エ)の３つが三大流星群である。

(4)　満潮と干潮は月がひきおこす現象で，地球上で月に向いた面とその反対側では満潮に，月と直角な方向では干潮になる(図ｉ参照)。また，地球は１日に１回自転しているため，多くの場所で満潮と干潮が１日に２回ずつ見られる。

図ｉ

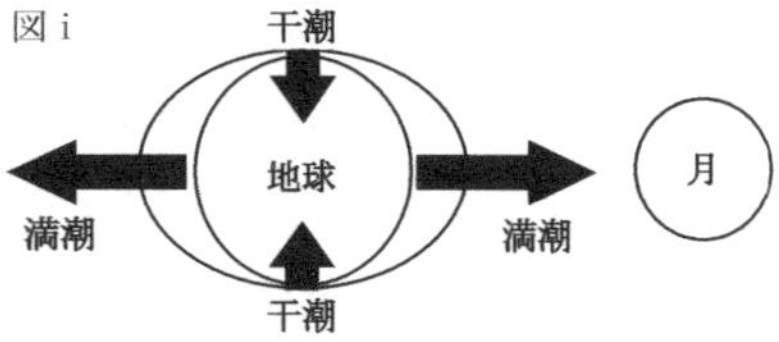

(5)　月は太陽の光を反射して光って見える。したがって，ア～エの図の月は左半分(太陽側の半分)が光っている。そのため，地球から月を見たとき，アは光っている部分が見えないので新月，イは光っている部分が丸く見えるの

で満月となる。なお，ウは南の空で右半分が光って見える上弦《じょうげん》の月，エは南の空で左半分が光って見える下弦の月である。

2　(2)　光の三原色は，赤，緑，青である。この３色をさまざまな割合でまぜることでいろいろな色の光をつくることができ，同じ割合でまぜると白い光になる。

(3)①　直方体の物体がおしのけたエタノールの体積は，直方体の体積に等しく１×１×３＝３(㎤)だから，おしのけたエタノールの重さは 0.8×３=2.4(ｇ)である。したがって，物体をエタノールにしずめる前のばねばかりの示す重さは，物体がすべてエタノールに入っているときのばねばかりが示す値より 2.4ｇ重くなるから，2.1+2.4=4.5(ｇ)である。　②　物体全体がエタノールに入っているとき(物体の移動距離《きょり》が２㎝まで)は，物体がおしのけたエタノールの体積(重さ)が変わらないので，ばねばかりの示す重さは変わらない(2.1ｇのままである)。物体の一部がエタノールの液面から出ると，その分物体がおしのけたエタノールの体積(重さ)が減るので，ばねばかりの示す重さは重くなる。物体がすべてエタノールから出たとき(物体の移動距離が５㎝のとき)，ばねばかりの示す値は 4.5ｇだから，物体の移動距離が２㎝から５㎝の間では，物体の移動距離が１㎝増えるごとに，ばねばかりの示す値は 2.4÷３=0.8(ｇ)重くなる。よって，(物体の移動距離，ばねばかりの示す重さ)=(１㎝，2.1ｇ)，(２㎝，2.1ｇ)，(３㎝，2.9ｇ)，(４㎝，3.7ｇ)，(５㎝，4.5ｇ)の５点をかき，それぞれとなりあう点と点を直線で結べばよい。

(4)　スピーカーの風上側(B)と風下側(C)で音の伝わる速さは異なるが，スピーカーが動かない場合，どちらの地点でも，音が聞こえる時間は音を鳴らしている時間(３秒)と等しくなる。これに対してスピーカーが動く場合，スピーカーが近づくBでは，音を鳴らし始めたときより鳴らし終わったときの方が伝わる距離が短くなるため，音を鳴らした時間(３秒)より短く，スピーカーが遠ざかるCでは，音を鳴らし始めたときより鳴らし終わったときの方が伝わる距離が長くなるため，音を鳴らした時間(３秒)より長く聞こえる。なお，問題文の数値を用いて考えると以下のようになる。スピーカーで音を鳴らし始めた時間を０秒，鳴らし終わった時間を３秒とする(３秒のときスピーカーはAから北に 30ｍの地点にある)。AからBへの音の速さは 340－６=334(ｍ/秒)だから，〔時間(秒)=$\frac{\text{距離(m)}}{\text{速さ(m/秒)}}$〕より，Bで音が聞こえ始めるのは$\frac{1020}{334}$秒後，Bで音が聞こえなくなるのは$3+\frac{1020-30}{334}=3+\frac{990}{334}$(秒後)となる。これより，Bで音が聞こえていた時間は$3+\frac{990}{334}-\frac{1020}{334}=3-\frac{30}{334}$(秒)となり，３秒より短いとわかる。同様に，Cで音が聞こえていた時間は$3+\frac{1020+30}{340+6}-\frac{1020}{340+6}=3+\frac{30}{346}$(秒)となり，３秒より長いとわかる。

3　(1)(2)　鉄は酸素と結びつくと，鉄くぎがさびたときのような赤っぽい色になり，銅は酸素と結びつくと，古い銅像のような青っぽい色になる。

(3)①　95－45=50(%)　②　１分間にからだの細胞《さいぼう》に送り出される血液は 60×70=4200(mL)である。この血液中にふくまれるヘモグロビンのすべてが酸素と結びつくと，その酸素の量は $20\times\frac{4200}{100}=840$(mL)である。①より，からだの細胞に酸素をわたすヘモグロビンは50%だから，840×0.5=420(mL)である。

(4)　1.0ｇの炭水化物で使われる酸素の量と放出される二酸化炭素の量が等しいから，使われる酸素の量 40Lと放出される二酸化炭素の量 35.2Lの差の 40－35.2=4.8(L)は，脂肪で使われる酸素の量と放出される二酸化炭素の量の差によるものである。1.0ｇの脂肪で使われる酸素の量と放出される二酸化炭素の量の差は 2.0－1.4=0.6(L)だから，脂肪は $1.0\times\frac{4.8}{0.6}=8$(ｇ)使われる。このとき，炭水化物で使われる酸素の量は 40－2.0×８=24(L)だから，炭水化物は 24÷0.8=30(ｇ)使われる。

(5)　オ×…カニに肺はなく，陸上でもえら呼吸である。

(6)　エ×…吸気の酸素の体積は約21%，呼気の二酸化炭素の体積は約４%である。

4 ⑷① エタノール23ｇを燃焼させると，二酸化炭素が44ｇ，水が27ｇ発生するとわかるから，エタノール115ｇを燃焼させると，二酸化炭素は$44\times\frac{115}{23}=220$(ｇ)，水は$27\times\frac{115}{23}=135$(ｇ)発生する。 ② 二酸化炭素にふくまれるⒸとⓄの重さの割合は３：８だから，エタノール115ｇを燃焼させたときに発生する二酸化炭素220ｇには，Ⓒが$220\times\frac{3}{3+8}=60$(ｇ)ふくまれる。 ③ 同じ量のガソリンにふくまれるⒸの重さを１としたときの，Ⓗ重さを求めればよい。ガソリン10ｇを燃焼させると，二酸化炭素が32ｇ発生し，二酸化炭素にふくまれるⒸとⓄの重さの割合は３：８だから，ガソリン10ｇにふくまれるⒸは$32\times\frac{3}{3+8}=\frac{32\times3}{11}$(ｇ)である。Ⓗについても同様に求めると，$12\times\frac{1}{1+8}=\frac{12}{9}$(ｇ)となる。よって，$\frac{12}{9}\div\frac{32\times3}{11}=0.152\cdots\rightarrow0.15$となる。

⑸ エタノール23ｇを燃焼させると，161㎉の熱が発生するから，エタノール50ｇでは$161\times\frac{50}{23}=350$(㎉)→350000㎈の熱が発生する。０℃の氷１ｇを０℃の水１ｇに変化させるのに80㎈必要だから，０℃の氷3.5㎏→3500ｇがすべて０℃の水に変化するためには80×3500＝280000(㎈)必要である。０℃の氷3500ｇがすべて０℃の水になったとき，残りの熱量は350000－280000＝70000(㎈)である。また，水１ｇを１℃上げるために１㎈必要だから，水3500ｇを１℃上げるためには3500㎈必要である。よって，発生するすべての熱を利用すると，水の温度は70000÷3500＝20(℃)になる。

《2024 社会 解説》

1 ⑴ ①夏目漱石 ②ハザードマップ 夏目漱石(本名・夏目金之助)の作品として，『吾輩は猫である』『三四郎』のほか，『こゝろ』『坊っちゃん』『草枕』などがある。

⑵ 線状降水帯 線状降水帯は，長さ50～300㎞程度，幅20～50㎞程度の強い降水をともなう雨域である。

⑶ 忘れたころ 寺田寅彦氏の文章の最後から２行目にある。「前車の転覆」は「前車の覆るは後車の戒め(他人の失敗を見て，あとから行く人の戒めとする)」ということわざを意味している。

⑷ 解答例を図説すると右図のようになる。

⑸ ウ 旧石器時代は，打製石器がつくられ，土器はまだ使われていない。

⑹ⅰ) 坂上田村麻呂 阿弖流為を降伏させた坂上田村麻呂は，蝦夷を従えるためには阿弖流為らの協力が必要であるとして，阿弖流為の助命を願い出たが，願いは聞き入れられず，阿弖流為は河内(大阪府)で処刑された。

ⅱ) ア 宇治川の戦い(京都府)→一の谷の戦い(兵庫県)→屋島の戦い(香川県)→壇ノ浦の戦い(山口県)

ⅲ) 地熱 日本の地熱発電は，九州地方と東北地方で行われている。

ⅳ) 下田 日米和親条約では，下田と函館が開港された。

ⅴ) 徳川吉宗 上米の制…大名の参勤交代の期間を短縮する代わりに，米を献上させる制度。第８代将軍徳川吉宗の享保の改革は，上米の制・目安箱の設置のほか，公事方御定書の制定・漢文で書かれた洋書の輸入の緩和などが行われた。

2 ⑴ ①毛利元就 ②トウモロコシ 三本の矢は，養子に出した次男と三男，あとを継いだ長男の三人に向けて書いた書状がもととなっている。トウモロコシの生産は，アメリカ＞中国＞ブラジルの順に多く，輸入は中国が最も多い。

⑵ⅰ) レアメタル レアメタルは，アフリカ・中国・ロシア・南北アメリカで生産量が多い。

ⅱ) 東京オリンピック・パラリンピック2020で使用されたメダルは，日本国内で集められた家電製品などに含まれていた金や銀からつくられた。国内にはレアメタル等を含む携帯電話や家電製品が廃棄されていることから，都市鉱山と表現されている。

⑶　イ，エ　　ローマはイタリア，ブリュッセルはベルギーの首都である。オはスイス，カはリトアニア。

⑷　イ　　21 世紀になって原子力発電の割合は 30%を超えていたが，2011 年の東日本大震災による福島第一原子力発電所の事故を受けて，日本国内のすべての原子力発電所は一度稼働を停止し，厳しい審査基準に合格した原子力発電所だけが再稼働をできるようになった。原子力発電の減少による電力不足を石炭や天然ガスによる火力発電で補っているため，近年の火力発電の割合は非常に高くなっている。

⑸ⅰ）ＥＵ　　ＥＵはヨーロッパ連合(欧州連合)の略称である。

ⅱ）ア　　東ヨーロッパ諸国は，西ヨーロッパ諸国に比べて賃金が低いので，賃金の高い西ヨーロッパ諸国への移民が増えている。

⑹ⅰ）　ウ　　北洋漁業では，サケ・マス・タラ・ニシン・カニなどが獲れる。サンマも寒流魚であるが，サンマの主な漁場は，北海道の根室沖から東北地方にかけての太平洋沿岸である。

ⅱ）ウ　　日本では，食生活の変化によって米をあまり食べなくなり，炭水化物の摂取量が減ったことなどから，現代の日本人のエネルギー摂取量は，終戦後の昭和時代より低くなっている。

⑺　エ　　プランテーション作物であるコーヒー豆は，原価率が低く生産農家の利益にならないことが多いので，フェアトレードが必要な農作物である。

⑻　ナイル川／ア　　ヘロドトスは，「エジプトはナイルのたまもの」という言葉を残した。これは，毎年ナイル川が氾濫することで，ナイル川流域に肥沃な土が流れてきて作物が育つことを意味している。イはニジェール川，ウはコンゴ川。

3　⑴　①琵琶湖　②井伊　③カツオ　④四万十　　琵琶湖は滋賀県全体の面積の６分の１を占める。徳川四天王の一人井伊直政が彦根藩に封ぜられ，直政の子の直継によって彦根城が築城された。四万十川は，高知県西部を流れる。

⑵　ウ　　こどもの日は５月５日，昭和の日は４月 29 日，憲法記念日は５月３日。

⑶　イ　　アはブラジリア(ブラジルの首都)，ウはサンティアゴ(チリの首都)，エはブエノスアイレス(アルゼンチンの首都)。

⑷ⅰ）　スイカ　　中国よりも西方の地域から中国にもたらされたことから，西瓜と中国で表された。

ⅱ）有明　　有明海は日本最大級の干潟がある。

⑸　エ　　男鹿半島は秋田県にある。

⑹　ア　　中大兄皇子は，天智天皇として即位した。

⑺ⅰ）　限界　　人口の 50%以上を高齢者が占める集落を限界集落という。限界集落は，冠婚葬祭などの社会的共同生活が難しく，そのままでは消滅に向かうとされている。

4　⑴　①ローマ　②一里塚　　ローマ帝国の軍道がローマ市を起点に各方面に通じていたことから転じて，出発点や手段が違っていても，目的が同じなら結果として同じ結論や場所に達することのたとえに使われる。約４㎞が１里であることから考える。

⑵　院政　　白河天皇が堀河天皇に位を譲り上皇となって，院で政治を続けたことから院政と名付けられた。

⑶　イ　　国造は，律令制より前の地方官で，豪族が任命された。郡司と里長は，律令制のもとで，地方の豪族が任命された。

⑷　ウ　　中山道は，日本橋から内陸を通って，京都の三条大橋までを結ぶ街道である。

⑸　大名と将軍の主従関係の確認を目的としていたが，道中の費用と江戸での滞在費用が諸大名の財政を圧迫した。

⑹　前島密　　日本近代郵便の父といわれる前島密は，越後(現在の新潟県)出身で，大久保利通に江戸遷都を建言したといわれている。

⑺　箱根　　箱根は神奈川県西部に位置する。

⑻　エ　　滝沢馬琴は『南総里見八犬伝』を書いた，化政文化を代表する読本作家。島崎藤村は『若菜集』などで知られる明治時代の詩人・小説家。井原西鶴は『好色一代男』などを書いた，元禄文化を代表する浮世草子の作者。

⑼　ア　　葛飾北斎の『富嶽三十六景・神奈川沖浪裏』である。イは『東海道五十三次・関本陣早立』，ウは『東海道五十三次・宮熱田神事』，エは『東海道五十三次・府中安部川』。

⑾　最低限度　　健康で文化的な最低限度の生活を営む権利を生存権という。

⑿　イ　　各首相の在任期間は，佐藤栄作首相は 1964 年～1972 年，中曽根康弘首相は 1982 年～1987 年，小泉純一郎首相は 2001 年～2006 年，安倍晋三首相は 2006 年～2007 年と 2012 年～2020 年である。

2023 解答例 令和5年度　北嶺中学校

《国　語》

一　㈠A．羽織　B．巻　㈡1．ス　2．セ　3．カ　4．キ　5．コ　㈢Ⅰ．ア　Ⅱ．オ　Ⅲ．イ　Ⅳ．エ　㈣学芸会の劇に出演し、大好評を得てとても面白かった、という話。　㈤父と母に学芸会を見に来てほしいという話。　㈥エ

二　㈠A．イ　B．ウ　㈡Ⅰ．エ　Ⅱ．ウ　Ⅲ．ア　Ⅳ．オ　Ⅴ．エ　㈢①英語の意味を理解すること。　②絵の意味を理解すること。　㈣ブルーナの絵本の、幅広い年令の子供達に強い興味をもたせる力。　㈤オ　㈥ウ

三　㈠A．均質　B．絹　C．序論　D．装置　㈡1．オ　2．キ　3．ウ　4．エ　㈢外国人との関係による差異から、日本人としてのまとまりを実感させる、という目的。　㈣イ　㈤ウ

《算　数》

1　(1)3　(2)0.873　(3)$\frac{66}{505}$　(4)$\frac{7}{11}$

2　(1)125　(2)270　(3)4　(4)7　(5)57.3

3　(1)①240　②12　(2)①96　②216

4　(1)72　(2)18　(3)①36　②㋑，㋕

5　(1)①10　②3　③42，4.8　(2)$69\frac{2}{3}$

《理　科》

1　(1)ア，エ，カ　(2)イ→ウ→ア　(3)イ　(4)①○　②○　③×　④×　⑤×　(5)80　(6)カ

2　(1)A．ア　B．ウ　C．イ　(2)　ア，イ，ウ　(3)60　(4)イ
(5)ア，イ，オ，カ　(6)ス，ソ

3　(1)オ　(2)ウ　(3)ウ，カ　(4)ア　(5)エ　(6)A．りん　BとC．イ
(7)ふくがん　(8)ウ

4　(1)ア，オ　(2)ウ　(3)5.4　(4)A．2.8／右グラフ　(5)1.17
(6)B．0.91　C．10.4　(7)イ

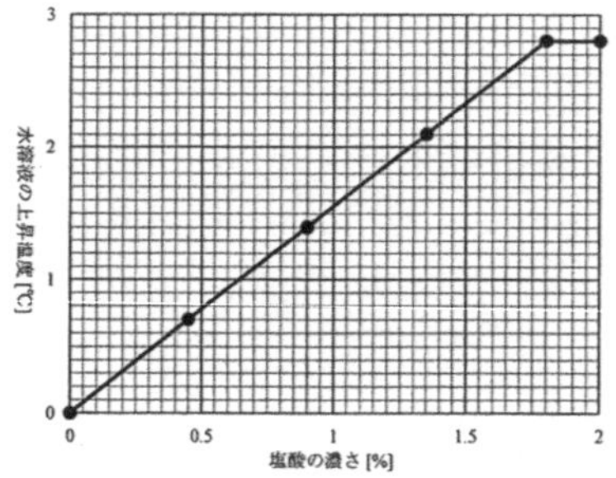

《社　会》

1　(1)①淡　②三角州　(2)エ　(3)C　(4)ベトナム　(5)オーストラリア　(6)G　(7)ア　(8)ⅰ)釧路
ⅱ)ウミガメ　(9)ⅰ)水を蓄えられて自然のダムとなることから、洪水などの防止になる。　ⅱ)二酸化炭素

2　(1)①アメリカ　②ＡＳＥＡＮ〔別解〕アセアン　(2)右図　(3)ⅰ)3　ⅱ)エ
(4)長江　(5)ウ　(6)イ　(7)ⅰ)A．中国　B．インド　ⅱ)公共交通機関が発達している　(8)ⅰ)エ　ⅱ)ア　(9)カ

3　(1)日本書紀　(2)甲賀　(3)ⅰ)ア，カ　ⅱ)ウ　(4)ア　(5)イ　(6)後鳥羽
(7)邪馬台国　(8)北朝鮮に拉致された被害者(5人)が帰国したこと。　(9)インバウンド　(10)ウ　(11)新田義貞

4　(1)①パリ　②満州　(2)ペリー　(3)外務省　(4)廃藩置県　(5)ⅰ)ア　ⅱ)イ　(6)デフレーション　(7)エ
(8)ウ　(9)国際連盟　(10)イ／戦争があったため，兵隊に行った男性が多く亡くなっているから。

《2023　国語　解説》

一 (四)　「臥《ふ》せっていることの多かった父の具合が日に日に悪くなっていった」ので、学芸会の劇で、「ぼく」の演じた大男が受けて盛り上がり、面白かったという話はできなかったのである。３行前の「ぼくはたいへんいい気分になり、演劇って面白いものだなあ、と思った。その劇はその日一番面白いという評判になり」に書かれている「ぼく」の心情を落とさずにまとめる。

(五)　──②は、前の一文「本当は父が元気になって、あの学芸会に母と一緒《いっしょ》にきて貰《もら》いたかった」を指している。

(六)　【文章Ⅱ】の最後から６～８行前の「あの劇の練習から学芸会当日までいろんな事があったけれどぼくは劇の練習をすることに集中している時間が嬉《うれ》しかった。家で～父の力のない咳《せき》を聞いてシンとしている日々から逃《のが》れられていた」に、【文章Ⅰ】の頃《ころ》のぼくの胸中を、「ぼく」自身が振り返って理解してゆく様子が書かれている。また、小林先生が父親を亡くした「ぼく」の家に来て、いろいろな話をしてくれたところに、小林先生の優しい人柄《ひとがら》が表れており、「ぼく」もそれを感じていることがうかがえる。よって、エが適する。

二 (三)②　１～２行後の「そこに描かれている絵は、その子に全部読めたから」「幼児にとって、絵は、おとなの文字──つまり、考えたり、感じたりの材料になってくれるもの──であり」を参照。

(四)　──③は直前の「ブルーナの本は、三、四歳《さい》の子から、小学六年生までが、文庫にはいってくるなり、手にとった」を指している。幼児から小学六年生という幅《はば》広い年令の子どもたちが読みたいと感じる魅力《みりょく》があったのである。

(五)　筆者は八カ月の子には絵本が分からないのではないかと思っていたが、一年四カ月になった子が絵本の帽子《ぼうし》を認識した話を聞いて、「描《えが》かれているもの～が、ちんぷんかんぷんであっても～そういうものにぶつかっていくあいだに、子どもは知ったり、発見したりして喜ぶのにちがいない」と思った。最後の２段落では「そして、その子は、現実に見たものを、頭の中でもう一ど、そらで組み立てる作業～をどんどん頭のなかでつみ重ねていって、やがて、現実の形や絵～イメージを思いうかべることもできれば、そこから進んで抽象観念《ちゅうしょうかんねん》にまで到達《とうたつ》することができる。そして、その作業は～生まれるとまもなく、その第一歩の活動がはじまっているのだ」と述べている。以上から、オが適する。エは「一歳前の幼児でも抽象思考にたどりついている」の部分が適さない。具体的な物である帽子の絵を理解したのは一歳を過ぎた子であり、それより幼い子がイメージの力を借りない抽象思考ができるとは考えにくい。

(六)　──⑤をふくむ段落の「この幼児たちにとって、この絵本は、最初、何かおもしろい形がはっきりした色で描かれていて、それを手にすると、身辺のおとなが何か節をつけていってくれるもの──つまり、形と音がともなったものであったにちがいない」より、ウが適する。──⑤の直前の「それをくり返し、読めとせがんだ」の主語は、「幼児」なので、「若い親が」とあるイ、「大人が」とあるオは適さない。「音」についてふれていない、アも適さない。また幼児は絵本の形や色、つまり絵を見ているので、文字の認識について述べている、エも適さない。

三 (三)　──①をふくむ一文には「国境に囲まれた土地に住む国民というまとまりを私たちがあたりまえに思えるようになるには～さまざまな仕組みによって、その『想像の共同体』を支える必要があった」とある。つまり、「さまざまな仕組み」には、「国民」という「想像の共同体」を支えるという目的があるということになる。このことを、「一五〇年前～同じです」の部分の後半で、「『つながり』によって集団間の差異がつくられ、集団内の一貫性《いっかんせい》が維持される」「別の集団との関係のなかで、その差異の対比のなかで、固有性をもつという確信が生まれ、それが集団の一体感を高める」と説明している。つまり、国語を成立させることや、国民教育などの「仕組み」は、外国人との「差異」を明らかにし、日本人としての一貫性や一体感などを実感させるためにあるのである。

(四)　――②の直後に「私たちの身体的な境界は、つねに外部の『わたし以外のもの』と連動する開かれたものなのです」とある。これは、この前の段落に書かれている、杖《つえ》やメガネを使っている人は、それらの道具も自分自身だと感じられるように、「『わたし』の輪郭《りんかく》」が、使っている道具にも拡張していくということと、物体の振動《しんどう》とその周囲の空気の振動、耳という身体器官との協働作業によって音が聞こえる、つまり、何かを感じることは物体と身体の協働作業だということを述べたものである。これらの内容から、イが適する。イの、地面という外部の世界とそれに接している靴《くつ》、それに接している地面を感じる皮膚《ひふ》(身体)の感覚は、「私の経験」が外部の世界へと拡張していることの例と言える。

(五)　集団としての私たちの輪郭は、「日本人」だと感じられることもあれば、もっと狭《せま》いくくりで、関東人や関西人だと感じられることもある。また、メガネをかけていたらメガネも自身の一部だと感じられるように、個人も周囲に合わせて輪郭が変化する。これらの内容から、ウの「集団や個人はあらゆる変形を受け入れ～その都度自身の輪郭を規定していく」が適する。

《2023　算数　解説》

1　(1)　与式$=117\div38\div26\times76\div3=\dfrac{117\times76}{38\times26\times3}=3$

(2)　与式$=2.22-0.378-0.969=0.873$

(3)　与式$=(\dfrac{55}{60}-\dfrac{54}{60})\div(\dfrac{21}{24}-\dfrac{20}{24}+\dfrac{18}{24}-\dfrac{12}{24})\div(\dfrac{189}{231}-\dfrac{165}{231}+\dfrac{77}{231})=\dfrac{1}{60}\div\dfrac{7}{24}\div\dfrac{101}{231}=\dfrac{1}{60}\times\dfrac{24}{7}\times\dfrac{231}{101}=\dfrac{66}{505}$

(4)　与式より，$5\times\dfrac{5}{4}+\dfrac{3}{4}=\{\dfrac{8}{5}+(\dfrac{5}{15}-\dfrac{3}{15})\times10\}\times(\dfrac{5}{2}\times\dfrac{7}{10}+\square)$　　$\dfrac{25}{4}+\dfrac{3}{4}=(\dfrac{8}{5}+\dfrac{2}{15}\times10)\times(\dfrac{7}{4}+\square)$

$\dfrac{28}{4}=(\dfrac{24}{15}+\dfrac{20}{15})\times(\dfrac{7}{4}+\square)$　　$7=\dfrac{44}{15}\times(\dfrac{7}{4}+\square)$　　$\dfrac{7}{4}+\square=7\times\dfrac{15}{44}$　　$\square=\dfrac{105}{44}-\dfrac{7}{4}=\dfrac{105}{44}-\dfrac{77}{44}=\dfrac{28}{44}=\dfrac{7}{11}$

2　(1)　$4096=2\times2\times2\times2\times2\times2\times2\times2\times2\times2\times2\times2$，$729=3\times3\times3\times3\times3\times3$だから，

与式より，$12-6=2\times(5☆\square)$　　$(5☆\square)=6\div2$　　$(5☆\square)=3$　　よって，$\square=5\times5\times5=125$

(2)　Aを$3+2=5$(個)，Bを$2+3=5$(個)，Cを$2+3=5$(個)買うと，合計が$400+390+560=1350$(円)になるから，A，B，Cをそれぞれ1個ずつ買うと，合計$1350\div5=270$(円)になる。

(3)　**【解き方】全体の仕事量を12と18と24の最小公倍数である72とすると，1日あたりの仕事の量は，A一人が$72\div12=6$，B一人が$72\div18=4$，C一人が$72\div24=3$となる。**

AとBの二人で6日間仕事をすると，残りの仕事量は$72-(6+4)\times6=12$となるので，Cが一人で仕事をしたのは，$12\div3=4$(日間)である。

(4)　**【解き方】個数に注目すると，4つの組に分ける方法は，(1個，1個，1個，3個)(1個，1個，2個，2個)の2通りある。3個または2個の組に入っているみかんとりんごの組み合わせが決まれば，1個の組に入っているみかんとりんごの組み合わせも1つに決まる。**

みかんを●，りんごを○で表す。

(1個，1個，1個，3個)のとき，3個の1組は，(●，●，●)(●，●，○)(●，○，○)の3通りある。

(1個，1個，2個，2個)のとき，2個の2組は，「(●，●)(●，●)」「(●，●)(●，○)」「(●，○)(●，○)」「(●，●)(○，○)」の4通りある。したがって，4つの組に分ける方法は全部で，$3+4=7$(通り)ある。

(5)　半径が10㎝の円の円周は$10\times2\times3.14=62.8$(㎝)なので，「角あ」の大きさは，$360°\times\dfrac{10}{62.8}=57.32\cdots°$より，

57.3°である。

3 (1)① **【解き方】形Bを右のように4つにわけ，そのうちの1つに使われるタイルの数を求める。**

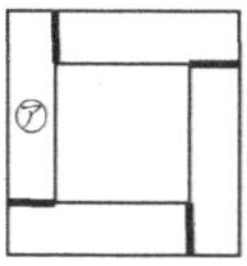

㋐の部分は，縦が(内側の辺の長さ)＋(幅)＝11＋4＝15(cm)，横が(幅)＝4cmなので，タイルは15×4＝60(枚)使われている。よって，この形Bのタイルの数は，60×4＝240(枚)

② 右図のように囲った52枚を4つに分けると，そのうちの1つに使われるタイルは52÷4＝13(枚)となる。よって，a＝13cm，b＝1cmだから，形Aの外側の辺の長さは，13－1＝12(cm)

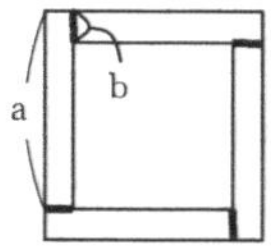

(2)① **【解き方】(1)①のように形Bを4つにわけ，㋐の横の長さが4種類になるときの最小の㋐の面積を考える。**

横の長さは最小が1cmだから，㋐の面積が最小になるのは，横の長さが1cm，2cm，3cm，4cmの4種類になるときだとわかる。このとき，考えられる㋐の面積は，1と2と3と4の最小公倍数である12の倍数である。

12の約数は1と12，2と6，3と4の3ペアだから，㋐の横の長さは3種類になるので条件に合わない(㋐は縦長の長方形になる)。24の約数は1と24，2と12，3と8，4と6の4ペアだから，条件に合う。

よって，最小の㋐の面積は24㎠だから，形Bの面積は24×4＝96(㎠)となるので，求める枚数は96枚である。

② **【解き方】赤いタイルを色付き部分，青いタイルを斜線《しゃせん》部分で表すと，右図のようになる。**

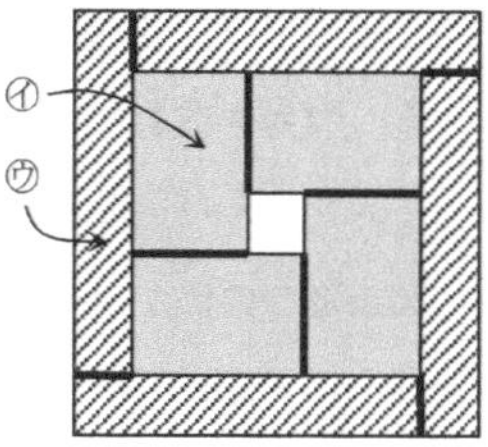

㋑と㋒の面積は等しいので，㋑と㋒の縦の長さの比は，横の長さの比である6：3＝2：1の逆比の1：2となる。また，(㋒の縦の長さ)＝3cm＋(㋑の縦の長さ)＋6cmなので，㋑の縦の長さは，3＋6＝9(cm)とわかる。

よって，赤いタイルの面積は(9×6)×4＝216(㎠)だから，求める枚数は216枚である。

4 (1) 正四面体BDEGは，立方体ABCDEFGHから，三角すいE－ABDと合同な立体を4つ取り除いた立体である。立方体ABCDEFGHの体積は，6×6×6＝216(㎤)

三角すいE－ABDの体積は，$(6\times6\div2)\times6\times\frac{1}{3}=36$(㎤)だから，求める体積は，216－36×4＝72(㎤)

(2) **【解き方】BGの真ん中の点をP，DGの真ん中の点をQとして4点L，P，Q，Mを通る平面で正四面体BDEGを切ると，図iのように2つの合同な立体になるから，このときに体積が等しい2つの立体に分けられる。**

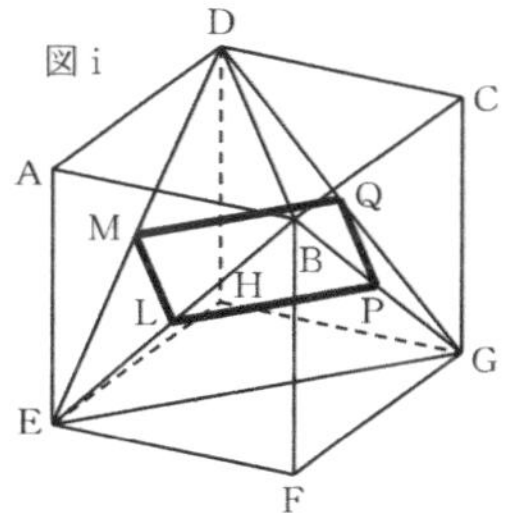

切り口について，面ABCDを正面として見て，図iiのように作図すると，切り口の面積は正方形ABCDの面積の$\frac{4}{8}=\frac{1}{2}$だとわかるので，$6\times6\times\frac{1}{2}=18$(㎠)

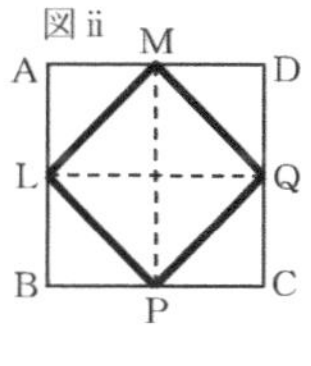

(3)① **【解き方】残った立体は右図の太線部分のようになる。**

切り落とした三角すいE－LMNと正四面体BDEGは同じ形の三角すいで，長さの比が1：2だから，体積の比は(1×1×1)：(2×2×2)＝1：8である。

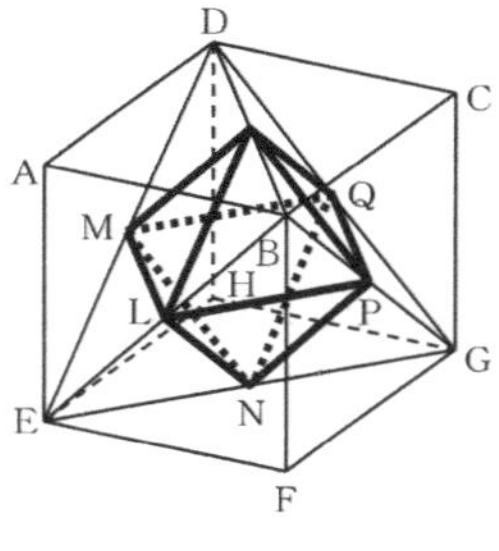

三角すいE－LMNと合同な三角すいを4つ切り落としたので，残った立体の体積は，(正四面体BDEGの体積)$\times\frac{8-1\times4}{8}=72\times\frac{1}{2}=36$(㎤)

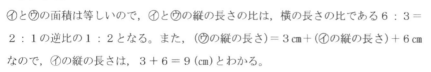

② **【解き方】残った立体は正八面体という。正八面体の展開図を組み立てると，１つの頂点に４つの面が集まる。**

㋐は，○の頂点に面が３つしか集まらないので，展開図として正しくない。

㋑と㋕は，同じ記号の頂点が重なるので，条件に合う。

㋒は，○の頂点に面が５つ集まるので，展開図として正しくない。

㋓と㋔は，○の頂点で「面あ」と色つきの面が重なるので正しくない。

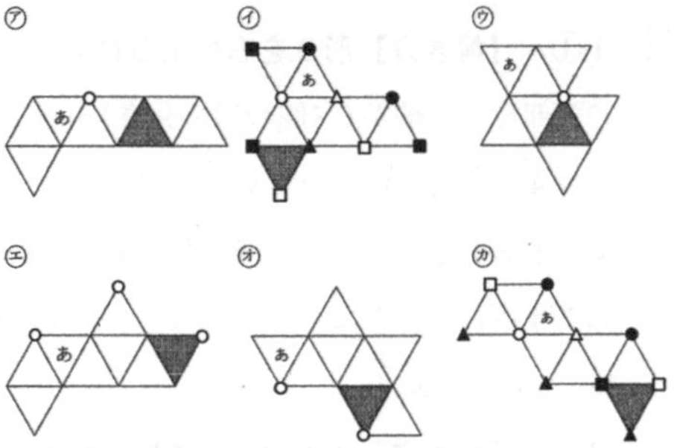

5 ⑴① **【解き方】坂道を１周したときの長さは 90÷３＝30(m)なので，Ｂ君の速さが秒速１mになるのは，２人で合わせて半周，つまり，30÷２＝15(m)進んだときである。**

求める時間は，15÷(１＋0.5)＝10(秒後)

② **【解き方】①で速さを変えてから，Ｂ君は２人で合わせて 30m(坂道を１周)するごとに速さを変える。２人が出会うのは，２人の進んだ道のりの和が 90mになるときである。**

２人の進んだ道のりの和が，15m，45m，75m，105m，…のときに速さを変えるので，Ａさんと出会うまでに，下線の位置で３回変えた。

③ **【解き方】②をふまえ，２人が進んだ道のりの和で場合をわけて考える。**

２人が進んだ道のりの和が 15mになるのは，①より，出発から 10 秒後である。ここから，さらに２人が合わせて 30m進むのにかかる時間は，Ｂ君の速さが秒速１mになったので，30÷(１＋１)＝15(秒)である。

同様に考えると，さらに 30m進むのにかかる時間は 30÷(１＋1.5)＝12(秒)，残りの 90－(15＋30＋30)＝15(m)を進むのにかかる時間は 15÷(１＋２)＝５(秒)である。

したがって，２人が出会うのは，出発してから 10＋15＋12＋５＝42(秒後)である。

このとき，ＡさんはＰから１×42＝42(m)進むから，Ｂ君はＱから 90－42＝48(m)進んだ位置にいる。

Ｑから 90m進んだ位置の地上からの高さが９mなので，求める高さは，$9\times\frac{48}{90}=4.8$(m)

⑵ **【解き方】２人が出会ってから，さらに２人が合わせて 30－15＝15(m)進むと，Ｂ君の速さは秒速 2.5mとなり，坂道を下り始める。そこから，２人は同じ向きで進むから，Ｂ君の速さが変わるのは，Ｂ君がＡさんより 30m(１周分)多く進んだときである。**

Ｂ君が坂道を下り始めるのは２人が出会ってから 15÷(１＋２)＝５(秒後)で，このときＢ君はＱから 48＋２×５＝58(m)進んだ位置にいる。

ここから，Ｂ君の速さが変わるのは，30÷(2.5－１)＝20(秒後)で，このときＢ君はＱから 58－2.5×20＝８(m)進んだ位置にいる。残りの８mをＢ君は秒速３mで進むから，Ｑまで進むのに $8\div3=\frac{8}{3}=2\frac{2}{3}$(秒)かかる。

以上より，求める時間は，$42+5+20+2\frac{2}{3}=69\frac{2}{3}$(秒後)

《2023　理科　解説》

1 ⑴ 冬の大三角を作る星は，オリオン座のベテルギウス(エ)，おおいぬ座のシリウス(ア)，こいぬ座のプロキオン(カ)である。

⑵ 星の色は温度が高い方から青白色(イ)，白色，黄色(ウ)，赤色(ア)の順である。

⑷① ○…○○の方向からふいてくる風を○○風という。　② ○…この気圧配置を西高東低という。

③ ×…ニュージーランドは南半球にあるので，気象衛星から見るサイクロンでは，風が中心に向かって時計回り

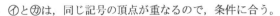

にふきこむ。　④　×…地震の規模の大きさはマグニチュードで表す。　⑤　×…地震が発生した地下の場所を震源という。

(5)　80㎜→８㎝→0.08ｍだから，１×0.08＝0.08(m^3)→80Ｌの雨水が降ったことになる。

(6)　１年→360日→8640時間→518400分→31104000秒より，30万×31104000＝9兆3312億(㎞)となる。

2　(1)　てこを支える動かない点を支点，力を加える点を力点，力がはたらく点を作用点という。

(2)　ふりこが１往復する時間はふりこの長さによって変わるが，おもりの重さやふれはばによって変わらない。よって糸の長さが１ｍのア，イ，ウを選ぶ。

(3)　てこでは，棒を回転させるはたらき〔おもりの重さ(ｇ)×支点からの距離(㎝)〕が左右で等しくなるときにつり合う。ＣとＤのおもりが棒を時計回りに回転させるはたらきは30×10＋50×20＝1300，Ｂが棒を反時計回りに回転させるはたらきは20×５＝100だから，Ａのおもりが棒を反時計回りに回転させるはたらきは1300－100＝1200である。よって，Ａのおもりの重さは1200÷20＝60(ｇ)となる。

(4)　豆電球を２個並列につないでも，豆電球が１個のときと明るさは変わらないが，豆電球を２個直列につなぐと，豆電球が１個のときよりも暗くなる。また，電池を２個並列につないでも，コイルに流れる電流の大きさは電池１個のときと変わらないが，電池を２個直列につなぐと，コイルに流れる電流は大きくなる。よって，豆電球が最も明るく点灯するのはイである。

図ｉ

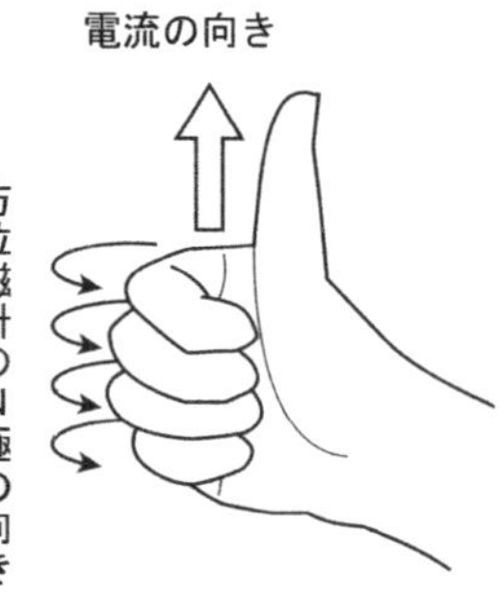

(5)　電流が流れる導線の周りに置いた方位磁針のＮ極が指す向きは，図ｉのように右手を使って調べることができる。導線と方位磁針の向きが垂直になっているア，イ，オ，カのうち，ア，オは方位磁針のＮ極の向きが北向きになるので動かず，イ，カは方位磁針のＮ極が北と正反対の南を指そうとするが，力が加わっても方位磁針のＮ極の向きは北向きのまま変わらない。

(6)　弦《げん》が振動《しんどう》する部分の長さを短くするほど，音が高くなる。Ａの部分で弦を指でおさえたときにａのドの音が出たので，このドの音よりも半音４つ分上がったミの音を出すために，拡大図でＡよりも４つ左のスを指で押さえる。また，４弦をはじくとｄのレの音が出たので，このレの音よりも半音２つ分上がったミの音を出すために，拡大図で４弦の右側から２つ目のソを指で押さえる。

3　(1)　モンシロチョウの幼虫はダイコンなどのアブラナ科の葉を食べ，成虫は花のみつを吸い，葉に卵を産みつける。

(2)　モンシロチョウの幼虫は，たまごから出た直後に卵の殻《から》を食べる。

(3)　キリギリス，トンボは，卵，よう虫，成虫の順に育つ。このような育ち方を不完全変態という。なお，ハチ，カブトムシ，ハエ，カイコガは，卵，よう虫，さなぎ，成虫の順に育つ。このような育ち方を完全変態という

(4)　モンシロチョウのオスとメスは，上のはねの付け根の部分にある黒い模様の幅で見分けることができる。黒い模様の幅が広い方がメス，せまい方がオスである。

(5)　モンシロチョウのオスは，メスをさがして積極的にとびまわっている。

(6)　下線部(か)より，モンシロチョウのメスのはねは紫外線を反射させて，オスのはねは紫外線を吸収するので，モンシロチョウから見ると，メスのはねの方がオスのはねよりも明るく見えている。よって，メスのはねが紫外線を吸収するようになると，他のモンシロチョウから見て暗く，オスのように見える。

4　(1)　水酸化ナトリウム水溶液《すいようえき》はアルカリ性である。食酢《しょくす》，過酸化水素水，ミョウバン水は酸性，砂糖水は中性，重そう水，石けん水はアルカリ性である。

(2)　ア．水にとけると酸性を示すクエン酸とアルカリ性を示すアンモニアが反応する。　イ．酸性の胃液と水にとけるとアルカリ性を示す炭酸水素ナトリウムが反応する。　エ．酸性のうすい塩酸と水にとけるとアルカリ性を示す炭酸カルシウムが反応する。　オ．水にとけると酸性を示す二酸化炭素とアルカリ性の石灰水が反応する。

(3)　表１より，水溶液の上昇温度は水酸化ナトリウムの重さに比例し，水溶液の重さに反比例することがわかる。よって，$2.4\times\frac{4.5}{2}=5.4$(℃)となる。

(4)　表２より，水溶液の上昇温度が 2.8℃になるまでは，塩酸の濃さと水溶液の上昇温度は比例の関係にあると考えられるので，Aは2.8℃である。水溶液の上昇温度が2.8℃になったところで一定になるグラフをかく。

(5)　表１より，発生した熱の量が１のとき，水溶液の上昇温度は 2.4℃だとわかる。実験２で２％の水酸化ナトリウム水溶液 50ｇにとけている水酸化ナトリウムは 50×0.02＝１（ｇ）であり，表２⑤より，塩酸を反応させて中和し，100ｇの中性の水溶液をつくったときに 2.8℃上昇したことから，発生した熱の量は 2.8÷2.4＝1.166…→1.17となる。

(6)(7)　B．実験２より，１ｇの水酸化ナトリウムと 50×0.018＝0.9(ｇ)の塩化水素のときちょうど中和する。よって，表３⑦の塩化水素の重さは0.9ｇだから，塩酸の濃さは0.9÷99×100＝0.909…→0.91％となる。　C，D．表３⑧の水酸化ナトリウムの重さが２ｇだから，塩化水素が 0.9×２＝1.8(ｇ)のときちょうど中和する。塩化水素の重さは 98×0.02＝1.96(ｇ)だから，反応後の水溶液は酸性になり，100ｇの水溶液で水酸化ナトリウム２ｇがすべて中和して，中和によって水溶液の温度が 2.8×２＝5.6(℃)上昇する。また，表１より，水酸化ナトリウム２ｇを水に溶かすことで 100ｇの水溶液の温度が 4.8℃上昇するので，合計で 5.6＋4.8＝10.4(℃)上昇する。　E．表３⑨で塩酸に溶けている塩化水素の重さは 96×0.0375＝3.6(ｇ)である。４ｇの水酸化ナトリウムと 0.9×４＝3.6(ｇ)の塩化水素のときちょうど中和するので，中性になる。

《2023　社会　解説》

1　(1)　①淡　②三角州　　①　地球の水の大半は海水であり，淡水は約 2.5％である。　②　河口部分に形成される三角州は，水もちが良いため稲作に適している。

(2)　エ　　飛騨山脈＝北アルプス，木曽山脈＝中央アルプス，赤石山脈＝南アルプス

(3)　C　　文中に「根釧台地の森」とあることから道東と判断する。

(4)　ベトナム　　中国・ソ連が支援する北ベトナムと，アメリカが支援する南ベトナムの戦争に，アメリカが軍事介入したことでベトナム戦争は激化した。1973 年に世界各国から非難されたアメリカが撤退したことで，アメリカの敗北で戦争は終結し，ベトナムは1976年にベトナム社会主義共和国に統一された。

(5)　オーストラリア　　グレートバリアリーフは，オーストラリアの東海岸にある。

(6)　G　　山口県美祢市にある秋吉台が，特別天然記念物に指定されている。

(7)　ア　　リアス海岸の三陸海岸は，波がおだやかで養殖に適した地形である。九州地方の有明海で，のりの養殖がさかんに行われている。

(8)ⅱ）　ウミガメ　　永田浜は，アカウミガメとアオウミガメの産卵地であり，特にアカウミガメの産卵数が多い。

(9)ⅰ）　湿地はスポンジのような役目をし，降りすぎた雨を吸収し蓄えることで洪水を防ぎ，乾季には蓄えていた水を少しずつ放出することで水不足を和らげたりする。　ⅱ）　二酸化炭素　　二酸化炭素は地球温暖化の原因となる温室効果ガスの一つである。カーボンニュートラル…二酸化炭素の排出量と吸収量を等しくすること。

2　(1)①　アメリカ　　日本人の長期滞在者は，アメリカ，中国，タイ，オーストラリア，カナダなどが多い。

②　ＡＳＥＡＮ〔別解〕アセアン　　ＡＳＥＡＮには，東南アジアの10か国が加盟している。

(2)　東南アジアの国の名称と位置は右図を参照。

(3) i)　３％　　消費税は1989年に３％で導入されたため，大量の一円玉が発行された。　ii)　エ　　アメリカ同時多発テロは，2001年９月11日。

(4)　長江　　世界の河川は，ナイル川(アフリカ大陸)＞アマゾン川(南アメリカ大陸)＞長江(ユーラシア大陸)＞ミシシッピ川(北メリカ大陸)の順に長い。

(5)　ウ　　バンコクは１年中高温で雨季と乾季のあるサバナ気候，シャンハイは季節風の影響で夏に降水が多い温暖湿潤気候，新潟は季節風の影響で冬に降雪が多い日本海側の気候である。

(6)　イ　　生産量に着目すればよい。北海道(全国２位)＞茨城県(全国６位)＞岩手県(全国10位)　　岩手県は，やませによる冷害のために生産量が少なくなる年がある。

(7) i)　Ａ．中国　Ｂ．インド　　Ａ．「人口も世界で一番多い」から中国と判断する。Ｂ．インドは，イギリスの植民地支配を受けていたため，英語が話せる理系の技術者が多くいる。また，アメリカとの時差がおよそ12時間あるため，アメリカが夜の間にソフトウェア開発やデータ処理，電話対応業務などの仕事を，アメリカの企業から請け負うことで，インドのＩＣＴ産業は大きく発達した。　ii)　公共交通機関が発達している　　自動車を保有する必要がない理由を考える。「地価が高い」「交通渋滞が発生しやすい」なども間接的な理由であるが，正答例の方がより良い。

(8) i)　エ　　富士山は2013年，原爆ドームは1996年，大仙古墳(百舌鳥・古市古墳群)は2019年に登録された。

ii)　ア　　マレーシアの宗教別割合は，イスラム教が約60%，仏教が約20%，ヒンドゥー教が約６%である。

(9)　カ　　取引額が多いＢ，Ｃのうち，輸出超過となっているＢがアメリカのある北アメリカで，Ｃが東南アジアである。取引額が少ないＡはオセアニアである。

3　(1)　日本書紀　　奈良時代，太安万侶による『古事記』と舎人親王らによる『日本書紀』の２つの歴史書が書かれた。これら２つを合わせて『記紀』と呼ぶ。

(2)　甲賀　　三重県の伊賀，滋賀県の甲賀が「忍者の里」として知られている。

(3) i)　ア，カ　　平安時代初頭，最澄(伝教大師)は天台宗を開き，比叡山に延暦寺を築いた。同じころ，空海(弘法大師)は真言宗を開き，高野山に金剛峯寺を築いた。平安時代末期から鎌倉時代初頭にかけて，法然は浄土宗を開き，京都に知恩院を築いた。鎌倉時代，親鸞は浄土真宗を開き，京都に本願寺を築いた。日蓮は日蓮宗を開き，身延山に久遠寺を築いた。羽黒山は，真言宗と天台宗に関連のある東北地方の出羽三山の一つ。

ii)　ウ　　彰義隊は，渋沢成一郎(渋沢栄一の従兄)らが結成した。白虎隊は会津戦争で会津藩が組織した武家男子による部隊。新選組は，幕末に近藤勇・土方歳三らが組織した京都の治安を守るための部隊。奇兵隊は，幕末に長州藩で高杉晋作が組織した，武士と庶民による混成部隊。

(4)　ア　　狩野永徳による『唐獅子図屏風』である。イは『鳥獣人物戯画』(作者不詳)，ウは『平治物語絵巻』(住吉慶恩筆)，エは『紅白梅図屏風』(尾形光琳筆)。

(5)　イ　　アは高句麗，ウは新羅，エは伽耶(加羅)。

(6)　後鳥羽　　後鳥羽上皇は，源氏の将軍が三代で途絶えたことを契機に，政権を奪い返そうと，当時の執権である北条義時追討を掲げて挙兵した。和歌に長け，多くの歌集を選定したことでも知られている。

(8)　拉致被害者の５人が戻ってきたが，「横田めぐみさん」など，いまだに解決していない被害もある。

(10)　ウ　　アは与謝蕪村(江戸時代)，イは小林一茶(江戸時代)，エは正岡子規(明治時代)。

(11)　新田義貞　　足利尊氏らが京都の六波羅探題を攻め落とした翌日，鎌倉で新田義貞らが挙兵し，北条一族を滅亡に追い込んだ。

4　(1)　①パリ　②満州　　①　パリ講和会議で，ベルサイユ条約が結ばれた。　②　満州事変によって建国された満州国は，リットン調査団による報告を受けた国際連盟の会議で，「満州国建国を認めないこと」「日本軍の満州からの撤退」が決議され，日本は国際連盟からの脱退を通告し，国際社会から孤立していった。

(2)　ペリー　　ペリーは，1853 年に浦賀(現在の神奈川県)に黒船を率いて来日した。

(4)　廃藩置県　　版籍奉還によって諸大名の領地と領民を朝廷に返させ，その２年後に，廃藩置県を行った。

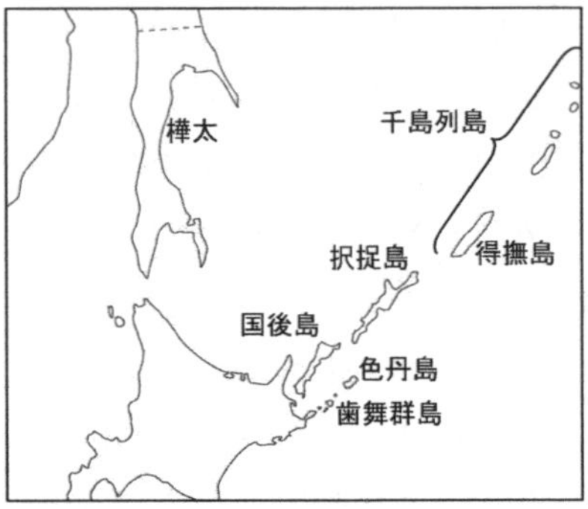

(5) i）　ア　　樺太千島交換条約によって千島列島が日本領となった。それぞれの島の位置は右図を参照。　ii）　イ　　屯田兵制度は明治時代初頭に創設されたから，大正時代のシベリア出兵とは関連がない。

(6)　デフレーション　　いわゆる松方財政である。米や生糸の価格下落によって生活が苦しくなった農民の一部は，自由党員による激化事件に参加していった。

(8)　ウ　　アの厳島神社は広島県にある。イの壇ノ浦は下関の沖合に位置するが，源氏を率いたのは源義仲ではなく源義経だから誤り。エについて，アメリカ大統領の仲介によって締結されたのは，日露戦争におけるポーツマス条約である。

(9)　(1)②の解説を参照。

(10)　イ　　働き盛りの男性の人口が極端に減っていることに着目する。アは 1930 年，ウは 1990 年，エは 2020 年。

北嶺中学校

《国　語》

一　問一．A．キ　B．エ　C．カ　問二．A．カ　B．コ　C．ウ　D．ケ　問三．Ⅰ．イ　Ⅱ．オ　Ⅲ．ウ
問四．看板に嘘を書いていると客に言われては、店の信用を落とすから。　問五．どうも仙人　問六．エ
問七．どんなに立派な人間でもいつかは死ぬことを、空しく思ったから。　問八．ウ，オ

二　問一．A．ア　B．オ　C．ウ　D．エ　E．ア　問二．①せんぺんばんか　④ごしょうだいじ
問三．万物の根源的な構成要素／人間を律する神の手　問四．次男の病状の深刻さを、はっきりと理解せざるを得なかったから。　問五．次男の回復を祈ってくれた少佐の真心と、人知の奥にある厳しくも温かい自然の摂理に触れたことへの感謝。

三　問一．A．郷土　B．延　C．貿易　D．奏　E．危機　問二．Ⅰ．オ　Ⅱ．ウ　Ⅲ．エ　問三．エ
問四．教養と情緒を育てることにより、大局観を正す、という働き。　問五．オ

《算　数》

1　(1)8　(2)$\frac{11}{18}$　(3)$\frac{26}{57}$　(4)9，4，8

2　(1)$43\frac{7}{11}$　(2)5608　(3)108　(4)271　(5)$13\frac{1}{3}$

3　(1)16080　(2)㋐8160　㋑6240　㋒9120　(3)9234

4　(1)ア．F　イ．6　ウ．B　エ．0.5　(2)㋔　(3)4　(4)①㋒　②3

5　(1)2　(2)19.625　(3)D，H　(4)2.4

《理　科》

1　(1)①イ／アルカリ　②イ，オ，ク　③960　④オ　(2)ウ，カ　(3)ア，オ

2　(1)①B．キ　D．エ　②イ　(2)オ　(3)ウ，カ　(4)酸素／41

3　(1)ジオパーク　(2)ウ，キ　(3)3.2　(4)320　(5)右グラフ　(6)3.6

4　(1)ア，イ，エ　(2)ウ　(3)ア　(4)ア　(5)エ　(6)①イ　②ウ

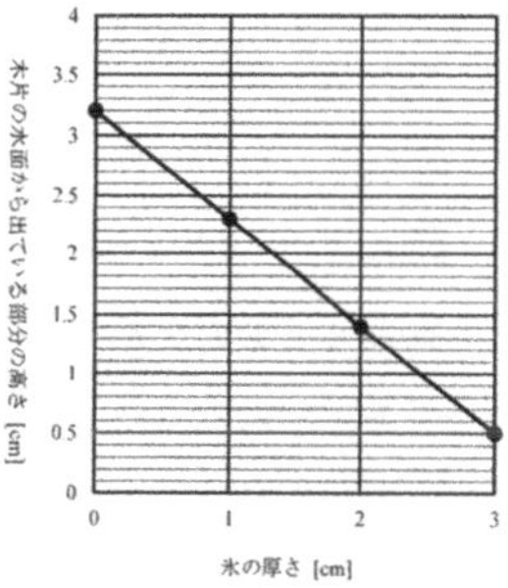

《社　会》

1　(1)①オホーツク　②天橋立　③林野庁　(2)ⅰ)皇帝　ⅱ)ウ　(3)リマン　(4)イ，カ　(5)ア　(6)渡島
(7)ウ　(8)伊勢物語　(9)中国は，台湾は中国の一部であると考えているから。

2　(1)①スペイン　②アイヌ　③バチカン(市国)　(2)モンゴロイド　(3)ⅰ)※学校当局により全員正解　ⅱ)エ
ⅲ)沿岸から200海里までの範囲に存在する鉱産資源・水産資源に関して沿岸国が所有する権利を認める水域。
(4)オ　(5)早場米　(6)エルサレム　(7)ハラールフード　(8)エ

3　(1)種子島　(2)特許権　(3)B→A→C　(4)てつはう　(5)長篠　(6)イ　(7)堺　(8)ウ　(9)ア
(10)法隆寺　(11)寺子屋で，読み書きそろばんを学んでいた。　(12)木簡

4　(1)静岡　(2)エ　(3)ア　(4)ⅰ)青　ⅱ)弟子が先生の能力を上回ること。　(5)イ　(6)ウ　(7)水戸
(8)オペラ　(9)エ　(10)政府の銀行　(11)ア　(12)津田梅子

北嶺中学校

《2022　国語　解説》

一 **問一**　Ａ～Ｃの小説は、それぞれ『坊《ぼ》っちゃん』『杜子春《とししゅん》』『雪国』である。

問四　番頭は、最初は権助《ごんすけ》の頼《たの》みを断っている。しかし、「お前さんの店では暖簾《のれん》の上に、嘘《うそ》を書いて置いたつもりなのですか」と言われて、考えを改めている。

問五　――③の１～２行後の「どうも仙人《せんにん》と～おりましたよ」が、困った番頭が相談相手として医者を選んだ理由になっている。

問六　医者の女房《にょうぼう》は、番頭と一しょにやって来た権助に対して、給金なしで二十年間奉公《ほうこう》するように言っている。ここから、女房は最初から権助をこき使おうと考えていたことがわかる。よって、エが適する。

問七　医者に、どうして仙人になりたいのかと問われた権助は、どんなに偉《えら》い人でもいつかは死ぬので、人間ははかないものだと思ったからだと答えている。

問八　ウ．――④の10行後に、「もとより仙人になる術なぞは、知っている筈《はず》がありませんから」とあるので、「仙術を心得ていることを誰《だれ》にも打ち明けずに」は誤り。　オ．「私」は、仙人になった男の話を伝え聞いた語り手である。よって、「仙人になった『私』」は誤り。

二 **問三**　本文の１～２行目に「古い時代から、水は万物の根源的な構成要素と見なされてきた」とある。また、３段落目に「水は人間を律する神の手である」とあり、続いて、古くからある様々な宗教で、「水を清めの媒体《ばいたい》とすることが普通《ふつう》であった」と説明されている。これは、古くから「水は人間を律する神の手である」と考えられていたことを示している。

問四　専門が脳神経であったということは、子供の脳腫瘍《のうしゅよう》について多くの知識があるということである。「余命一年と宣告された」ことや、「当時二年生存率はゼロとされていた」とあることから、筆者の次男の病状は深刻で、筆者はそのことをはっきりと理解していたと考えられる。

問五　――⑤は、退役少佐《しょうさ》が「ザムザムの水」を届けてくれたことに対していだいた感情である。「彼（＝少佐）は他人の子供のために、心魂《しんこん》を込《こ》めて奇跡《きせき》を祈《いの》ったのだ。その心情自体が尊く、理屈《りくつ》はなかった」「水を届けた者のまごころがうれしかっただけではない～さかしい理屈の世界から解放され、その奥《おく》に厳然とある温かい摂理《せつり》を垣間見《かいまみ》られたことに、今でも感謝している」などからまとめる。

三 **問三**　直前の２段落で、「論理は必ず仮説から出発すること」や、その仮説は人によって異なることが説明されている。――①以降では、日本の食料自給率の低下という事実に対して、議論の出発点で、人によって異なる仮説が立てられていることと、そこから異なる結論が導き出されることを具体的に説明している。つまり、一つの事実に対して、人によって異なる仮説が立てられ、異なる結論が導き出されることを説明している。よって、エが適する。

問四　筆者は、情報社会でもっとも大切なのは、大局観を持つことだと述べているので、情報社会と活字文化、大局観がどう結びついているのかを読み取る。最後の２段落で、日本の政治、経済、社会、教育がうまくいかないのは、「各界のリーダーたちが正しい大局観を失った」からであり、「その底流には国民一般《いっぱん》における教養や情緒《じょうちょ》力の低下があるのではないか」と述べた上で、「真の教養のほとんどと美しい情緒の大半が、読書などを通じて育つ」と説明している。これらをふまえると、筆者は、活字文化を復興することで教養や情緒を育て、正しい大局観を持てるように変えていこうと考えていることがわかる。

問五　ア.「国際社会への発信力に欠けている」が適さない。　イ.「論理的思考に基づく大局観」が適さない。ウ.「日本人固有の～大切にしなければならない」の部分が適さない。　エ.「食料自給率を確保するため」が適さない。　オ. 最後から２段落で、日本の政治、経済、社会、教育がどれもうまくいかない原因は、「各界のリーダーたちが正しい大局観を失ったことにあり、その底流には国民一般における教養や情緒力の低下があるのではないか」とある。これと内容が一致《いっち》するので、適する。

《2022　算数　解説》

1

(1)　与式$=(349-221)\times\frac{1}{16}=128\times\frac{1}{16}=8$

(2)　与式$=1\div\{1+1\div(1+1\div\frac{7}{4})\}=1\div\{1+1\div(1+\frac{4}{7})\}=1\div(1+1\div\frac{11}{7})=1\div(1+\frac{7}{11})=$
$1\div\frac{18}{11}=\frac{11}{18}$

(3)　与式より，$2\frac{1}{6}\div\square\times\frac{11}{21}=\frac{38}{63}\div\frac{8}{33}$　　$\frac{13}{6}\div\square\times\frac{11}{21}=\frac{19}{21}\times\frac{11}{4}$　　$\square=\frac{13}{6}\times\frac{11}{21}\times\frac{21}{19}\times\frac{4}{11}=\frac{13\times2}{3\times19}=\frac{26}{57}$

(4)　1時間26分52秒×３＝３時間78分156秒＝４時間20分36秒だから，
与式＝４時間20分36秒＋14時間10分36秒÷３＝４時間20分36秒×３÷３＋14時間10分36秒÷３＝
12時間60分108秒÷３＋14時間10分36秒÷３＝(12時間60分108秒＋14時間10分36秒)÷３＝
26時間70分144秒÷３＝27時間12分24秒÷３＝９時間４分８秒

2

(1)　**【解き方】時計の短針は１分間に0.5°，長針は１分間に６°進む。２時ちょうどのとき，長針は12，短針は２の位置を指し示しているから，長針と短針のつくる角の大きさは，$360°\times\frac{2}{12}=60°$である。ここから，１分あたり６°－0.5°＝5.5°の割合で，長針は短針に追いつき，追い越していく。**
長針が短針より，180°＋60°＝240°多く進めばよい。これは２時から，$240°\div5.5°=\frac{480}{11}=43\frac{7}{11}$(分後)のことだから，求める時刻は，２時$43\frac{7}{11}$分

(2)　**【解き方１】４人から２人を選ぶ選び方は，(Ａ，Ｂ)(Ａ，Ｃ)(Ａ，Ｄ)(Ｂ，Ｃ)(Ｂ，Ｄ)(Ｃ，Ｄ)の６通りがあり，４人とも３回ずつ選ばれている。**
1986＋2394＋2792＋2816＋3214＋3622＝16824(円)は，４人の所持金の合計の３倍にあたるから，４人の所持金の合計は，16824÷３＝5608(円)

【解き方２】４人から２人を選ぶ選び方が６通りあり，２人の所持金の合計も６通りあることから，４人のうち，所持金が一番少ない人と２番目に少ない人の合計が1986円，一番多い人と２番目に多い人の合計が3622円とわかる。
1986円と3622円の合計が４人の所持金の合計だから，1986＋3622＝5608(円)

(3)　**【解き方】例えば，12の約数は{１，２，３，４，６，12}であり，約数の和は１＋２＋３＋４＋６＋12＝28，約数の逆数の和は$1+\frac{1}{2}+\frac{1}{3}+\frac{1}{4}+\frac{1}{6}+\frac{1}{12}=\frac{12+6+4+3+2+1}{12}=\frac{28}{12}=\frac{7}{3}$になる。**
以上のことから，ある数をＡとしたとき，Ａの約数の逆数の和は，$\frac{\text{Aの約数の和}}{A}=\frac{280}{A}$になる。
よって，$\frac{280}{A}=\frac{70}{27}$より，$A=280\div\frac{70}{27}=280\times\frac{27}{70}=108$

(4)　**【解き方】４段目の真ん中の数は37になるから，真ん中の数は１段目から２段目は７－１＝６，２段目から３段目は19－７＝12，３段目から４段目は37－19＝18増えていることがわかる。**
つまり，真ん中の数は６の倍数ずつ増えているから，10段目の真ん中の数は，
$1+6+12+18+24+30+36+42+48+54=1+\frac{(6+54)\times9}{2}=271$

⑸　**【解き方】右の「１つの角を共有する三角形の面積」を利用する。平行四辺形の対辺は等しいから，ＡＤ＝ＢＣ＝３とすると，ＢＥ＝ＥＦ＝ＦＣ＝１になる。**

> **１つの角を共有する三角形の面積**
> 右図のように三角形ＰＱＲと三角形ＰＳＴが１つの角を共有するとき，三角形ＰＳＴの面積は，
> (三角形ＰＱＲの面積)$\times\frac{PS}{PQ}\times\frac{PT}{PR}$
> で求められる。

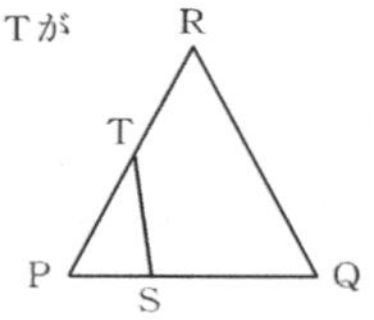

ＡＤとＢＣは平行だから，２つの三角形ＡＧＤとＥＧＢは同じ形の三角形であり，対応する辺の比は，ＡＧ：ＥＧ＝ＡＤ：ＥＢ＝３：１である。同様にして，２つの三角形ＡＨＤとＦＨＢも同じ形の三角形であり，対応する辺の比は，ＡＨ：ＦＨ＝ＡＤ：ＦＢ＝３：２である。したがって，ＡＧ：ＡＥ＝３：４，ＡＨ：ＡＦ＝３：５だから，(三角形ＡＥＦの面積)＝(三角形ＡＧＨの面積)$\times\frac{AE}{AG}\times\frac{AF}{AH}$＝(三角形ＡＧＨの面積)$\times\frac{4}{3}\times\frac{5}{3}$＝(三角形ＡＧＨの面積)$\times\frac{20}{9}$になる。

三角形ＡＢＣと三角形ＡＥＦは，底辺をＢＣ，ＥＦとしたときの高さが等しいから，底辺の長さの比が面積の比に等しくなる。ＢＣ：ＥＦ＝３：１より，(三角形ＡＢＣの面積)＝(三角形ＡＥＦの面積)×３＝(三角形ＡＧＨの面積)$\times\frac{20}{9}\times 3$＝(三角形ＡＧＨの面積)$\times\frac{20}{3}$になる。

三角形ＡＢＣと三角形ＣＤＡは合同だから，(平行四辺形ＡＢＣＤの面積)＝(三角形ＡＢＣの面積)×２＝(三角形ＡＧＨの面積)$\times\frac{20}{3}\times 2$＝(三角形ＡＧＨの面積)$\times\frac{40}{3}$＝(三角形ＡＧＨの面積)$\times 13\frac{1}{3}$になる。

よって，平行四辺形ＡＢＣＤの面積は，三角形ＡＧＨの面積の$13\frac{1}{3}$倍になる。

3　⑴　**【解き方】停電していた時間は２時間，断水していた時間は２時間だから，３台とも稼働《かどう》していた時間は４時間である。**

$9600\times\frac{2}{8}+7680\times\frac{2}{8}+23520\times\frac{4}{8}=2400+1920+11760=16080$(個)

⑵　**【解き方】１日に作る製品の個数を，㋐はア，㋑はイ，㋒はウとする。**

３つが稼働すると１日あたり 23520 個だから，ア＋イ＋ウ＝23520…①

停電が１日続くと，㋐はア$\times\frac{2}{3}$，㋑はイ$\times\frac{2}{3}$の製品を作るから，ア$\times\frac{2}{3}$＋イ$\times\frac{2}{3}$＝9600 より，

ア＋イ＝$9600\times\frac{3}{2}$　　ア＋イ＝14400…②

断水が１日続くと，㋑はイ$\times\frac{1}{2}$，㋒はウ$\times\frac{1}{2}$の製品を作るから，イ$\times\frac{1}{2}$＋ウ$\times\frac{1}{2}$＝7680 より，

イ＋ウ＝7680×２　　イ＋ウ＝15360…③

①－③より，ア＝23520－15360＝8160　　①－②より，ウ＝23520－14400＝9120

②より，8160＋イ＝14400　　イ＝14400－8160＝6240　　よって，㋐は 8160 個，㋑は 6240 個，㋒は 9120 個

⑶　**【解き方】右図のようにまとめると，停電だけしていた時間は１時間，断水だけしていた時間は２時間，停電と断水が同時に発生していた時間は３時間，３台とも稼働していた時間は２時間である。**

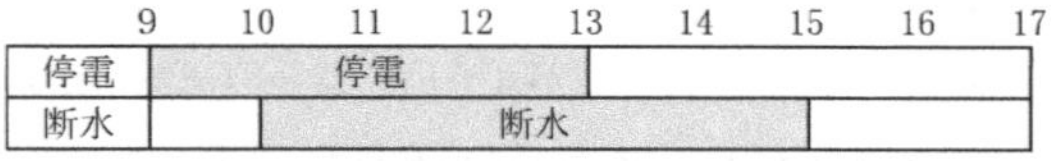

㋑は，停電と断水が同時に起こると，１日あたり $6240\times\frac{1}{10}=624$(個)の製品を作るから，

$9600\times\frac{1}{8}+7680\times\frac{2}{8}+624\times\frac{3}{8}+23520\times\frac{2}{8}=1200+1920+234+5880=9234$(個)

4　⑴　**【解き方】三角形ＰＸＹの底辺をＸＹとするとき，面積が最大になるのはＸＹからの距離《きょり》が最も長い点，面積が最小になるのはＸＹからの距離が最も短い点である。**

Ａ～Ｉのうち，ＸＹから最も距離が長い点はＦであり，その面積は，ＸＦ×ＦＹ÷２＝３×４÷２＝６(㎠)

ＸＹから最も距離が近い点はＢであり，その面積は，三角形ＦＸＹの面積から，長方形ＡＢＧＦの面積と三角形ＡＸＢの面積と三角形ＧＢＹの面積を引いて，６－２×１－１×１÷２－２×３÷２＝0.5(㎠)

(2)　【解き方】まず，三角形ＰＸＹの面積が３㎠になる点Ｐの位置を１つ見つける。

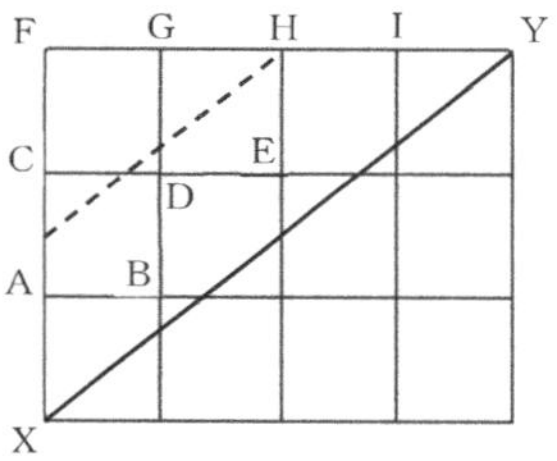

点ＰがＨにあるとき，三角形ＰＸＹの面積が３㎠になる。したがって，Ｈを通りＸＹと平行な直線(右図の点線)上に点Ｐがあるとき，面積は３㎠になる。よって，面積が３㎠以下になる進み方は，Ｘ→Ａ→Ｂ→Ｄ→Ｅ→Ｈ→Ｉ→Ｙしかない。

(3)　【解き方】(2)の図の点線上に点Ｐがあるとき，三角形ＰＸＹの面積は３㎠になる。

(2)の図の点線と実線との交点はＨをふくめて４つであり，点Ｐはこれらの点をすべて通ってＸからＹまで行くことができる。よって，求める回数は４回である。

(4)①　【解き方】点ＰがＸＹより上側にあるそれぞれの点に到着したときの三角形ＰＸＹの面積と，点ＱがＸＹより下側にあるそれぞれの点に到着したときの三角形ＱＸＹの面積を，図にかきこんでから考える。

点ＰがＢからＤに移動すると，三角形ＰＸＹの面積は，(三角形ＤＢＸと三角形ＤＢＹの面積の和)＝ＤＢ×ＦＹ÷２＝１×４÷２＝２(㎠)増える。このように，上に１つ動くごとに面積が２㎠増えることを利用すれば，三角形ＰＸＹの面積を時間をかけずにかきこむことができる。

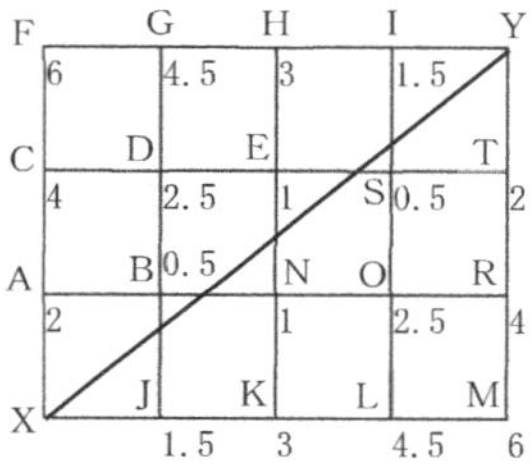

三角形ＱＸＹの面積は，ＸＹの真ん中の点を対称の中心として，三角形ＰＸＹの面積と点対称である。したがって，右図のようにまとめられる。

点Ｐが２秒後にＢにあると四角形ＰＸＱＹの面積が７㎠にならないので，２秒後に点ＰはＣに，点ＱはＫにある。

点Ｐが３秒後にＤにあってもＦにあっても，四角形ＰＸＱＹの面積が７㎠になるような点Ｑの位置は考えられる。しかし，４秒後に点ＰがＧにあるとグラフと合わなくなるので，３秒後に点ＰはＤに，点ＱはＬにあり，４秒後に点ＰはＥに，点ＱはＯにある。

このあとの点Ｐの進み方は１通りであり，グラフに合うような点Ｑの進み方も考えられる。

よって，求める点Ｐの進み方は，Ｘ→Ａ→Ｃ→Ｄ→Ｅ→Ｈ→Ｉ→Ｙである。

②　【解き方】①より，２秒後に点ＰはＣに，点ＱはＫにある。また，５秒後に点ＰはＨにあるから，点ＱはＲにあるとわかる。

２秒後から５秒後までの間，四角形ＰＸＱＹの面積が７㎠のままであるような進み方は，

点ＰがＣ→Ｄ→Ｅ→Ｈのとき，点ＱはＫ→Ｌ→Ｍ→Ｒ，点ＰがＣ→Ｄ→Ｇ→Ｈのとき，点ＱはＫ→Ｌ→Ｏ→Ｒ，

点ＰがＣ→Ｆ→Ｇ→Ｈのとき，点ＱはＫ→Ｎ→Ｏ→Ｒ，の３通りある。

よって，求める組み合わせの数も３通りである。

5　(1)　【解き方】折り返した図形だから，三角形ＧＦＤと三角形ＡＦＤは合同な直角三角形である。

ＧＤ＝ＡＤ＝４㎝だから，ＥＧ＝ＥＤ－ＧＤ＝５－４＝１(㎝)である。また，ＢＥ＝ＢＣ－ＥＣ＝４－３＝１(㎝)だから，ＥとＦを結ぶと，２つの三角形ＦＢＥとＦＧＥは合同な直角三角形になる。

よって，ＢＦ＝ＧＦである。したがって，ＡＦ＝ＧＦ＝ＢＦだから，ＦはＡＢの真ん中の点になるので，

$AF=AB\times\frac{1}{2}=2$(㎝)

(2)　【解き方】(1)をふまえる。

三角形ＡＦＤと三角形ＧＦＤ，三角形ＦＢＥと三角形ＦＧＥは，それぞれ合同な直角三角形だから，

角ＡＦＤ＝角ＧＦＤ，角ＢＦＥ＝角ＧＦＥである。角ＡＦＤ＋角ＧＦＤ＋角ＢＦＥ＋角ＧＦＥ＝360°より，

角ＧＦＤ＋角ＧＦＤ＋角ＧＦＥ＋角ＧＦＥ＝180°だから，角ＧＦＤ＋角ＧＦＥ＝180°÷２＝90°である。

つまり，三角形ＤＥＦは，角ＥＦＤ＝90°の直角三角形になる。

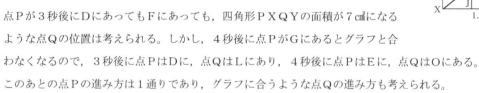

直角三角形の斜辺の真ん中の点を中心とした円を描くと，直角三角形のもう１つの頂点は，その円周上にあるから，３点Ｄ，Ｅ，Ｆを通る円の半径は，５÷２＝2.5(㎝)である。

よって，求める面積は，2.5×2.5×3.14＝19.625(㎠)

⑶　【解き方】右のように作図して，⑴⑵をふまえて考える。

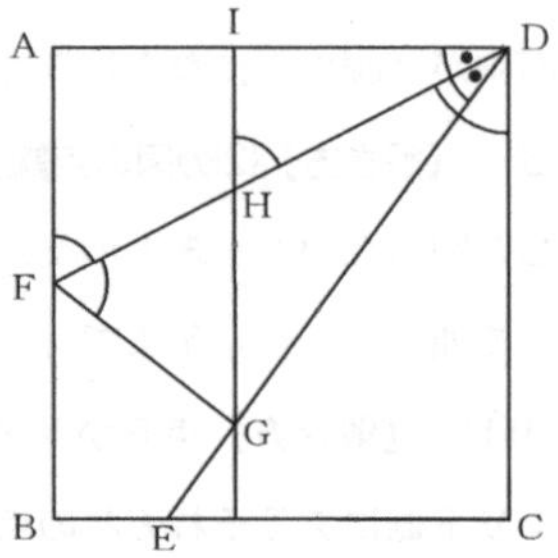

三角形ＧＦＤと三角形ＡＦＤは合同だから，角「い」＝角ＡＦＤ

ＡＦとＩＨが平行だから，同位角は等しく，角ＩＨＤ＝角ＡＦＤ

よって，角ＩＨＤ＝角「い」

また，ＡＦとＤＣは平行だから，錯角は等しく，角ＦＤＣ＝角ＡＦＤ

角ＦＤＣ＝角「い」

⑷　【解き方】ＦＤ：ＨＤがわかれば，三角形ＧＦＤの面積から三角形ＤＧＨの面積を求めることができる。⑶の解説図をふまえる。

三角形ＩＧＤと三角形ＣＤＥは，同じ形の直角三角形で，３辺の比は３：４：５になるから，

ＡＤ＝ＧＤ＝４㎝，ＧＤ：ＩＤ＝５：３より，ＡＤ：ＩＤ＝５：３

三角形ＧＦＤの面積＝三角形ＡＦＤの面積＝４×２÷２＝４(㎠)だから，

三角形ＤＧＨの面積＝(三角形ＧＦＤの面積)$\times\frac{HD}{FD}$＝(三角形ＧＦＤの面積)$\times\frac{ID}{AD}$＝$4\times\frac{3}{5}=\frac{12}{5}$＝2.4(㎠)

《2022　理科　解説》

１　⑴①　石灰水はアルカリ性の水溶液《すいようえき》であり，フェノールフタレイン溶液はアルカリ性で赤色に変化する。

②　石灰水に二酸化炭素を吹《ふ》きこんだときにできる白いにごりは炭酸カルシウムである。イ，オ，クの他に，サンゴや石灰石の主成分も炭酸カルシウムである。　③　表１より，残った固体の重さが0.5ｇになるまでは，残った固体の重さが0.1ｇふえるごとに発生した気体の体積が24㎤ふえ，発生した気体の体積が最大で120㎤であることから，残った固体0.5ｇと塩酸100㎤が過不足なく反応し，120㎤の気体が発生することがわかる。よって，固体４ｇと塩酸1000㎤では，固体４ｇがすべて反応し，気体が$120\times\frac{4}{0.5}$＝960(㎤)発生する。　④　発生する気体は二酸化炭素である。

⑵　ア，イ，エ，オ○…水蒸気が冷やされて液体の水に変化することで，見えるようになる。　ウ×…霜《しも》は空気中の水蒸気が直接固体の水に変化したものである。　カ×…霧《きり》(液体の水)が水蒸気に変化することで，見えなくなる。

⑶　表２より，最も低い温度にしたときの液体の窒素《ちっそ》は－210℃である。よって，これよりも融点が低い水素と酸素は，液体の窒素で固体にすることができない。

２　⑴①　ウは落葉食・藻食《そうしょく》だからＥに入り，Ｆにはイが入る。また，水の中で生活するカとキのうち，カの方がからだが大きいから，Ａにはカ，Ｂにはキが入る。陸に着目すると，Ｇは他の生物から食べられるだけだからアであり，Ｇだけを食べるＤは草食のエ，ＧとＤを食べるＣは雑食のオである。　②　Ａの数や平均的なからだの大きさに変化がないということは，Ａが食べるえさの量が変化しないということである。よって，主なエネルギー源であるカマドウマ(図ではＣ)が水中に飛びこんでこなくなると，ＢやＥをより多く食べるようになるので，ＢとＥの数は減少する。また，Ｅが減少すると，食べられる落葉の量と食べられるＦの数は減少する(Ｆの数が増加する)。Ｄのバッタは草食動物だから，ふつうハリガネムシが寄生することはなく，Ａに食べられる数は変化しない。水中に飛びこむＣの数が減少することで食べられるＤの数が増加して，Ｄの数が減少することは考えられるが，Ｄの数が増加することは考えられない。

(2) 肝細胞《かんさいぼう》1個の体積は0.02×0.02×0.02＝0.000008(㎣)だから，肝臓1㎤→1000㎣あたり$\frac{1000}{0.000008}$＝1億2500万(個)の肝細胞が含《ふく》まれる。

(3) ウ×…尿素《にょうそ》を水などとともにこしとって尿として排出《はいしゅつ》するのは，じん臓のはたらきである。　カ×…肝臓は1つしかない。背中側の腰《こし》のあたりに左右に一つずつあるのは，じん臓である。

(4) 体内に取りこまれる酸素の体積の割合は21－16.5＝4.5(%)，体内から排出《はいしゅつ》される二酸化炭素の割合は4－0.04＝3.96(%)だから，体内に取りこまれる酸素の体積の割合の方が4.5－3.96＝0.54(%)大きい。1回の呼気(または吸気)の体積が500㎤で，1分間の呼吸回数が15回だから，1分間では500×15×0.0054＝40.5→41(㎤)の差になる。

3 (2) ある物質とは二酸化ケイ素であり，その化学式は〔SiO_2〕である。Siはケイ素，Oは酸素の元素記号であり，二酸化ケイ素はケイ素原子1個と酸素原子2個が結びついたものである。

(3) 木片の体積は10×10×8＝800(㎤)であり，1㎤の重さが0.6gだから，木片の重さは0.6×800＝480(g)である。よって，480gの水をおしのければ木片は浮《う》く。水は1㎤の重さが1gだから，480gの水の体積は480㎤であり，木片の底面積は10×10＝100(㎠)だから，高さにして$\frac{480}{100}$＝4.8(㎝)が水中にあれば木片は浮く。よって，8－4.8＝3.2(㎝)が水面から出ていることになる。なお，それぞれの1㎤の重さに着目すると，水：木片＝1：0.6＝5：3だから，木片の体積を5としたとき，3が水中にあり，5－3＝2が水面から出ていると考えることができるので，水面から出ている高さを8×$\frac{2}{5}$＝3.2(㎝)と求めることもできる。

(4) (3)より，水面から出ている100×3.2＝320(㎤)の木片を水中に沈《しず》めることで，木片はさらに320㎤の水をおしのけ，320g軽くなると考えられるので，木片の上に320gのおもりをのせれば，木片全体がちょうど水に沈む。

(5) 厚さが1㎝の氷の体積は10×10×1＝100(㎤)で，氷1㎤の重さは0.9gだから，厚さが1㎝の氷の重さは0.9×100＝90(g)である。(4)より，木片の上にのせた物体の重さが320gのときに木片は3.2㎝沈むから，90gでは0.9㎝沈む。よって，木片の水面から出ている部分の高さは3.2－0.9＝2.3(㎝)になり，氷が1㎝厚くなるごとに0.9㎝ずつ小さくなると考えればよい。

(6) (5)より，木片の水面から出ている部分の高さが3.2㎝小さくなるのは，氷の厚さが1×$\frac{3.2}{0.9}$＝3.55…→3.6㎝のときである。

4 (1) ウ×…吸盤《きゅうばん》とガラスの間が真空に近い状態になるため，外からの大気圧に押されてくっつく。　オ×…リニアモーターカーは電磁石の力によって浮いて動く。

(2) －に帯電したポリ塩化ビニル棒とガラス棒の間に引力がはたらいたことから，ガラス棒は＋に帯電していることがわかる。よって，ガラス棒とこすり合わせた絹の布は－に帯電している。

(3) ポリ塩化ビニル棒は－に帯電しているから，金属板に近づけると，金属部分の電子がせき力によって金属はくに移動し，金属板の表面には＋の電気，金属はくの表面には－の電気が現れる。

(4) －に帯電したポリ塩化ビニル棒は金属板に近づけたままだから，はく検電器の金属板に－の電気を帯びている電子がとどまることはなく，金属板の表面には＋の電気が現れたままである。また，金属はくが閉じたことから，金属はくの表面には電気が現れていないことがわかる。図5のときに金属はくに移動した電子の一部が指を通ってはく検電器の外に出たことで，金属はく部分の電子の量がポリ塩化ビニル棒を近づける前と同じになったと考えられる(はく検電器の外に出ていく電子が少なすぎると金属はくの表面には－の電気が現れ，多すぎると金属はくの表面には＋の電気が現れるので，金属はくが開いてしまう)。

(5) ポリ塩化ビニル棒を遠ざけると，せき力が弱くなるため，金属はくに集まっていた電子が金属部分全体に広がる。このとき，(4)解説より，はく検電器の金属部分にある電子の量は実験前の帯電していない状態よりも少なくなっている(＋の電気の量は変化していない)ので，金属部分が全体として＋に帯電し，金属はくが開く。

(6)① －に帯電したポリ塩化ビニル棒を近づけると，せき力によって電子が金属はくに移動する。これにより，金属はくが閉じた(金属はくの表面には電気が現れていない)から，ポリ塩化ビニル棒を近づける前の金属部分が全体として＋に帯電していたとわかる。また，金属板の電子が金属はくに移動したから，金属板の表面に現れる電気の種類は＋である(ポリ塩化ビニル棒を近づける前よりも＋が強まった)。　② ポリ塩化ビニル棒をさらに近づけることで，さらに多くの電子が金属板から金属はくに移動し，金属板の表面に現れる＋の電気はさらに強まり，金属はくの表面には－の電気が現れる。ただし，ここでは電子がはく検電器の外に出ていないから，金属部分全体としては，ポリ塩化ビニル棒を近づける前と同じ強さの＋に帯電している。

《2022　社会　解説》

1 (1) ①右図参照

(2) i) 秦の始皇帝は，戦国の世を統一し，北方の遊牧民の侵入を防ぐため，万里の長城をつなげたことで知られる。　ii) ウ．チベット高原は標高が 4000m前後で，遊牧民のチベット族が牧畜などを営む。ダライ＝ラマは，チベット仏教(ラマ教)の最高指導者で，大海のような徳をもった高僧を意味する。

(3) 右図参照

(4) イは山形県，カは山口県だから，誤り。アとウは宮城県，エとオは広島県。

(5) アが正しい。「主権者は一般民衆の利福および意向を重んずる」から民本主義と判断する。吉野作造は民本主義を唱え，天皇主権であったとしても，民意にもとづいて政治を行うべきと主張した。美濃部達吉は天皇機関説を唱え，天皇は国家の機関であって主権をもつものではないと主張した。

(7) ウ．Aは温暖な気候の県で生産されているから，みかんと判断できる。Bは和歌山県産が全体の半分以上を占めているから，うめと判断できる。なしは千葉県(日本なし)・山形県(西洋なし)，いちごは栃木県が日本一である。

(9) 中国は，台湾は中国の一部であるという「一つの中国」原則を掲げているため，内政干渉と批判している。

2 (1) ①中南米からアメリカに移民してきた，スペイン語を母国語とする人々をヒスパニックと言う。　③バチカン市国は，イタリアの首都であるローマ市内にあり，カトリック教会の総本山である。

(2) コーカソイド(白色人種)・モンゴロイド(黄色人種)・ニグロイド(黒色人種)などに分類される。

(3) ii) エ．アジア・アフリカ会議(1955 年)から，1960 年までに多くのアフリカの国が独立したために，1960 年(アフリカの年)後に急増したBはアフリカである。1945 年の設立時に多いCはヨーロッパなので，Aはアジアである。

iii) 排他的経済水域は，12 海里の領海を除く，沿岸から 200 海里以内の水域である。

(4) カ．Aは1月・2月が最暖月で1年を通して安定した降水があるから，南半球の西岸海洋性気候のメルボルン。Bは夏に乾燥し，冬に雨が降るから，地中海沿岸のニース(北半球の地中海性気候)。Cは冬の寒さが厳しく，梅雨がないから，札幌(北半球の亜寒帯気候)。

(5) 早場米《はやばまい》は早稲《わせ》を早く植え，8月から刈り取り，9月中に市場に出まわる米である。

(6) イスラエルの都市エルサレムは，ユダヤ教，キリスト教，イスラム教の聖地とされている。

(7)　イスラム教では，適切に処理され食べることが許されたハラールと，禁じられたハラームがある。

(8)　エ．南スーダンがスーダンから独立した内戦の背景には，民族・宗教間の対立や，石油の支配権をめぐる対立などがあった。

3　(1)　日本に鉄砲を伝えたのは，種子島に漂着したポルトガル人であった。

(3)　B．岩宿遺跡(旧石器時代)→A．三内丸山遺跡(縄文時代)→C．吉野ヶ里遺跡(弥生時代)

(4)　蒙古襲来(元寇)は，南宋を滅ぼして中国を統一したフビライ＝ハンが，日本に服属を求めて遠征軍を送った戦いである。右側の騎馬による一騎打ちが鎌倉幕府側，左側の火器による集団戦法が元軍である。

(5)　長篠の戦いでは織田信長の足軽鉄砲隊が活躍し，武田勝頼の騎馬隊を破った。

(6)　イが正しい。真鍋氏は地球温暖化研究を切り開いた功績でノーベル物理学賞を受賞した。アは2019年のノーベル化学賞受賞者，ウは2018年のノーベル医学・生理学賞受賞者，エは2012年のノーベル医学・生理学賞受賞者。

(7)　「大なる商人多数あり」「富裕で，多数の取引がある」から堺と判断する。堺の自治組織を指導した有力な商人は会合衆と呼ばれた。

(8)　Aのみ誤りだからウを選ぶ。日本町は朱印船貿易の発展に伴って生まれ，日本人による自治が認められていたが，日本人の海外渡航禁止をうけて衰退した。自治を行った日本人として，アユタヤの山田長政が知られている。

(9)　ア．江戸時代，いわしを干して作った肥料(干鰯)や，菜種油をしぼって作った肥料(油粕)が利用されていた。海上交通がさかんになった江戸時代には，北前船を使い，下関から瀬戸内海を通る西廻り航路で，蝦夷地から京都・大阪までこんぶが運ばれるようになった。この道すじを「こんぶロード」という。

(10)　法隆寺は飛鳥時代に聖徳太子によって建てられた。

(11)　寺子屋で文字の読み書き，そろばんを学ぶ人が増え，木版印刷技術が発達し，本などがたくさんつくられた。

(12)　税は租(稲の収穫高の３％を地方の国に納める)・調(絹，麻や地方の特産物などを都に納める)・庸(都での10日間の労役に代えて，都に布を納める)からなり，地方からもたらされる特産物を役人が木簡に記録していた。

4　(1)　徳川家康によって整備された駿府城下町は，駿河国にあった。

(2)　エが正しい。北里柴三郎は，破傷風菌の純粋培養の成功や，コレラの血清療法の発見でも知られる。アは野口英世，イは志賀潔，ウはエドワード・ジェンナー。

(3)　アが老中水野忠邦の天保の改革である。イ(上米の制)とウ(公事方御定書)は八代将軍徳川吉宗の享保の改革。エは老中松平定信の寛政の改革。

(4)　青色の染料は藍から取るが，原料の藍よりも青いという意味である。

(5)　イが正しい。埼玉県の真南に神奈川県(旧国名は相模国)がある。アは山梨県，ウは千葉県，エは茨城県の旧国名。

(6)　ウの土佐藩出身の坂本龍馬を選ぶ。アとイは新選組の隊長・副長，エは江戸初期の剣術家。

(7)　徳川御三家は尾張藩・紀伊藩・水戸藩であった。

(9)　エ．幕末に結んだ修好通商条約(安政の五か国条約)で貿易が始まると，輸出品となった生糸・茶・蚕卵紙などの生活必需品が買い占められ，国内では品不足となって価格が高騰した。

(10)　日本銀行は，個人や企業との取引を行わない。

(11)　ア．衆議院で第一党となった政党が内閣をつくり，その内閣が倒れたときは野党第一党が組閣することを「憲政の常道」と呼び，犬養毅首相が暗殺された五・一五事件まで続いた。

(12)　津田梅子は岩倉使節団に従ってアメリカに留学し，帰国後女子英学塾(津田塾大学)を設立した。

2021 解答例 北嶺中学校

令和3年度

《国　語》

一 問一．Ⅰ．4　Ⅱ．3　Ⅲ．2　Ⅳ．5　問二．ア．2　イ．4　問三．水田一家を東京に迎える時に、どうやって喜ばせるかを、ずっと楽しみに考えて過ごしてきた、ということ。　問四．何様じゃあ／チッキが着　問五．門倉の、万全の準備をして待っている様子。　問六．エ

二 問一．A．財布　B．後身　C．移築　D．陽光　E．委　問二．Ⅰ．5　Ⅱ．1　問三．前代未聞　問四．イ　問五．エ，カ　問六．最近まで宮沢賢治の作品が苦手だったが、賢治学びの地の盛岡で過ごし作品にふれたことで理解が深まり、　問七．オ　問八．ウ

三 問一．Ⅰ．コ　Ⅱ．エ　Ⅲ．カ　Ⅳ．イ　問二．事前にテーマを決め、完成させなければならない、という誤解。　問三．ウ　問四．書き始めてから頭に浮かんだテーマで文章を書く、ということ。　問五．エ　問六．ア

《算　数》

1 (1)2148　(2)2　(3)$1\frac{5}{8}$　(4)9

2 (1)230　(2)1：4　(3)3456　(4)33　(5)$56\frac{1}{4}$

3 (1)2　(2)1：5　(3)63

4 (1)①38　②24　(2)①17　②120〔別解〕10

5 (1)①12，15，18，21　②14，18，22，26　③15，20，25，30　(2)13　(3)3　(4)45，63，75，90，99

《理　科》

1 (1)ラムサール　(2)ア，ウ，カ　(3)イ　(4)2500000　(5)①カ　②4　③イ，ウ，エ，ク

2 (1)エ　(2)カルデラ　(3)A．はやぶさ　B．リュウグウ　(4)①ウ　②ア　③イ，エ，オ

3 (1)エ　(2)60　(3)30　(4)右グラフ　(5)40

4 (1)右3，下1　(2)右図　(3)左4　(4)オ　(5)3　(6)エ

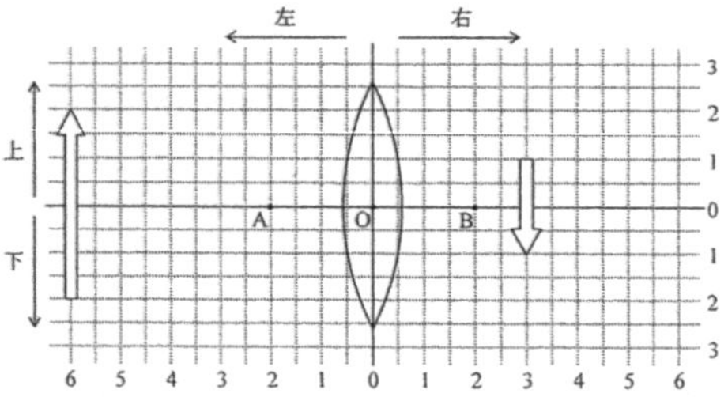

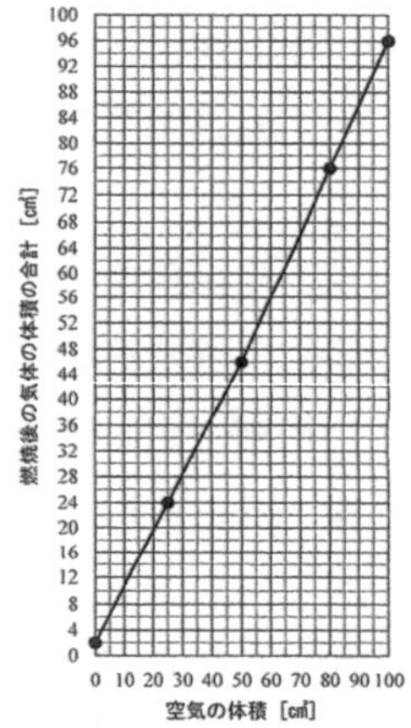

《社　会》

1 (1)阿蘇　(2)石炭を利用した蒸気機関を用いて綿織物を生産した。　(3)ウ　(4)イ　(5)エ　(6)リアス海岸　(7)岐阜　(8)ア　(9)企業　(10)イ　(11)万国博覧会　(12)農林水産省

2 (1)液状化　(2)ヒスパニック　(3)人工知能　(4)オ　(5)オイルショックが起こり／リーマンショックが起こったから。　(6)カ　(7)ア　(8)個人情報保護　(9)ウ，オ　(10)都市名…ニューヨーク　場所…エ　(11)ユニセフ

3 (1)①行基　②山上憶良　③支倉常長　④藤原道長　(2)オ　(3)ⅰ)西遊記　ⅱ)イ　(4)エ　(5)小野小町　(6)ウ　(7)体の養生を目的に，主に薬の役割として飲んでいた。　(8)アフガニスタン

4 (1)①万葉集　②消費税　(2)エ　(3)大宝　(4)伊藤博文　(5)イ　(6)55 年体制　(7)縄文時代半ばまでの温暖化によって海面が上昇したから。　(8)シベリア出兵　(9)ア　(10)ウ　(11)イ→ウ→エ→ア

北嶺中学校

←解答例は前のページにありますので，そちらをご覧ください。

《2021　国語　解説》

一 問一Ｉ　前後に「大きな菓子折《かしおり》(贈《おく》り物用の、菓子を入れた折り箱)を届けて」「心附《こころづ》け(お世話になる人に感謝を示す金品。チップ)をはずみ」とある。このように、おしみなくお金をかけて準備していることから、「植木～垣根《かきね》のつくろい」にも存分にお金をかけたのだと読み取れる。よって、４が適する。「金に糸目をつけない」は、おしがらずにどんどん金を使うという意味。　Ⅱ　「魚屋」に「栄転(今までより高い地位・役職に転任すること)祝い」として頼《たの》むもので、同じくお祝いに用いられる「伊勢海老《いせえび》、さざえ」とならんでいることから、３の「鯛《たい》」が適する。「鯛」は、「めでたい」に通じるところから、縁起《えんぎ》のよい魚とされる。　Ⅲ　直前に「風が冷たい」とあるので、寒さで身を縮めたということ。よって、２が適する。　Ⅳ　本文中に「木蓮《もくれん》～二つ三つ蕾《つぼみ》がふくらんで、暗い紫色の艶《つや》のいい舌をのぞかせている。木蓮が開くと桜が咲《さ》いてお花見になるのだが」とあることから、まだ桜が咲いていない春だとわかる。よって、桜よりも早く咲くことが多い、５の「桃《もも》」が適する。「朝顔」は夏から秋に、「山茶花《さざんか》」は晩秋から冬に、「桔梗《ききょう》」は梅雨ごろから初秋に、花が咲く。

問三　「今日このとき」とは、親友の水田仙吉とその家族が東京に帰ってくる日、門倉が用意した借家にかれらが到着《とうちゃく》するときのこと。「仙吉が地方に出ては東京に舞《ま》いもどるたびに～社宅探しをやって来た」門倉は、今回もそれまでと同様に、細かいところまで行き届いた用意をしている。「この半年ほど仕事は二の次(あとまわし)だった」「借家が見つかると、それからが～楽しみだった」とあるとおり、門倉は、水田一家を喜ばせることを考えるのが楽しく、それに心を注いできた。そしていよいよ、かれらを出迎《でむか》える瞬間《しゅんかん》がせまっているのである。

問四　「仙吉の癖《くせ》」とは、直前にある「嬉《うれ》しい時、まず怒《おこ》ってみせる」ということ。よって、仙吉が、門倉の厚意をわかっていながら悪口を言っている部分を探す。――②の前行の「何様じゃあるまいし、馬鹿《ばか》でかい表札出しやがって」と、本文後ろから10行目の「チッキが着くまでなんだから～無駄遣《むだづか》いしやがって」。

問五　――③の直前で、仙吉が「なかへ入ると火鉢《ひばち》に火はおこってる～風呂《ふろ》は沸《わ》いている。びっくりするおれたちの顔見たくてさ」と、門倉の行動を読んでいる。そして家のなかは「仙吉の言ったとおりだった」。親友である門倉が心をこめて家を整え、行き届いた状態で待ってくれていることが、玄関《げんかん》を開ける前からわかっていたのだ。

問六　本文初めの「門倉修造は風呂を沸かしていた」「長旅の疲《つか》れをいやす最初の風呂は、どうしても自分で沸かしてやりたかった。今までもそうして来た」からわかるとおり、この風呂は、門倉が沸かしたものである。それがわかっている仙吉が、ちょうどよい温度の湯に手をひたしながら、門倉の思いを受け止め、感謝しているということ。その仙吉の思いが、見ているさと子にもわかったのである。よって、エが適する。

二 問二Ｉ　直前の「財布というものを持ったことのない～あればあるだけの金をポケットに突《つ》っ込《こ》み、ほとんど無造作に使い切ってしまう」という様子から、５の「無頓着《むとんちゃく》な」(物事を気にかけないさま)が適する。　Ⅱ　「タクシーを使うなどということはよほどのことがないかぎりありえなかった」「金を倹約《けんやく》しつづけていた」という「貧乏《びんぼう》旅行」であるから、「一ドル、いや一セントさえも」もったいないと思って、出しおしんでいたのだと考えられる。出費をできるだけへらそうとしていたということ。よって、１の「おしみおしみ」が適する。

問四　ふだん夜遅《おそ》くまで飲んで帰るときはタクシー代をもったいないと思わない「私」が、タクシーを使うことに「臆病《おくびょう》」になるのは、「旅先に限る」とある。なぜ旅先でタクシーに乗るのをためらうのかが、〈　Ⅱ　〉のある段落に書かれている。「その臆病さは若い頃の貧乏旅行の体験に根差している～タクシーを使うなどということはよほどのことがないかぎりありえなかった～金を倹約しつづけていた」とあることに、イが適する。

問五　エの「手袋《てぶくろ》を買いに」は、新美南吉《にいみなんきち》の作品。カの「山椒魚《さんしょううお》」は、井伏鱒二《いぶせますじ》の作品。

問六　「変化」を説明するので、行動を起こす前と後のちがいがわかるように書く。――③の直前の３段落に「花巻」に行ったいきさつが述べられている。「私はつい最近まで、ほとんど宮沢賢治《みやざわけんじ》を読んだことがなかった～独特な言葉遣《づか》いがなんとなく苦手だったのだ。ところが、最近、盛岡《もりおか》に用事～宮沢賢治の作品を読むようになった～舞台《ぶたい》になった土地で読むと、不思議なほど理解が深くなる～盛岡は宮沢賢治の学びの土地だが～生地である花巻に行ってみようかなという気持が起きた」からまとめる。

問七　――④の「燃えている」、次の行の「けなげな」から、「いもうと」が病気とたたかって生きようとしていることがわかる。詩の「けなげないもうとよ　わたくしもまつすぐにすすんでいくから」からも、「あめゆじゆとてちてけんじや」とたのんだ「いもうと」が、「まつすぐに」生きようとしていることがわかる。「死ぬといふいまごろになつて」という深刻な病状にあっても、懸命《けんめい》に生きようとしていたということ。よって、オが適する。

問八　「感謝」なので、ありがとうという気持ち。何に対して感謝しているかというと、――⑤の直前の「思いがけない風景との遭遇《そうぐう》(不意に出会うこと)」にである。その風景とは、「これが宮沢賢治が住んでいた家だったのか～と、心の奥で～つぶやきつづけていた」という「宮沢賢治の住居」のこと。このように心を動かされる風景に出会えたのは、「ちょっとした贅沢《ぜいたく》」をしたおかげである。その贅沢とは、これまで旅先でタクシーに乗ることをしなかった「私」が、タクシーに乗ったことである。「たぶん、ひとりで気ままに動いていれば～来ることはなかっただろう」と思っているとおり、「(宮沢賢治ゆかりの場所を巡ってくれる)貸し切りのタクシーに乗って運転手に行き先を委ね」たおかげで、「思いがけない風景」に出会えたのである。この内容に、ウが適する。

三　著作権に関係する弊社《へいしゃ》の都合により本文を非掲載《ひけいさい》としておりますので、解説を省略させていただきます。ご不便をおかけし申し訳ございませんが、ご了承《りょうしょう》ください。

《2021　算数　解説》

1　(1)　与式$=(56+252)+(69+259)+(82+266)+(95+273)+(108+280)+(121+287)=$

$308+328+348+368+388+408=(308+408)\times 6\div 2=716\times 3=2148$

(2)　与式$=(98\times 72-36\times 58)\div(83\times 54-27\times 74)=\{72\times(98-29)\}\div\{54\times(83-37)\}=(72\times 69)\div(54\times 46)=$

$(8\times 9\times 3\times 23)\div(6\times 9\times 2\times 23)=2$

(3)　与式$=2\frac{5}{24}-\{8-(\frac{12}{30}+\frac{65}{30})\times\frac{5}{11}\}\times\frac{7}{82}=2\frac{5}{24}-(8-\frac{77}{30}\times\frac{5}{11})\times\frac{7}{82}=2\frac{5}{24}-(8-\frac{7}{6})\times\frac{7}{82}=2\frac{5}{24}-\frac{41}{6}\times\frac{7}{82}=$

$2\frac{5}{24}-\frac{7}{12}=2\frac{5}{24}-\frac{14}{24}=1\frac{15}{24}=1\frac{5}{8}$

(4)　与式より，$2\frac{1}{3}-(\square\div 2-1\frac{2}{3})\div 3.4=\frac{9}{20}\div\frac{3}{10}$　　$2\frac{1}{3}-(\square\div 2-1\frac{2}{3})\div\frac{17}{5}=\frac{3}{2}$

$(\square\div 2-1\frac{2}{3})\div\frac{17}{5}=2\frac{1}{3}-\frac{3}{2}$　　$(\square\div 2-1\frac{2}{3})\div\frac{17}{5}=\frac{5}{6}$　　$\square\div 2-1\frac{2}{3}=\frac{5}{6}\times\frac{17}{5}$　　$\square\div 2=\frac{17}{6}+1\frac{2}{3}$

$\square\div 2=\frac{9}{2}$　　$\square=\frac{9}{2}\times 2=9$

2　(1)　**【解き方】平均点の問題は，たての長さを点数，横の長さを人数とした面積図をつくり，２つの長方形の面積が等しいことを利用する。**

右の面積図のように，色をつけた長方形と斜線を引いた長方形の面積が等しくなるときを考える（aは合格者の人数，bは不合格者の人数）。色をつけた長方形と斜線を引いた長方形のたての長さの比は，(66−60.06)：(60.06−55)＝5.94：5.06＝27：23 だから，横の長さの比は，a：b＝23：27 になる。a＋b＝500 人だから，合格者の人数は，$a=500\times\frac{23}{23+27}=230$（人）

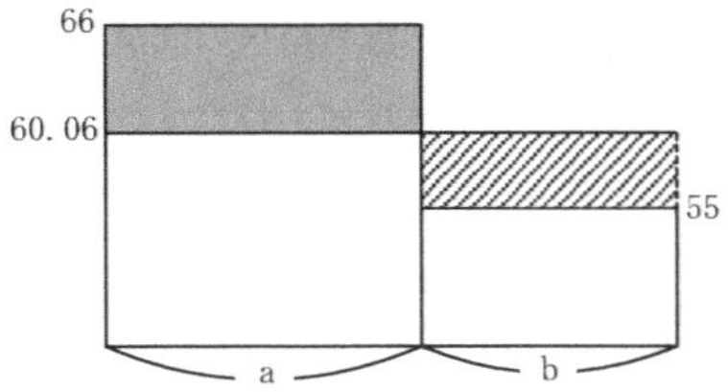

⑵　**【解き方】食塩水の問題は，うでの長さを濃度，おもりを食塩水の重さとした天びん図で考えて，うでの長さの比とおもりの重さの比がたがいに逆比になることを利用する。**

右図1において，Aのおもりと Bのおもりの重さの比は3：5だから，a：b＝5：3である。

右図2において，Aのおもりと Bのおもりの重さの比は7：3だから，c：d＝3：7である。

a＋bとc＋dは同じ値《あたい》になるから，比の数の和である，5＋3＝8と3＋7＝10 を最小公倍数の 40 にそろえて考えると，$a=40\times\frac{5}{8}=25$，$c=40\times\frac{3}{10}=12$ になる。a−c＝25−12＝13 が 7.8−6.5＝1.3(％)にあたるから，比の1は$\frac{1.3}{13}=0.1$(％)になる。

右図3のeと右図1のaについて，e−aは6.5−5.8＝0.7(％)にあたるから，e−a＝0.7÷0.1＝7である。

図1

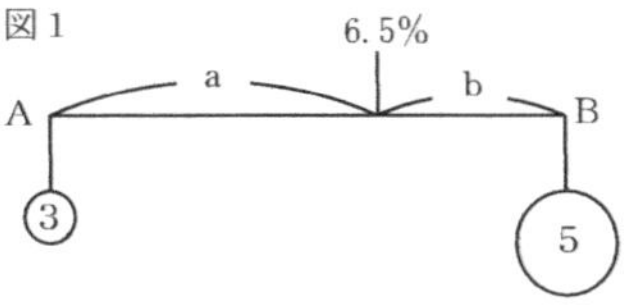

図2

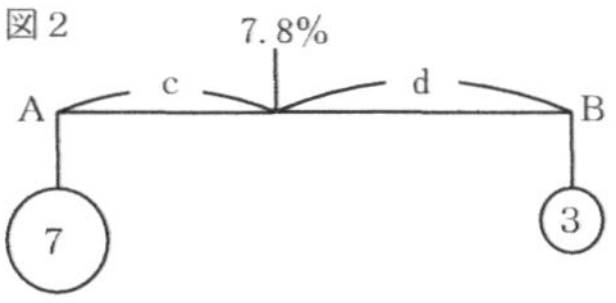

図3

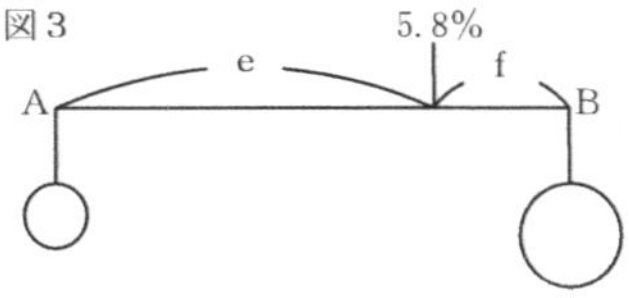

よって，e＝25＋7＝32，f＝40−32＝8だから，AとBを混ぜる比は，f：e＝8：32＝1：4

⑶　**【解き方】数字の並べ方と数字の選び方をそれぞれ考え，それらをかけ合わせる。**

和が9になる2数の組を，A（1，8），B（2，7），C（3，6），D（4，5），E（0，9）とする。

A～Eの並べ方は5×4×3×2×1＝120(通り)で，A～Eの中の数字の選び方はそれぞれ2通りずつあるから，使う数字の選び方は2×2×2×2×2＝32(通り)ある。したがって，A～Eからそれぞれ1つずつ選んで並べると，120×32＝3840(通り)の並べ方がある。しかし，この中には先頭に0を並べたものも含んでいるから，それらを除くことにする。Eを先頭にして並べると，4×3×2×1＝24(通り)で，Eから0を選んだ上でA～Dの中の数字の選び方は2×2×2×2＝16(通り)あるから，先頭に0を並べたものは，24×16＝384(通り)ある。

よって，条件に合う5桁の数は，3840−384＝3456(個)ある。

⑷　**【解き方】右のような図をつくり，エ＋オ＋カの人数を調べる。**

ア＋イ＋ウ＝62 でキ＝9だから，(エ＋オ＋カ)の2倍は，

48＋49＋58−62−9×3＝66 になる。よって，エ＋オ＋カ＝66÷2＝33(人)

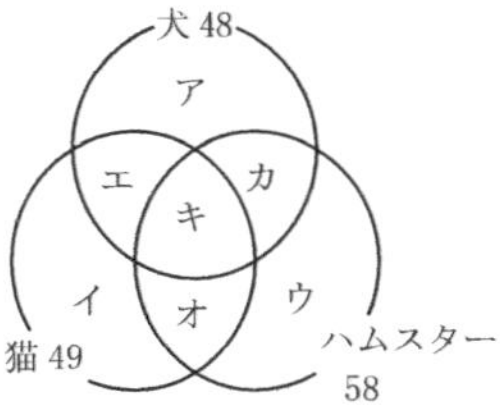

⑸　**【解き方】2つの直角二等辺三角形を重ねてできた図形の中に，直角二等辺三角形がいくつかあることを利用する。**

右図で，DE＝CE＝8㎝，GF＝BF＝11＋8−17＝2(㎝)，

$AH=BH=CH=(11+8)\div2=\frac{19}{2}$(㎝)だから，三角形ABCの面積から，

三角形DECと三角形GBFの面積を引いて，求める面積は，

$(11+8)\times\frac{19}{2}\div2-8\times8\div2-2\times2\div2=\frac{361}{4}-32-2=90\frac{1}{4}-34=56\frac{1}{4}$(㎠)

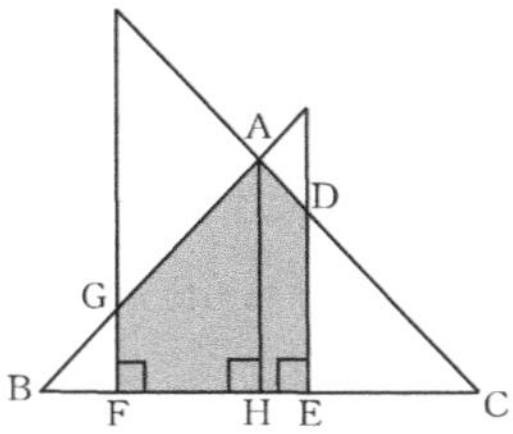

3　⑴　**【解き方】三角形CMNを底面として三角すいの体積を求め，**

その体積と三角形ＡＭＮの面積から，高さを求める。

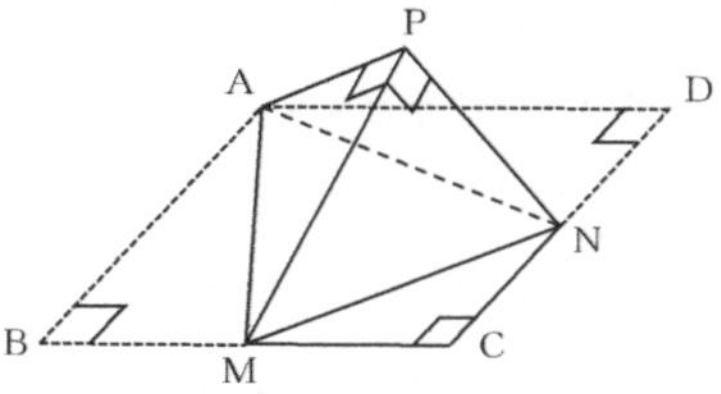

右図は，ＢＭとＣＭ，ＤＮとＣＮをはり合わせて，Ｂ，Ｃ，Ｄが重なる点をＰとした図である。三角形ＰＭＮを底面としたときの高さは，

ＡＰ＝ＡＢ＝６㎝だから，三角すいＡＰＭＮの体積は，

$\frac{1}{3}\times(3\times3\div2)\times6=9$(㎤)

三角形ＡＭＮの面積は，正方形ＡＢＣＤの面積から，３つの直角三角形の面積を引いて，

$6\times6-3\times3\div2-(3\times6\div2)\times2=36-\frac{9}{2}-18=\frac{27}{2}$(㎠)だから，底面を三角形ＡＭＮとしたときの高さは，

$9\times3\div\frac{27}{2}=27\times\frac{2}{27}=2$(㎝)

⑵　**【解き方】１辺が６㎝の立方体と三角すいＡＢＤＥの体積を求めていく。**

１辺の長さが６㎝の立方体の体積は$6\times6\times6=216$(㎤)で，三角すいＡＢＤＥの体積は$\frac{1}{3}\times(6\times6\div2)\times6=36$(㎤)だから，点Ａを含まない立体の体積は，216－36＝180(㎤)になる。

よって，求める体積の比は，36：180＝１：５

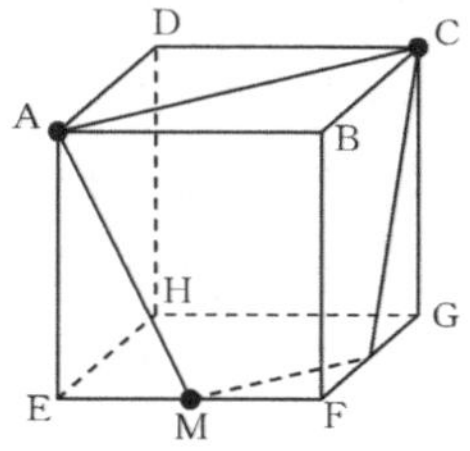

⑶　**【解き方】３点Ａ，Ｍ，Ｃを通る平面で２つの立体に分けると，右図のようになる。切り口の台形は２つの立体にあるから，表面積の差は，切り口以外の面積の差なので，立方体の展開図で面積の差を考える。**

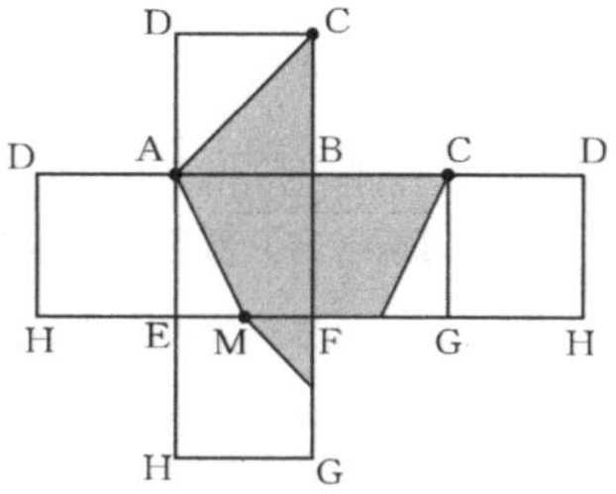

右の展開図において，色をつけた部分が点Ｈを含まない立体の切り口以外の表面積にあたる。右の展開図の面積は$(6\times6)\times6=216$(㎠)で，色をつけた部分の面積の和は，$6\times6\div2+\{(6+3)\times6\div2\}\times2+3\times3\div2=18+54+4\frac{1}{2}=76\frac{1}{2}$(㎠)だから，点Ｈを含む立体の切り口以外の表面積は，$216-76\frac{1}{2}=139\frac{1}{2}$(㎠)になる。よって，その差は，$139\frac{1}{2}-76\frac{1}{2}=63$(㎠)

4　⑴①　**【解き方】駅→Ｑ→Ｐ→Ｒ→Ｐ→駅で駅に戻ってくるが，考え方としては外側を１周，内側を１周と考えればよい。**

外側を進む時間は540÷30＝18(秒)，内側を進む時間は400÷20＝20(秒)だから，電車Ａが駅を出発して再び駅に戻ってくるまでにかかる時間は，18＋20＝38(秒)

②　**【解き方】駅から地点Ｒまでは，外側が540－135＝405(㎝)，内側が200㎝であることに注意する。また，駅に戻ると５秒間停車することにも注意する。**

電車Ａが駅を出発して２回目に地点Ｑに着くのは，出発してから38＋５＋(270－135)÷30＝47.5(秒後)である。

電車Ｂは，駅から地点Ｐまでを405÷30＝13.5(秒)，地点Ｐから地点Ｑまでを200÷20＝10(秒)で進むから，

電車Ｂが駅を出発したのは，電車Ａが出発してから，47.5－(13.5＋10)＝24(秒後)のことである。

⑵①　**【解き方】電車Ａが１回目に地点Ｐを通過してから，２回目に地点Ｐを通過するまでの間に，電車Ｃが地点Ｐを通過していれば，電車Ａは連続して２回内側のコースを進むことになる。**

電車Ａが２回目に地点Ｐを通過するのは，電車Ａが出発してから13.5＋20＝33.5(秒後)で，電車Ｃが駅から地点Ｐまで進むのに405÷25＝16.2(秒)かかるから，電車Ｃは電車Ａが出発してから，33.5－16.2＝17.3(秒後)より前

に出発すれば，条件に合う。よって，求める最大の整数値は17秒後である。

② **【解き方１】電車Ａが２回続けて内側のコースを進んだことと，地点Ｐを５回通過するまでに２台の電車が連続して11秒以上外側のコースにいたことから，内側のコースの長さをしぼりこんでいく。**

電車Ａは外→内→内→外，電車Ｃは外→外と進んだことがわかる。地点Ｐを通過する回数を右図のように１回目をＰ１，２回目をＰ２のように表すとする。Ｐ２は電車Ｃで，電車Ａが出発してから，10＋16.2＝26.2(秒後)のことである。Ｐ３は電車Ａだから，Ｐ１からＰ３までにかかる時間は，26.2−13.5＝12.7(秒)以上である。したがって，内側のコースは20×12.7＝254(cm)以上あるから，短くできるコースの長さは400−254＝146(cm)以内である。

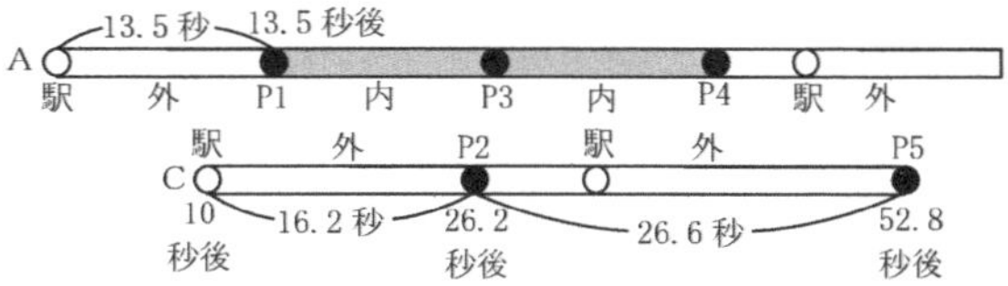

次に，２台の電車が連続して11秒以上外側のコースにいるために，Ｐ５−Ｐ４の時間は11秒以上になる。Ｐ５は電車Ｃで，電車Ａが出発してから26.2＋21.6＋５＝52.8(秒後)だから，Ｐ４の時間は52.8−11＝41.8(秒後)以前になる。Ｐ１からＰ４までは，41.8−13.5＝28.3(秒)以内だから，電車Ａは内側１周を28.3÷２＝14.15(秒)以内で進んだことになる。内側のコースは14.15×20＝283(cm)以下だから，短くするコースは400−283＝117(cm)以上である。

よって，短くできるコースの長さは，117cm以上146cm以内だから，10cm単位で考える最小の値は120cmである。

【解き方２】電車Ｃが最初の10秒間は駅にいると考えれば，電車Ａが出発してから11秒後に，「電車Ａ，Ｃの両方が外側のコース上にいる時間が連続して11秒以上」になったと解釈《かいしゃく》することもできる。

このように解釈すると，求める最小値は，Ｐ４がＰ５の直前になるような値である。Ｐ５が52.8秒後で，Ｐ１の52.8−13.5＝39.3(秒後)だから，内側のコースは，20×39.3÷２＝393(cm)以下ならばよい。したがって，短くするコースは400−393＝７(cm)以上である。

よって，短くできるコースの長さは，７cm以上146cm以内だから，10cm単位で考える最小の値は10cmである。

5 ⑴① **【解き方】表をヒントにして考える。３個の連続する整数「１＋２＋３」のそれぞれの数に１ずつ足していけば２番目の数，２ずつ足していけば３番目の数となる。つまり，３ずつ加えていけばよい。**

９の次から，９＋３＝12，12＋３＝15，15＋３＝18，18＋３＝21

② **【解き方】①と同じように考えて，４ずつ加えていけばよい。**

10の次から，10＋４＝14，14＋４＝18，18＋４＝22，22＋４＝26

③ **【解き方】①と同じように考えて，５ずつ加えていけばよい。まず最小の数を求める。**

５個の連続する整数の和で表される最小の整数は，１＋２＋３＋４＋５＝15だから，15＋５＝20，20＋５＝25，25＋５＝30

⑵ **【解き方】１からｎまでの連続する整数の和は(１＋ｎ)×ｎ÷２で求めることができるから，この値が100以下になる最大の整数ｎの値を考える。**

ｎ＝10のとき(１＋10)×10÷２＝55，ｎ＝11のとき55＋11＝66，ｎ＝12のとき66＋12＝78，ｎ＝13のとき78＋13＝91，ｎ＝14のとき91＋14＝105になるから，最大13個の連続する整数の和になる。

⑶ **【解き方】ａからｂまでのｎ個の連続する整数の和は，(ａ＋ｂ)×ｎ÷２で求められるから，(ａ＋ｂ)×ｎ÷２＝54より，(ａ＋ｂ)×ｎ＝108を満たすｎが何種類あるかを求める。**

ａ＋ｂとｎはともに108の約数であり，明らかにａ＋ｂよりｎの方が小さい。これらの条件を満たす

{a＋b，n}の組は，{108，1}{54，2}{36，3}{27，4}{18，6}{12，9}の6組ある。

n＝1は問題に合わないので，nは2以上の整数である。また，n(連続する整数の個数)が奇数《きすう》のときaとbはともに奇数か，ともに偶数なので，a＋bは偶数《ぐうすう》になる。nが偶数のとき，aとbのどちらかが奇数でもう一方が偶数なので，a＋bは奇数になる。先ほどの6組の組み合わせのうち，これらの条件を満たすのは，{36，3}{27，4}{12，9}の3組である。

よって，nは3，4，9の3種類あるから，54は3種類の連続する整数の和で表すことができる。

(4)　**【解き方】(3)の考え方を利用する。求める数を□とすると，(a＋b)×n＝□×2と表せる。nは□×2の約数だが，いくつかの条件があることに注意する。**

条件に合う{a＋b，n}の組は奇数と偶数のペアであり，□が5種類の連続する整数の和で表せる場合，□×2は奇数の約数が，1の場合を加えた，5＋1＝6(個)ある((3)の108のように，奇数の約数と偶数の約数の個数は同数とは限らないので，奇数に注目する)。したがって，□は奇数の約数を6個もつ整数である。

ここで，2以外の素数は，すべて奇数であることに注目する。A，Bを奇数の素数とすると，Aの奇数の約数は1とAの2個，A×Aの奇数の約数は，1とAとA×Aの3個，A×A×Bの奇数の約数は，1とAとA×AとBとA×BとA×A×Bの6個になることから，□を奇数の素数だけの積で表したとき，①A×A×A×A×Aまたは，②A×A×Bの形で表せることになる。

①のパターンは，A＝3としても3×3×3×3×3＝243となり，100より大きくなるので，条件に合わない。

②のパターンは，3×3×5＝45，3×3×7＝63，3×3×11＝99，5×5×3＝75が考えられる。ただし，これらを素因数に含めば2を何回かけても奇数の約数の個数は変わらないので，45×2＝90も条件に合う。

よって，求める整数は，45，63，75，90，99である。

《2021　理科　解説》

1　(2)　ア，ウ，カ○…アンモナイト，ナウマンゾウ，サンヨウチュウは絶滅した生物である。

(3)　イ○…アメリカザリガニとウシガエルは外来種で，ニホンザルとエゾシカに絶滅のおそれはなく，ニホンオオカミはすでに絶滅している。

(4)　10×10＝100(㎡)内に木が10本生えているので，1本あたり100÷10＝10(㎡)→100000㎠に花粉を放出すると考える。2×2＝4(㎠)のカバーガラスに100個の花粉が放出されるので，木1本から放出される花粉は$100\times\frac{100000}{4}=2500000$(個)である。

(5)③　イ，ウ，エ，ク○…卵，幼虫，さなぎ，成虫の順に成長する完全変態の昆虫(イ，ウ，エ，ク)と，卵，幼虫，成虫の順に成長する不完全変態の昆虫(ア，オ，カ，キ)を区別できるようにしておこう。

2　(1)　エ○…冬は大陸にシベリア気団が発達し，大陸から日本列島に向かって冷たく乾いた北西の季節風がふくため，日本海にすじ状の雲ができる。

(2)　日本では阿蘇《あそ》山のカルデラが有名である。

(4)①　ウ○…北半球の札幌では，月が東→南→西の順に動き，南半球のトレリューでは，月が東→北→西の順に動く。　②　ア○…北半球の札幌では満月→下弦の月(南の空で左側半分が光る月)→新月→上弦の月(南の空で右側半分が光る月)の順に満ち欠けするので，右側から欠けて見える。一方，南半球のトレリューでは，北の空で見える下弦の月は右側半分が光って見えるので，左側から欠けて見える。　③　イ○…24時間で月と地球の位置はほとんど変わらないので，24 時間地球を観察しても，月から地球の見え方はほとんど変わらず，満月のように円形で明るく見える。　エ○…月はいつも同じ側を地球に向けているので，月から地球を見ると，位置がほとんど変わらず，止まっているように見える。　オ○…地球は 24 時間でほぼ１回自転する。

3　⑴　エ×…アルミニウムはくにうすい塩酸を加えると，水素が発生する。

⑵　表２のＢに着目する。Ｂではメタンガスも酸素も残っていないので，このときメタンガス 10 ㎤と酸素 20 ㎤がちょうど反応したことがわかる。したがって，メタンガス 30 ㎤とちょうど反応する酸素の体積は $20\times\frac{30}{10}=60$(㎤)となる。

⑶　メタンガス 30 ㎤と酸素 50 ㎤では，酸素 50 ㎤が 50÷２＝25(㎤)のメタンガスと反応し，メタンガスが５㎤残る。発生した二酸化炭素は $10\times\frac{25}{10}=25$(㎤)となるので，燃焼後の気体の体積は合計で５＋25＝30(㎤)となる。

⑷　Ｋは酸素が $25\times\frac{1}{5}=5$(㎤)，窒素が 25－５＝20(㎤)，Ｌは酸素が $50\times\frac{1}{5}=10$(㎤)，窒素が 50－10＝40(㎤)，Ｍは酸素が $80\times\frac{1}{5}=16$(㎤)，窒素が 80－16＝64(㎤)，Ｎは酸素が $100\times\frac{1}{5}=20$(㎤)，窒素が 100－20＝80(㎤)ふくまれている。また，表４のＪに着目すると，Ｊではプロパンガスも酸素も残っていないので，このときプロパンガスと酸素がちょうど反応したことがわかる。また，表３，表４のＦより，２㎤のプロパンガスと 10 ㎤の酸素がちょうど反応して６㎤の二酸化炭素が発生することがわかる。以上より，Ｋではプロパンガスが１㎤反応して３㎤の二酸化炭素が発生し，プロパンガスが１㎤残るので，燃焼後の気体の体積の合計は３＋１＋20＝24(㎤)，Ｌではプロパンガスが２㎤反応して６㎤の二酸化炭素が発生し，プロパンガスも酸素も残らないので，燃焼後の気体の体積の合計は６＋40＝46(㎤)，Ｍではプロパンガスが２㎤反応して６㎤の二酸化炭素が発生し，酸素が 16－10＝６(㎤)残るので，燃焼後の気体の体積の合計は６＋６＋64＝76(㎤)，Ｎではプロパンガスが２㎤反応して６㎤の二酸化炭素が発生し，酸素が 20－10＝10(㎤)残るので，燃焼後の気体の体積の合計は６＋10＋80＝96(㎤)となる。これらの点をとり直線で結ぶ。

⑸　メタノール２ｇをすべて燃焼したときに発生した熱は 5400×２＝10800(cal)である。また，０℃の氷１ｇをとかして０℃の水１ｇにするために必要な熱の量は 80cal だから，０℃の氷 90ｇをとかして０℃の水にするには，熱の量が 80×90＝7200(cal)必要である。したがって，残った熱の量は 10800－7200＝3600(cal)で，水１ｇの温度を１℃上げるのに必要な熱の量は１cal だから，90ｇの水は 3600÷90＝40(℃)になる。

4　⑴　規則にしたがって作図すると図Ⅰのようになる。３本の光のうち２本引けばよい。この図より，(右３，下１)だとわかる。

⑵　矢印の先端と根本の位置から，それぞれ規則にしたがって作図すると図Ⅱのようになる。３本の光のうち２本引けばよい。像の先端が(右３，下１)，根本が(右３，上１)となる。

図Ⅰ

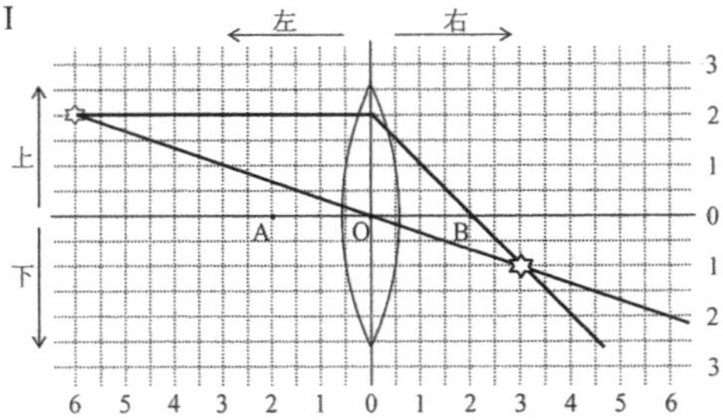

図Ⅱ

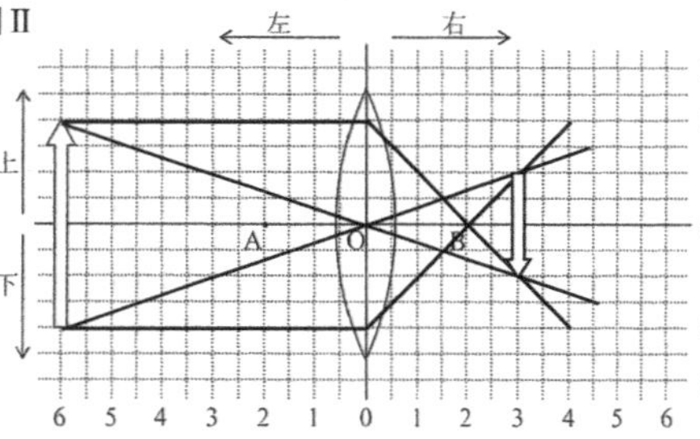

⑶　図Ⅲのように，矢印が焦点距離の２倍の位置に来たとき，できる像の大きさが同じになる。この図より，光源の先端は(左４，上２)だとわかる。

⑷　図４のような厚紙を使って，光が凸レンズの中心付近のみを通るようにすると，集まる光の量が少なくなるので像全体が暗くなるが，像の形は変わらない。

⑸　図Ⅳのように，最初に凸レンズの中心Ｏを通る光を作図する。スクリーンの位置は決まっているので，像の先

端の位置は(右６，下２)だとわかる。次に光軸と平行な光を作図すると，焦点が(右３，上下０)だとわかる。

(6) エ×…カーブミラーに映る現象は，光の反射によるものである。

図Ⅲ

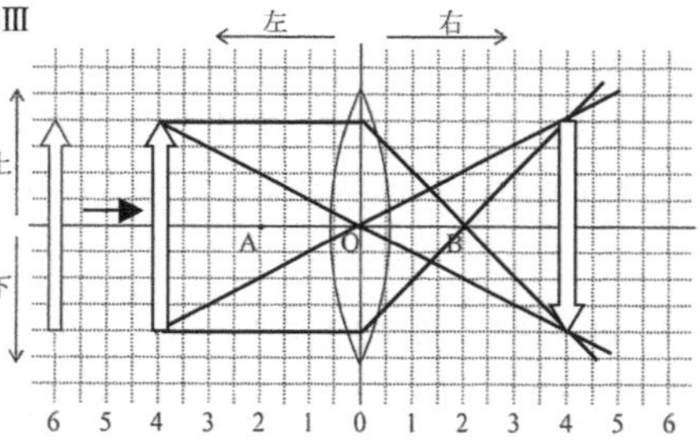

図Ⅳ

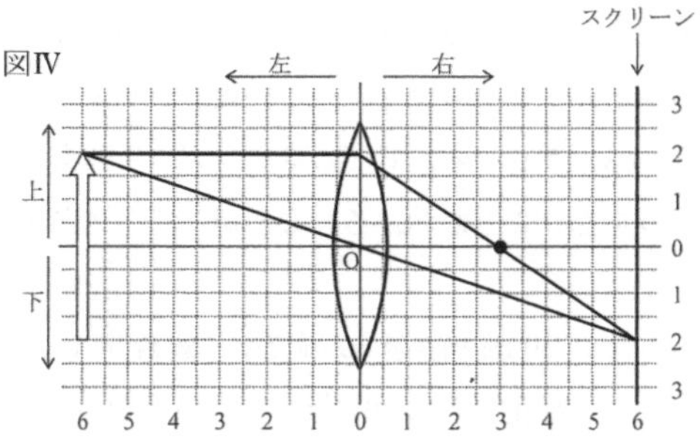

《2021　社会　解説》

1 (1) 阿蘇山は，世界最大級のカルデラがあることで知られている。

(2) 世界で最初に産業革命が起こり工場制機械工業のさかんになったイギリスは，安く良質な綿織物などの工業製品を大量に輸出したので，世界の工場と呼ばれた。

(3) ウ．投票の結果，スコットランドではＥＵ残留派が多数を占めたため，イギリスからの独立を求める声が高まった。北部がスコットランド，西部がウェールズ，中央部がイングランド。西側の島がアイルランド。

(4) イ．都道府県庁が置かれていないのは，釜石市，熊谷市，調布市，豊田市，袋井市，東大阪市の６都市である。

(5) エ．世界有数の羊毛の輸出国であるオーストラリアと判断する。

(6) リアス海岸は，三陸海岸，志摩半島，若狭湾沿岸，宇和海沿岸などに見られる。

(7) 岐阜県下呂市・美濃市についての記述である。また，中部地方の内陸県は，山梨県・長野県・岐阜県である。

(8) ア．ソバの国内生産量の４割ほどが北海道産である。北海道＞長野県＞茨城県＞栃木県の順。

(9) トヨタ自動車がある愛知県は，自動車や自動車部品の生産がさかんなため，工業出荷額が日本一である。

(10) イが正しい。アは夏の日本海側や内陸部で起こるフェーン現象，ウは瀬戸内の気候や内陸の気候，エは日本海側の気候についての記述である。

(12) 農林水産省は，国産農林水産物の消費拡大を目指す「フード・アクション・ニッポン」をすすめている。

2 (1) 液状化現象は，砂を多く含む地盤が地震のゆれによって液体のようになることである。

(2) ヒスパニックなどの安価で豊富な労働力を背景に，北緯 37 度以南の温暖な地域(サンベルト)が発展した。

(3) 日本では，金融や製造業などの効率化を目指す企業で人工知能の活用が進んでいる。

(4) オが正しい。　Ａ．南フランスでは，乾燥する夏にぶどうを栽培し，まとまった雨が降る冬に小麦を栽培する地中海式農業が行われている。　Ｂ．東京大都市圏は日本の人口の３分の１が集中している。　Ｃ．カナダの先住民はイヌイットである。

(5) オイルショックは，1973 年にアラブの産油国が石油価格の大幅な引き上げなどを実施して起こした，世界経済の混乱である。リーマンショックは，2008 年に起きたアメリカのリーマン・ブラザーズの株価暴落・倒産後の世界金融危機である。

(6) カが正しい。Ａは畜産の割合が高いから鹿児島県，Ｂは農業産出額が少ないから東京都，Ｃは農業産出額が多いから北海道と判断する。

(7) ア．キリスト教・イスラム教・仏教は世界三大宗教と呼ばれる。複数国で信仰されないヒンドゥー教は，信者は多いが三大宗教には入らない。

(8) 個人情報保護法は，プライバシーの権利(新しい人権)に基づいて制定された。

(9) ウとオが誤り。沖縄返還は1972年，日ソ共同宣言と日本の国際連合加盟は1956年である。アは1967年，イとエは1964年，カは1968年。

(10) エのニューヨークを選ぶ。アはサンフランシスコ，イはダラス，ウはシカゴ。

(11) ユニセフ(国連児童基金)は，世界の子どもたちが平和で健康な生活を送れるように，食料や医薬品を届けたり，予防接種を受けられるようにするための募金活動を行ったりしている。

3 (1)① 行基は，民衆とともに橋や用水路などを作り，布教を行った。 ② 山上憶良の貧窮問答歌は『万葉集』におさめられている。 ④ 藤原道長は，藤原氏の摂関政治(娘を天皇のきさきとし，生まれた子を次の天皇に立て，自らは天皇の外戚として摂政や関白となって実権をにぎる政治)が全盛だった頃の摂政であった。

(2) 平安時代後半からは宋，室町時代は明だから，オが正しい。清は江戸時代と明治時代にあたる。

(3)ⅱ) イを選ぶ。天竺はインドである。アはムスリムのニカブ，ウはベトナムのアオザイ，エは朝鮮民族のチマチョゴリ。

(4) エの螺鈿紫檀五弦琵琶を選ぶ。アの玉虫厨子は飛鳥文化，イの源氏物語絵巻は国風文化，ウの秋冬山水図(雪舟筆)は室町文化。

(6) 平氏打倒の挙兵(1180年)→倶利伽羅峠の戦い(1183年)→壇の浦の戦い(1185年)→奥州藤原氏の滅亡(1189年)→源頼朝の征夷大将軍任命(1192年)だから，ウを選ぶ。

(7) 茶の効能として，病気にかかりにくいことや二日酔いに効くことなどが伝えられていた。

(8) アメリカのブッシュ大統領は，在任中に発生した2001年9月11日の同時多発テロを受けて，アフガニスタンを攻撃してタリバン政権を倒し，2003年にイラク戦争を強行した。

4 (1)② 消費税は，すべての消費者が平等に負担するため，低所得者ほど税負担の割合が高くなる逆進性が問題となっている。

(2) エ．ナイル川沿いに発達したエジプト文明では，ナイル川の氾濫・種蒔き・収穫の時期を予測するために太陽暦が用いられた。

(3) 「701年」「律令」から大宝律令を導く。「律」は刑罰に関するきまり，「令」は政治のしくみや租税などに関するきまりである。

(4) 伊藤博文は君主権の強いドイツ(プロイセン)の憲法を学んで帰国した後，大日本帝国憲法の制定に力をつくした。

(5) イが誤り。1925年成立の普通選挙法では，満25歳以上の男子にのみ選挙権があたえられた。満20歳以上の男女に選挙権が与えられたのは1945年12月の選挙である。

(6) 1955年～1993年まで，与党第一党を自由民主党，野党第一党を日本社会党とする55年体制が確立された。

(7) 縄文時代前半は地球の気候が最も暖かかった時期だった。そのため，南極や氷河期に形成されていた氷河が溶け出して，海面の高さが現在よりも高くなっていた(縄文海進)。

(8) 米騒動は，シベリア出兵を見こした大商人らが米を買い占めたことから，米不足による米価高騰が起こり，富山県の漁村での暴動から全国に発展した騒動である。

(9) アを選ぶ。ベルリンの壁の崩壊は1989年・東西ドイツ統一は1990年，ベトナム戦争の終結は1975年・南北ベトナムの統一は1976年，中華人民共和国の建国は1949年，朝鮮戦争の開始は1950年。

(10) ウが正しい。1957年にソ連が最初の人工衛星スプートニク号の打ち上げに成功すると，翌年にアメリカも打ち上げに成功して，米ソの宇宙開発競争が始まった。

(11) イ．明治時代→ウ．大正時代→エ．昭和時代(高度経済成長期)→ア．平成時代

北嶺中学校

《国　語》

一　問一．ア．５　イ．４　ウ．２　　問二．エ　　問三．イ　　問四．ウ　　問五．自分以上にアキラに信頼されている、ということへの妬ましさ。　　問六．先発ピッチャーになりたい、という初志を貫いているところ。　　問七．エ

二　問一．A．心棒　B．構　C．記念　D．拡大鏡　E．秒針　　問二．Ⅰ．２　Ⅱ．５
問三．ア．４　イ．５　ウ．３　エ．２　　問四．エ　　問五．時計屋の主人が、生まれた時に父の買った柱時計を、常に手入れしている、ということ。　　問六．時計屋の主人と柱時計が、現在どうなっているか、ということ。　　問七．イ

三　問一．オ　　問二．Ⅱ．ウ　Ⅲ．カ　　問三．A．カ　B．キ　C．コ　D．エ　E．ウ　　問四．時間と正比例していた、ということ。　　問五．ア　　問六．他者と直接会うことから生まれる信頼関係。

《算　数》

1　⑴$\frac{5}{21}$　⑵0.3　⑶6　⑷365.24

2　⑴360　⑵$\frac{3}{4}$　⑶8.2　⑷43.61　⑸[ア]８　[イ]３　[ウ]20　[エ]８　[オ]５　[カ]26

3　⑴14　⑵①あめ…473　１年生…48　②153

4　⑴4　⑵4　⑶9，40　⑷$2\frac{2}{3}$

5　⑴①(ⅰ)0.067　(ⅱ)5.8　②3.173　⑵①2.494　②9

《理　科》

1　⑴エ，カ，キ　⑵ウ　⑶①オ，ク　②イ　③ア　⑷エ

2　⑴イ，エ　⑵エ　⑶45　⑷①３　②３　③２

3　⑴オ　⑵ア　⑶ア，カ　⑷①イ　②ウ　⑸レンゲソウ…花粉を運んでもらえる。ミツバチ…花のみつをもらえる。　⑹①イ　②ア　③ク

4　⑴カ　⑵ア　⑶A．14.6　B．12　C．21.2
⑷A．7.3　B．4　C．5.3　⑸右グラフ　⑹16.5

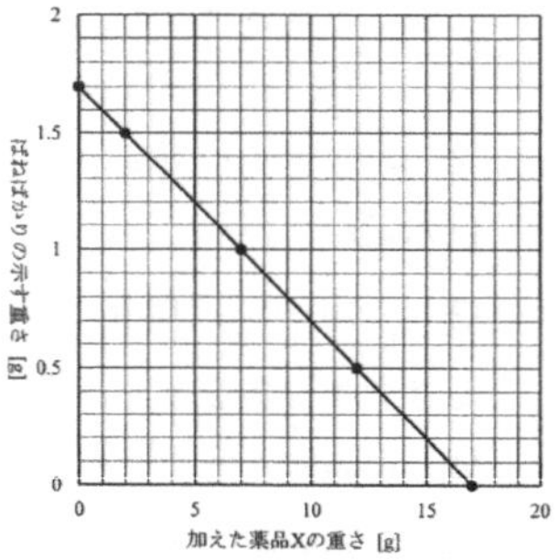

《社　会》

1　⑴歌舞伎　⑵宝塚　⑶からっ風　⑷ⅰ)浅間山　ⅱ)大雪山　⑸宿場町　⑹ⅰ)ア　ⅱ)国内の産業を守るため。　⑺東経 135　⑻イ　⑼鬼怒川

2　⑴①モスクワ　②北極　③安倍晋三　⑵アマゾン川　⑶ウ　⑷エ　⑸ⅰ)土壌が石灰岩質であり，(大きな山がないので)保水性が悪いから。　ⅱ)八幡製鉄所　⑹ア　⑺ア　⑻体積を減らすために液体の状態にし，パイプラインを利用して輸送している。　⑼チャイコフスキー

3　⑴伊勢　⑵沖ノ島　⑶ウ　⑷豊洲　⑸県名…香川　都市名…高松　⑹イ→エ→ア→ウ　⑺幕府はキリスト教禁止令を出しているが，中国はキリスト教の布教と関係がなかったから。　⑻エ　⑼永田町
⑽榎本武揚　⑾ア　⑿九州国立博物館

4　⑴エ　⑵イ　⑶孔子　⑷ウ　⑸元禄　⑹ウ　⑺イ　⑻台湾　⑼モース　⑽ⅰ)朝鮮
ⅱ)ポーツマス　⑾第一次世界大戦がはじまると，中国などの市場からヨーロッパの資本が引き揚げて日本が経済進出し，日本は中国・アメリカ・ヨーロッパなどとの貿易が拡大したから。

2020 解説 北嶺中学校
令和２年度

《2020　国語　解説》

一　**問二**　意地を張るとは、がんこに自分の考えを通そうとすること。外野に回れば試合に出られるのに、あくまで「ピッチャーにこだわる」アキラの様子を、このように表現している。よって、エが適する。

問三　いじらしいとは、子どもなどが、けなげでかわいそうな様子であるという意味。ヤスさんは直後で、「すまんかったのう～寂《さび》しい思いさせてしもうて～練習の相手しちゃる」と言っている。ヤスさんは、自分が十分にアキラの相手をしてやれなかったことで、アキラが寂しい思いをしていると考えているので、イが適する。

問四　後に続く、照雲《しょううん》との電話のやりとりの場面から、アキラの思いを読みとる。アキラは今度の試合の先発ピッチャーを目指していて、外野に回ってレギュラーになるぐらいなら控《ひか》えのピッチャーでもいいと思っている。だから、「外野のノックではなく、ピッチング練習（ピッチャーが行う練習）」をしたいと考えている。しかし、父であるヤスさんはその思いを理解できず、外野に回ってでも試合に出ることが大事だと考え、ノックをしようと言い出したので、アキラは不満を感じているのである。よって、ウが適する。

問五　選挙では、自分がよいと思う候補者に投票する。――③と「ええのう、おまえ、人気者じゃ」というセリフは、アキラがヤスさんよりも照雲の方がよいと言っていることを表している。さらに、「（アキラは）おまえに野球のコーチしてくれ、言うとるんよ」という発言とあわせて考えると、アキラは野球の練習相手としては、父よりも照雲の方がよいと考えていて、それはつまり照雲の方が信頼《しんらい》されているということである。少し後の「悔《くや》しさが声ににじむ～腹立ちまぎれに」からは、悔しさや、照雲に対する妬《ねた》ましい気持ちが読みとれる。

問六　――④は、アキラが外野には回らずに先発ピッチャーを目指していると聞き、感動して言った言葉。少し後の「人間、初志貫徹《かんてつ》がいちばん大事なんじゃ」や、「それでもなおピッチャーにこだわるのは、初志貫徹だのなんだのではなくて」からも、ピッチャーになりたいという思いを貫《つらぬ》き通していることを評価していることがわかる。

問七　ここまでの電話のやりとりから、照雲とヤスさんのちがいを読みとる。照雲はアキラの思いに感動し、今度の試合の先発ピッチャーになるという目標に賛同して全力で支えようとしている。一方、ヤスさんはアキラの考えを受け入れられず、意地を張るのはよくないと考えている。父親である自分よりも照雲の方がアキラの思いをよく理解していることが悔しく、腹立たしく思っている。よって、エが適する。

二　**問二**　Ⅰ　正常に動いている時計は、規則正しい音を立てる。その音を、同じように規則正しい音を立てる鼓動《こどう》にたとえている。よって、２が適する。　　Ⅱ　時計屋を病院、時計を入院患者にたとえると、修繕《しゅうぜん》は手術、持ち主に返される時が退院ということになる。よって、５が適する。

問四　前の一文に「（修繕が終わった時計の）振子《ふりこ》の動き具合を見ていると、いかにもせっかちや、ゆったり構えているのやらいろいろいて、時計の性格がよく分かって面白かった」とある。作者は、自分と同じように、時計屋の主人も時計の性格を理解しているのだろうと思い、そうだとすれば、これらの時計とともに生活している主人は、時計に対してまるで人間の家族のような親しみを感じているのではないかと想像している。よって、エが適する。

問五　直前の２段落で、時計屋の主人と柱時計の深い関係が説明されている。

問七　問四の解説にもあるように、作者は時計にいろいろな性格があることを知った。また、時計屋の主人から八角形の柱時計との深い関係を聞いた時に、「この柱時計が止まる日に自分の寿命《じゅみょう》も尽《つ》きるというような気がして来るのではあるまいか～この時計に自分の運命が左右されている感じを常に抱《いだ》くようになるのではないか」と思った。そして、最後の段落に「柱時計も主人と一緒《いっしょ》にこの世から旅立ったのではあるまいか」とある。このように、作者は、時計というものは持ち主の人生と一体化して感じられる存在だととらえている。よって、イが適する。

三 **問二** Ⅱ 昔は「距離《きょり》は時間の関数だった」のに、現在は「移動手段の発達によって、距離は時間では測れなくなった」。少し後に「距離も時間と同じように金に換算《かんさん》され」るようになったとあるので、距離を測るものが、時間から金(費用)にかわったと言える。よって、ウが適する。

問四 関数とは、一方の値が決まると、それに対応してもう一方の値も決まるという対応関係のこと。移動手段が限られていた時代は、歩く時間が長いほど遠いところへ旅をしたことになったので、距離と時間は正比例していた。

問五 ──②は、前の一文の「今の(お金の)価値が将来も変わることなく続くかもしれないが、もっと大きくなったり、ゼロになるかもしれない」ことを指している。よって、これをまとめたアが適する。

問六 直後の「もっと、人と顔を合わせ、話し、食べ、遊び、歌うこと」で得られるのは、「日常的に顔を合わせる関係によって築かれる」信頼《しんらい》関係であり、「身体化されたコミュニケーション」による信頼関係である。パソコンやスマホを通した文字によるコミュニケーションでは、こうした信頼関係をつくることができない。

《2020 算数 解説》

1 (1) $\frac{1}{n\times(n+1)\times(n+2)}=\frac{1}{2}\times\{\frac{1}{n\times(n+1)}-\frac{1}{(n+1)\times(n+2)}\}$を利用すると，

与式$=\frac{1}{2}\times(\frac{1}{1\times2}-\frac{1}{2\times3})+\frac{1}{2}\times(\frac{1}{2\times3}-\frac{1}{3\times4})+\frac{1}{2}\times(\frac{1}{3\times4}-\frac{1}{4\times5})+\frac{1}{2}\times(\frac{1}{4\times5}-\frac{1}{5\times6})+\frac{1}{2}\times(\frac{1}{5\times6}-\frac{1}{6\times7})=\frac{1}{2}\times(\frac{1}{1\times2}-\frac{1}{6\times7})=\frac{1}{2}\times\frac{6\times7-2}{2\times6\times7}=\frac{1}{2}\times\frac{40}{84}=\frac{5}{21}$

(2) 与式$=(1.001+1.728+0.001)\div0.91-9.99\div3.7=2.73\div0.91-2.7=3-2.7=0.3$

(3) 与式より，$\square-\frac{4}{5}=\frac{12}{5}\times\frac{1}{2}\times\frac{2}{3}\times\frac{13}{2}$　$\square-\frac{4}{5}=\frac{26}{5}$　$\square=\frac{26}{5}+\frac{4}{5}=\frac{30}{5}=6$

(4) 与式$=365+1\div4.125=365+0.242\cdots=365.242\cdots$となるから，小数第３位を四捨五入した値は，365.24

2 (1) フライドポテトの入ったセットはＢセットだけだから，まずＢセット６個を購入すると，ハンバーガーはあと２個，ジュースはあと３杯足りない。次にＡセット２個を購入すると，ジュースはあと１杯足りないから，ジュース１杯は単品で購入することにする。そうすると，$600\times6+420\times2+100=4540$(円)で購入することができるから，単品で購入するときより，$350\times8+100\times9+200\times6-4540=360$(円)安くなる。

(2) 右のように作図すると，三角形ＢＨＧが正三角形であることから，正六角形は，面積の等しい18個の三角形に分けられていることがわかる。

したがって，三角形ＢＤＦの中には９個，四角形ＡＣＤＦの中には12個の三角形があるから，三角形ＢＤＦの面積は四角形ＡＣＤＦの面積の$\frac{9}{12}=\frac{3}{4}$(倍)になる。

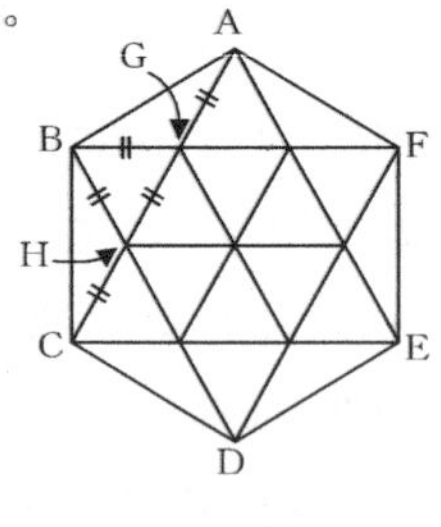

(3) Ａ小学校の４教科合計の平均点は$8+7+9+7=31$(点)だから，Ａ小学校全員の得点の合計は$31\times150=4650$(点)である。Ｃ小学校の４教科合計の平均点は$8+7+7+8=30$(点)だから，Ｃ小学校全員の得点の合計は$30\times200=6000$(点)である。３校全員の得点の合計は，$30.6\times(150+100+200)=13770$(点)だから，Ｂ小学校全員の得点の合計は，$13770-4650-6000=3120$(点)になる。Ｂ小学校の算数を除く３教科の合計点は，$(7+8+8)\times100=2300$(点)だから，Ｂ小学校の算数の合計点は，$3120-2300=820$(点)

よって，アにあてはまる数は，$820\div100=8.2$

(4)　右のように作図すると，三角形ＯＡＣと三角形ＤＯＢは合同な直角三角形になるから，右図で色を付けた部分の面積が等しくなる。よって，斜線部分の面積は，おうぎ形ＯＡＤの面積に等しいから，$10\times10\times3.14\times\frac{50}{360}$＝43.611…より，小数第３位を四捨五入して 43.61 ㎠となる。

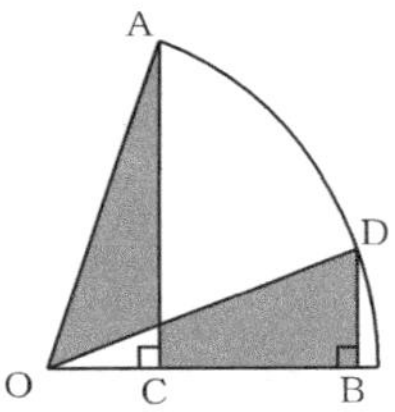

(5)　Ａさんの家からＢさんの家までは 1200－700＝500(m)，Ｂさんの家からＣさんの家までは 700－70＝630(m)ある。Ａさんは，Ａさんの家からＢさんの家まで歩くのに 500÷60＝$\frac{25}{3}$(分)＝８分 20 秒，Ｂさんの家からＣさんの家まで歩くのに 630÷60＝10.5(分)＝10 分 30 秒かかるから，ＡさんがＢさんの家の前を通るのは８時３分 20 秒，Ｃさんの家の前を通るのは８時 13 分 50 秒である。Ｂさんは，Ｃさんの家までを 630÷75＝8.4(分)＝８分 24 秒で歩くから，少なくとも，８時 13 分 50 秒の８分 24 秒前までに出発しなければならない。よって，Ｂさんは，８時３分 20 秒から８時５分 26 秒の間に家を出なければならないから，ア＝８，イ＝３，ウ＝20，エ＝８，オ＝５，カ＝26

3　(1)　１人に６個ずつ配ろうとしたときに生徒が４人増えたから，25 個あるチョコレートを，まず増えた４人に６個ずつ配ると，25－６×４＝１(個)余る。最初からいた生徒に６－５＝１(個)ずつ配るのに必要なチョコレートの個数は，13＋１＝14(個)だから，最初にいた生徒の人数は，14÷１＝14(人)

(2)①　あめが，あと(５－３)＋５×８＝42(個)あれば，１年生と２年生に５個ずつ配れたことになる。生徒に配るあめの個数を５－４＝１(個)増やすと，必要なあめの個数は 61＋42＝103(個)増えるから，１，２年生の人数の合計は，103÷１＝103(人)である。１年生全員の人数は２年生全員の人数より７人少ないから，１年生全員の人数は，(103－７)÷２＝48(人)である。また，あめの個数は，４×103＋61＝473(個)

②　２年生全員は 103－48＝55(人)，あめを配った３年生の人数は $48\times\frac{1}{6}$＝８(人)である。

１年生 48 人分のあめの個数は，２年生 48 人分のあめの個数より，48×１＝48(個)少なく，３年生８人分のあめの個数は，２年生８人分のあめの個数より，８×１＝８(個)多いから，２年生 48＋55＋８＝111(人分)のあめの個数は，増やしたあとのあめの個数の合計より，48－８＝40(個)多い。

２年生 111 人に配るあめの個数は，111 の倍数であり，増やしたあとのあめの個数は，473＋100＝573(個)以上である。したがって，増やしたあとのあめの個数は，少なくとも 111×６－40＝626(個)以上あったとわかる。

よって，増やしたあめの個数として考えられる最も小さい数は，626－473＝153(個)

4　(1)　１つの容器に流出する水の量と流出する時間(分)は同じ数であり，右図のように，しきり付近に書いた数字が流出する水の量と時間を表すこととする。容器①が接している空の容器は，容器②と容器④の２つだから，②と④のそれぞれに 12÷２＝６(㎤)の液体が６分間で流入する。６分後，容器②と容器④は，それぞれ３つの空の容器に接しているから，６÷３＝２(㎤)の液体が２分間で流出し，容器①と容器⑤には２＋２＝４(㎤)，容器③と容器⑦には２㎤の液体が流入する。よって，８分後，容器⑤に入っている液体の体積は４㎤である。

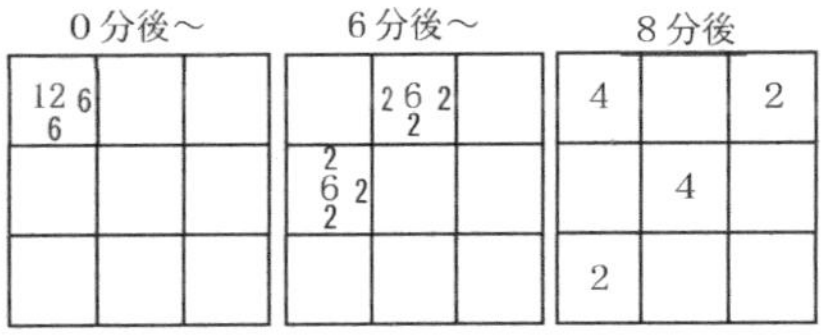

(2)　(1)と同じように考えていくと，右図のようになるので，９分後に空になっているのは，容器③，容器⑤，容器⑦，容器⑨の４つである。

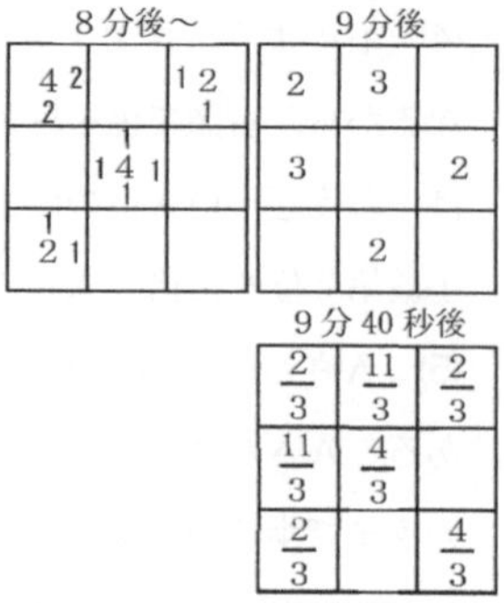

(3)　９分後には，容器③，容器⑤，容器⑦，容器⑨の４つの容器が空になり，容器②と容器④は流入の途中だが，容器⑥と容器⑧は流入が終わっているから，容器⑥と容器⑧から空になった４つの容器への流出が始まる。このとき容器⑥と容器⑧は，それぞれ３つずつの空の容器に接しているから，空になるまでの時間は，$2\div3=\frac{2}{3}$(分)＝40(秒)である。よって，９分40秒後に容器⑥と容器⑧の２個の容器が空になっている。

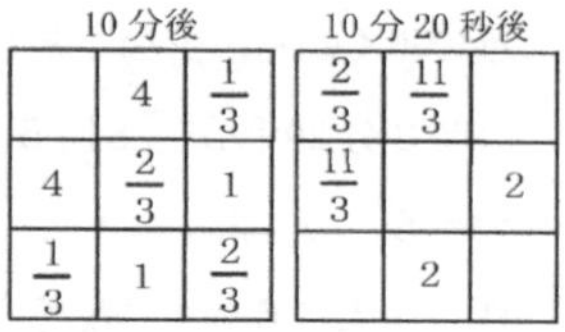

(4)　このルールで注意するのは，容器Ａから容器Ｂに液体が流出している途中で，容器Ａに接している容器Ｃが空になったとき，容器Ａから容器Ｃにも液体の流出が始まることである。９分40秒後，容器⑥には容器③と容器⑤と容器⑨から，容器⑧には容器⑤と容器⑦と容器⑨から流入が始まる。容器⑥と容器⑧には，３つの容器からそれぞれ$\frac{2}{3}$㎤ずつの液体が流入するから，９分40秒から40秒後には，容器③，容器⑤，容器⑦，容器⑨が空になっている。10分後には，容器①の流出が終わり，逆に容器②と容器④から容器①への流入が始まっている。10分20秒からは，容器②は空になった容器③と容器⑤にも流出を始め，容器④は空になった容器⑤と容器⑦にも流出を始めるから，10分20秒から容器⑤に流入させている容器は，容器②，容器④，容器⑥，容器⑧の４つになる。したがって，容器⑤には，40秒間＝$\frac{2}{3}$分間に$\frac{2}{3}\times4=\frac{8}{3}=2\frac{2}{3}$(㎤)の液体が流入することになる。

5　(1)①(ⅰ)　右のように作図すると，求める長さはＨＩの部分である。

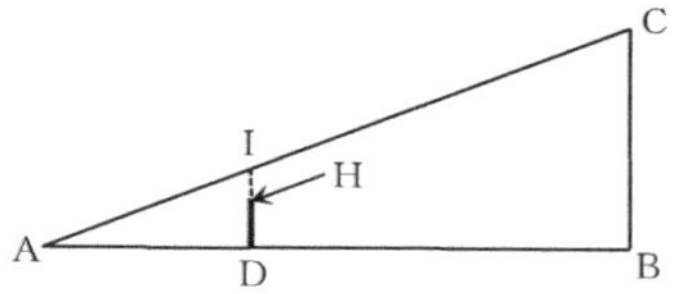

三角形ＡＤＩと三角形ＡＢＣは，同じ形の直角三角形だから，

ＤＩ：ＢＣ＝ＡＤ：ＡＢ＝6.4：(6.4＋11.6)＝16：45である。

よって，$ＤＩ＝ＢＣ\times\frac{16}{45}=3\times\frac{16}{45}=\frac{16}{15}$(m)だから，$ＨＩ＝\frac{16}{15}-1=\frac{1}{15}$(m)

$\frac{1}{15}$＝0.0666…より，求める長さは0.067mである。

(ⅱ)　求めるのは，右図のＪＤの長さである。

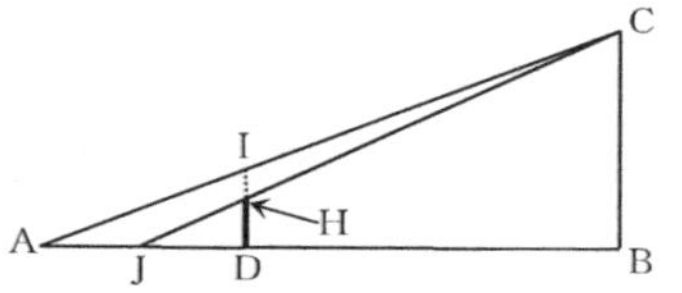

三角形ＪＤＨと三角形ＪＢＣは，同じ形の直角三角形だから，

ＪＤ：ＪＢ＝ＤＨ：ＢＣ＝１：３である。

したがって，ＪＤ：ＤＢ＝１：２だから，$ＪＤ＝ＤＢ\times\frac{1}{2}=11.6\times\frac{1}{2}=5.8$(m)

②　問題の図１において，$\frac{ＢＣ}{ＡＢ}=0.1763$より，ＢＣ＝0.1763×ＡＢ＝0.1763×(6.4＋11.6)＝3.1734(m)

小数第４位を四捨五入して，求める高さは3.173mである。

(2)①　色が塗られるのは，右図の長方形ＡＪＫＦの部分である。

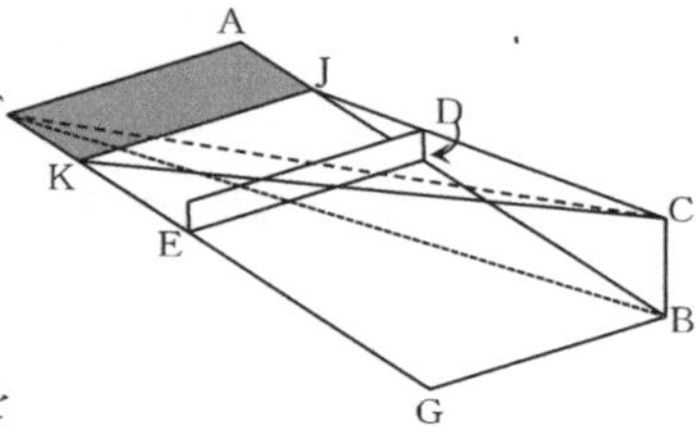

(1)①(ⅱ)の解説より，ＪＤ＝5.8mだから，ＡＪ＝6.4－5.8＝0.6(m)

右図で角ＡＢＦ＝13度だから，表を利用すると$\frac{ＡＦ}{ＡＢ}=0.2309$より，

ＡＦ＝0.2309×ＡＢ＝0.2309×(6.4＋11.6)＝0.2309×18＝4.1562(m)

よって，求める面積は，0.6×4.1562＝2.49372(㎡)だから，小数第４位を四捨五入して2.494㎡である。

②　右図で，$\frac{ＡＢ}{ＦＢ}=0.9744$より，$ＦＢ=\frac{18}{0.9744}$(m)

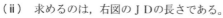

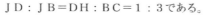

$\frac{BC}{FB}=BC\div FB=3\div\frac{18}{0.9744}=3\times\frac{0.9744}{18}=\frac{0.9744}{6}=0.1624$

表の中の$\frac{BC}{AB}$の値を見ると，９度のときが0.1584，10度のときが0.1763だから，0.1584＜0.1624＜0.1763より，角㋒は９度より大きいとわかる。

《2020　理科　解説》

1　⑴　貝がらの主成分は炭酸カルシウム〔$CaCO_3$〕である。したがって，Ca(カルシウム原子)，C(炭素原子)，O(酸素原子)が含《ふく》まれている。

⑵　塩素系の漂白剤《ひょうはくざい》と酸性タイプの洗剤《せんざい》をまぜると，有毒な塩素(刺激臭《しげきしゅう》・黄緑色)が発生する。

⑶①　オ，ク○…ロウには炭素と水素が含まれている。ロウが燃えて酸素と結びつくことで，炭素は二酸化炭素に，水素は水(水蒸気)になる。　②　イ○…外炎は酸素と十分にふれているので，気体のロウが完全燃焼し，最も高温になる。

⑷　100ｇの水に溶ける物質の重さは，図１のように，水の温度や物質の種類によって異なるが，同じ物質を同じ温度の水に溶かすときには水の重さに比例するから，原点を通る直線のグラフになっているエが正答となる。

2　⑴　イ○…電流が，乾電池《かんでんち》の＋極→Ａ→乾電池の－極の順に流れる経路と，乾電池の＋極→Ｃ→Ｂ→乾電池の－極に流れる経路ができる。エ○…電流が，乾電池の＋極→Ａ→Ｂ→乾電池の－極の順に流れる経路と，乾電池の＋極→Ｃ→乾電池の－極の順に流れる経路ができる。

⑵　図２では，Ａに直列つなぎの２個の乾電池から電流が流れる経路と，ＢとＣの直列部分に直列つなぎの２個の乾電池から電流が流れる経路がある(ＢとＣの間にある縦の導線には電流が流れない)。乾電池の数が同じであれば，直列につないだ豆電球の数が多いほど，１つ１つの豆電球に流れる電流は小さくなる。したがって，ＢとＣは，Ａより暗く点灯する。

⑶　棒をかたむけるはたらき〔おもりの重さ(ｇ)×支点からの距離《きょり》(㎝)〕が支点の左右で等しいとき，棒は水平につりあう。Ａが棒を左にかたむけるはたらきは30×24＝720である。Ｂは固定された滑車《かっしゃ》につながっているから，棒の右端《みぎはし》につるした状態と同じである。支点から棒の右端までの距離は 40－24＝16(㎝)だから，Ｂが棒を右にかたむけるはたらきが720になるのは，Ｂの重さが720÷16＝45(ｇ)のときである。

⑷①　図Ⅰ参照。Ａ～Ｅについて，反射面に対して対称《たいしょう》の位置に像Ａ′～Ｅ′をとる。Ａから鏡の両端に引いた２本の直線の間に像があると，Ａはその像を見ることができる。したがって，鏡に映っている人はＡ以外にＢ，Ｃ，Ｄの３人である。　②　①で見えていたＢ，Ｃ，Ｄの像について，図Ⅱのように考えると，Ａが南に約２ｍ移動するとＣが見えなくなり，南に３ｍを超えて移動するとＢとＤが同時に見えなくなる。　③　図Ⅲ参照。Ｂが南に移動すると，像は北に移動するから，Ｂが見えなくなることはない。Ｃが北に移動すると像は南に移動するから，3.5ｍ移動する3.5秒後までは見える。Ｄが東に移動すると像も東に移動するから，３ｍ移動する３秒後までは見える。Ｅが西に移動すると像も西に移動するから，１ｍ移動する１秒後に見えるようになる。したがって，全員が鏡に映っているのは，Ｅが見えるようになる１秒後からＤが見えている３秒後までの２秒間である。

図Ⅰ

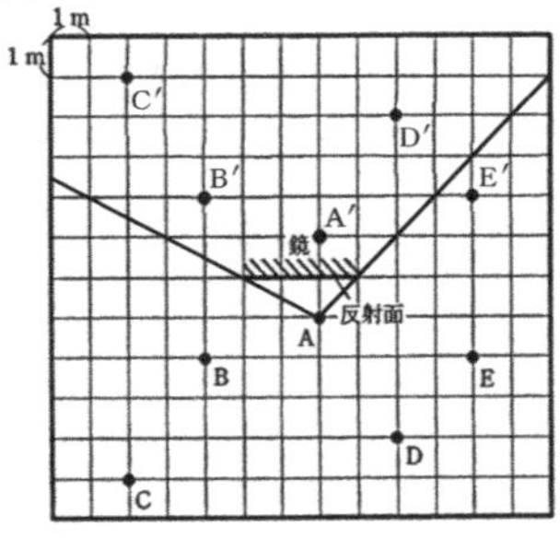

図Ⅱ

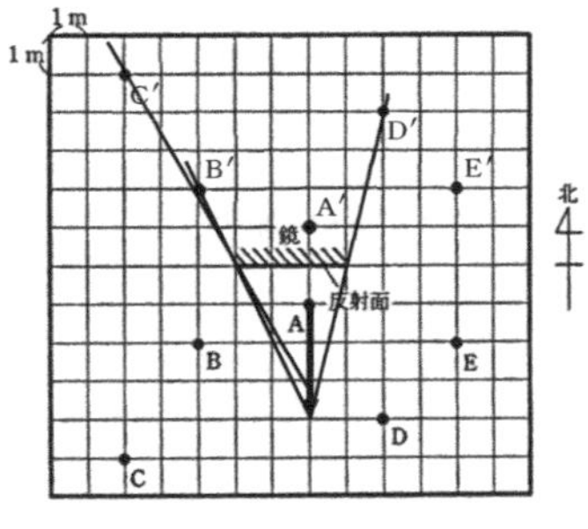

図Ⅲ

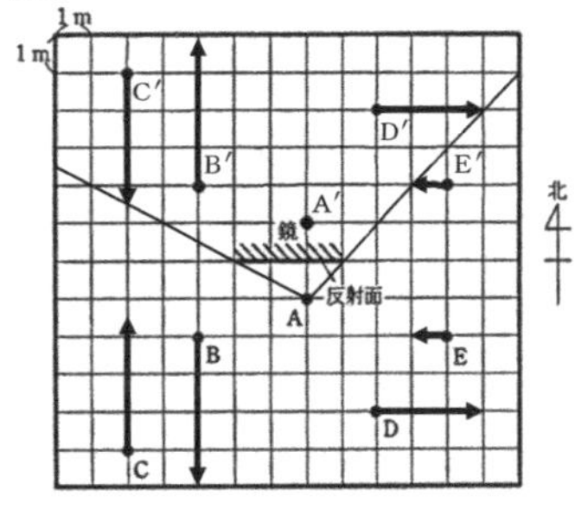

3 (2) ア×…オゾン層の破壊《はかい》の原因はおもにフロンである。

(3) ア，カ○…図１で，葉緑体を入れた溶液《ようえき》に光を当てた実験の結果から，葉緑体は赤色と青色の光を吸収しやすく，黄色と緑色の光を吸収しにくいと考えられる。

(4)① イ○…二酸化炭素は光合成の材料である。夏になると，光合成がさかんに行われて，二酸化炭素が大量に吸収されるので，二酸化炭素濃度《のうど》が低くなると考えられる。　② ウ○…３地点のうち，最も北にある綾里《りょうり》は，夏と冬で行われる光合成の量の差が最も大きくなると考えられるので，二酸化炭素濃度が最も大きく変化すると考えられる。

(6) 最後から２番目の北さんの発言より，化学肥料に含《ふく》まれる窒素《ちっそ》やリンなどは，植物の生育に必要な物質だから，まず増えるのは植物プランクトンである。植物プランクトンが増えると，それをえさとする動物プランクトンが増える。また，細菌《さいきん》が生物の排出物《はいしゅつぶつ》や死がいを分解するときには，酸素が使われる。

4 (3) 表１のＤに着目すると，電子てんびんの示す重さ 11ｇとばねばかりの示す重さ 1.7ｇの合計 12.7ｇから手順２(図２)での重さ 10ｇを引くと，Ｄの重さ 2.7ｇを求められることがわかる。同様に考えて，Ａは(12＋12.6)－10＝14.6(ｇ)，Ｂは(13＋９)－10＝12(ｇ)，Ｃは(14＋17.2)－10＝21.2(ｇ)である。

(4) Ａの体積は，表１の水と鉱物を合わせた体積 12mL から手順２でメスシリンダーに入れた水の体積 10mL を引くと，12－10＝２(mL)→２cm^3と求められる。したがって，１cm^3あたりの重さは$\frac{14.6(g)}{2(cm^3)}$＝7.3(ｇ)である。同様に考えて，Ｂは$\frac{12}{13-10}$＝４(ｇ)，Ｃは$\frac{21.2}{14-10}$＝5.3(ｇ)である。

(5) (4)と同様にＤの１cm^3あたりの重さを求めると，$\frac{2.7}{11-10}$＝2.7(ｇ)となる。「水にしずめた物体は，その物体がおしのけた水(水溶液)の重さの分だけ軽くなる」ことから，Ｘの水溶液の１cm^3あたりの重さがＤと同じ 2.7ｇになると，ばねばかりの示す重さは０ｇになると考えられる。水溶液の体積は10mL→10cm^3で変化しないから，水溶液の重さが 2.7×10＝27(ｇ)になったとき，つまり，Ｘを 27－10＝17(ｇ)加えたときにばねばかりの示す重さは０ｇになるから，(加えた薬品Ｘの重さ，ばねばかりの示す重さ)＝(０ｇ，1.7ｇ)，(17ｇ，０ｇ)の２点を直線で結び，この直線上に残りの指定された３点を描けばよい。

(6) (5)のグラフより，加えた薬品Ｘの重さが５ｇのとき，ばねばかりの示す重さは 1.2ｇだから，電子てんびんの示す重さは，10《水》＋５《X》＋2.7《D》－1.2＝16.5(ｇ)である。

《2020　社会　解説》

1 (1) 歌舞伎は，出雲の阿国が始めた歌舞伎踊りが，江戸時代に男性の舞う芸能に変わっていった。元禄期，上方では和事を得意とする坂田藤十郎，江戸では荒事を得意とする市川団十郎が人気を集めた。

(2) 空らん直前の「女性だけで構成される歌劇団」から宝塚歌劇団と判断し，宝塚市を導く。

(4) i) 浅間山は長野県と群馬県の県境にあり，群馬県の嬬恋村では冷涼な気候を活かした(高冷地農業による抑制栽培)キャベツの生産が盛んである。　ii) 寒さの厳しい大雪山国立公園には，エゾマツやトドマツなどの針葉樹林が広がっている。

(5) 江戸幕府が整備した五街道(東海道・中山道・甲州街道・奥州街道・日光街道)は，大名の参勤交代時に使われ，街道沿いの宿場町は人びとでにぎわった。

(6) i) アを選ぶ。ラニーニャ現象は，エルニーニョ現象と反対に海面水温が平年より低くなる現象である。フェーン現象は，水蒸気を含む空気が山を越えたときに，山の風下側の気温が上昇する現象である。地球温暖化現象は，温室効果ガスの大量排出などによって地球表面の気温が高くなっていく現象である。　ⅱ）パリ協定では，すべての国で地球温暖化の抑制に向けた具体的な数値目標を掲げることが求められている。そのため，アメリカの主要なエネルギー供給源だった石炭産業や，経済成長を支えてきた重工業産業が，経済成長を阻害するパリ協定離脱を支持した。

(8)　イ．明石のタコは，古くから珍重されている。また，イギリスではタコは「悪魔の魚」と呼ばれ，さけられていた。

2　(2)　「流域面積が世界最大」「熱帯林は，近年は開発が進められ～消失してしまわないか，世界中から心配されて」などから，アマゾン川を導く。アマゾン川流域を中心に広がっている熱帯雨林地帯(セルバ)は，農地や牧場の開発のために伐採され，環境破壊が深刻化している。

(3)　ウ．総人口からA(アメリカ)，B(ロシア)，C(韓国)と判断する。

(4)　エ．Aは降水量が少なく，夏と冬の気温差が大きいことから北半球の内陸性の亜寒帯(冷帯)気候のイルクーツク，Bは7～8月の気温が低く，1年を通して気温と降水量の変化が小さいことから南半球の西岸海洋性気候のウェリントン，Cは夏に乾燥し，冬に雨が降ることから北半球の地中海性気候のマドリードと判断する。

(5) ⅰ）　石灰岩質の土壌は，サンゴから作られる石灰質の殻などが周辺の海底に堆積してでき，農業に適さない。

ⅱ）　八幡製鉄所は，鉄道建設や軍備拡張のための鉄鋼を生産することを目的に，日清戦争後の下関条約で得た賠償金の一部を使って建設された。中国から鉄鉱石を輸入しやすく，筑豊炭田から石炭を輸送しやすいことを理由に北九州の地につくられた。

(6)　アが正しい。イはフィンランド，ウはアルゼンチン，エはインドについての記述である。

(7)　アを選ぶ。第2次石油危機は1979年，史上初の月面着陸は1969年，リーマン・ショックは2008年。

(8)　気体の天然ガスを液体化すると体積が600分の1程度に小さくなるため，一度に大量に運べるようになる。

(9)　チャイコフスキーは，交響曲第6番『悲愴《ひそう》』や序曲『ロミオとジュリエット』などの作曲家としても知られる。

3　(1)　江戸時代，「伊勢へ行きたい，伊勢路が見たい，せめて一生に一度でも」という伊勢音頭が全国で広がり，人々は伊勢参り(御陰参り)を行った。

(2)　沖ノ島は九州と朝鮮半島の間に位置し，航海安全と交易成就を願う国家的祭祀《さいし》が行われて宝物が奉納された。鏡や勾玉のほか，剣や朝鮮の金製指輪，中国の唐三彩，ペルシャのガラス碗片などの国際色豊かな遺物が出土したことから「海の正倉院」とも呼ばれている。

(3)　ウを選ぶ。市原は千葉県，鹿島(嶋)は茨城県，水島は岡山県，川崎は神奈川県にある。

(4)　築地市場の老朽化や手狭さなどを理由に，豊洲市場へと移転された。

(5)　四国八十八カ所霊場は，徳島県→高知県→愛媛県→香川県の順で寺院に番号が付けられている。

(6)　イ．邪馬台国と中国の往来(弥生時代)→エ．倭と百済の往来(古墳時代)→ア．文永の役(鎌倉時代)→ウ．文禄の役(安土桃山時代)

(7)　江戸幕府は，キリスト教徒の増加がヨーロッパによる日本侵略のきっかけとなり，幕府の支配のさまたげになると考え，キリスト教の布教を行うスペインやポルトガルの船の来航を禁止した。キリスト教の布教を行わないオランダや，キリスト教と関係のない中国は長崎での貿易を認められ，ヨーロッパやアジアの情勢を報告することを義務づけられた(風説書)。

(8)　間宮林蔵は伊能忠敬に測量術を学び，宗谷海峡を渡って樺太(サハリン)調査を行ったことで知られる。この功績によって，樺太とシベリアの間の海峡が「間宮海峡」と名づけられた。

⑽ 戊辰戦争での降伏後，榎本武揚は明治政府にゆるされて北海道開拓に従事し，ロシア公使となり，樺太・千島交換条約を結んだ。

⑿ 九州国立博物館のある福岡県の太宰府は，アジアに開かれた玄関口として，政治経済・軍事・外交において大きな役割を果たしてきた。

4 ⑴ エが誤り。2017 年末時点の在留外国人数は，フィリピンとベトナムがともに約 25 万人だから，在留外国人全体数に占める割合は 25÷256×100＝9.76…(%)となり，フィリピンのほか，ベトナムも約 10%となる。

⑵ イを選ぶ。三内丸山遺跡は青森県，岩宿遺跡は群馬県，野尻湖遺跡は長野県，吉野ケ里遺跡は佐賀県にある。

⑷ ウの遣唐使船を選ぶ。アは朱印船，イは宋船，エは北前船と思われる。

⑸ 京都・大阪(上方)の町人らを担い手とする元禄文化は，17 世紀後半～18 世紀初頭に栄えた。

⑹ ウが正しい。アは江戸時代，イは弥生時代，エは明治時代についての記述である。

⑺ イを選ぶ。有田焼・薩摩焼は朝鮮からもたらされた。鉄砲や，首周りの襟・金平糖・煙草はポルトガル，キリスト教はスペインからもたらされた。

⑻ 台湾に漂着した宮古島の島民 54 人が殺害された事件に対して，台湾出兵が行われた。

⑼ 大森貝塚は縄文時代の遺跡で，東京大学の教師として来日していた生物学者のモースによって発掘された。

⑽ i ） 下関条約(1895 年)では，朝鮮の独立を認めさせただけで，日本領となったのは 1910 年の韓国併合時である。

ii ） ポーツマス条約(1905 年)は，樺太(サハリン)の南半分や南満州鉄道をゆずりうけるなど，日本にとって比較的優位な内容であった。

⑾ 1914 年，ヨーロッパを主戦場とした第一次世界大戦が始まった。日本はヨーロッパに向けて軍需品を輸出し，ヨーロッパの影響力が後退したアジアへの綿織物の輸出を拡大した。これにより，第一次世界大戦が終結する 1918 年まで日本は好景気(大戦景気)となった。

■ ご使用にあたってのお願い・ご注意

（1）問題文等の非掲載

著作権上の都合により，問題文や図表などの一部を掲載できない場合があります。

誠に申し訳ございませんが，ご了承くださいますようお願いいたします。

（2）過去問における時事性

過去問題集は，学習指導要領の改訂や社会状況の変化，新たな発見などにより，現在とは異なる表記や解説になっている場合があります。過去問の特性上，出題当時のままで出版していますので，あらかじめご了承ください。

（3）配点

学校等から配点が公表されている場合は，記載しています。公表されていない場合は，記載していません。

独自の予想配点は，出題者の意図と異なる場合があり，お客様が学習するうえで誤った判断をしてしまう恐れがあるため記載していません。

（4）無断複製等の禁止

（5）けがに注意

この問題集は針を外して使用します。針を外すときは，けがをしないように注意してください。また，表紙カバーや問題用紙の端で手指を傷つけないように十分注意してください。

（6）正誤

制作には万全を期しておりますが，万が一誤りなどがございましたら，弊社までご連絡ください。

なお，誤りが判明した場合は，弊社ウェブサイトの「ご購入者様のページ」に掲載しておりますので，そちらもご確認ください。

■ お問い合わせ

解答例，解説，印刷，製本など，問題集発行におけるすべての責任は弊社にあります。

ご不明な点がございましたら，弊社ウェブサイトの「お問い合わせ」フォームよりご連絡ください。迅速に対応いたしますが，営業日の都合で回答に数日を要する場合があります。

ご入力いただいたメールアドレス宛に自動返信メールをお送りしています。自動返信メールが届かない場合は，「よくある質問」の「メールの問い合わせに対し返信がありません。」の項目をご確認ください。

また弊社営業日（平日）は，午前９時から午後５時まで，電話でのお問い合わせも受け付けています。

2025 春

株式会社教英出版

〒422-8054　静岡県静岡市駿河区南安倍３丁目 12-28

TEL　054-288-2131　　FAX　054-288-2133

URL　https://kyoei-syuppan.net/

MAIL　siteform@kyoei-syuppan.net

神奈川県

①[県立] 相模原中等教育学校
平塚中等教育学校

②[市立]南高等学校附属中学校

③[市立]横浜サイエンスフロンティア高等学校附属中学校

④[市立]川崎高等学校附属中学校

✿⑤聖光学院中学校

✿⑥浅野中学校

⑦洗足学園中学校

⑧法政大学第二中学校

⑨逗子開成中学校（1次）

⑩逗子開成中学校（2·3次）

⑪神奈川大学附属中学校（第1回）

⑫神奈川大学附属中学校（第2·3回）

⑬栄光学園中学校

⑭フェリス女学院中学校

新潟県

①[県立] 村上中等教育学校
柏崎翔洋中等教育学校
燕中等教育学校
津南中等教育学校
直江津中等教育学校
佐渡中等教育学校

②[市立]高志中等教育学校

③新潟第一中学校

④新潟明訓中学校

石川県

①[県立]金沢錦丘中学校

②星稜中学校

福井県

①[県立]高志中学校

山梨県

①山梨英和中学校

②山梨学院中学校

③駿台甲府中学校

長野県

①[県立] 屋代高等学校附属中学校
諏訪清陵高等学校附属中学校

②[市立]長野中学校

岐阜県

①岐阜東中学校

②鶯谷中学校

③岐阜聖徳学園大学附属中学校

静岡県

①[国立] 静岡大学教育学部附属中学校
（静岡·島田·浜松）

② [県立]清水南高等学校中等部
[県立]浜松西高等学校中等部
[市立]沼津高等学校中等部

③不二聖心女子学院中学校

④日本大学三島中学校

⑤加藤学園暁秀中学校

⑥星陵中学校

⑦東海大学付属静岡翔洋高等学校中等部

⑧静岡サレジオ中学校

⑨静岡英和女学院中学校

⑩静岡雙葉中学校

⑪静岡聖光学院中学校

⑫静岡学園中学校

⑬静岡大成中学校

⑭城南静岡中学校

⑮静岡北中学校

⑯ 常葉大学附属常葉中学校
常葉大学附属橘中学校
常葉大学附属菊川中学校

⑰藤枝明誠中学校

⑱浜松開誠館中学校

⑲静岡県西遠女子学園中学校

⑳浜松日体中学校

㉑浜松学芸中学校

愛知県

①[国立]愛知教育大学附属名古屋中学校

②愛知淑徳中学校

③ 名古屋経済大学市邨中学校
名古屋経済大学高蔵中学校

④金城学院中学校

⑤椙山女学園中学校

⑥東海中学校

⑦南山中学校男子部

⑧南山中学校女子部

⑨聖霊中学校

⑩滝中学校

⑪名古屋中学校

⑫大成中学校

⑬愛知中学校

⑭星城中学校

⑮名古屋葵大学中学校
（名古屋女子大学中学校）

⑯愛知工業大学名電中学校

⑰海陽中等教育学校（特別給費生）

⑱海陽中等教育学校（Ⅰ·Ⅱ）

⑲中部大学春日丘中学校

新刊⑳名古屋国際中学校

三重県

①[国立]三重大学教育学部附属中学校

②暁中学校

③海星中学校

④四日市メリノール学院中学校

⑤高田中学校

⑥セントヨゼフ女子学園中学校

⑦三重中学校

⑧皇學館中学校

⑨鈴鹿中等教育学校

⑩津田学園中学校

滋賀県

①[国立]滋賀大学教育学部附属中学校

②[県立] 河瀬中学校
守山中学校
水口東中学校

京都府

①[国立]京都教育大学附属桃山中学校

②[府立]洛北高等学校附属中学校

③[府立]園部高等学校附属中学校

④[府立]福知山高等学校附属中学校

⑤[府立]南陽高等学校附属中学校

⑥[市立]西京高等学校附属中学校

⑦同志社中学校

⑧洛星中学校

⑨洛南高等学校附属中学校

⑩立命館中学校

⑪同志社国際中学校

⑫同志社女子中学校（前期日程）

⑬同志社女子中学校（後期日程）

大阪府

①[国立]大阪教育大学附属天王寺中学校

②[国立]大阪教育大学附属平野中学校

③[国立]大阪教育大学附属池田中学校

④[府立]富田林中学校
⑤[府立]咲くやこの花中学校
⑥[府立]水都国際中学校
⑦清風中学校
⑧高槻中学校（A日程）
⑨高槻中学校（B日程）
⑩明星中学校
⑪大阪女学院中学校
⑫大谷中学校
⑬四天王寺中学校
⑭帝塚山学院中学校
⑮大阪国際中学校
⑯大阪桐蔭中学校
⑰開明中学校
⑱関西大学第一中学校
⑲近畿大学附属中学校
⑳金蘭千里中学校
㉑金光八尾中学校
㉒清風南海中学校
㉓帝塚山学院泉ヶ丘中学校
㉔同志社香里中学校
㉕初芝立命館中学校
㉖関西大学中等部
㉗大阪星光学院中学校

兵庫県

①[国立]神戸大学附属中等教育学校
②[県立]兵庫県立大学附属中学校
③雲雀丘学園中学校
④関西学院中学部
⑤神戸女学院中学部
⑥甲陽学院中学校
⑦甲南中学校
⑧甲南女子中学校
⑨灘中学校
⑩親和中学校
⑪神戸海星女子学院中学校
⑫滝川中学校
⑬啓明学院中学校
⑭三田学園中学校
⑮淳心学院中学校
⑯仁川学院中学校
⑰六甲学院中学校
⑱須磨学園中学校(第1回入試)
⑲須磨学園中学校(第2回入試)
⑳須磨学園中学校(第3回入試)
㉑白陵中学校
㉒夙川中学校

奈良県

①[国立]奈良女子大学附属中等教育学校
②[国立]奈良教育大学附属中学校
③[県立]
国際中学校
青翔中学校
④[市立]一条高等学校附属中学校
⑤帝塚山中学校
⑥東大寺学園中学校
⑦奈良学園中学校
⑧西大和学園中学校

和歌山県

①[県立]
古佐田丘中学校
向陽中学校
桐蔭中学校
日高高等学校附属中学校
田辺中学校
②智辯学園和歌山中学校
③近畿大学附属和歌山中学校
④開智中学校

岡山県

①[県立]岡山操山中学校
②[県立]倉敷天城中学校
③[県立]岡山大安寺中等教育学校
④[県立]津山中学校
⑤岡山中学校
⑥清心中学校
⑦岡山白陵中学校
⑧金光学園中学校
⑨就実中学校
⑩岡山理科大学附属中学校
⑪山陽学園中学校

広島県

①[国立]広島大学附属中学校
②[国立]広島大学附属福山中学校
③[県立]広島中学校
④[県立]三次中学校
⑤[県立]広島叡智学園中学校
⑥[市立]広島中等教育学校
⑦[市立]福山中学校
⑧広島学院中学校
⑨広島女学院中学校
⑩修道中学校
⑪崇徳中学校
⑫比治山女子中学校
⑬福山暁の星女子中学校
⑭安田女子中学校
⑮広島なぎさ中学校
⑯広島城北中学校
⑰近畿大学附属広島中学校福山校
⑱盈進中学校
⑲如水館中学校
⑳ノートルダム清心中学校
㉑銀河学院中学校
㉒近畿大学附属広島中学校東広島校
㉓AICJ中学校
㉔広島国際学院中学校
㉕広島修道大学ひろしま協創中学校

山口県

①[県立]
下関中等教育学校
高森みどり中学校
②野田学園中学校

徳島県

①[県立]
富岡東中学校
川島中学校
城ノ内中等教育学校
②徳島文理中学校

香川県

①大手前丸亀中学校
②香川誠陵中学校

愛媛県

①[県立]
今治東中等教育学校
松山西中等教育学校
②愛光中学校
③済美平成中等教育学校
④新田青雲中等教育学校

高知県

①[県立]
安芸中学校
高知国際中学校
中村中学校

福岡県

①[国立]福岡教育大学附属中学校（福岡・小倉・久留米）
②[県立]
育徳館中学校
門司学園中学校
宗像中学校
嘉穂高等学校附属中学校
輝翔館中等教育学校
③西南学院中学校
④上智福岡中学校
⑤福岡女学院中学校
⑥福岡雙葉中学校
⑦照曜館中学校
⑧筑紫女学園中学校
⑨敬愛中学校
⑩久留米大学附設中学校
⑪飯塚日新館中学校
⑫明治学園中学校
⑬小倉日新館中学校
⑭久留米信愛中学校
⑮中村学園女子中学校
⑯福岡大学附属大濠中学校
⑰筑陽学園中学校
⑱九州国際大学付属中学校
⑲博多女子中学校
⑳東福岡自彊館中学校
㉑八女学院中学校

佐賀県

①[県立]
香楠中学校
致遠館中学校
唐津東中学校
武雄青陵中学校
②弘学館中学校
③東明館中学校
④佐賀清和中学校
⑤成穎中学校
⑥早稲田佐賀中学校

長崎県

①[県立]
長崎東中学校
佐世保北中学校
諫早高等学校附属中学校
②青雲中学校
③長崎南山中学校
④長崎日本大学中学校
⑤海星中学校

熊本県

①[県立]
玉名高等学校附属中学校
宇土中学校
八代中学校
②真和中学校
③九州学院中学校
④ルーテル学院中学校
⑤熊本信愛女学院中学校
⑥熊本マリスト学園中学校
⑦熊本学園大学付属中学校

大分県

①[県立]大分豊府中学校
②岩田中学校

宮崎県

①[県立]五ヶ瀬中等教育学校
②[県立]
宮崎西高等学校附属中学校
都城泉ヶ丘高等学校附属中学校
③宮崎日本大学中学校
④日向学院中学校
⑤宮崎第一中学校

鹿児島県

①[県立]楠隼中学校
②[市立]鹿児島玉龍中学校
③鹿児島修学館中学校
④ラ・サール中学校
⑤志學館中等部

沖縄県

①[県立]
与勝緑が丘中学校
開邦中学校
球陽中学校
名護高等学校附属桜中学校

もっと過去問シリーズ

北海道

北嶺中学校
7年分(算数・理科・社会)

静岡県

静岡大学教育学部附属中学校
(静岡・島田・浜松)
10年分(算数)

愛知県

愛知淑徳中学校
7年分(算数・理科・社会)
東海中学校
7年分(算数・理科・社会)
南山中学校男子部
7年分(算数・理科・社会)
南山中学校女子部
7年分(算数・理科・社会)
滝中学校
7年分(算数・理科・社会)
名古屋中学校
7年分(算数・理科・社会)

岡山県

岡山白陵中学校
7年分(算数・理科)

広島県

広島大学附属中学校
7年分(算数・理科・社会)
広島大学附属福山中学校
7年分(算数・理科・社会)
広島学院中学校
7年分(算数・理科・社会)
広島女学院中学校
7年分(算数・理科・社会)
修道中学校
7年分(算数・理科・社会)
ノートルダム清心中学校
7年分(算数・理科・社会)

愛媛県

愛光中学校
7年分(算数・理科・社会)

福岡県

福岡教育大学附属中学校
(福岡・小倉・久留米)
7年分(算数・理科・社会)
西南学院中学校
7年分(算数・理科・社会)
久留米大学附設中学校
7年分(算数・理科・社会)
福岡大学附属大濠中学校
7年分(算数・理科・社会)

佐賀県

早稲田佐賀中学校
7年分(算数・理科・社会)

長崎県

青雲中学校
7年分(算数・理科・社会)

鹿児島県

ラ・サール中学校
7年分(算数・理科・社会)

※もっと過去問シリーズは
国語の収録はありません。

教英出版
〒422-8054
静岡県静岡市駿河区南安倍3丁目12−28
TEL 054-288-2131
FAX 054-288-2133
詳しくは教英出版で検索
教英出版 検索
URL https://kyoei-syuppan.net/

2024年度

北嶺中学校入学試験問題

国　　語

（60分）

（注意）

1　問題が配られても、「はじめ」の合図があるまで、中を開かないで下さい。

2　問題は全部で**14ページ**、解答用紙は1枚です。「はじめ」の合図があったら、まず、ページ数を確認してからはじめて下さい。もし、ページがぬけていたり、印刷されていなかったりする場合は、静かに手をあげて先生に伝えて下さい。

3　答えはすべて、解答用紙の指定された位置に書いて下さい。

4　字数が指定されている場合は、句読点や記号も1字として数えて下さい。

5　質問や用事がある場合は、静かに手をあげて先生に伝えて下さい。ただし、問題の考え方や、言葉の意味、漢字の読み方などについての質問には答えません。

6「おわり」の合図で鉛筆をおき、先生が解答用紙を集めおわるまで、静かに待っていて下さい。

2024(R6) 北嶺中
K 教英出版

一

次の文章は、一九六五年の大阪を舞台にした小説の一節です。十八歳の予備校生である「ぼく」は、中之島《なかのしま》の図書館に通いつめて、読書に熱中する日々を送っていました。読んで、あとの問いに答えなさい。

読書に、ある種の歓《よろこ》びと充実を感じるようになったのは、九月に入ってからだった。そしてちょうどその頃、ぼくは*1有吉が腰の病気で入院したことを知った。腰の中心部に集まっている神経の病気らしく、草間は電話口で何やら難しい病名を言った。ぼくはデパートの食料品売場をさんざん歩き廻《まわ》ったあげく、結局メロンを一個お見舞いに買って、草間との待ち合わせ場所へ急いだ。草間も同じように、メロンがひとつ入った箱を持って待っていた。

「こんなときでもないと、こういう贅沢《ぜいたく》な果物を腹いっぱい食えるチャンスはないからなァ」

と草間は言った。

ぼくたちは、暑い日差しの中を歩いた。桜橋から出入橋《でいりばし》まで行き、交差点を左に折れて堂島川の方へ十五分ばかり行くと、川沿いに大学の附属病院が見えて来た。日陰はひんやりしていたが、直射日光はまだ夏のもので、草間の鼠色《ねずみいろ》のポロシャツの背が汗で黒ずんでいた。有吉は六人部屋の、いちばん奥のベッドにいた。そこからは川が見え、淀屋橋《よどやばし》へつづいていくオフィス街のにぎわいが眺められた。

「親父が、病気のときは神経を使うな、もう一年浪人をしてもええから、いっさい勉強はしたらあかんて言いよるんや。来年落ちたら、家の運送屋を手伝わせるて言うとったのに、えらい変わりようや」

有吉はベッドの横の台に積んだ十数冊の参考書を足の甲で軽く押すと、

「こんなしょうもない腰の病気で、また一年間を棒に〔　1　〕たり出来んよ。来年は滑り止めに、S大の医学部も受けることにした」

そう言って笑った。

「S大なら、勉強せんでも通るでェ。有吉の実力やったら百パーセント合格やがな」

草間のI言葉をついで、ぼくは何か励ましになるようなことをと思い、

「優秀な医者になるには、自分も多少は病気を経験しといたほうがええんや。病人の気持がちゃんと判《わか》るがな」

と言った。そして、どんな具合なのか症状を訊いた。有吉は体の向きを変え、腰の真ん中を押さえて、ここに鉄の玉が詰まっているみたいな感じなのだと説明した。

「一種の神経痛みたいなもんらしいけど、ちゃんと治療しとかんと、一生の持病になってしまうそうや」

それから、長く伸びた頭髪の乱れをなおしながら①嬉《うれ》しそうに囁《ささや》いた。

「おい、医者はカッコええぞォ。患者にも看護婦にも、もう絶対的な優位に立ってる。こんなええ職業はほかにない。ただ、想像以上の肉体労働やから、体を鍛えとかんとあかんぞォ」

ぼくは病院を出ると草間と別れた。草間は受験勉強があったし、ぼくは*2カミュの小説のつづきを読まなくてはならなかったからだ。Ⅱ別れしな、草間は不思議そうな顔つきで言った。

「お前、何のために、そんなに意地みたいに本を読んでるんや?」

ぼくは答えようがなかったから、苦笑いを浮かべて手を振《ふ》ると、川沿いの道をとぼとぼ歩いて行った。

ぼくと草間は九月末と十月の半ばにも有吉を見舞った。薬の副作用で下痢がつづいているらしかったが、有吉の様子に変わったところは見られなかった。ところが、十一月十日、四度目の見舞いにひとりでおもむいたとき、ぼくは有吉の病状が尋常《じんじょう》なものではなかったことを知った。十日程前に移ったとかで、有吉は病棟の端《はし》にある個室のベッドに臥《ふ》していた。たったひと月あまりの間で、有吉は変わり果ててしまっていた。顔はふたまわりほど小さくなり、膝《ひざ》から下がむくんでいた。薄い胸の下に膨《ふく》れた腹があった。ぶ厚い蒲団《ふとん》を掛けてあっても、有吉の体の異常さがうかがえたのである。附き添っていた母親は、ぼくが病室に入ると、ちょっと売店に用事があるからと言って出て行った。ぼくは言葉を喪《うしな》って、早々に退散するきっかけを見つけ出そうと落ち着きなく椅子に腰かけていた。Aショトウの夕暮が落ちて来ていた。有吉はあおむけに寝て、首を窓に向けたまま、ぼくに話しかけようともせず、じっとⅢ暮れなずむ空に目を向けていた。ぼくが何か喋《しゃべ》らなくてはならぬと思い、言葉を選んでいると、

「きのう、草間が来たよ」

有吉は顔を〔　2　〕たまま聞き取りにくい声で言った。

「俺、何をやっても、あいつには勝たれへんような気がしてたけど、やっぱりそうやったなァ」

「草間のやつ、俺の妹に気があるんやけど、妹はお前のことが好きなんや」

「……俺は、犬猫以下の人間や」

ぼくは驚いて、臥している有吉の耳から顎《あご》にかけての翳《かげ》を見つめた。

「なんで、そんなことを言うんや?」

有吉はそれには答えず、深いため息をついた。有吉が窓の向こうから目を離さないのは、顔を見られたくないからかも知れないと思い、ぼくは立ちあがってドアの横の小さな鏡に自分を映した。ぼくは何かに祈りたかった。俺は犬猫以下の人間やと有吉が呟《つぶや》いたとき、ぼくは烈《はげ》しい恐怖と憂愁に、夕暮の彼方から手招きされているような気持にBツツまれたのだった。逃れようのない決定的な絶望に勝つためには、人間は祈るしかない筈《はず》だった。ぼくが立ちあがったのは帰るためだと有吉は思ったらしく、はじめて顔を向けて、

「またな」
と言った。ぼくがぼんやりと立ちつくしていると、有吉はもう一度、
「またな」
と言って、笑った。
有吉はそれから二十日後の、十一月三十日の明け方に死んだ。死んでから、ぼくと草間は、有吉のCチョウが癌《がん》にやられていたことを知った。手遅れの癌で、両親は最期まで誰にも真相を明かさなかったのである。

自分が、いままさに死にゆかんとしていることを知らないままに死んでいく人間などいないと、ぼくは思う。そうでなければ、人間が死ぬ必要などどこにもないではないか。人間は、そのことを思い知るために、死んでいくのだ。有吉の死後、ぼくが②読書すら放擲《ほうてき》して考えつづけたことは、それだった。だが何のために、そんなことを思い知らなくてはならないのか、ぼくには判らなかった。それを考えると、なぜかぼくは何かに祈りたくなるのだった。

有吉が死んでからは、ぼくと草間とはⅣ疎遠《そえん》になった。草間はその猛烈な勉強ぶりにいっそう拍車《はくしゃ》を〔 3 〕始めたし、ぼくはぼくで、③ある新しい熱情に駈《か》られて小説に読みふけるようになったからだ。その熱情とは、すでにとうの昔にこの世からいなくなった多くの作家たちが、生きているときに何を書かんとしたのかを知りたいという願望だった。死人が小説を書ける筈などなかったから、ぼくが捜《さが》し出そうとしていたことは馬鹿げたお遊びに近かった。だが、その馬鹿げたお遊びは、有吉の死がぼくに与えた後遺症だったのだ。ぼくはまもなく後遺症から立ち直り、あらゆる物語を「死」から切り離して考えるようになった。すべては「死」を裏づけにしていたが、「死」がすべてである物語は存在しなかったからである。

（宮本輝『星々の悲しみ』文春文庫刊）

【注】 ＊1 有吉………草間と高校時代から行動を共にしている予備校生。二人とも「ぼく」と同い年で同じ予備校に通っており、二人で図書館にいた時に「ぼく」を見かけて声をかけ、親しくなった。

＊2 カミュ……アルベール・カミュ（Albert Camus 一九一三〜一九六〇）。フランスの作家。

㈠ ――― A〜Cのカタカナを漢字に改めなさい。

(二) ［ 1 ］～［ 3 ］を補う言葉として最もふさわしいものを、次のア～カより選び、記号で答えなさい。同じ記号を二度以上選んではいけません。

ア 上げ　イ かけ　ウ 奮っ　エ 振っ　オ そろえ　カ そむけ

(三) 〰〰Ⅰ～Ⅳのここでの意味として最もふさわしいものを、次のア～オよりそれぞれ選び、記号で答えなさい。

Ⅰ 言葉をついで

ア 言葉に続けて
イ 言葉の途中《とちゅう》で
ウ 言葉を伝えて
エ 言葉を返して
オ 言葉に甘《あま》えて

Ⅱ 別れしな

ア 別々に
イ 別れぎわ
ウ 別れても
エ 別れがたく
オ 別れたあと

Ⅲ 暮れなずむ

ア 刻一刻と暮れていく
イ またたく間に暮れた
ウ 気持ちまで暗くする
エ すっかり暗くなった
オ 暮れそうで暮れない

Ⅳ 疎遠に

ア よそよそしく
イ 全く話さなく
ウ 行き来が少なく
エ 話がかみ合わなく
オ 互《たが》いを避《さ》けるように

㈣ ――①「嬉しそうに囁いた」とありますが、誰が、なぜ嬉しそうだったのですか。三十字以内で説明しなさい。

㈤ ――②「読書すら放擲して考えつづけたことは、それだった」とありますが、「ぼく」はこの時、十一月十日の有吉について、どういうことを考えていましたか。三十字以内で説明しなさい。

㈥ ――③「ある新しい熱情」とは、どういう思いを指していますか。最もふさわしいものを、次のア～オより選び、記号で答えなさい。

ア　有吉の死を忘れないために、あらゆる作家の言葉を死に結びつけて考えたい、という思い。
イ　大昔に亡くなった多くの作家たちの、作品に宿っている永遠の命に触《ふ》れたい、という思い。
ウ　作家たちが物語にちりばめた答えをたよりに、命のはかなさについて考えたい、という思い。
エ　それぞれの限りある時間の中で、作家たちの残した貴重な言葉に耳を傾《かたむ》けたい、という思い。
オ　有吉の両親が明かさなかった死の真相を、作家たちの死に重ねてつき止めたい、という思い。

国語の問題は、次のページに続きます。

二

次の文章を読んで、あとの問いに答えなさい。

　電話口へ呼び出されたから受話器を耳へあてがって用事を訊《き》いて見ると、ある雑誌社の男が、私《わたくし》の写真を貰《もら》いたいのだが、何時《いつ》撮《と》りに行って好《い》いか都合を知らしてくれろというのである。私は①「写真は少し困ります」と答えた。

　私はこの雑誌とまるで関係を有《も》って〔　１　〕。それでも過去三四年の間にその一二冊を手にした記憶はあった。人の笑っている顔ばかりを沢山載《の》せるのがその特色だと思った外に、今は何にも頭に残っていない。けれども其所《そこ》にわざとらしく笑っている顔の多くが私に与えた不快の印象はいまだに消えずにいた。それで私は断わろうとしたのである。

　雑誌の男は、卯年《うどし》の正月号だから卯年の人の顔を並べたいのだという希望を述べた。私は先方のいう通り卯年の生《うま》れに相違なかった。それで私はこう云《い》った。――

「あなたの雑誌へ出すために撮る写真は笑わなくっては不可《いけな》いのでしょう」

「いえそんな事はありません」と相手はすぐ答えた。あたかも私が今までその雑誌の特色を誤解して〔　２　〕。

「当り前の顔で構いませんなら載せて②頂いても宜《よろ》しゅう御座《ござ》います」

「いえそれで結構で御座いますから、どうぞ」

　私は相手と期日の約束をした上、電話を切った。

　中一日置いて打ち合せをした時間に、電話を掛けた男が、綺麗《きれい》な洋服を着て写真機を携えて私の書斎《しょさい》に這入《はい》って来た。私はしばらくその人と彼のＡジュウジしている雑誌について話をした。それから写真を二枚撮って貰った。一枚は机の前に坐《すわ》っているＢ平生の姿、一枚は寒い庭前《にわさき》の霜の上に立っている普通の態度であった。書斎は光線が能《よ》く透《とお》らないので、機械を据《す》え付けてから＊マグネシアを燃した。その火の燃えるすぐ前に、彼は顔を半分ばかり私の方へ出して、「御約束では③御座いますが、少しどうか笑って頂けますまいか」と云った。私はその時突然微《かす》かな滑稽《こっけい》を感じた。然《しか》し同時に馬鹿な事をいう男だという気もした。私は「これで好いでしょう」と云ったなり先方の注文には取り合わなかった。彼が私を庭のＣ木立の前に立たして、レンズを私の方へ向けた時もまた前と同じ様な鄭寧《ていねい》な調子で、「④御約束では御座いますが、少しどうか……」と同じ言葉を繰り返した。私は⑤前よりも猶《なお》笑う気になれなかった。

　それから四日ばかり経《た》つと、彼は郵便で私の写真を届けてくれた。然しその写真は正《まさ》しく彼の注文通りに〔　３　〕のである。その時私は中《あて》が外れた人のように、しばらく自分の顔を見詰めていた。私にはそれがどうしても手を入れて笑っているように拵《こしら》えたものとしか見えなかったからである。

私は念のため家《うち》へ来る四五人のものにその写真を出して見せた。彼等《かれら》はみんな私と同様に、どうも作って〔　４　〕という鑑定《かんてい》を下した。

私は生れてから今日《こんにち》までに、人の前で笑いたくもないのに笑って見せた経験が何度となくある。その偽《いつわ》りが今この写真師のために復讐《ふくしゅう》を受けたのかも知れない。

彼は気味のよくない苦笑を洩《も》らしている私の写真を送ってくれたけれども、その写真を載せると云った雑誌は遂《つい》に届けなかった。

（夏目漱石『硝子戸《がらすど》の中』）

【注】　＊　マグネシア……当時はフラッシュとして、マグネシウムを主成分とした粉を燃やしていた。

㈠　――Aのカタカナを漢字に改め、――B・Cの読み方をひらがなで答えなさい。

㈡　〔　１　〕～〔　４　〕を補う表現として最もふさわしいものを、次のア～クより選び、記号で答えなさい。同じ記号を二度以上選んではいけません。

ア　みた　　イ　いたために　　ウ　いなかった　　エ　笑わせたものらしい
オ　いた　　カ　いた如《ごと》くに　　キ　笑っていた　　ク　笑っている筈がない

㈢　――①「『写真は少し困ります』と答えた」とありますが、筆者はなぜそうしたのですか。四十字以内で説明しなさい。

㈣　――②「頂い」、――③「御座います」について、

Ⅰ　誰から誰への敬意を表していますか。次のア～オから選んで、記号で答えなさい。

ア　筆者　　イ　読者　　ウ　筆者の家族　　エ　雑誌社の男　　オ　卯年の正月号を買うだろう人達

Ⅱ　同じ意味の、敬語でない言葉に改めなさい。（例　おっしゃった　→　言っ）

㈤　――④「御約束」とは、話し手が筆者にした、どういう約束ですか。十五字以内で説明しなさい。

㈥　――⑤「前よりも猶笑う気になれなかった」とありますが、筆者はなぜそう感じたのですか。最もふさわしいものを、次のア～オより選び、記号で答えなさい。

ア　何度もたのまれるとつい笑って見せてしまうかもしれないと、かつての経験を思い出して用心しはじめたから。
イ　上辺だけ丁寧な言葉を繰り返されて、相手の男には筆者の意向を尊重する気など全くないのだとわかったから。
ウ　電話を受けた時は丁寧だった相手の態度にひどく横着なものを感じ、引き受けなければよかったと思ったから。
エ　電話で話した時は雑誌社の方針を誤解していたと反省したが、やはりこの雑誌には載りたくないと思ったから。
オ　一枚目は相手の注文に取り合わなかったが、今度も断れば、おそらく向こうで手を加えるだろうと思ったから。

三

次の文章を読んで、あとの問いに答えなさい。

どうして神さまは、「個性」など生み出したのだろう。

①どうして、私たちには、個性があるのだろう。

「オナモミ」という雑草がある。

トゲトゲした実が服にくっつくので「くっつき虫」や「ひっつき虫」とも呼ばれている。実を服につけて飾りにしたり、手裏剣《しゅりけん》のように投げ合って遊んだりした人もいるかもしれない。

オナモミのトゲトゲしたものは、タネではなく実である。この実の中にはタネが入っている。

オナモミの実の中には、二つの種子が入っている。

この二つの種子は性格が違う。二つの種子のうち、一つはすぐに芽を出すせっかち屋、そしてもう一つは、なかなか芽を出さないのんびり屋である。

このせっかち屋の種子とのんびり屋の種子は、どちらがより優れていると言えるだろうか？

早く芽を出した方が良いような気もするが、そうでもない。

急いで芽を出しても、成長にAテキした時期かどうかがわからないのだ。仮にテキした時期だったとしても、問題はある。オナモミは雑草である。気まぐれな人間が、いつ草取りをするかわからない。その場合は、ゆっくりと芽を出した方が良いかもしれない。

早く芽を出す種子と、遅く芽を出す種子はどちらが優れているのだろう？

そんなことは、わからない。

早く芽を出す方が有利なときもあるし、遅く芽を出す方が成功するときもある。

［　1　］オナモミは、性質の異なる二つの種子を用意しているのである。

私たち人間は、状況判断を迫られるとどちらが優れているのか、比べたがる。

どちらが良いのか、答えを求めたがる。

しかし、実際には答えのないことが多い。

本当は答えなどないのに、人間はさも答えがあるようなフリをしている。そして、さもわかったようなフリをして、「これは良い」とか、「それはダメだ」と言っている。

わかったつもりでいるだけなのだ。

本当は答えなどない。

何が優れているかなど本当はわからない。

答えがないとすれば、どうすれば良いのだろうか。

それは簡単である。オナモミの例に見るように、両方用意しておけば良いのである。

答えがわからないから、たくさんの選択肢《せんたくし》を用意する。

それが生物たちの戦略なのである。

生物がたくさんの選択肢を用意することは「遺伝的多様性」と呼ばれている。

しかし、不思議なことがある。

自然界の生物は遺伝的多様性を持つ。

それなのに、「みんなが同じ」という生き物も多い。

多少の個体差はあるものの、たとえば、②ゾウはみんな鼻が長い。鼻が短いという個性はない。キリンもそうだ。首が短いキリンはいない。チーターはみんな足が速い。人間は足が速かったり、遅かったりするのに、チーターはどれも足が速い。どうして、足の遅いチーターはいないのだろう。

それはチーターにとって足が速いことが答えだからである。答えがあるときには、生物はその答えに向かって進化をする。獲物を追いかけて捕らえるチーターにとって足が速い方が有利である。「足が遅いよりも足が速い方が良い」というのが、チーターにとっての答えだ。だから、チーターの足の速さに個性はないのである。

ゾウも鼻が長いことが正解だ。キリンも首が長いことが正解だ。答えがあるときに、そこに個性は必要ないのである。

それでは答えがないときはどうだろう。何が正解かわからない。何が有利かわからない。そのときに生物はたくさんの答えを用意する。それが「たくさんの個性」であり、遺伝的な多様性なのだ。

人間も同じである。

人間の目の数は、二つである。そこに個性はない。答えがあるものに個性はないのだ。

しかし、人間の能力には個性がある。顔にも個性がある。性格にも個性がある。

生物はいらない個性は作らない。

個性があるということは、そこに意味があるということなのだ。

人間は足の速い人と、足の遅い人がいる。

それは、足の速さに正解がないからだ。

足が速い方がいいに決まっていると思うかもしれないが、そうではない。

生物の能力は「トレードオフ」と言って、どれかが良いとどれかが悪くなるようにバランスが取れている。〔 2 〕、足が長ければ歩幅が大きくて速く走れるかもしれない。〔 3 〕、重心が高くなるので、不安定になって、転びやすくなるかもしれない。背が高ければ遠くまで見渡せてBテンテキを見つけやすいかもしれないが、草陰に隠れるときには、背が低い方がいい。

〔 X 〕

どちらが良いかわからないのであれば、どちらも用意しておくのが生物の戦略だ。

人間に足の速い人と足の遅い人がいるということは、足が速いことはそうでなければ生きていけないというほど重要ではないということだ。もちろん、足が速いことはすばらしいことだけれど、他の能力で足が遅いことはカバーできる。他の能力を捨ててまで、チーターのように人類みんなで足が速くならない方が良いというのが、おそらくは人間の進化なのだ。

ただし、それだけではない。

人類には人類の特殊な事情がある。

生物としての人間の強みは何だったろう。

それは、「弱いけれど助け合う」ということだ。

ふしぎなことに、古代の遺跡からは、歯の抜けた年寄りの骨や、足をけがした人の骨が見つかるらしい。〔 4 〕、狩りには参加できないような高齢者や傷病者の世話をしていたのだ。

人間は他の生物に比べると力もないし、足も遅い弱い生物である。だから知恵を出し合って生き抜いてきた。

知恵を出し合って助け合うときには、経験が大切になる。経験が豊富な高齢者や危険を経験した傷病者の知恵は、人類が生き抜く上で参考になったのだろう。色々な人がいれば、それだけ色々な意見が出るし、色々なアイデアが生まれる。

そうして、人類は知恵を出し合い、知恵を集めて、知恵を伝えてCハッテンをしてきたのだ。

自然界は優れたものが生き残り、劣《おと》ったものは滅んでいくのが掟《おきて》である。

もっとも、何が優れているかという答えはないから、生物は多様性のある集団を作る。しかし、年老いた個体や、病気やケガをした個体は、生き残れないことが多い。

しかし、人間の世界は、年老いた個体や病気やケガをした個体も、「多様性」のDイチインにしてきた。それが人間の強さだったのだ。

人間の世界には「弱い者をいじめてはいけない」とか、「人間同士で傷つけ合ってはいけない」とか、生物の世界とは違った法律や道徳や正義感がある。

残念ながら有史を振り返れば、人々が殺し合う戦争や弱い者が虐《しいた》げられる歴史は繰り返されている。しかし、それでも人は、そのようなことは悪いことだ、人々は愛し合い助け合うのが本来の姿なのだと心の底で信じている。

それはけっして人間が慈愛《じあい》に満ちた生き物だったからだけではない。それは長い人類史の中で人間が少しずつ培《つちか》ってきたものでもある。③そうしなければ人間は自然界で生きていけなかったのだ。

（稲垣栄洋『ナマケモノは、なぜ怠《なま》けるのか？』ちくまプリマー新書）

㈠　――A～Dのカタカナを漢字に改めなさい。

㈡　〔　1　〕～〔　4　〕を補う言葉として最もふさわしいものを、次のア～クより選び、記号で答えなさい。同じ記号を二度以上選んではいけません。

ア　だから　　イ　つまり　　ウ　そのうえ　　エ　たとえば
オ　そして　　カ　しかし　　キ　ちなみに　　ク　ところで

㈢　〔　X　〕を補う一文として最もふさわしいものを、次のア～オより選び、記号で答えなさい。

ア　帯に短し、たすきに長し。
イ　どんぐりの背比べ。
ウ　船頭多くして船山に上る。
エ　あちらを立てれば、こちらが立たず。
オ　背に腹はかえられない。

㈣ ――①「どうして、私たちには、個性があるのだろう」とありますが、筆者は、生物にとって「たくさんの個性」とは何であると述べていますか。生物が個性を持つ理由をふまえて、四十五字以内で説明しなさい。

㈤ ――②「ゾウはみんな鼻が長い」という例をあげることで、筆者はどういうことを述べようとしていますか。その答えに当たる十三字の表現を、「ということ」に続くように本文よりぬき出しなさい。

㈥ ――③「そうしなければ人間は自然界で生きていけなかったのだ」とありますが、人間はどのように自然界を生きぬいてきたと、筆者は述べていますか。最もふさわしいものを、次のア～オより選び、記号で答えなさい。

ア 社会という集団を作り、個々の能力を生かした役割分担をすることで、個体の弱さを補いながら、生きぬいてきた。

イ 互いに傷つけ合わないという独自の法律や道徳を作り、強固に統合された社会を形成することで、生きぬいてきた。

ウ 多様な経験から得られる様々な知恵を集めて共有し、それらの知恵を生かして助け合うことで、生きぬいてきた。

エ 劣ったものを含むすべての個体が生き残れるように、弱者を守るための仕組みを構築することで、生きぬいてきた。

オ 他の生物に劣る身体能力はあえて退化させ、知恵という人間特有の能力を伸ばしていくことで、生きぬいてきた。

2024年度

北嶺中学校入学試験問題

算　　　数

（60分）

（注意）

1　問題が配られても、「はじめ」の合図があるまで、中を開かないで下さい。

2　問題は全部で **10 ページ**、解答用紙は1枚です。「はじめ」の合図があったら、まず、ページ数を確認してからはじめて下さい。もし、ページがぬけていたり、印刷されていなかったりする場合は、静かに手をあげて先生に伝えて下さい。

3　答えはすべて、解答用紙の指定された位置に書いて下さい。答えが分数になるときは、できるだけ約分して答えて下さい。

4　コンパス、定規、分度器は使用できません。机の上にはおかないで下さい。

5　質問や用事がある場合は、静かに手をあげて先生に伝えて下さい。ただし、問題の考え方や、言葉の意味、漢字の読み方などについての質問には答えません。

6「おわり」の合図で鉛筆をおき、先生が解答用紙を集めおわるまで、静かに待っていて下さい。

1　次の □ にあてはまる数を求めなさい。

(1) $17\dfrac{19}{23} - 7\dfrac{11}{13} = \square$

(2) $\dfrac{1}{2} \times 8 \times 8 \times \left\{ \dfrac{1}{4} \times 1.414 + \dfrac{1}{4} \times (1.414 + 1.732) \right\} \times 0.25 = \square$

(3) $\dfrac{3}{14} \times \left(\square + 1\dfrac{2}{3} \right) - \dfrac{1}{28} \div \dfrac{3}{5} = \left(4.5 - 1\dfrac{5}{14} \right) \div 3$

(4) { 2 時間 27 分 19 秒 − (43 分 52 秒) × 3 + 2 時間 2 分 2 秒 } ÷ 3 = ア 分 イ 秒

ただし，ア は 1 以上の整数，イ は 0 以上 59 以下の整数とします。

計算用紙

2　次の各問いに答えなさい。

(1)　①　(あ)～(う)の計算式が成り立つように，式の中の $\boxed{\text{A}}$ には【A群】から，$\boxed{\text{B}}$ には【B群】から，$\boxed{\text{C}}$ には【C群】から，それぞれあてはまるものを1つずつ選び，記号で答えなさい。ただし，各群の記号は(あ)～(う)で同じものを使用してもよいものとします。

(あ)　$(\boxed{\quad\text{A}\quad})\ \boxed{\text{B}}\ (\boxed{\quad\text{C}\quad}) = 6 \times 6$

(い)　$(\boxed{\quad\text{A}\quad})\ \boxed{\text{B}}\ (\boxed{\quad\text{C}\quad}) = 8 \times 8$

(う)　$(\boxed{\quad\text{A}\quad})\ \boxed{\text{B}}\ (\boxed{\quad\text{C}\quad}) = 42 \times 42$

【A群】	【B群】	【C群】
ア．4×5	カ．$+$	サ．3×4
イ．4×7	キ．$-$	シ．3×6
ウ．8×5	ク．$\times$	ス．3×8
エ．9×6	ケ．$\div$	セ．7×9

②　次の計算式が成り立つように，式の中の $\boxed{\text{D}}$ には【D群】から，$\boxed{\text{E}}$ には【E群】から，それぞれあてはまるものを1つずつ選び，記号で答えなさい。

$(\boxed{\quad\text{D}\quad}) \times (\boxed{\quad\text{E}\quad}) = 276 \times 286$

【D群】	【E群】
タ．41×49	ナ．2×17
チ．42×48	ニ．5×7
ツ．43×47	ヌ．6×6
テ．44×46	ネ．3×13
ト．45×45	ノ．4×10

(2)　ある会社は，今年の商品 A の売り上げの目標金額を，昨年の売り上げの 125 % 増しに設定しました。しかし，目標金額を修正してはじめの目標金額から 2 割を減らした額としました。修正した売り上げの目標金額は，昨年の売り上げの何% 増しか答えなさい。

注意：「125 %」と「125 %増し」は意味が異なります。

(3)　3 けたの数の百の位，十の位，一の位の 3 つの数を足して 3 の倍数となるとき，この数は 3 の倍数であることが知られています。

[1], [1], [1], [2], [3], [4], [7] の 7 枚のカードがあります。この中から 3 枚を使って 3 けたの数を作ります。3 の倍数となる 3 けたの数は何通りできるか答えなさい。

(4)　1 つの円から次の図形と同じ形の図形を 12 個切り取ると，円の周の部分がちょうどなくなりました。もとの円の面積を求めなさい。ただし，円周率は 3.14 とします。

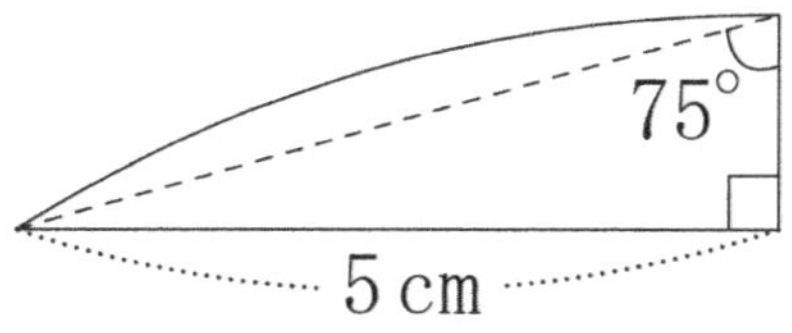

(5)　A 君，B 君，C 君の 3 人が，同じ問題集に取り組むための計画を立てようとしています。

A 君は毎日 5 題ずつ解いていき，20 日目に，残っている 5 題以下の問題を解き，すべての問題を解き終わる計画を立てました。

B 君は毎日 7 題ずつ解いていき，14 日目に，残っている 7 題以下の問題を解き，すべての問題を解き終わる計画を立てました。

C 君は毎日 2 題以上の**同じ問題数**を解いていき，何日目かにちょうどすべての問題を解き終わる計画を立てようとしました。しかし，1 日に解く問題数をどう変えてもこのような計画を立てることはできないことが分かりました。

この問題集にのっている問題は全部で何問か答えなさい。ただし，1 日ですべての問題を解くことはできません。

3　２つのインターネットショップＡ，Ｂでは，次の表にある４つの商品Ｐ，Ｑ，Ｒ，Ｓを販売《はんばい》していて，１つの商品につきどちらかのショップで１個だけ買うことができます。

商品	P	Q	R	S
ショップＡ	470円	940円	1380円	2240円
ショップＢ	500円	1000円	1500円	2500円

ショップＡでは１回の買い物の合計金額が2000円以上の場合は送料無料ですが，2000円未満の場合は送料が400円かかります。例えば商品ＱとＲを買うとき，同時に買えば2320円ですが，Ｑを買ったのちにＲを買うと，送料がそれぞれにかかって支払《しはら》い金額の合計は3120円となります。

ショップＢでは全品送料無料で，しかも支払い金額の合計の10％分のポイントがもらえます。ただし小数点以下は切り上げます。貯めたポイントはショップＢでの次回以降の買い物に１ポイント１円として利用することができますが，ポイントを利用する際は，保有ポイントのすべてを使わなければなりません。例えば商品Ｐを買ったのちに商品Ｑを買ったときの支払い金額の合計と保有ポイントは，ポイントを利用すれば1450円で95ポイント保有することになり，ポイントを利用しなければ1500円で150ポイント保有することになります。これらの例からわかるように，ポイントを利用して買い物をした場合にはポイント分の金額を差し引いた支払い金額の合計に対して10％分のポイントがもらえます。

次の各問いに答えなさい。

(1)　１回の買い物で商品ＰとＲを買うとき，ショップＡとＢで支払い金額の合計はいくら違いますか。

(2)　ショップＢで商品ＰとＱとＲを支払い金額の合計が最も少なくなるように買うとき，支払い金額の合計はいくらですか。

(3)　２つのショップＡ，Ｂをうまく利用して商品ＰとＱとＳを支払い金額の合計が最も少なくなるように買うとき，支払い金額の合計はいくらですか。

(4)　２つのショップＡ，Ｂをうまく利用して商品ＰとＱとＲとＳを支払い金額の合計が最も少なくなるように買うときと，逆に最も多くなるように買うときでは，支払い金額の合計はいくら違いますか。

計算用紙

4

2021年8月の東京オリンピックで，「50 km 競歩」は札幌で開催《かいさい》され，南北に走る駅前通りの直線部分に作られた1周2 km のコースを25周する形で行われました。

ここでは，図のような「南北の真ん中の地点（両端《はし》の折り返し地点より 500 m の位置）をスタート・ゴールとした1周2 km のコース」を設定し，このコースを25周する 50 km 競歩の大会に，A，B，C，D の4人が参加することにしました。

4人が同時に北向きに出発するとき，次の各問いに答えなさい。ただし，問題を考える上で，道の幅《はば》は考えないこととします。

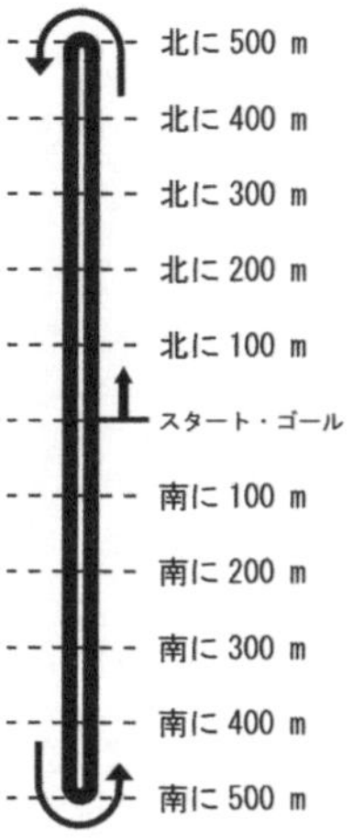

(1) A さんの 50 km 競歩のタイムが3時間51分ちょうどでした。A さんの速さは時速 [ア] km です。[ア] にあてはまる数字を小数で求めなさい。ただし，小数第3位以下は切り捨て，小数第2位まで求めなさい。

(2) B さんは最初，時速 14 km で出発しましたが，30 km 地点で速さが急に時速 12 km に落ち，さらに 40 km 地点では速さが急に時速 10 km に落ちました。速さが変化したとき以外は一定の速さを維持《いじ》するとき，ゴールするまでにかかった時間は [イ] 時間 [ウ] 分です。[イ]，[ウ] にあてはまる数字を求めなさい。ただし，[イ] は1以上の整数，[ウ] は0以上59以下の整数とし，秒単位は切り捨てることとします。

(3)　C さんの速さは分速 200 m，D さんの速さは分速 190 m で，2 人とも最後まで速さを維持するものとします。

以下の問題で，「すれ違う」とは 2 人が違う方向に歩いているときに出会うことをいい，スタートのとき，追い越《こ》すとき，2 人が南北の折り返し地点のどちらかに同時にいるときは「すれ違う」とはならないとします。

また，追い越したり，すれ違ったりするときは他の人にぶつかることはないとします。

①　C さんが D さんを初めて追い越したのはスタートしてから [エ] 時間 [オ] 分後です。[エ]，[オ] にあてはまる数字を求めなさい。ただし，[エ] は 1 以上の整数，[オ] は 0 以上 59 以下の整数とし，秒単位は切り捨てることとします。

②　C さんがゴールするまでに，C さんは D さんと [カ] 回すれ違いました。[カ] にあてはまる整数を求めなさい。

③　C さんが D さんと 5 回目にすれ違うのはスタートしてから [キ] 分 [ク] 秒後です。[キ]，[ク] にあてはまる数字を求めなさい。ただし，[キ] は 1 以上の整数，[ク] は 0 以上 59 以下の整数とし，秒の小数点以下は切り捨てることとします。

5 図1のような直方体があります。図2のように図1の直方体を平らな机に置き，机の上で直方体を矢印（**ア**）または（**イ**）の方向に**すべることなく** 90° ずつ回転させていくとき，次の各問いに答えなさい。ただし，円周率は 3.14 とし，机は十分広く，直方体が机の上から落ちることはないものとします。

図1

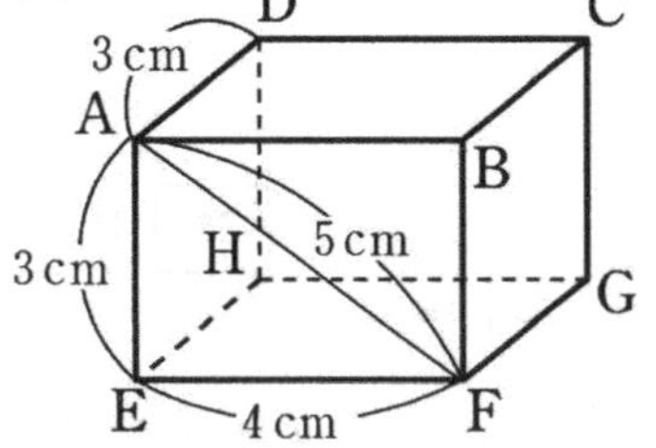

図2

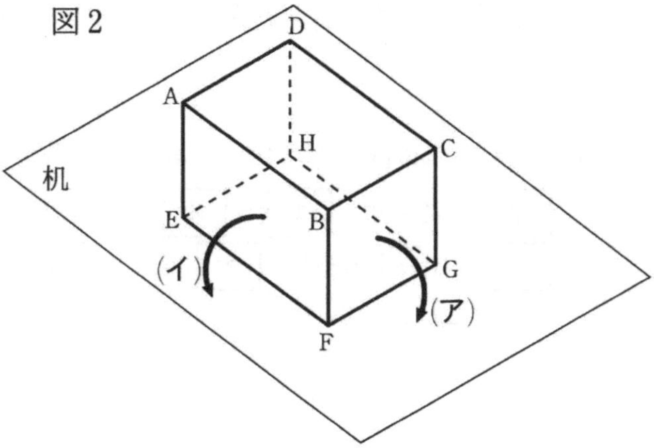

(1) 直方体を矢印（**ア**）の方向に 2 回 90° ずつ回転させます。

① 直方体の 8 つの頂点のうち，頂点が動いてできる線の長さが最も長くなる頂点と，その線の長さを求めなさい。ただし，線が最も長くなる頂点が複数ある場合は，すべての頂点を答えなさい。（例として，頂点 A, 頂点 B, 頂点 C と答える場合，解答欄には頂点「 A, B, C 」 と書きなさい。）

② 直方体の 12 本の辺のうち，辺が動いてできる図形の面積が最も大きくなる辺と，その図形の面積を求めなさい。ただし，面積が最も大きくなる辺が複数ある場合は，すべての辺を答えなさい。（例として，辺 AB, 辺 BC, 辺 CD を答える場合，解答欄には辺「 AB, BC, CD 」 と書きなさい。）

(2) 直方体を矢印（**ア**）の方向に 1 回 90° 回転させた後，さらに矢印（**イ**）の方向に 1 回 90° 回転させます。

① 直方体の 8 つの頂点のうち，頂点が動いてできる線の長さが最も長くなる頂点と，その線の長さを求めなさい。ただし，線が最も長くなる頂点が複数ある場合は，すべての頂点を答えなさい。

② 直方体の 12 本の辺のうち，辺が動いてできる図形の面積が最も大きくなる辺と，その図形の面積を求めなさい。ただし，面積が最も大きくなる辺が複数ある場合は，すべての辺を答えなさい。

計算用紙

2024年度

北嶺中学校入学試験問題

理　　　　科

(40分)

（注意）

1　問題が配られても、「はじめ」の合図があるまで、中を開かないで下さい。

2　問題は全部で **10 ページ**、解答用紙は1枚です。「はじめ」の合図があったら、まず、ページ数を確認してからはじめて下さい。もし、ページがぬけていたり、印刷されていなかったりする場合は、静かに手をあげて先生に伝えて下さい。

3　答えはすべて、解答用紙の指定された位置に書いて下さい。

4　字数が指定されている場合は、句読点や記号も1字として数えて下さい。

5　コンパス、定規、分度器は使用できません。机の上におかないでください。グラフや図を描く問題では、これらを使用せずに解答してください。

6　質問や用事がある場合は、静かに手をあげて先生に伝えて下さい。ただし、問題の考え方や、言葉の意味、漢字の読み方などについての質問には答えません。

7「おわり」の合図で鉛筆をおき、先生が解答用紙を集めおわるまで、静かに待っていて下さい。

1　次の問いに答えなさい。

(1) 日本では、熱帯低気圧のうち最大風速がある一定以上のものを「台風」と呼んでいますが、勢力の強い熱帯低気圧の呼び方は、地域によって異なっています。次の①と②の地域を主な発生場所とする、勢力の強い熱帯低気圧の呼び方を **カタカナ** で答えなさい。

① カリブ海やメキシコ湾(わん)などの北大西洋や北太平洋東部。
② ベンガル湾などのインド洋や南太平洋。

(2) 三大流星群の一つに数えられていて、日本では夏に見ることのできる流星群として、最も適するものを次の**ア～オ**から一つ選び、記号で答えなさい。

ア ペルセウス座流星群　**イ** オリオン座流星群　**ウ** しぶんぎ座流星群
エ ふたご座流星群　**オ** しし座流星群

(3) 地球上にある鉱石の一つに「ボーキサイト」と呼ばれるものがあります。「ボーキサイト」を原料としている金属として、最も適するものを次の**ア～ク**から一つ選び、記号で答えなさい。

ア 金　**イ** 銀　**ウ** 銅　**エ** アルミニウム
オ 鉄　**カ** スズ　**キ** マンガン　**ク** タングステン

(4) 海面の水位は1日の中で変化していて、多くの場所で満潮と干潮が1日に2回ずつ見られます。その理由として、最も適するものを次の**ア～オ**から一つ選び、記号で答えなさい。

ア 地球は太陽の周りを1年で1回公転しているため。
イ 地球は1日1回自転しているため。
ウ 地球は自転軸(じく)がかたむいているため。
エ 月は地球の周りを1回公転する間に、1回自転しているため。
オ 月は地球の周りをだ円形の軌道(きどう)で公転しているため。

(5) 地球から見て、月が ① 満月 と ② 新月 になるときの、太陽と地球と月の位置関係を模式的に表した図として、最も適するものを次の**ア〜エ**からそれぞれ一つずつ選び、記号で答えなさい。

ア

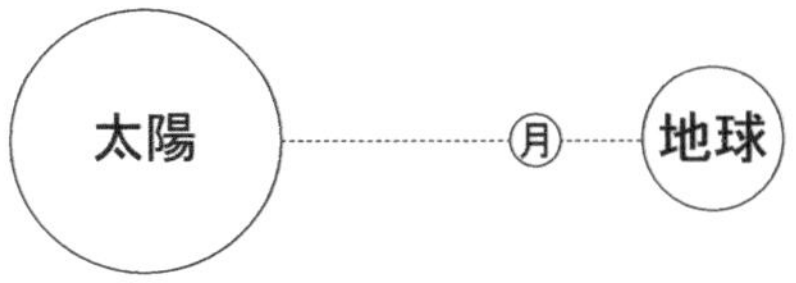

イ

ウ

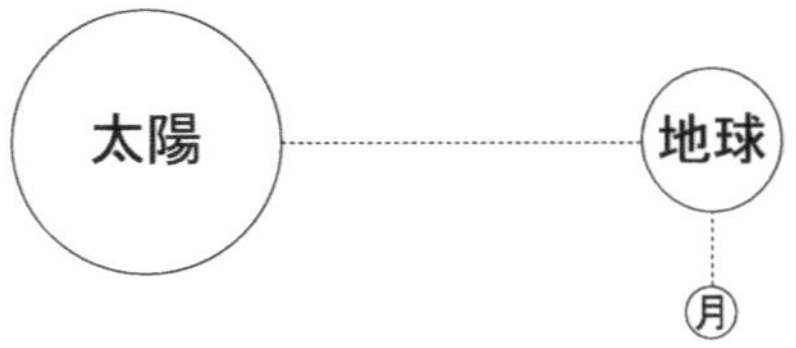

エ

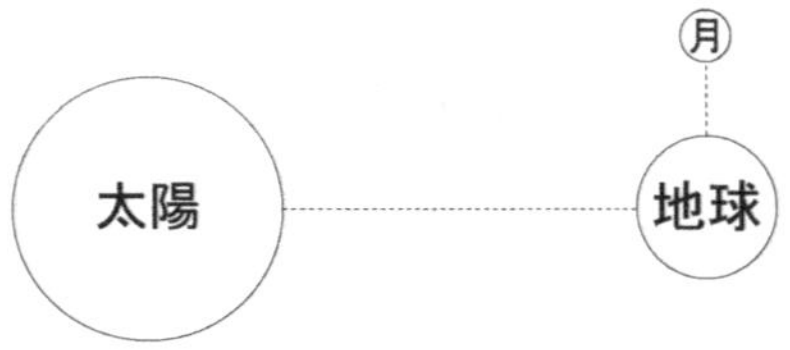

(6) 雲が発生する仕組みを説明した、以下の文の空らん A〜E に入る語句として、正しく組み合わせたものを次の**ア〜カ**から一つ選び、記号で答えなさい。

> 上空は空気が薄(うす)いため、上空の空気の圧力（気圧）は地上に比べて [A] くなります。そのため、地上の空気のかたまりが上昇(じょうしょう)すると、空気のかたまりが [B] します。そのとき、温度が [C] ので、[D] が [E] に変化して雲となります。

ア	A 大き	B 収縮	C 上がる	D 水	E 水蒸気
イ	A 小さ	B 収縮	C 上がる	D 水蒸気	E 水
ウ	A 大き	B 膨張(ぼうちょう)	C 上がる	D 水	E 水蒸気
エ	A 小さ	B 膨張	C 下がる	D 水	E 水蒸気
オ	A 大き	B 収縮	C 下がる	D 水蒸気	E 水
カ	A 小さ	B 膨張	C 下がる	D 水蒸気	E 水

2　次の問いに答えなさい。

(1) 2023 年のノーベル物理学賞の受賞理由は「□秒」と呼ばれる、きわめて短い時間だけ光を出す実験手法を開発したことでした。□に入る語句として、最も適するものを次の**ア**～**オ**から一つ選び、記号で答えなさい。

ア　マイクロ　　**イ**　ナノ　　**ウ**　ピコ　　**エ**　フェムト　　**オ**　アト

(2) フルカラーのLEDディスプレイは、光の三原色とよばれる3色のLEDを組み合わせて作られています。この3色を次の**ア**～**カ**から **三つ** 選び、記号で答えなさい。

ア　紫（むらさき）　　**イ**　青　　**ウ**　緑　　**エ**　黄　　**オ**　橙（だいだい）　　**カ**　赤

(3) 図のように、水槽（すいそう）にエタノールを入れ、そこに1 cm×1 cm×3 cmの直方体の物体をばねばかりに糸でつるして、物体の上面を液面から2 cmの深さにしずめたところ、ばねばかりが示す重さは2.1 gとなりました。このときの重さは (あ) 物体をばねばかりに糸でつるして、エタノールにしずめる前のばねばかりの示す重さ よりも軽くなっていました。このようになるのは、物体がおしのけたエタノールの重さの分だけ軽くなるからです。1 cm^3 のエタノールの重さは0.8 gであり、物体をつるしている糸の重さや体積は無視できるものとして、以下の①と②に答えなさい。ただし、答えが小数になるときは、小数第二位を四捨五入して **小数第一位** まで答えること。

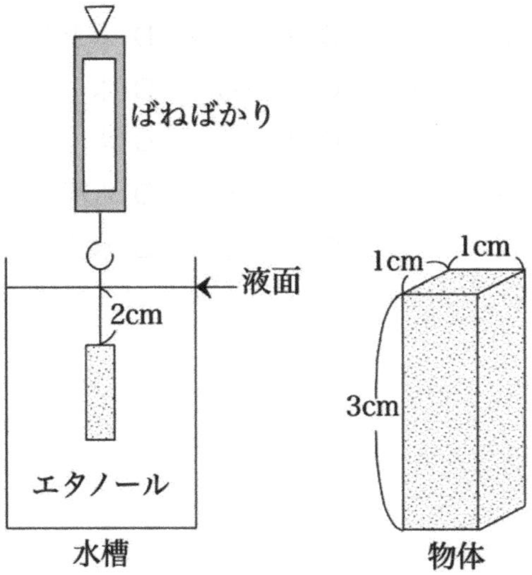

① 下線部（**あ**）について、このときのばねばかりの示す重さは何 g ですか。

② 図の状態からばねばかりをゆっくりと引き上げて、物体を上に 1 cm ずつ移動させたときの「物体の移動距離(きょり)」と「ばねばかりの示す重さ」との関係を、解答用紙のグラフに描(えが)きなさい。解答用紙のグラフには、あらかじめ、はじめにばねばかりが示す 2.1 g の重さの点が描かれているので、物体を上に 1 cm ずつ移動させたときの「ばねばかりの示す重さ」を **5点** 描き、となり合う点と点を直線で結びなさい。ただし、物体を引き上げている間、エタノールの液面から水槽の底までの深さは変化せず、物体の上面とエタノールの液面はつねに平行になっているものとします。

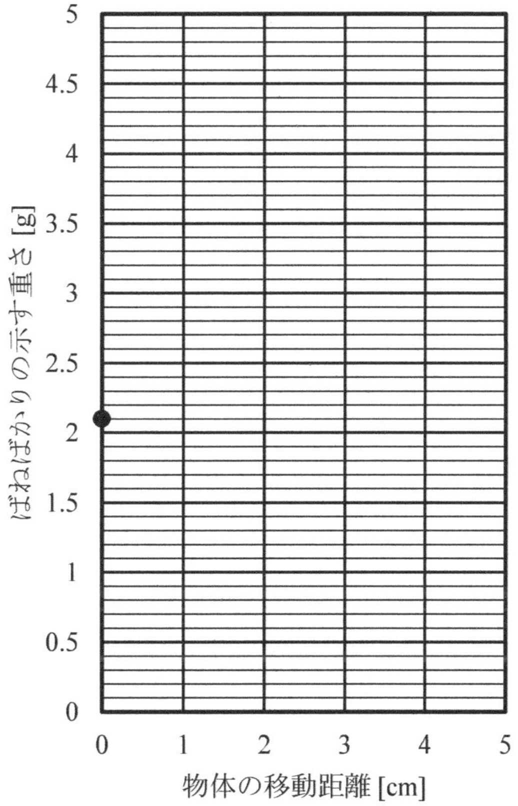

(4) 図のような、南北に直線状の道路で、A 点を出発し北向きに秒速 10 m の一定の速さで移動しながら、音を鳴らすことができるスピーカーがあります。空気中を進む音の速さは、無風のときは秒速 340 m でした。しかし、風がふいているときは、スピーカーの移動に関係なく、風上では風の速さの分だけおそくなり、風下では風の速さの分だけ速くなっていました。この道路上で、北から南に向かって秒速 6 m の風がふいているときに、スピーカーが A 点を出発したときから 3 秒間、音を鳴らし続けました。この音を、A 点からの距離がともに 1020 m で A 点の北にある B 点と、南にある C 点でそれぞれ観測したとき、その音が聞こえている時間について説明した文として、最も適するものを次の**ア**～**キ**から一つ選び、記号で答えなさい。ただし、スピーカーで鳴らした音は、必ず B 点と C 点で観測できるものとします。

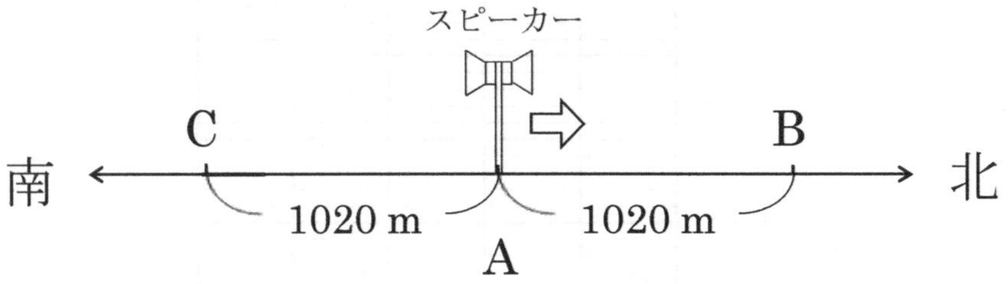

ア　どちらもちょうど 3 秒。
イ　どちらも 3 秒より長く、B 地点の方がより長い。
ウ　どちらも 3 秒より長く、C 地点の方がより長い。
エ　どちらも 3 秒より短く、B 地点の方がより短い。
オ　どちらも 3 秒より短く、C 地点の方がより短い。
カ　B 地点は 3 秒より長く、C 地点は 3 秒より短い。
キ　B 地点は 3 秒より短く、C 地点は 3 秒より長い。

理科の問題は次のページに続きます。

3 ヒトの血液中の赤血球には(あ)ヘモグロビン と呼ばれる(い)酸素を運ぶタンパク質 がふくまれています。このヘモグロビンは (う) 酸素の多いところでは酸素と結びつき、酸素の少ないところでは酸素を離(はな)す性質 をもっています。ヒトのからだは (え) 細胞(さいぼう) とよばれる小さな部屋のようなものが集まってできています。(お) 肺 で酸素と結びついたヘモグロビンは、酸素が不足しているからだの細胞に酸素をわたします。

(1) 下線部（**あ**）について、ヘモグロビンにふくまれる金属として、最も適するものを次の**ア～カ**から一つ選び、記号で答えなさい。

ア カルシウム　**イ** ナトリウム　**ウ** マグネシウム
エ 亜鉛(あえん)　**オ** 銅　**カ** 鉄

(2) 下線部（**い**）について、血液の色は酸素を運ぶタンパク質にふくまれる金属によって異なります。血液の色が青色のエビやイカでは、酸素を運ぶタンパク質にどのような金属がふくまれていますか。最も適するものを次の**ア～カ**から一つ選び、記号で答えなさい。

ア カルシウム　**イ** ナトリウム　**ウ** マグネシウム
エ 亜鉛　**オ** 銅　**カ** 鉄

(3) 下線部（**う**）について、肺から送り出されるすべてのヘモグロビンの 95 %が酸素と結びついていました。血液が全身に送り出されて、肺にもどってきたときには、肺から送り出されたヘモグロビンの 45 %が酸素と結びついていました。

ヒトの血液 100 mL 中にふくまれるヘモグロビンのすべてが酸素と結びつくと、その酸素の量は 20 mL になります。また、心臓の拍動(はくどう)は 1 分間に 70 回で、1 回の拍動によりからだの細胞に送り出される血液は 60 mL であったとします。以下の①と②に答えなさい。ただし、答えが小数になるときは、小数第一位を四捨五入して **整数** で答えること。

① からだの細胞に酸素をわたしたヘモグロビンは、肺から送り出されるすべてのヘモグロビンの何%ですか。

② からだの細胞にわたした酸素の量は、1 分間に最大で何 mL ですか。

(4) 下線部（**え**）について、細胞の中では、炭水化物や脂肪(しぼう)などからエネルギーを取り出しています。表は、ヒトの細胞で炭水化物と脂肪をそれぞれ 1.0 g 使って、エネルギーを取り出すときに使われる酸素の量と、放出される二酸化炭素の量を示したものです。ヒトの細胞で使われる酸素の量が 40 L、放出される二酸化炭素の量が 35.2 L のとき、炭水化物と脂肪はそれぞれ何 g ずつ使われますか。答えが小数になるときは、小数第一位を四捨五入して **整数** で答えなさい。ただし、エネルギーを取り出す物質は、炭水化物と脂肪の 2 種類のみとします。

	使われる酸素の量 [L]	放出される二酸化炭素の量 [L]
炭水化物	0.8	0.8
脂肪	2.0	1.4

(5) 下線部（**お**）について、ヒトは肺で呼吸します。さまざまな生物の呼吸の説明として、**誤っている** ものを次の**ア**～**オ**から一つ選び、記号で答えなさい。

ア　イカはえらで呼吸する。
イ　ミミズは皮膚(ひふ)で呼吸する。
ウ　セミは気管で呼吸する。
エ　カエルは幼生のときはえらで呼吸し、成体になると肺で呼吸する。
オ　カニは水中ではえらで呼吸し、陸上では肺で呼吸する。

(6) 下線部（**お**）について、ヒトの吸気と呼気にふくまれる気体の説明として、**誤っている** ものを次の**ア**～**オ**から一つ選び、記号で答えなさい。

ア　吸気と呼気のどちらにも、水蒸気がふくまれている。
イ　吸気の方が呼気よりも、酸素の体積の割合が大きい。
ウ　吸気の方が呼気よりも、二酸化炭素の体積の割合が小さい。
エ　吸気の酸素の体積の割合は、呼気の二酸化炭素の体積の割合より少ない。
オ　吸気と呼気のどちらも、窒素(ちっそ)の体積の割合が最も大きい。

4

エタノールは、古代より(あ)アルコール発酵(はっこう)によって作られてきました。エタノールはお酒として飲まれている他、消毒液や自動車の(い)燃料などにはば広く利用されています。エタノールと自動車の燃料であるガソリンを用いて、次の実験を行いました。

【実験】

さまざまな重さのエタノールとガソリンを完全に燃焼させて、そのときに発生した二酸化炭素の重さ・水の重さを測定しました。また、エタノールはそのときに発生した熱の量も測定しました。表はその結果です。ただし、1 kcal は 1000 cal のことです。

燃焼させたエタノールの重さ [g]	23	46	69	92
発生した二酸化炭素の重さ [g]	44	88	132	176
発生した水の重さ [g]	27	54	81	108
発生した熱の量 [kcal]	161	322	483	644

燃焼させたガソリンの重さ [g]	10	20	30	40
発生した二酸化炭素の重さ [g]	32	64	96	128
発生した水の重さ [g]	12	24	36	48

(1) 下線部 **(あ)** について、アルコール発酵によりエタノールを作ることができる生物として、最も適するものを次の**ア**～**カ**から一つ選び、記号で答えなさい。

ア 酵母(こうぼ)　　**イ** 大腸菌(きん)　　**ウ** 乳酸菌
エ コウジカビ　　**オ** アオカビ　　**カ** 黄色ブドウ球菌

(2) 下線部 **(い)** について、トウモロコシやサトウキビなどを発酵させて作ったエタノールは「□エタノール」と呼ばれています。□に入る語句を **カタカナ** で答えなさい。

(3) (2) のエタノールは、燃焼すると石油などの化石燃料と同じように二酸化炭素を排出(はいしゅつ)しますが、植物は光合成によって二酸化炭素を吸収しているため、光合成による吸収量と燃焼させたときの排出量で二酸化炭素の量に変化はないという考え方があります。このように二酸化炭素などの温室効果ガスの吸収量と排出量を等しくして、温室効果ガスの量の変化を実質ゼロにすることを表す語として、最も適するものを次の**ア**～**カ**から一つ選び、記号で答えなさい。

ア　カーボンリサイクル　　　**イ**　カーボンクレジット
ウ　カーボンニュートラル　　**エ**　カーボンプライシング
オ　カーボンネガティブ　　　**カ**　カーボンナノチューブ

(4) 物質は原子という小さな粒の組合せでできていて、エタノールは炭素原子（Ⓒ と表します）、水素原子（Ⓗ と表します）、酸素原子（Ⓞ と表します）でできています。同じように、ガソリンは Ⓒ と Ⓗ、二酸化炭素は Ⓒ と Ⓞ、水は Ⓗ と Ⓞ でできています。二酸化炭素にふくまれる Ⓒ と Ⓞ の重さの割合は 3 : 8 で、水の中にふくまれる Ⓗ と Ⓞ の重さの割合は 1 : 8 です。このことと、**【実験】**の結果をもとに、次の①～③に答えなさい。ただし、答えが小数になるときは、小数第三位を四捨五入して **<u>小数第二位</u>** まで答えること。

① エタノール 115 g を完全に燃焼させたときに、発生した二酸化炭素と水はそれぞれ何 g になりますか。

② エタノール 115 g を完全に燃焼させたときに、発生した二酸化炭素の中には何 g のⒸがふくまれますか。

③ ガソリン 50 g にふくまれるⒸの重さの総量を「1」としたとき、ガソリン 50 g にふくまれるⒽの重さの総量を求めなさい。

(5) エタノール 50 g を完全に燃焼させたときに発生する熱をすべて利用し、0 ℃ の氷 3.5 kg を水に変えました。水の温度は何℃ になりますか。答えが小数になるときは、小数第一位を四捨五入して **<u>整数</u>** で答えなさい。ただし、0 ℃ の氷 1 g を 0 ℃ の水に変化させるために必要な熱の量は 80 cal で、水 1 g を 1 ℃ 上げるために必要な熱の量は 1 cal とします。

理科の試験問題はこれで終わりです。

2024年度

北嶺中学校入学試験問題

社　　　会

(40分)

(注意)

1　問題が配られても、「はじめ」の合図があるまで、中を開かないで下さい。

2　問題は全部で **21 ページ**、解答用紙は1枚です。「はじめ」の合図があったら、まず、ページ数を確認してからはじめて下さい。もし、ページがぬけていたり、印刷されていなかったりする場合は、静かに手をあげて先生に伝えて下さい。

3　答えはすべて、解答用紙の指定された位置に書いて下さい。

4　字数が指定されている場合は、句読点や記号も1字として数えて下さい。

5　質問や用事がある場合は、静かに手をあげて先生に伝えて下さい。ただし、問題の考え方や、言葉の意味、漢字の読み方などについての質問には答えません。

6「おわり」の合図で鉛筆をおき、先生が解答用紙を集めおわるまで、静かに待っていて下さい。

1　次の文を読み、後の問いに答えなさい。

2023年も各地で大規模な自然災害があり、大きな被害が出ました。２月の北海道の釧路沖、５月の石川県の能登半島、鹿児島県や東京都の南方の島々で起きた地震。６月から９月には毎月のように(a)集中豪雨がありました。特に、８月の豪雨は台風７号による大雨によって、河川が氾《はん》らんしたり新幹線が運休したりしました。

ところで、皆さんは寺田寅彦《てらだとらひこ》という人物を知っていますか。この人物は1878（明治11）年に生まれ、東京帝国大学を卒業して母校の教授になり、大正時代から昭和時代の初期にかけて活躍した物理学者です。彼はまた、明治時代の有名な作家である（　①　）と親交が深かったようで、『吾輩は猫である』に登場する理学者や、『三四郎』に登場する物理学者は、寺田寅彦がモデルであると言われています。一方で寺田は、多くの随筆を書いています。その中で『天災と国防』は、特に(b)災害に関連する彼の考えが述べられ、令和時代の今でも通用するところがあります。その『天災と国防』の中から興味深い記述を紹介しましょう。

> 日本はその地理的の位置がきわめて特殊であるために国際的にも特殊な関係が生じ、いろいろな仮想敵国に対する特殊な防衛の必要を生じると同様に、(c)気象学的、地理学的にもきわめて特殊な環境の支配を受けているために、その結果として特殊な天変地異に絶えず脅《おびや》かされなければならない運命のもとに置かれていることを一日も忘れてはならないはずである。
>
> 文明が進めば進むほど天然の暴威による災害がその劇烈の度を増すという事実がある。人類がまだ*草昧《そうまい》の時代を脱しなかったころ、頑丈《がんじょう》な(d)岩山の洞窟《どうくつ》の中に住まっていたとすれば、大抵の(e)地震や暴風でも平気であったろうし、これらの天変によって破壊さるべきなんらの造営物も持ち合わせなかったのである。もう少し文化が進んで小屋を作るようになっても、テントか掘っ立て小屋のようなものであって見れば、地震にはかえって絶対安全であり、また例え風に飛ばされてしまっても復旧ははなはだ容易である。とにかく、こういう時代には、人間は極端に自然に従順であって、自然に逆らうような大それた企ては何もしなかったからよかったのである。文明が進むに従って人間は次第に自然を征服しようとする野心を生じた。
>
> 文明が進むほど天災による損害の程度も累進《るいしん》する傾向があるという事実を充分に自覚して、そして平生からそれに対する防御策《ぼうぎょさく》を講じなければならないはずであるのに、それが一向にできないのはどういうわけであるか。その主なる原因は、結局そういう天災がきわめてまれにしか起こらないで、ちょうど人間が前車の転覆《てんぷく》を忘れたころにそろそろ後車を引き出すようになるからであろう。
>
> *草昧とは未開の意味

私たちは毎日、自然災害や防災について考えていませんが、日本は毎年、大きな自然災害に見舞われているので、防災意識を高めなければなりません。みなさんは、自分が住んでいる地域の防災の取り組みを知っているでしょうか。私たちは自分の位置やこれから行く場所を知るために地図を使いますが、地域の地図で、現在住んでいる地域や通っている学校の周辺の地形や土地利用を確認することは防災につながります。そして、全国の各市町村では、自然災害による被災地域を予想し、避難場所・避難経路などを示した地図である（　②　）が作成されています。北嶺中学校のある札幌市でも、洪水・地震防災・津波・土砂災害の危険箇所などを示す地図があります。

これからも自分たちの住む地域や郷土のことを知り、いろいろな地図を使って、自然災害から身を守る防災について学んでいきましょう。

（1）文中の空らん（　①　）（　②　）にあてはまる語句を答えなさい。ただし、（　②　）は**カタカナ**で答えなさい。

（2）下線部(a)について、近年の集中豪雨は、雨雲（積乱雲）が連続して発生し、長時間にわたって大雨が続く傾向があります。気象庁では、2022年６月１日より、積乱雲が次々と発生し、数時間にわたってほぼ同じ地域に降る、強い大雨についての危険情報を提供しはじめました。この情報で提供される、強い雨の降る地域を何といいますか。**漢字５字**で答えなさい。

（3）下線部(b)について、災害についての寺田寅彦の言葉として伝えられる次の言葉はとても有名です。この言葉の空らん（　　　）にあてはまる語句を、寺田の文章の中から抜き出して答えなさい。

「震災・災害は（　　　　　　　　）にやってくる」

（4）下線部(c)について、日本は山や川、海などの豊かな自然に恵まれており、他の地域に比べて四季がはっきりしていると言われます。四季の中で、冬に日本海側で大雪となるのは、日本列島の位置と海流の影響があります。冬に日本海側で大雪を降らす現象を、季節風が吹いてくる大陸名と方位、暖流名をあげて説明しなさい。

（5）下線部(d)について、日本の旧石器時代の生活として正しいものを、次のア～エのうちから１つ選び、記号で答えなさい。

ア　旧石器時代の人びとは、土器をつくり木の実を煮たり貯蔵したりしていました。
イ　旧石器時代の人びとは、磨製石器をつくりイモやクリなどを育てていました。
ウ　旧石器時代の人びとは、打製石器を使って大型動物の狩りを行っていました。
エ　旧石器時代の人びとは、銅鐸や銅鏡などの青銅器を使って祭事を行っていました。

（6）下線部(e)について、次の年表は、日本国内で起きた主な地震を示しています。この年表を見て、下のⅰ）～ⅴ）の問いに答えなさい。

地震名	年	影響や関連する出来事など
貞観地震	869	(f)多賀城の崩壊
文治京都地震	(g)1185	法勝寺九重塔の崩壊
正平地震	1361	阿波に津波発生
宝永地震	1707	(h)富士山の大噴火
安政東海地震	1854	(i)ロシア軍艦ディアナ号の大破
関東大震災	1923	(j)木造家屋の火災により被害の拡大
阪神淡路大震災	1995	高速道路の倒壊、埋立地の液状化現象
東日本大震災	2011	貞観・明治・昭和に続く三陸大津波が発生
胆振東部地震	2018	北海道内の大停電

ⅰ）年表中の下線部(f)について、陸奥《むつ》国に置かれた多賀城は、蝦夷《えみし》に対する前線基地であり、その戦いの最高司令官が征夷大将軍でした。796年に陸奥守《かみ》となり、翌年に桓武天皇により征夷大将軍に任ぜられた人物は、蝦夷の長であった阿弖流為（アテルイ）らを降伏させ、平安京にともなって戻りました。この征夷大将軍の名を答えなさい。

ⅱ）年表中の下線部(g)について、1185年には源氏と平氏の激しい戦いが終わりました。源平の争乱は、1180年に源頼朝の挙兵によって始まり、戦いの一番乗りを競ったり、敵の陣地を背後から急襲したり、弓の技を披露したり、さまざまな戦いがありました。それらの戦いが行われた順番として正しいものを、次のア～エのうちから1つ選び、記号で答えなさい。

ア　宇治川の戦い　→　一の谷の戦い　→　屋島の戦い　→　壇ノ浦の戦い
イ　一の谷の戦い　→　屋島の戦い　→　宇治川の戦い　→　壇ノ浦の戦い
ウ　屋島の戦い　→　宇治川の戦い　→　一の谷の戦い　→　壇ノ浦の戦い
エ　宇治川の戦い　→　屋島の戦い　→　一の谷の戦い　→　壇ノ浦の戦い

iii）年表中の下線部(h)について、富士山は火山ですが、日本国内には他にもたくさんの火山があり、ふもとには多くの温泉があります。火山が温泉をわかすエネルギーの量を国別に見ると、日本はアメリカ、インドネシアに次いで世界３位と、このエネルギー資源の産出では世界的な大国です。しかし、このエネルギー資源を利用した発電は、アメリカの世界１位に対し日本は８位、また総発電量に占める割合は、アイスランドが 31.2%、ニュージーランドが 18.6%、フィリピンが 10.6%であるのに対し、日本の割合は 0.3%に過ぎません（『データブック・オブ・ザ・ワールド 2023』より）。日本はこの豊富なエネルギー資源を生かしきれていない状況にあり、今後の発展に期待されますが、このエネルギー資源によって行われる発電を、何発電と言いますか。

iv）年表中の下線部(i)について、ロシア軍艦ディアナ号は、日露和親条約を締結するための使節を乗せ、伊豆半島のある港に入港していたところ、安政東海地震が起こり、津波によって大破しました。ディアナ号は修理のために別の港へ向かいましたが、途中で嵐に見舞われて沈没しました。500 人以上のディアナ号の乗組員は地元の漁民が救助し、その後、船大工らが協力して日本で最初の洋式船が建造されました。ロシアの使節は日露和親条約を結ぶことに成功した後、この洋式船に乗ってロシアに帰国しました。沈没したロシア軍艦ディアナ号が入港した伊豆半島の港は、先に結ばれた日米和親条約で開港が決まっていましたが、この港の名を**漢字**で答えなさい。

v）年表中の下線部(j)について、この震災では大きな火災も発生し、首都の東京で倒壊や焼失した建物は４割を超えました。江戸時代にも、江戸の町では大きな火災が起きていて、記録されたものだけでも 100 件に及ぶと言われますが、代表的な例として、1657（明暦３）年の「明暦の大火」があげられます。この大火は、江戸中の建物を焼き、江戸城の天守閣も焼け落ちてしまったほどで、焼死者 10 万人以上を出した最大の惨事になりました。その後、何度も江戸の町は大火に見舞われたため、1718（享保３）年に町奉行の大岡忠相《おおおかただすけ》によって「町火消」が結成され、消防のしくみが整えられていきました。この時代は、江戸幕府の将軍によって、上米《あげまい》の制や目安箱の設置などの改革が行われていましたが、この改革の一環として大岡忠相を町奉行に採用した将軍の名を**漢字**で答えなさい。

2　次の文章を読み、後の問いに答えなさい。

みなさんは「3」という数字について、なにか特別な思いや感覚を持っているでしょうか。ほとんどの人は「ただの数字で、特に何も考えたことはない」と答えるかもしれません。ところがよく考えてみると、私たちの生活や社会、文化の中で、「3」にまつわる言葉やことわざは、意外にたくさんあるものです。

たとえば、オリンピックなどの競技会では1位から3位までが表彰され、(a)金メダル、銀メダル、銅メダルの3種類のメダルが授与されます。野球でも、打率、打点、ホームランの3つの記録がすべて最高であったバッターは「三冠王」と言って、特別に表彰されます。サッカーでも、1人の選手が3点以上得点することを「ハットトリック」とよび、特別に素晴らしい記録とされます。スポーツ以外でも、信号機の色も赤黄青の3色ですし、(b)世界の国旗でも「三色旗」がとても多いです。日本の歴史をみても、戦国時代に中国地方一帯を支配していた（　①　）の「三本の矢」という教訓はとても有名ですし、江戸時代の徳川家の中に「御三家」と呼ばれる家柄もありましたね。

また、日本のことわざにも「3」にまつわるものがいくつかあります。あきらめずに頑張る人は「三度目の正直」といって自分を奮い立たせる場面があるでしょう。「三人寄れば(c)文殊《もんじゅ》の知恵」ということわざもあります。仕事などで、まずは3年やってみよう、というときに「石の上にも三年」と言って励ましてくれる友人がいたりしますし、「早起きは三文の得」ということわざもありますね。

これらを「こじつけ」や「偶然」と言ってしまうこともできるかもしれませんが、日本人だけでなく、世界の人々も「3」という数字に「ちょうどよさ」や「しっくりくる感覚」を持っているかもしれません。何かの分野で大きな特徴を持つものを3つ選び、「三大○○」とするものが、案外多くあります。そのうちのいくつかを見てみましょう。

・世界三大穀物　…　コメ、小麦、（　②　）
・世界三大通貨　…　ドル、(d)ユーロ、円
・(e)世界三大漁場　…　北西太平洋漁場、北東大西洋漁場、北西大西洋漁場
・世界三大嗜好飲料　…　茶、(f)コーヒー、ココア

この他にもたくさんの「世界三大○○」がありますが、これは必ずしも何かのデータを根拠としているというわけではなく、これが正しい、という性質のものではありません。例えば「(g)世界三大美女」や「世界三大料理」のように、世界で言われているものと日本で言われているものとで異なるものもあります。どちらかが間違っている、というものではないのでしょう。

このように、「普段考えたことのない事柄をテーマとして取り上げ、深く考えていくことで新しい発見がある」というのは珍しいことではありません。常に好奇心のアンテナを張り、「そういえば、これはどうしてだろう」と考えることが、社会科の勉強法として、とても重

要なことなのです。

（1）文中の空らん（　①　）（　②　）にあてはまる語句を答えなさい。ただし、（　①　）は人名を**漢字４字**で、（　②　）はアメリカ大陸が原産で、後に世界中に広まった作物の名を、それぞれ答えなさい。

（2）下線部(a)について、次のⅰ）～ⅱ）の各問いに答えなさい。

ⅰ）金は、歴史上もっとも価値のある金属だと言われてきました。とても希少(稀《まれ》で少ないこと)で、その価格は現在でも１グラム１万円ほどです。一方、金以上に希少で、地球上の存在量が稀であるか、または取り出すことが技術的・経済的に困難である金属のうち、現代の産業に欠かせないきわめて重要なものも存在します。例えば、液晶パネルやＬＥＤの材料となるインジウムや、ステンレスの原料となるクロムなどがあげられます。このような希少な金属を何といいますか。**カタカナ**で答えなさい。

ⅱ）ⅰ）のような希少な金属は、現代の産業に欠かせないものですが、日本で採掘できる量はほとんどなく、世界中のどこの地域でも採掘できるものでもありません。あなたは、このような希少な金属を安定的に確保するために、日本はどのような工夫を行うのがよいと考えますか。簡単に述べなさい。

（3）下線部(b)について、世界で最初に三色旗を定めたのはオランダだと言われています。次のア～ウの文のうち、オランダにあてはまるものを１つ選び、記号で答えなさい。また、下の地図中エ～カのうち、オランダの位置を選び、記号で答えなさい。

ア　人口は170万人ほどで、首都はローマです。
イ　人口は1700万人ほどで、首都はアムステルダムです。
ウ　人口は１億7000万人ほどで、首都はブリュッセルです。

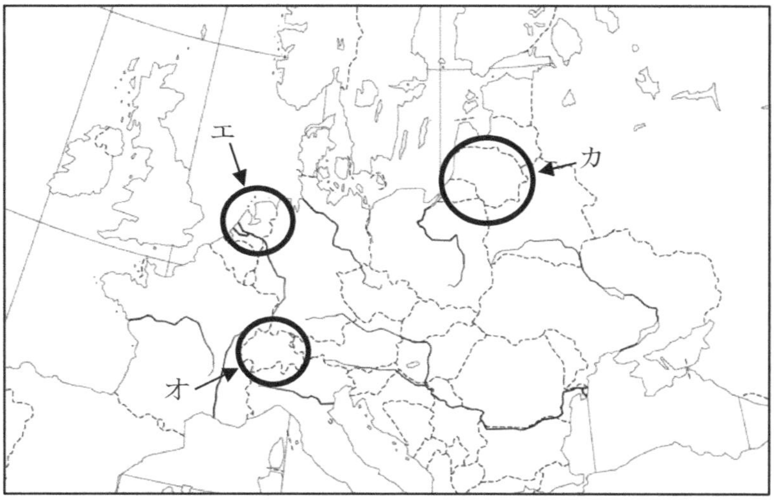

（4）下線部(c)について、「文殊」とは文殊菩薩のことであり、仏教では智慧《ちえ》の仏とされます。「文殊の知恵」の他に、この文殊菩薩を名前の由来としているものに、福井県敦賀市にある「高速増殖原型炉もんじゅ」があります。発電以外にもさまざまな原子力研究の中心となる予定の施設でしたが、2016年に廃炉が決定されました。次のグラフは、1970年、2000年、2019年の日本の発電割合の推移を示しています。グラフ中の**A**～**C**は火力、原子力、水力のいずれかの割合を示します。**A**～**C**の発電方法の組み合わせとして正しいものを、下のア～カのうちから１つ選び、記号で答えなさい。

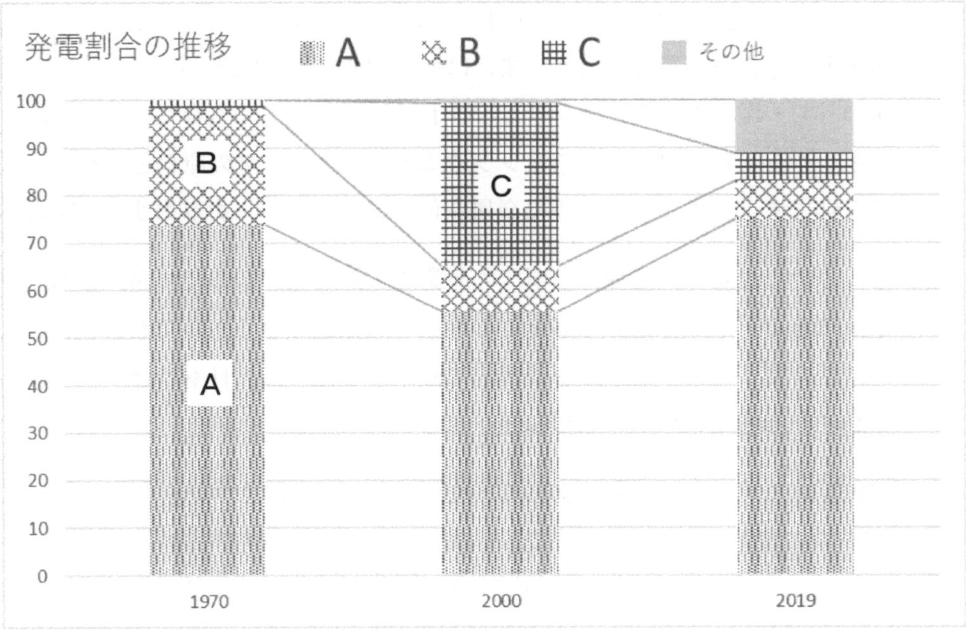

資源エネルギー庁『エネルギー白書2023』より作成

ア　A―火力　B―原子力　C―水力

イ　A―火力　B―水力　C―原子力

ウ　A―原子力　B―火力　C―水力

エ　A―原子力　B―水力　C―火力

オ　A―水力　B―火力　C―原子力

カ　A―水力　B―原子力　C―火力

（5）下線部(d)について、次のｉ）～ⅱ）の各問いに答えなさい。

ｉ）ユーロはヨーロッパ最大の地域連合で主に用いられている共通通貨です。国際的な信用度も高く、ユーロを利用する国には、３億５千万人ほどが居住しています。このヨーロッパ最大の地域連合を何といいますか。**アルファベットの略称**で答えなさい。

ⅱ）ヨーロッパで巨大な地域連合が発足した結果、この地域連合内での人や物、資金、サービスの移動が自由化され、活発になりました。次のグラフは、この地域連合の発足時からの加盟国であるスペインの、1980 年から 2022 年までの人口の増減を表したものです（縦軸の単位は百万人）。これを見ると、継続的にスペインでは人口が増加していることがわかります。1986 年にこの地域連合の前身の組織に加盟してから、スペインの人口は少しずつ増えていますが、なかでも 2000 年からの 10 年間の増加が大きいことが読み取れます。この理由を述べた文として最も適当なものを、下のア～エのうちから１つ選び、記号で答えなさい。

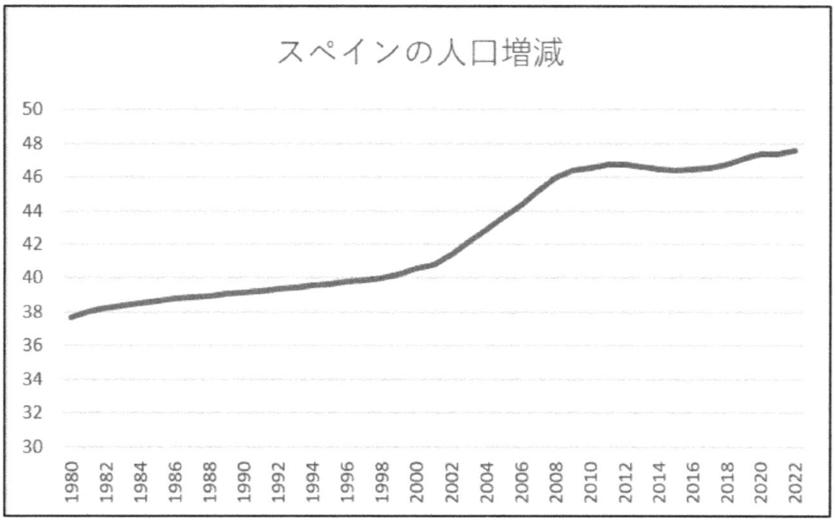

『ＩＭＦデータベース2023年10月版』より作成

ア　2000 年以降東ヨーロッパ諸国がｉ）の地域連合に加盟し、その国々からスペインへの移民が増加したから。

イ　2000 年以降スペインでは新たな地下資源の採掘や新エネルギーの開発が進み、経済が発展したから。

ウ　2000 年以降スペインでは福祉施設が整えられ、安心して子育てができるようになった結果出生数が増加したから。

エ　2000 年以降アメリカや日本などの先進国が、安い人件費を求めてスペインに多くの企業を移したから。

（6）下線部(e)について、次のⅰ）～ⅱ）の各問いに答えなさい。

ⅰ）このうち北西太平洋漁場は漁獲物の種類・漁獲高ともに世界最大です。日本も沿岸に属する大消費地であり、古くから漁業を行ってきました。そのうち、北緯 45 度より北のベーリング海やオホーツク海などで行っている漁業を北洋漁業と言い、かつてに比べて大きく衰退したものの、現在も行われています。この北洋漁業で主にとれる魚として適当なものを、次のア～エのうちから１つ選び、記号で答えなさい。

ア　マグロ　　　イ　ブリ　　　ウ　サケ　　　エ　サンマ

ⅱ）欧米の食文化の流入により、現在の日本人は 1960 年と比較しておよそ 10 倍の量の肉を食べていると言われています。一方、魚介類の消費量はほぼ変わっていません。現在の肉類と魚介類の年齢層別消費量を示したのが次のグラフです。このグラフをみると、若年層は肉を、老年層は魚を、主に食べることが見て取れます。魚は高タンパクでカロリーも低く、和食にもよく使われます。和食は海、山、里と表情豊かな自然に根差した多様な食材を使用しており、脂質が少なく低カロリーであることや、健康的な食生活を支える栄養バランスがとれていることなどが評価され、2013 年にユネスコの無形文化遺産に登録されました。

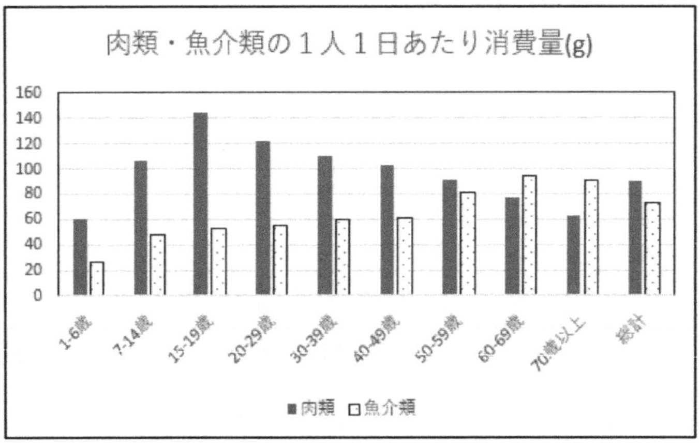

独立行政法人農畜産業振興機構ＨＰより作成

次の表は世界各国の１人１日あたり摂取カロリー(2017～2019 平均)を示しており、表中Ａ～Ｃはアメリカ合衆国、日本、中華人民共和国のいずれかです。Ａ～Ｃと国名の組み合わせとして正しいものを、右ページのア～カのうちから１つ選び、記号で答えなさい。

国	1人1日あたり摂取カロリー（kcal）
A	2, 694
B	3, 834
C	3, 206

『ＦＡＯＳＴＡＴ2022』より作成

ア　A―アメリカ合衆国　B―日本　C―中華人民共和国
イ　A―アメリカ合衆国　B―中華人民共和国　C―日本
ウ　A―日本　B―アメリカ合衆国　C―中華人民共和国
エ　A―日本　B―中華人民共和国　C―アメリカ合衆国
オ　A―中華人民共和国　B―アメリカ合衆国　C―日本
カ　A―中華人民共和国　B―日本　C―アメリカ合衆国

（7）下線部(f)について、次のコーヒー豆について述べたア～エの文のうち、**誤りを含むもの**を１つ選び、記号で答えなさい。

ア　コーヒー豆は、2020年統計で生産・輸出量ともに、南アメリカのブラジルが１位となっています。

イ　アフリカには、国の経済がコーヒー豆の生産量と価格に大きく左右される状態になっている国が存在します。

ウ　赤道から南北緯度 20 度前後の地帯はコーヒー豆の生産が盛んで、コーヒーベルトと呼ばれています。

エ　コーヒー豆の市場価格の内訳をみると、80％以上が生産農家の利益になっており、残りが貿易や流通過程で発生する輸送費や利益となっています。

（８）下線部(g)について、日本で言われている世界三大美女とは、楊貴妃、クレオパトラ、小野小町を指します。このうちクレオパトラは、古代エジプトを270年以上も支配したプトレマイオス朝という国の最後の女王です。カエサル、アントニウスというローマの２人の英雄と結婚したことでも知られています。エジプトは、古代から文明が発達しましたが、その発達に欠かせなかったのが、アフリカを流れる世界最長の河川です。ギリシアの歴史家ヘロドトスは、エジプトはその河川があったからこそ発展できた、という意味の言葉を残しています。この河川の名を答え、その位置を次の地図中のア～ウのうちから１つ選び、記号で答えなさい。

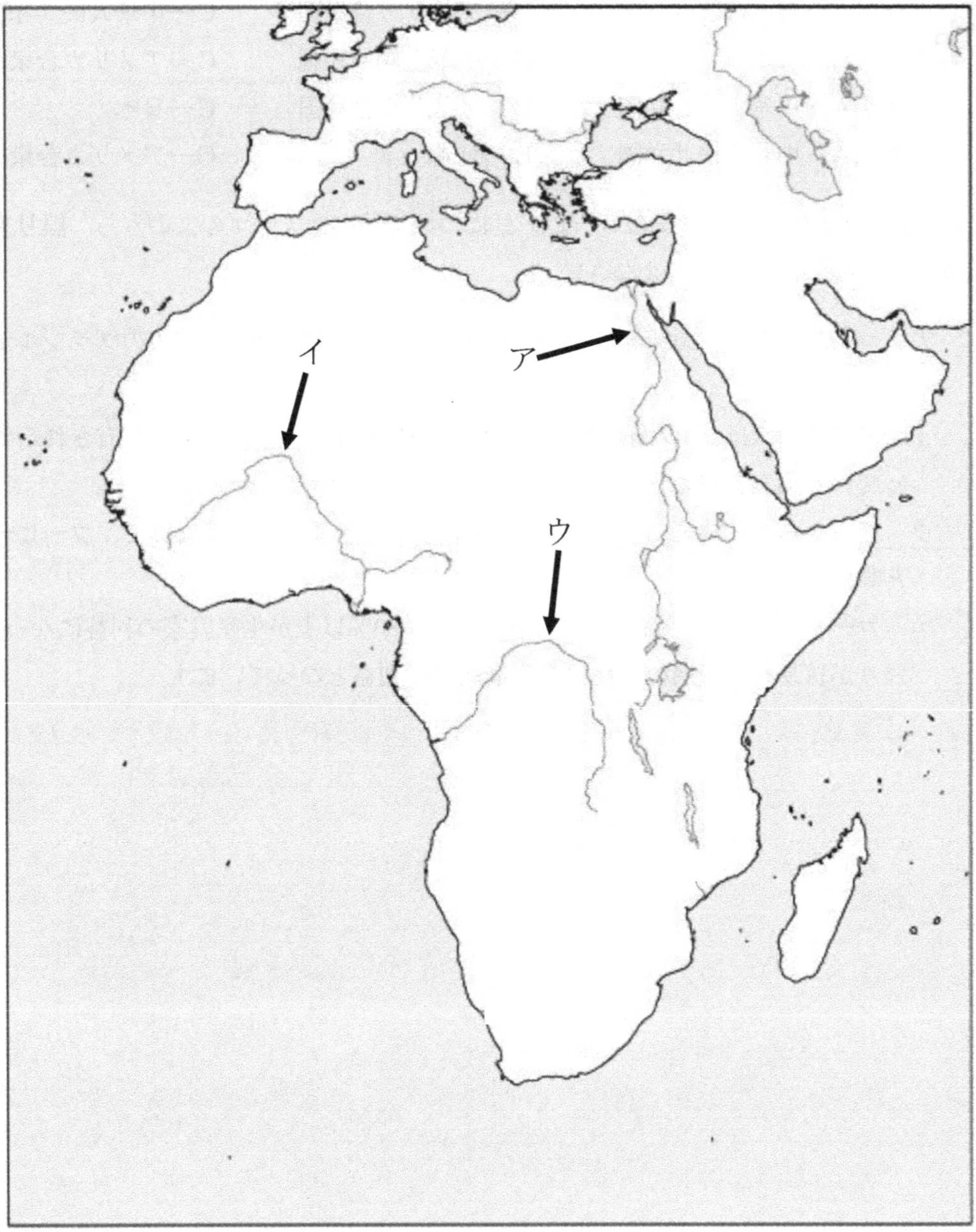

(一)

A

B

C

D

(二)

1

2

3

4

(三)

(四)

(五)

とい

うこと。

(六)

受験番号	氏名

※120点満点
（配点非公表）

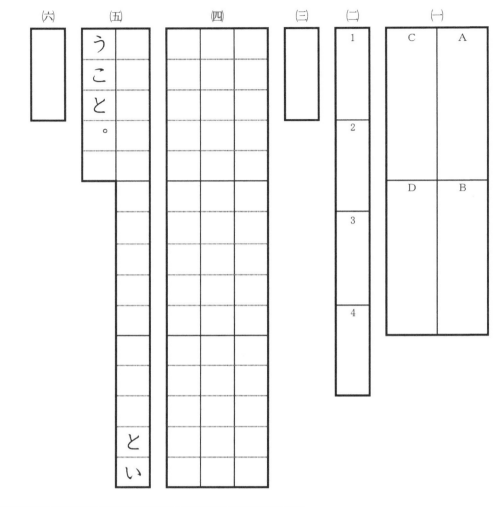

(1)	(2)		(3)				
			①		②	③	
ア	イ	ウ	エ	オ	カ	キ	ク
時速 km	時間	分	時間	分	回	分	秒

5

(1)			
①		②	
点	長さ	辺	面積
頂点	cm	辺	cm^2

(2)			
①		②	
点	長さ	辺	面積
頂点	cm	辺	cm^2

受験番号	氏名

※120点満点
（配点非公表）

2024(R6) 北嶺中
教英出版

物体の移動距離 [cm]

3

(1) 　　(2)

(3) ① %　② mL

(4) 炭水化物 g　脂肪 g

(5) 　　(6)

4

(1) 　　(2) 　　(3)

(4) ① 二酸化炭素 g　水 g

(4) ② g　③

(5) ℃

受験番号	氏　　名

※80点満点
（配点非公表）

教英出版

(4) i) ii) 海

(5) (6) (7) i) 集落

ii)

4 (1) ① ② (2)

(3) (4)

(5)

(6) (7) (8)

(9) (10) (11) (12)

受験番号	氏　　　名

※80点満点
（配点非公表）

２０２４年度

入学試験社会解答用紙

北嶺中学校

1

（１）①　②

（２）

（３）

（４）

（５）

（６）ⅰ）

ⅱ）

ⅲ）　発電

ⅳ）　港

ⅴ）

2

（１）①　②

（２）ⅰ）

ⅱ）

（３）

（４）

（５）ⅰ）

ⅱ）

（６）ⅰ）

ⅱ）

（７）

（８）　川

【解答

3

（１）①　②　③

2024年度

入学試験理科解答用紙

北嶺中学校

1

(1) ① ②

(2)　(3)　(4)　(5) ① ②

(6)

2

(1)　(2)

(3) ① g ②

(4)

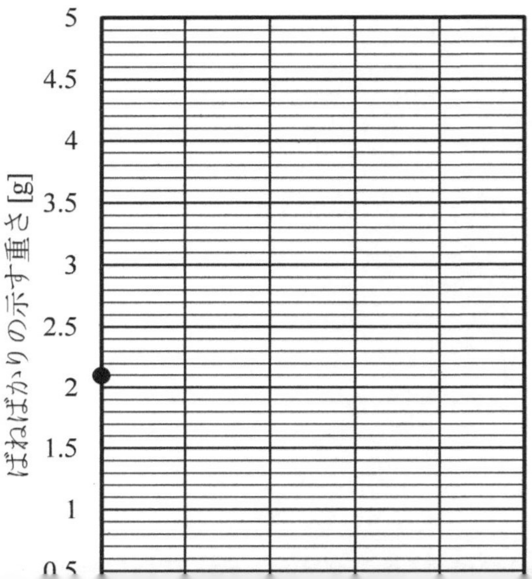

2024 年度

入学試験算数解答用紙

北嶺中学校

1

(1)	(2)	(3)	(4)	
			ア	イ
			分	秒

2

(1)

①

	A	B	C
(あ)			
(い)			
(う)			

②

D	E

(2)	(3)	(4)	(5)
%増し	通り	cm^2	問

3

(1)	(2)	(3)	(4)

【解答

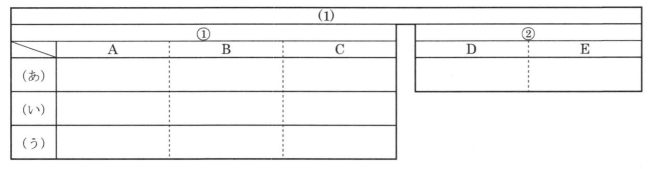

2024年度

入学試験国語解答用紙

北嶺中学校

一

(一) A B C

(二) 1 2 3

(三) Ⅰ Ⅱ Ⅲ Ⅳ

(四)

(五)

(六)

二

(一) A B C

(二) 1 2 3 4

(三)

(四) ② Ⅰ から へ ② Ⅱ ③ Ⅰ から へ ③ Ⅱ

(五)

(六)

【解答

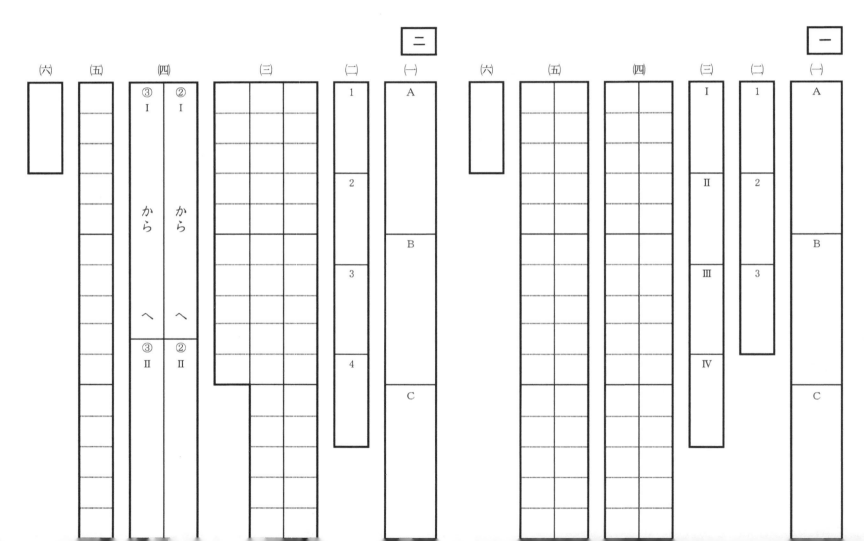

（社会の問題は、次ページに続きます。）

3　次の文を読み、後の問いに答えなさい。

2022 年の(a)ゴールデンウイークは、3 年ぶりに新型コロナウイルス感染拡大による行動制限のない大型連休となり、多くの観光地が賑わいました。日本各地に城がありますが、一昨年から観光客が増えたところが多かったようなので、いくつか取り上げてみましょう。

(b)2016 年 4 月、(c)熊本県を最大震度 7 の地震が襲い、熊本城も大きな被害を受けました。修復には数十年かかるとされていましたが、2021 年 3 月に天守閣の復旧工事が完了し、その姿を見に行った人が多かったようです。そもそも、熊本城を本格的な城郭に修築したのは、豊臣秀吉の家臣で、「城作りの名人」の一人に数えられる加藤清正です。完全な修復には長い年月がかかるとは言え、大規模地震に見舞われながら、すでに観光客が訪れるまでになっているのは、加藤清正が築城したからこそかもしれませんね。

一方、東北地方や北海道では桜の見ごろを迎えていたこともあり、それにともなって(d)青森県の弘前城への人出も多かったようです。弘前城は東北地方の城の中で、唯一天守閣が現存する城であり、江戸時代には津軽氏の居城として、津軽地方の政治経済の中心地としても栄え、現在「さくらまつり」が本丸でゴールデンウイーク期間に開催されることから、花見をする人が多く集まっています。

周囲の山々や「近畿の水がめ」とも言われる（　①　）と一体となった風景が美しい(e)滋賀県の彦根城も表門の補強工事が終わり、2020 年には前年と比べ観光客が半減しましたが、徐々に回復傾向となっているようです。彦根城は江戸時代はじめに築城され、代々（　②　）家の居城となっていました。みなさんの中には、イメージキャラクターの「ひこにゃん」を知っている人もいるかもしれませんが、市を挙げて早くから世界遺産への登録を目指して活動しており、今後の動向が注目されます。

ＪＲ高知駅から徒歩で 30 分以内の市街地にあるのが高知城です。全国の城の多くは復元されたものが多いですが、高知城の天守閣と本丸御殿は、江戸時代に建造されたものが現存している唯一の城郭です。(f)高知県というと、（　③　）の一本釣りや、日本最後の清流といわれる（　④　）川、よさこい祭り等をイメージする人が多いのではないでしょうか。高知県は鳥取県、島根県についで人口が少なく、人口密度は西日本で最も低い県です。また、山地が県の面積の約 89%占めています。太平洋に面していて、黒潮の影響によって温暖な気候で、自然豊かな印象がありますね。

（1）文中の空らん（　①　）～（　④　）にあてはまる語句を答えなさい。ただし、（　①　）、（　②　）、（　④　）は**漢字**、（　③　）は**カタカナ**で答えなさい。

（2）下線部(a)について、「ゴールデンウイーク」と呼ばれ始めたのは1948年のことで、この年に国民の祝日に関する法律が施行され、４月29日～５月５日の期間に休日・祝日が集中したためでした。しかし、５月４日が平日で、飛び石連休となっていたことから、1985

年に祝日法が改正され、この日を祝日とすることで大型連休が実現しました。現在、5月4日は何という祝日ですか。次のア～エのうちから1つ選び、記号で答えなさい。

ア　こどもの日　　イ　昭和の日　　ウ　みどりの日　　エ　憲法記念日

（3）下線部(b)について、2016年の8月から9月にかけて、リオデジャネイロでオリンピック・パラリンピックが開催されましたが、これは南アメリカ大陸では初めてのことでした。リオデジャネイロの人口は約600万人で、ブラジルではサンパウロに次いで2番目に人口の多い都市であり、観光や港湾都市として栄えています。リオデジャネイロの場所を次の地図中のア～エのうちから1つ選び、記号で答えなさい。

（４）下線部(c)について、次のⅰ）～ⅱ）の各問いに答えなさい。

ⅰ）『令和２年度農林水産省作物統計』によると、熊本県は、夏場によく食べられるウリ科の果実（統計では「果実的野菜」と分類されています）の栽培がさかんで、日本で最も多い約５万ｔが生産されます。この果実は、漢字で「西瓜」と表記されますが、この果実の名を**カタカナ**で答えなさい。

ⅱ）熊本県は九州の中央部に位置し、陸続きでは福岡県・大分県・宮崎県・鹿児島県と隣接し、海を隔てて長崎県とも隣接しています。熊本県と長崎県の間にある海は、九州最大の内湾で、海苔《のり》の生産が盛んです。この海の名を**漢字**で答えなさい。

（５）下線部(d)について、次の図ア～エのうち青森県と**関係のないもの**を１つ選び、記号で答えなさい。

ア

奥入瀬《おいらせ》渓流

イ

岩木山

ウ

十和田湖

エ

男鹿《おが》半島

（6）下線部(e)について、滋賀県の歴史に関する次のア～エのうち、**誤っているもの**を１つ選び、記号で答えなさい。

ア　滋賀県の旧国名は近江国で、中大兄皇子が難波から遷都した大津宮で、天武天皇として即位しました。

イ　大津市にある石山寺は多くの文学にも登場する寺院で、紫式部が『源氏物語』を書き始めたという伝承もあります。

ウ　信長の妹である市《いち》と結婚した戦国大名の浅井長政の居城である小谷城がありましたが、後に信長と敵対して浅井氏は滅ぼされました。

エ　来日したロシア皇太子（後の皇帝ニコライ２世）が現在の大津市で、警備に当たっていた警察官に襲撃されるという事件がおこりました。

（7）下線部(f)について、次のⅰ）～ⅱ）の各問いに答えなさい。

ⅰ）2022年２月20日の高知新聞に、「住み慣れた場所で暮らしたい。しかし、その集落としての機能を維持する活動は難しくなっている」という記事が掲載されました。高知県に限らず、日本各地の地方では過疎化が進み、この記事のように維持が困難になっている集落が無数にあります。このような集落を何といいますか。**漢字**で答えなさい。

ⅱ）高知県はかつて「陸の孤島」と言われていました。その理由を次の２つの語句を必ず使用して、簡単に説明しなさい。

四国山地　　高速道路

4　次の文を読み、後の問いに答えなさい。

20 世紀の日本で活躍した有名な詩人の一人に高村光太郎がいます。彼の代表的な詩集『道程』には、「僕の前に道はない　僕の後ろに道は出来る」で始まる９行の詩が収められています。

道は、古くは約 2000 年前の地中海を中心とする大帝国が、首都と全土を結ぶ舗装《ほそう》道路を整備し、そこから「すべての道は（　①　）に通ず」ということわざが生まれました。また、約 700 年前のユーラシア大陸でも、モンゴル民族が広大な地域を支配し、シルクロードと呼ばれる東西を結ぶ交通路を整備して、多くの人々が往来し、多くの物品の貿易が行われました。道は、古くから人によって切り開かれ、人や物、お金や情報をつないできました。

日本の道を見てみると、古くは大和の山辺《やまのへ》の道や(a)熊野三山にお参りする熊野古道が知られ、約 1300 年前には全国の 60 以上の国を五畿七道に編成しました。これらの国には(b)中央から役人が派遣され、都と地方の国々を結ぶ道が作られました。この時代の道は、役人の往来を便利にするため、乗り継ぎの馬や食料などが備えられた駅が、約 16 ㎞ごとに置かれました。また、時代が下って約 800 年前の鎌倉時代には、幕府の置かれた鎌倉と各国を結んだ鎌倉街道が整えられ、幕府の御家人が緊急の場合に「いざ鎌倉」と幕府のもとに集まることができるようになりました。

約 400 年前の江戸時代になると、人の往来や商品の流通が活発になり、幕府のある江戸と全国各地を結ぶ(c)五街道が整えられました。代表的な街道が江戸と京都を結んだ東海道です。幕府は、江戸を起点に街道を整備し、多くの宿場町が設けられました。宿場町には、(d)大名が宿泊する本陣《ほんじん》や、一般の人が泊まる旅籠《はたご》などの宿泊施設が建てられ、旅をするのが便利になりました。また、通信手段として(e)飛脚《ひきゃく》の制度も整えられました。街道は、約 3.9 ㎞ごとに（　②　）が作られ、日陰にもなる松並木が整備されました。宿場町の間には、茶屋などの休憩所もあり、長旅の助けになりました。街道は平坦な道だけでなく、(f)険しい山を越える峠道や、川や湖などを渡る難所もあって、当時の旅はたいへんな苦労を重ねることもあったろうと思います。

約 200 年前の東海道の旅をテーマにした読み物に、(g)『東海道中膝栗毛《ひざくりげ》』があります。主人公は江戸に住む弥次郎兵衛と喜多八です。彼らは江戸を出発して東海道をめぐり、伊勢神宮にお参りに行きました。さらに京都や大坂を経て、各地のお寺や神社をめぐりながら江戸に戻りました。『東海道中膝栗毛』は、彼らの道中で起こったさまざまな出来事を面白おかしく滑稽《こっけい》に描いた読み物で、庶民にも多く読まれてベストセラーになりました。また、東海道の風景や宿場町を浮世絵に描いた(h)『東海道五十三次』も、当時のお寺や神社をめぐる旅行ブームを背景にしたものでした。

約 150 年前になると、明治政府は、江戸時代の街道を引き継ぐ形で(i)国道を定めました。しかし、道路は土と砂利のままで、整備はあまり進みませんでした。約 100 年前に道路法が制定されると、軍事のためと、来たるべき自動車社会に備えるために、道路の舗装が本格化しましたが、戦争の勃発で軍事用の道路が優先されるようになり、一般用の道路や橋、トンネルなどの整備は進みませんでした。

約 80 年前に戦争が終わり、(j)高度経済成長期を迎えるころには、自動車の普及で橋やトンネル、舗装道路などの整備が急がれました。東京オリンピックの開催にあわせて、高速道路の建設が始まり、新幹線が開通して、万国博覧会などで日本の経済成長の成果を世界に示すことになりました。現在では、(k)国有鉄道と高速道路公団は分割民営化されましたが、日本全国に高速道路や新幹線網が整えられ、日本経済を支える大動脈となっています。

北嶺中学校には、「道なき未知へ」という青雲寮の寮歌であり、北嶺生の応援歌があります。さまざまな可能性を持ったみなさんの未来は未知そのものかもしれませんが、みなさんが一歩一歩前に踏み出していくことで新しく道ができ、新しい世界が広がっていきます。北嶺中学校に入学して、ともにがんばっていきませんか。

（1）文中の空らん（　①　）（　②　）にあてはまる語句を答えなさい。ただし、（　①　）は**カタカナ**で、（　②　）は**漢字**で答えなさい。

（2）下線部(a)について、紀伊半島南東部の熊野にある三つの大社に、皇族から庶民に至るまで多くの人々がお参りをしたために道ができました。この道は、「紀伊山地の霊場と参詣道」としてユネスコの世界遺産に登録されています。平安時代から鎌倉時代にかけて、富と権力を手に入れた鳥羽上皇や後白河上皇、後鳥羽上皇は、この道を通って20回以上も熊野三山にお参りをしました。この３人のように、天皇の位を退いた後に上皇や法皇となって権力を握り、実権をふるった政治を何といいますか。**漢字**で答えなさい。

（3）下線部(b)について、古代の律令制のもとで、都から地方に派遣された役職として正しいものを、次のア～エのうちから１つ選び、記号で答えなさい。

ア　国造《くにのみやつこ》　　イ　国司　　ウ　郡司　　エ　里長《さとおさ》

（4）下線部(c)について、五街道とは東海道を含めた五つの街道を指しますが、残りの４つの街道の中で、最も長い経路の街道として正しいものを、次のア～エのうちから１つ選び、記号で答えなさい。

ア　甲州街道　　イ　奥州街道　　ウ　中山道　　エ　日光街道

（5）下線部(d)について、宿場町に大名の宿泊施設が設けられたのは、幕府が大名に参勤交代を命じ、大名は江戸と領地を一年交替で往復したためです。この結果、大名はどのような影響を受けましたか。簡単に述べなさい。

（6）下線部(e)について、明治政府は、イギリスの郵便制度を参考にしつつ、江戸時代以来の飛脚の制度も取り入れて、1871年に新たな郵便制度を創設しました。次の図は、郵便制度の確立に尽力した人物が肖像になっている１円切手です。この人物の名を答えなさい。

（7）下線部(f)について、街道には馬を使って人や荷物を運ぶ馬子《まご》とよばれる職業の人たちがいました。彼らが仕事をしながら歌った歌は、現在では民謡となって残っています。その一節に、次のようなものがあります。

（　　　）八里は馬でも越すが　越すに越されぬ大井川 坂は照る照る　鈴鹿は曇る　あいの土山　雨が降る

これは東海道の代表的な難所３カ所を歌っていますが、（　　　）には関所と宿場のある地名が入ります。この地名を**漢字**で答えなさい。

（8）下線部(g)について、この本は1802年に初めて出版されてベストセラーになり、その後も著者が何度も取材旅行に出かけ、1822年まで21年間も続編を書き続けました。この作品の著者の名を、次のア～エのうちから１つ選び、記号で答えなさい。

ア　滝沢馬琴　　　イ　島崎藤村　　　ウ　井原西鶴　　　エ　十返舎一九

（9）下線部(h)について、『東海道五十三次』は、風景を描いた木版画で大人気になった絵師歌川広重の代表的作品です。この作品は、後にモネやゴッホなどの西洋の画家にも大きな影響を与えたといわれています。次のア～エのうちから、**歌川広重の作品でないもの**を１つ選び、記号で答えなさい。

ア

イ

ウ

エ

(10) 下線部(i)について、明治から現在までの国道には、起点と終点を示す道路元標《げんぴょう》が置かれています。次の図は、東京にある主要な７本の国道の起点になる「日本国道路元標」で、これは江戸時代の五街道の起点を引き継いで、明治政府がある橋の上に定めたものです。この「日本国道路元標」の置かれた東京の橋の名として正しいものを、下のア～エのうちから１つ選び、記号で答えなさい。

ア　三条大橋　　イ　京橋　　ウ　心斎橋　　エ　日本橋

(11) 下線部(j)について、戦後の日本政府は、生活に困った人々を救済する制度を整えていきますが、高度経済成長期に入ると、国民が安心して働き暮らせるように、国民全員を対象にした医療保険制度と年金制度を整えました。これは、日本国憲法第25条を具体化した政策です。次の憲法第25条の条文の（　　　）に適する語句を、**漢字４字**で答えなさい。

第25条　すべて国民は、健康で文化的な（　　　）の生活を営む権利を有する。
国は、すべての生活部面について、社会福祉、社会保障及び公衆衛生の向上及び増進に努めなければならない。

(12) 下線部(k)について、1987年には日本国有鉄道（国鉄）が分割民営化され、７社のＪＲ（北海道、東日本、東海、西日本、四国、九州、貨物）になりました。また、2005年には４つの高速道路公団が６つの高速道路会社に分割民営化されました。この２回の分割民営化を行った時の内閣総理大臣の組み合わせとして正しいものを、次のア～エのうちから１つ選び、記号で答えなさい。

ア　1987年―中曽根康弘　　2005年―安倍晋三
イ　1987年―中曽根康弘　　2005年―小泉純一郎
ウ　1987年―佐藤栄作　　2005年―安倍晋三
エ　1987年―佐藤栄作　　2005年―小泉純一郎

2024(R6) 北嶺中
K 教英出版

2023 年度

北嶺中学校入学試験問題

国　　　語

(60分)

（注意）

1　問題が配られても、「はじめ」の合図があるまで、中を開かないで下さい。

2　問題は全部で **14 ページ**、解答用紙は 1 枚です。「はじめ」の合図があったら、まず、ページ数を確認してからはじめて下さい。もし、ページがぬけていたり、印刷されていなかったりする場合は、静かに手をあげて先生に伝えて下さい。

3　答えはすべて、解答用紙の指定された位置に書いて下さい。

4　字数が指定されている場合は、句読点や記号も 1 字として数えて下さい。

5　質問や用事がある場合は、静かに手をあげて先生に伝えて下さい。ただし、問題の考え方や、言葉の意味、漢字の読み方などについての質問には答えません。

6 「おわり」の合図で鉛筆をおき、先生が解答用紙を集めおわるまで、静かに待っていて下さい。

2023(R5) 北嶺中
K 教英出版

一

次の文章は、筆者（「ぼく」）が子供の頃を回想した小説の、二つの部分です。【文章Ⅰ】は小学五年生十月の学芸会当日から十二月までを、【文章Ⅱ】は翌年一月のある日を、それぞれ描いています。読んで、あとの問いに答えなさい。

【文章Ⅰ】

午後の真ん中へんがぼくの出る劇「三年寝太郎」だった。演出の＊小林先生は大学の頃になにか演劇関係のサークルに入っていたようで、舞台の作りかたからしてとてもⅠ凝《こ》っていた。それはリハーサルのときにだんだんわかってきた。まず、いままでの学芸会の劇と照明がぜんぜん違っていて、夕方とか朝などが本当のような色合いになり、ぼくはそれだけで感動してしまった。さらにカラスの鳴き声とか遠くの村祭りの太鼓や笛の音などもそれ用に作られたものを借りてきてあって、その操作は裏方の児童がやっていた。

シャックリのマヌケな大男役のぼくは一時間前から顔に化粧され、顔全体は土色に、頬《ほお》などは、まいったなあ、と思うくらい丸く赤く塗られ、その上にものすごく大きな黒いテンテンをつけられ人間テントウ虫みたいにされた。最後に手拭《てぬぐ》いで頬かぶりをすると、自分でも誰だかわからないような顔になっていたから（　1　）気持ちはあまりなくなっていった。

最初の頃は新聞紙で作られていた体を大きくするためのヨロイみたいなものもボール紙で同じように自分たちで作った。これはけっこう難しく三人の裏方の友達が手伝ってくれた。その上に古い敷布に色を塗って野良着みたいにしたのをAハオり、高下駄《たかげた》を履《は》くと学年でぼくが一番せいたかノッポでもあったので自分でも（　2　）くらいの大男になり、小林先生に言われたように全身を大きく上下にゆすりながら「ギョッ」「ギョッ」と大声をだしてシャックリをする。その恰好《かっこう》で歩いてみると、ほかの出演者や裏方がみんな手を叩《たた》いて笑った。

ぼくは、寝てばかりいて悪がしこいコトばかり考えている寝太郎がつかまってむしろBマきにされ、川に流される運命となり、二人の農夫に担がれてくるタイミングで舞台そででスタンバイしている。担がれながらも寝太郎はうまいことを言って担いできた二人を金のあるところに行かせ、農道にいったん下ろさせることに成功し、寝太郎はその隙《すき》になんとか逃げられないかと考えている。

そこにぼくが出ていくのだ。

「暗い道は何も見えなくてあぶねえなあ」などと言いながら例の体の上下を大きく動かす「ギョッ」をやる。

最初の「ギョッ」で多くの観客が笑い、その笑い声に最初はぼくが圧倒されてしまった。寝太郎とのセリフのやりとりはちょっとだけあるのだがぼくは短いセリフを言いながら「ギョッ」のほうもやらねばならずⅡなかなか忙しい。

「ギョッ」は観客も期待しているらしく笑い声はますます大きくなっていき、寝太郎のセリフが笑い声で観客に聞こえないくらいになった。

ぼくはたいへんいい気分になり、演劇って面白いものだなあ、と思った。その劇はその日一番面白いという評判になり、終わったあと小林先生は出演者や舞台の裏で手伝っていた裏方児童全員に一本ずつ、子供ではなかなか買えないバヤリースオレンジをふるまってくれた。

けれど、家に帰って①そんな話を家族に楽しく聞かせるわけにはいかなかった。臥《ふ》せっていることの多かった父の具合が日に日に悪くなっていたからだ。往診してくれた医者は入院をすすめたが、（　3　）父にはその気持ちはなく、医者の往診があるときだけ底力を出していつもより元気そうにしているのよ、と母は困ったような顔をして兄や姉たちに話していた。

秋がすぎ、冬になると父はもう布団から起きることもなくなり、ぼくや弟は家にいるときは大きな声をだしてはいけない、と言われていた。

父の病気は当初重い「肺炎」と聞かされていたが、それだけではなくおおもとは結核のようだった。それは下の子供たちには知らされていなかった。本格的な冬に入ってから嫌な響きのする咳《せき》が続き、苦しそうだった。子供心にも父は重い病気にかかってしまっているのだ、ということがわかってきていた。

【文章Ⅱ】

葬儀から一週間ぐらいした土曜日の午後に突然小林先生がやってきた。

恐縮している母に、少し話をしたいと思いましてね、とⅢことわり、ぼくは客間で先生と向かいあった。

小林先生は少しだけ笑顔を浮かべ「いろいろたいへんだったなあ」と最初に言った。

ぼくは先生が家にやってきた理由がまだよく分からず、あいまいにうなずいた。たしかに家族を見ているとたいへんな一週間だったけれど、父は長いこと自由に歩きまわることもできない病人でもあったので、交通事故で急に他界したわけでもないからある程度覚悟みたいなものはできていた。でもそれを言うのは（　4　）ようだったので黙ってまたうなずいた。

先生は、ゆっくりした口調でいろいろな話をした。世間話のようなものから父親が早くに亡くなってしまったけれどがんばって立派な仕事をなしとげた人の話など、いろいろだった。

早くにお父さんを亡くしてしまうといろいろ辛《つら》いことを乗り越えていかなければならない状況にも直面するけれど、今しっかりと前を向いて進んで行けば、これまでと変わらず君の人生は前途（　5　）ことを忘れないように。

そういう話をいろんな方向からしてくれた。話は一時間ぐらい続いたが、ぼくはずっと聞いているほうが多かった。ぼくがあまりにもシンとして聞いているので先生はどうもこれではまずいと思ったのか、話を急に変えた。笑い顔が少しまじっていた。

「それにしても去年の秋の学芸会『三年寝太郎』での君の活躍は素晴らしかったね。職員のあいだでも話題になっていたからね。ああいうのを主役をすっかり食ってしまった、というんだよ。Ⅳしてやったり、とぼくも思ったからね」

あの劇の練習から学芸会当日までいろんな事があったけれどぼくは劇の練習をすることに集中している時間が嬉《うれ》しかった。家で臥せっていることが多くなった父の力のない咳を聞いてシンとしている日々から逃れられていた。父の具合が悪いということは先生にも言わずにいた。言えば心配してぼくはあのマヌケな大男の役からはずされてしまうかもしれない、と思ったからだ。

本当は父が元気になって、あの学芸会に母と一緒にきて貰《もら》いたかった。でもあの日、家からは誰も来ることができなかったし、②そういう話をぼくもしなかった。

母が新しいお茶をいれ、お茶菓子を持ってきたところで、小林先生はえらく恐縮して「これをいただいてもう失礼しますので」と少し腰を浮かせて言った。

ぼくたちの動きを察したように庭で犬のジョンがガサゴソ動き、小さく鳴いた。

（椎名誠『家族のあしあと』）

【注】　＊　小林先生……「ぼく」の担任でもある若い男の先生。五学年全体で作る劇を担当し、重要な役に「ぼく」を選んだ。

㈠　――A・Bのカタカナを漢字に改めなさい。

㈡　〈 1 〉〜〈 5 〉を補う言葉として最もふさわしいものを、次のア〜ソより選び、記号で答えなさい。同じ記号を二度以上選んではいけません。

ア　多難な　イ　無責任な　ウ　底知れない　エ　お茶をにごす　オ　堂々としている
カ　頑固《がんこ》な　キ　生意気な　ク　もどかしい　ケ　もったいぶる　コ　洋々としている
サ　冷静な　シ　真面目な　ス　恥ずかしい　セ　びっくりする　ソ　歴然としている

㈢ 〰〰〰Ⅰ～Ⅳのここでの意味として最もふさわしいものを、次のア～オよりそれぞれ選び、記号で答えなさい。

Ⅰ 凝っていた

ア 工夫していた
イ 片寄っていた
ウ 気負っていた
エ 謎《なぞ》めいていた
オ 目立っていた

Ⅱ なかなか

ア かえって
イ 簡単には
ウ どうしても
エ 思った通り
オ 予想以上に

Ⅲ ことわり

ア おわびを言い
イ わけを説明し
ウ お茶を遠慮《えんりょ》し
エ お悔《く》やみを述べ
オ 席を外してもらい

Ⅳ してやったり

ア どうにか切りぬけた
イ 主役を支えてあげた
ウ 上手にごまかされた
エ 期待通り演じ切った
オ 教えたかいがあった

㈣ ――①「そんな話」とは、どんな話ですか。三十字以内で説明しなさい。

㈤ ――②「そういう話」とは、どんな話ですか。二十字以内で説明しなさい。

㈥　筆者の心境の説明として最もふさわしいものを、次のア〜オより選び、記号で答えなさい。

ア　【文章Ⅰ】では学芸会の晴れ舞台を懐かしみ、【文章Ⅱ】では小林先生とのやりとりを通して、父の死という、あまりに突然の出来事を受け止めかねていた「ぼく」を、我ながら痛ましい思いで見つめている。

イ　【文章Ⅰ】では先生や友人との活発なやりとりを描き、【文章Ⅱ】の、小林先生や母の話にもほとんど言葉を返せなくなってしまった様子と比べて、当時の複雑な心境がよみがえり、いたたまれなくなっている。

ウ　【文章Ⅱ】で父の死にも動揺せず、小林先生の話を落ち着いて聞いている「ぼく」を、【文章Ⅰ】で舞台作りやジュースに興奮している「ぼく」と比べ、急に大人になってしまったことを切なく思っている。

エ　【文章Ⅱ】で小林先生の話をきっかけに、【文章Ⅰ】の頃の胸中を「ぼく」自身が改めて理解してゆく様子を描き、「ぼく」をそっと気づかいながら劇に打ちこませてくれた小林先生に、改めて感謝している。

オ　【文章Ⅰ】で劇の指導に熱中する小林先生を描き、【文章Ⅱ】ではその先生に、「ぼく」を役から外した方がよいのではという迷いのあったことを明らかにして、むしろ救いになった大役をありがたく思っている。

二

次の文章を読んで、あとの問いに答えなさい。

二、三年まえ、私は、三冊の本をもって、四歳何カ月かの男の子のある家にいったことがある。二冊は、日本語の本であり、一冊は英語の本で、日本語の方は、おみやげであり、英語のは、ただ見せてもってかえるつもりであった。

男の子は、いつも私から本をもらいAつけていたから、私が包みから本をだすと、さっそくにこにこしてやってきて、お話を読んでもらう時独特の顔で、「ふん、ふん」とあいづちをうちながら聞きだした。

一つの本がおわると、すぐまた一つをとりあげて、「こんどは、これ」といった。

三冊読みおわって、私が英語の本をしまいかけると、その子は、びっくりして、

「どうして、それ、しまっちゃうの?」と聞いた。

「だって、これ、英語だから、おいていっても、①読めないから。」

私がいうと、その子は正直にⅠ心外だという顔をして、その本をめくり、絵と私の顔を見くらべて、

「ぼく、ほら、②読めるよ。ほら、読めるよ」といった。

そこに描かれている絵は、その子に全部読めたから、私が読めないというのは、その子にしてみれば、まちがいだったのである。

幼児にとって、絵は、おとなの文字――つまり、考えたり、感じたりの材料になってくれるもの――であり、または、それ以上のものかもしれないということを、その時ほどはっきり見せつけられたことはなかった。

その男の子は、四歳にもなっていたから、もうかなりなまいきなこともいい、じぶんでは、字が読めなかったけれど、おとなの世界には文字があることは十分に承知していた。その子にとってさえ、絵がよい場合、文字はこれほどⅡ勘定《かんじょう》にはいらなかったのである。

それから、まもなく、この子よりずっと幼い子どもと絵本の関係について、かなりはっきり知らされたのは、二年ほどまえ、デンマークのブルーナというひとのあらわした「ちいさなうさこちゃん」という本のシリーズを訳したのちのことだった。このシリーズは、私が翻訳《ほんやく》した外国の絵本のなかでも、一ばん年少の子どもたちのための本で、絵は単純明快、ことばも、まだⅢほんとのストーリーを形づくらない、うたのようなものだった。

このシリーズ八冊ができあがった時、私は、これを、私の家の子ども図書室、「*かつら文庫」の本棚の上にならべた。私たち、この文庫のせわをするおとなは、新しい本をだす時、よくこうして、本をだまってならべておいて、子どもの手のだしぐあいで、その本が、どのくらい子どもの興味をひくか、ひかないかを見ようとする。

おどろいたのは、ブルーナの本は、三、四歳の子から、小学六年生までが、文庫にはいってくるBなり、手にとったということだった。

③この吸引力が、まず私たちに、この本はよく勉強してみる価値があることを教えてくれた。

この本が出てまもなく、ある若い女のひとが、生後八カ月の甥《おい》に、「うさこちゃん」の本を贈ったという話をしてくれた。

「おもしろいですよ。じいとおとなしく見ていて、読んでやると、だまってきいているんです。またページをくると、またじいと見て、聞いているんです。」

私は、何ぼ何でも、八カ月では早すぎると思ったが、だまっていた。

私が早すぎると思ったのは、おそらく、その子は、うさぎも見たことがないだろうし、読んでやることばもわからないだろうし、ちんぷんかんぷんのことを与えられているのではないかとⅣ懸念《けねん》したからだが、だまっていたのは、その子は、案外、それを喜んでいたのかもしれないし、またもう少ししたら、その後のようすを聞いてみようと思ったからだった。

ところが、それから、数カ月して、べつの女の人、ある若い母親が、「おもしろいことを見せる」といって、小さいむすめ（十一カ月）をつれてきた。

若い母親は、五、六人のおとなの間に、その女の子をおき、「うさこちゃん」のシリーズのなかの「さーかす」を、その子のそばにおいた。

すると、その子は、その本をもって、すぐわきにいた父親のところにはっていって、ひざにつかまって、父親の顔を見あげた。父親は、その本を読みはじめた。

この本では、右のページが色ずりの絵になっていて、左のページに四行のうたがついている。十一カ月の子どもの注意は、四行の文字を読むあいだ、集中できない。一行ほど読むと、ページをめくれと催促《さいそく》する。

こうして、「さーかす」の最後のページまでくると、赤ん坊は、その本をもって、となりのおとなのところにいって、また読めというしぐさをした。こうして、そこにいるおとなに全部読ませてから、この子は満足して坐《すわ》りこんだ。これが、この子の、にいちゃんのまねをしてはじめた、夕食後の日課なのだそうであった。

それから五カ月（その子一年四カ月）して、その母親に、あの行事は、まだつづいているかと聞いてみると、その子に読んでやる文は、だんだんながくなって、ある日、

「おんがくたいも　せいぞろい
あおいぼうしに　あおいふく」

のところにきたら、突然、「ぼち！」といって、絵をゆびさしたという話をしてくれた。

その子にとっては、帽子は、外出のたびに、かならずかぶせられる、外出とは切っても切れない関係にある、とくべつ意味のあるものだったそうだが、その子はそれを、絵のなかにある「ぼち」と同種のものと認識したのであった。

この一連の話を聞いて、私は、④八カ月の子どもに、その絵本ははやいなどということをいわないでよかったと思った。

この幼児たちにとって、この絵本は、最初、何かおもしろい形がはっきりした色で描かれていて、それを手にすると、身辺のおとなが何か節をつけていってくれるもの――つまり、形と音とがともなったものであったにちがいない。そして、それをくり返し、読めとせがんだのは、それが⑤快い経験であったからにちがいない。

描かれているものや、読んでもらうことが、ちんぷんかんぷんであっても、幼児のまわりには、現実に、ちんぷんかんぷんのことがあって、そういうものにぶつかっていくあいだに、子どもは知ったり、発見したりして喜ぶのにちがいない。

それにしても、人間に絵が読めるということは、なんというすばらしいことかと、私は思った。犬や鳥は、目や耳があんなに鋭敏《えいびん》なのに、絵はわからない。犬や鳥は、色をつかって、ある形がかかれているのを見ても、そこから何のいみもくみとれない。けれども、一歳二、三カ月の子どもは、「ぼち！」を認識する。

そして、その子は、現実に見たものを、頭の中でもう一ど、Vそらで組み立てる作業――どんなほかの動物もできない作業――を、どんどん頭のなかでつみ重ねていって、やがて、現実の形や絵、いまのはやりのことばでいえば、イメージの力をかりないでも、イメージを思いうかべることもできれば、そこから進んで抽象観念にまで到達することができる。

そして、その作業は、けっして学校へいって、勉強といわれるものがはじまってから、はじまるのではなくて、生まれるとまもなく、その第一歩の活動がはじまっているのだということは、子どもたちを見ていると、いやでも教えられないわけにはいかない。

（石井桃子「子どもにとって、絵本とは何か」『エッセイ集〈石井桃子コレクションV〉』所収　岩波現代文庫）

【注】　＊かつら文庫……一九五八年、筆者が東京都杉並区荻窪《おぎくぼ》にある自宅の一室に開いた、子供のための図書室。児童書がまだ少なかった時代に、約三五〇冊の蔵書と自由に読める場所を提供し、貸し出しも行った。二〇〇八年に筆者が亡くなった後も、その志を継いで活動が続けられている。

(一)　――A「つけ」、――B「なり」を、本文と同じ意味で使っているものを、次のア～オよりそれぞれ一つずつ選び、記号で答えなさい。

A　つけ
ア　備えつけの家具
イ　聞きつけない言葉
ウ　胸に刻みつけたい
エ　急いでかけつけた
オ　何かにつけて言う

B　なり
ア　何でも言いなりになる
イ　自分なりにやってみる
ウ　一目見るなり泣き出した
エ　座りこんだなり動かない
オ　大なり小なり成長がある

（二）　〰〰Ⅰ〜Ⅴのここでの意味として最もふさわしいものを、次のア〜オよりそれぞれ選び、記号で答えなさい。

Ⅰ　心外だ
ア　自分勝手だ
イ　驚かせたい
ウ　話にならない
エ　とんでもない
オ　思った通りだ

Ⅱ　勘定
ア　手
イ　耳
ウ　考え
エ　視界
オ　予定

Ⅲ　ほんとの
ア　物語としての
イ　原作者らしい
ウ　現実味のある
エ　原書の通りの
オ　実話に基づく

Ⅳ　懸念した
ア　注意した
イ　確認した
ウ　想像した
エ　提案した
オ　心配した

Ⅴ　そらで
ア　最初から
イ　自分一人で
ウ　節をつけて
エ　実物なしで
オ　ぼんやりと

（三）　――①「読めない」、――②「読める」という二つの表現において、「読む」とは、絵本の中の何をどうすることを意味していますか。「読む」という言葉を使わずに、それぞれ十五字以内で説明しなさい。

㈣ ――③「この吸引力」とは、何の、どのような力ですか。三十字以内で説明しなさい。

㈤ ――④「八カ月の子どもに、その絵本ははやいなどということをいわないでよかった」とありますが、筆者はなぜそう思ったのですか。最もふさわしいものを、次のア～オより選び、記号で答えなさい。

ア　うさぎを見たことがない幼児でも、絵の中に何か好きなものを見つければ、そのシリーズを楽しめることを教わったから。
イ　形から読みとるという、人間にだけ与えられている力は、小学校に入る前に鍛《きた》えなければならないと気づかされたから。
ウ　長時間話を聞くことのできない幼児も、「さーかす」だけは、親のいない時に一人で楽しんでいることを教わったから。
エ　絵本を毎日読んでもらっていると、一歳前の幼児も、文字を認識して抽象思考にたどりついている様子を目にしたから。
オ　絵を手がかりにしてものと言葉を結びつけ、観念を作り上げてゆく作業は、生後すぐに始まっていることを理解したから。

㈥ ――⑤「快い経験」について、どういうことを「快い」と言っているのですか。最もふさわしいものを、次のア～オより選び、記号で答えなさい。

ア　幼い子供が、兄や姉のまねをして父や母に絵本を渡し、ページをめくってもらいながら色や形をながめる、ということ。
イ　若い親が、我が子の喜びそうな絵本を何冊か選んで並べておき、子供にせがまれるたびに読んで聞かせる、ということ。
ウ　幼児が、絵をながめながらそれに合わせた声を聞き、そのくり返しの中で、少しずつものを認識していく、ということ。
エ　幼児が、文字を読めないうちから大人の音読を毎日くり返し聞くことで、認識できる言葉を増やしてゆく、ということ。
オ　大人が、様々な本を手にする子供達を観察することで、他の動物の持っていない素晴らしい力を実感する、ということ。

三　次の文章を読んで、あとの問いに答えなさい。

かつては東北の方言と九州や沖縄の方言はまったく異なっていて、互いにコミュニケーションをとるのも困難でした。共通語を全国に浸透《しんとう》させるには長年の努力が必要でした。日本人だから最初から同じだったわけではなく、Aキンシツな日本人を「つくる」必要があったのです。

アメリカの政治学者のベネディクト・アンダーソン（一九三六～二〇一五）は、国民国家は古くから変わらず存在したわけではなく、近代化の過程で想像される共同体としてつくりだされてきたと述べました（『想像の共同体　ナショナリズムの起源と流行』）。国境に囲まれた土地に住む国民というまとまりを私たちがあたりまえに思えるようになるには、国の中心から発信される出版などのメディアの発達、国語の成立や辞書の編纂《へんさん》、全国統一の国民教育など、①さまざまな仕組みによって、その「想像の共同体」を支える必要があったのです。

もちろん私たちの実感レベルでは、日本人には古くから固有の文化があり、日本人らしい性質がずっと昔から維持されてきたというイメージが〈　１　〉です。それが想像の産物にすぎないなんて言われると、いやな気分になる。「わたしたち」の存在が否定されたような感じがします。それは「わたしたち」の存在の輪郭《りんかく》を維持したいという思いがあるからです。

でも、その輪郭の連続性を支えているさまざまな「日本文化」には、最近になって一般化したり、海外に由来したりするものが少なくありません。Bキヌの着物も、瓦屋根も、畳の間も、一般庶民の生活に浸透しはじめたのは明治以降のことです。綱引きや火祭り、お盆や節供《せっく》などの年中行事には中国大陸や朝鮮半島の文化と共通するものがたくさんあります。

それは日本人が外来の文化をうまく変形しながら取り入れるのに長《た》けていたからだ――。そんな声が聞こえてきそうですが、それはかならずしも日本人だけに限られた現象とは言えません。

歴史学者のエリック・ホブズボーム（一九一七～二〇一二）らが編集した『創られた伝統』は、一九～二〇世紀にかけての欧米やその植民地の研究事例をもとに、さまざまな国や地域の「伝統」が長い年月を経たものではなく、ごく最近になって成立したり、ときに捏造《ねつぞう》されたりしたものだという、ショッキングな指摘をしました。「伝統というものは常に〈　２　〉につじつまのあう過去と連続性を築こうとするものである」。ホブズボームはCジョロンにそう書いています。

一五〇年前といまの日本人の暮らしは、まったく違います。しかも一五〇年前の日本列島に暮らした人びとは、もうだれ一人残っていません。日本人は、みんな入れ替わっている。それでもなお日本人や日本文化はずっと続いている。そんな意識が私たちにはあります。
学生に「日本文化とは何ですか？」と聞くと、みんな同じように答えます。着物や華道、茶道、相撲、歌舞伎、侍、侘《わ》び寂《さ》び……。でも、教室に着物を着ている人は一人もいません。ふんどしをつけている人も、歌舞伎役者も、ちょんまげ頭の人もいません。
だれもその「日本文化」にあてはまらなくても、それらが日本人の固有の文化だと信じて疑わない。不思議なことです。もともと武士階級の侍なんて、全人口からみればごくわずかでしたし、庶民はキヌの着物を身につけることが禁じられていました。極端な話、いまも昔も一部にしか存在しなかった要素であっても、日本人の文化だと考えることは可能なのです。
「日本人」というのは「器《うつわ》」であって、何がその「なかみ」として差異を構成するのかは時代によって変化します。そうしてなかみが変化しても、日本人という容《い》れ物、つまり境界そのものは維持される。それは日本人ではない人たちとのあいだに境界線が引かれているからです。
もし世界中に日本人しかいなくなったら、「日本人」というカテゴリー（＝容れ物）に意味はなくなります。「日本人」は、「日本人ではない人たち」との関係においてはじめて「日本人」でいられるのです。
さらに「日本人」という境界は、つねに存在する〈　3　〉なものではありません。たとえば、私たちはよく関西人はどうだとか、関西人のなかでも京都人はこうで、大阪人はこうだといった言い方をします。そのとき「日本人」としてのまとまりは無視されます。
「関西と関東は文化が違う」と言うとき、そこに明確な差異があることを疑う人はいません。その関西人と関東人の比較では、京都人と大阪人の違いは意識されなくなり、同じ関西人としてキンシツな存在にされます。どういう境界線で比較するかで、「差異」そのものが変わるのです。
集団と集団との境界をはさんだ「関係」が、その集団そのものをつくりだしていく。「つながり」によって集団間の差異がつくられ、集団内の一貫性が維持される。
ある輪郭をもった集団は単独では存在できません。別の集団との関係のなかで、その差異の対比のなかで、固有性をもつという確信が生まれ、それが集団の一体感を高める。それは、「わたし」が「他者」との交わりのなかで変化してもなお、「他者」との境界線をはさんで「わたし」であり続けるのと同じです。
他者との差異が集団としての一体感や持続性を生み出すように、「わたし」という存在の輪郭も、ひとつの感情や身体経験をひとまとめにしておくために必要とされます。他者と交わることで輪郭が溶《と》け出して交じり合ってしまうからこそ、その輪郭を固めるDソウチが必要とされるのだと言ってもいいかもしれません。
精神科医の木村敏《びん》（一九三一～二〇二一）は、＊統合失調症は「わたしがわたしである」ということに確信を持てなくなったときに生まれる病気だと言います（『自分ということ』）。「わたし」という存在の感覚は、だれにとってもあたりまえに感じられるものではなく、それが失われることもある。私たちはその輪郭を維持しないと、とても生きづらくなるのです。

「わたし」の輪郭を維持する。そのことを身近な例に引きつけて考えてみましょう。たとえば、杖《つえ》を使って歩いている人にとって、杖は身体の一部のように感じられるはずです。メガネをかけているとき、そこで「見ている」のは「メガネ」ではなく、「わたし」だと思っているのも同じです。「わたし」の眼だけでは見えていないにもかかわらず、見ている「わたし」がはっきりと感じられる。

道具を使うかどうかだけではありません。私たちは音を自分の耳で聞いていると感じます。でも当然ですが、その音の振動を伝えているのは空気です。空気がまわりに充満しているからこそ、音が届く。音はそれを発するものの振動とそれを伝える空気の振動、その震えを知覚する耳という身体器官との協働作業をとおして、「聞こえる」わけです。でも経験のレベルでは、「わたし」が聞いているとしか感じられない。

そもそも②「わたし」の経験は外部の世界へと拡張しながら、それらとの交わりをとおして構成されている。私たちの〈 4 〉な境界は、つねに外部の「わたし以外のもの」と連動する開かれたものなのです。それでも、ふつうは「わたし」をしっかりとした輪郭のある独立した存在として経験できる。考えてみると、けっこう不思議なことです。

（松村圭一郎『はみだしの人類学』）

【注】 ＊ 統合失調症……思考や行動、感情をまとめていく力が低下する病気。

㈠ ―― A～Dのカタカナを漢字に改めなさい。

㈡ 〈 1 〉～〈 4 〉を補う言葉として最もふさわしいものを、次のア～クより選び、記号で答えなさい。同じ記号を二度以上選んではいけません。

ア 内面的　イ 画一的　ウ 絶対的　エ 身体的
オ 一般的　カ 現実的　キ 歴史的　ク 主体的

(三) ――― ①「さまざまな仕組み」には、どのような目的がありますか。空白行ではさまれた段落（一五〇年前〜同じです。）をふまえて、四十字以内で説明しなさい。

(四) ――― ②「『わたし』の経験は外部の世界へと拡張し」について、このことの具体例として最もふさわしいものを、次のア〜オより選び、記号で答えなさい。

ア 病気で苦しんでいる時、体を通常時より重く感じることがある。
イ 靴をはいて泥をふんだ際に、地面の感触を得ることができる。
ウ 偉人の伝記を読むと、その人の人生が実感とともに理解される。
エ 怪談話を聞いた後は、夜に幽霊《ゆうれい》が出るような気がしてしまう。
オ ものを口に含むと、味だけでなく、食感や香りまで理解できる。

(五) 本文の内容として最もふさわしいものを、次のア〜オより選び、記号で答えなさい。

ア 集団や個人は、差異による対立を生まないよう、周囲と協同することで自他の輪郭をあいまいにする、戦略的な存在である。
イ 集団や個人は、どのような比較であってもただ一つの同じ性質を感じなければ自身の輪郭を感じられない、危険な存在である。
ウ 集団や個人は、あらゆる変形を受け入れ、周囲との関係をもとにその都度自身の輪郭を規定していく、流動的な存在である。
エ 集団や個人は、周囲を参考にしながら古くからの文化や経験をもとに少しずつ自身の輪郭を形成していく、孤独な存在である。
オ 集団や個人は、積極的に固有性を主張することで周囲との違いを明確にし、自身の輪郭を補強する、身勝手な存在である。

2023年度

北嶺中学校入学試験問題

算　　　数

(60分)

（注意）

1　問題が配られても、「はじめ」の合図があるまで、中を開かないで下さい。

2　問題は全部で **10** ページ、解答用紙は1枚です。「はじめ」の合図があったら、まず、ページ数を確認してからはじめて下さい。もし、ページがぬけていたり、印刷されていなかったりする場合は、静かに手をあげて先生に伝えて下さい。

3　答えはすべて、解答用紙の指定された位置に書いて下さい。答えが分数になるときは、できるだけ約分して答えて下さい。

4　コンパス、定規、分度器は使用できません。机の上にはおかないで下さい。

5　質問や用事がある場合は、静かに手をあげて先生に伝えて下さい。ただし、問題の考え方や、言葉の意味、漢字の読み方などについての質問には答えません。

6「おわり」の合図で鉛筆をおき、先生が解答用紙を集めおわるまで、静かに待っていて下さい。

1 次の □ に当てはまる数を求めなさい。

(1) $117 \div (2 \times 19) \div 26 \times 76 \div 3 = \square$

(2) $0.37 \times 6 - 1.4 \times 0.27 - 0.51 \times 1.9 = \square$

(3) $\left(\dfrac{11}{12} - \dfrac{9}{10}\right) \div \left(\dfrac{7}{8} - \dfrac{5}{6} + \dfrac{3}{4} - \dfrac{1}{2}\right) \div \left(\dfrac{9}{11} - \dfrac{5}{7} + \dfrac{1}{3}\right) = \square$

(4) $5 \times 1.25 + 3 \times \dfrac{1}{4} = \left\{1.6 + \left(\dfrac{1}{3} - \dfrac{1}{5}\right) \div \dfrac{1}{10}\right\} \times \left(2\dfrac{1}{2} \times 0.7 + \square\right)$

計算用紙

2 次の各問いに答えなさい。

(1)　A, B は 1 以上の整数とします。「A を何個かかけて B になる A の個数」のことを

(A ☆ B)

と表すことにします。ただし，A は 2 個以上かけるものとします。例えば

$3 \times 3 \times 3 \times 3 = 81$　　なので　(3 ☆ 81) = 4

です。このとき，次の □ に当てはまる数を答えなさい。

(2 ☆ 4096) − (3 ☆ 729) = 2 × (5 ☆ □)

(2)　3 つの品物 A，B，C があります。価格はすべて消費税込《こ》みとします。

A を 3 個と B を 2 個買うと 400 円，

B を 3 個と C を 2 個買うと 390 円，

A を 2 個と C を 3 個買うと 560 円

でした。このとき，A，B，C をそれぞれ 1 個ずつ買うと合計いくらになりますか。

(3)　ある仕事を仕上げるのに A 一人では 12 日間，B 一人では 18 日間，C 一人では 24 日間かかります。この仕事を A と B の二人で 6 日間したあとで，残りを C 一人で仕上げました。C 一人で仕事をしたのは何日間ですか。

(4)　みかん 4 個とりんご 2 個のあわせて 6 個を，4 つの組に分ける方法は何通りありますか。（ただし，各組にはみかん・りんごは合計 1 個以上あるとします。）

(5)　半径 10 cm，弧《こ》の長さが 10 cm のおうぎ形があります。図の「角あ」の大きさを求めなさい。ただし，円周率は 3.14 とし，小数第二位を四捨五入して小数第一位まで求めなさい。

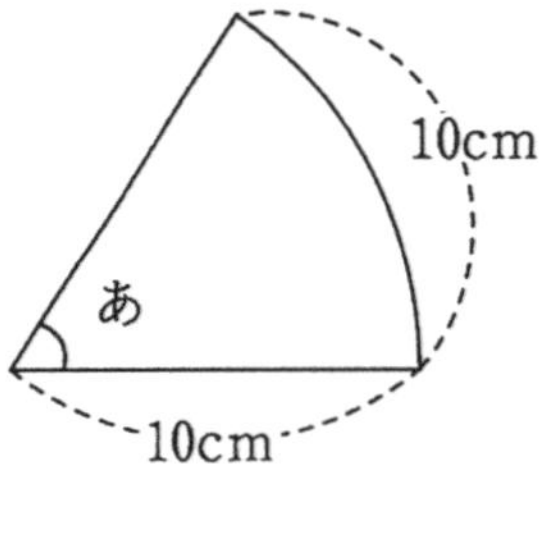

計算用紙

3　一辺の長さが 1 cm の正方形のタイルをすきまなく，また，重なることなく並べて作った正方形の形を「形 A」とし，一辺にタイルを 3 枚以上並べた形 A から，外側の上下左右の部分のタイルを一列以上等しく残し，内側の部分のタイルをすべて取り除いた形を「形 B」とします。

図 1

図 2

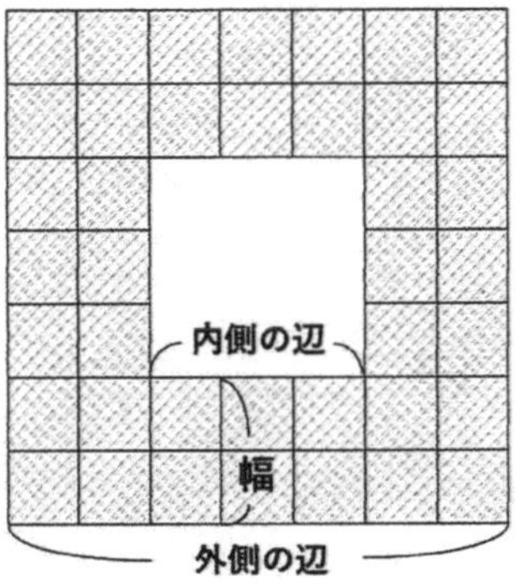

図 3

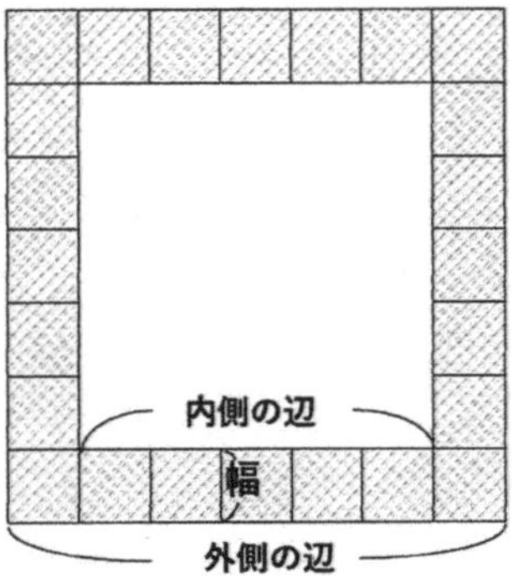

図 1，図 2，図 3 のように，形 A と形 B の外側の一辺を「外側の辺」とします。図 1 の形 A，図 2 と図 3 の形 B の外側の辺の長さはいずれも 7 cm です。

また，図 2，図 3 の形 B のように，タイルが取り除かれてできた内側の部分の正方形の一辺を「内側の辺」とし，外側の辺と内側の辺の間の長さを「幅《はば》」とします。図 2 の形 B の内側の辺の長さは 3 cm，幅は 2 cm であり，図 3 の形 B の内側の辺の長さは 5 cm，幅は 1 cm です。次の問いに答えなさい。

(1) ①　ある形 B は，内側の辺の長さは 11 cm，幅が 4 cm でした。この形 B のタイルの数は何枚かを答えなさい。

②　外側の辺の長さが □ cm である形 A を作ったのち，この形 A の回りを 52 枚のタイルで一周囲んだところ，一回り大きい形 A ができました。□ に当てはまる数を求めなさい。

(2)　同じ枚数のタイルを用いて，長さや幅が異なる形 B を作ることができる場合があります。

図 4

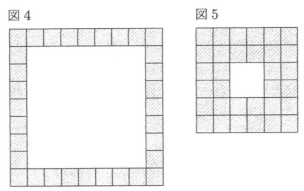

図 5

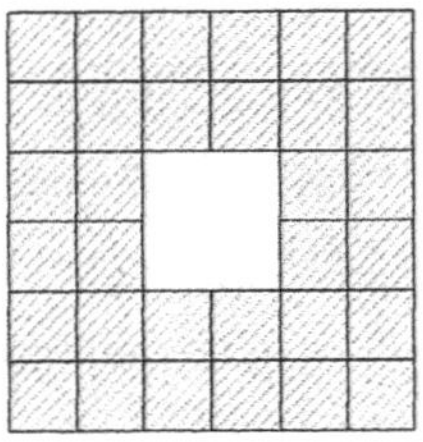

例えば，上の図 4，図 5 のように，32 枚のタイルを用いて，

「外側の辺の長さが 9 cm，内側の辺の長さが 7 cm，幅が 1 cm の形 B」

「外側の辺の長さが 6 cm，内側の辺の長さが 2 cm，幅が 2 cm の形 B」

の 2 種類の形 B を作ることができます。

①　同じ枚数のタイルを用いて，長さや幅が異なる **4 種類**の形 B を作ることができる場合，必要なタイルの数は，最小で何枚かを答えなさい。

②　一辺の長さが 1 cm の赤・青 2 種類の正方形のタイルが，同じ枚数だけあります。まず，赤いタイルをすべて用いて，幅が 6 cm の赤い形 B を作ることができました。次に，青いタイルをすべて用いて，幅が 3 cm の青い形 B を作ることができました。このとき，赤い形 B の外側の辺の長さと，青い形 B の内側の辺の長さが等しくなったので，赤い形 B は青い形 B の内側にある正方形の部分にちょうどすきまなく収まりました。赤いタイルは何枚ありますか。

4 一辺の長さが 6 cm の立方体 ABCDEFGH があります。この立方体を

3 点 B，D，E を含む平面，　3 点 B，D，G を含む平面，

3 点 B，E，G を含む平面，　3 点 D，E，G を含む平面

の 4 つの平面で切ると，形も大きさも同じ 4 つの三角すいと，すべての面が同じ大きさの正三角形でできた三角すいに分けられます。このうち，すべての面が正三角形でできた三角すいを正四面体といいます。この正四面体 BDEG について，次の問いに答えなさい。ただし，三角すいの体積は，

$$\text{底面積} \times \text{高さ} \times \frac{1}{3}$$

で求められます。

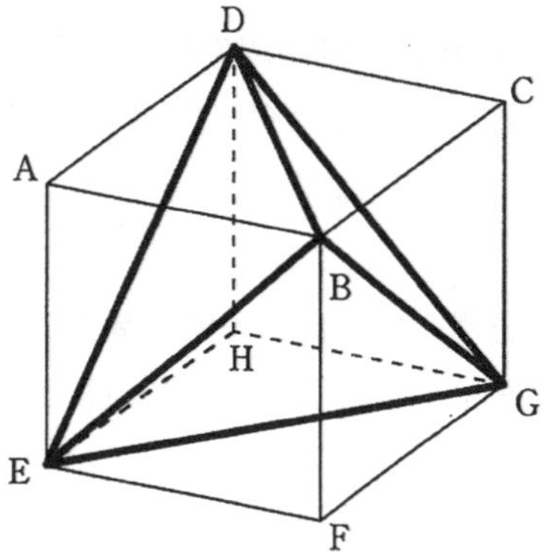

(1)　正四面体 BDEG の体積を求めなさい。

(2)　正四面体 BDEG の辺 EB の真ん中の点を L，辺 ED の真ん中の点を M とします。2 点 L，M を含む平面で正四面体 BDEG を切ると，体積が等しい 2 つの立体に分けられました。このときの切り口の図形の面積を求めなさい。

(3)　辺 EG の真ん中の点を N とします。正四面体 BDEG について頂点 E に集まる 3 つの辺 EB，ED，EG の真ん中の点 L，M，N を通る平面で頂点 E を含む三角すいを切り落とします。同じように，頂点 B，D，G についても，各頂点に集まる 3 つの辺の真ん中の点を通る平面で，頂点を含む三角すいを切り落とします。正四面体 BDEG から 4 つの三角すいを切り落として残った立体は，すべての面が同じ大きさの正三角形でできた立体になります。次の問いに答えなさい。

①　残った立体の体積を求めなさい。

②　残った立体の 1 つの面を「面あ」とし，「面あ」の正三角形のどの辺にも頂点にもふれていない面に色を塗《ぬ》りました。このとき，この立体の展開図になっていて，さらに，色の塗られた面の位置が正しいものを，下の ㋐ ～ ㋕ からすべて選びなさい。

㋐

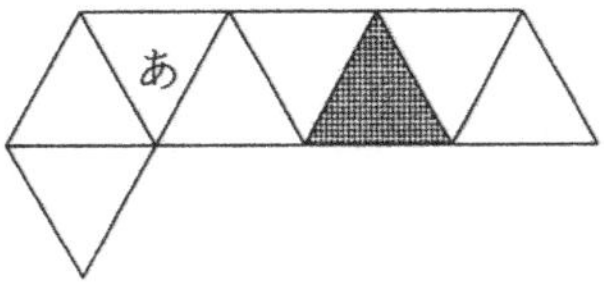

㋑

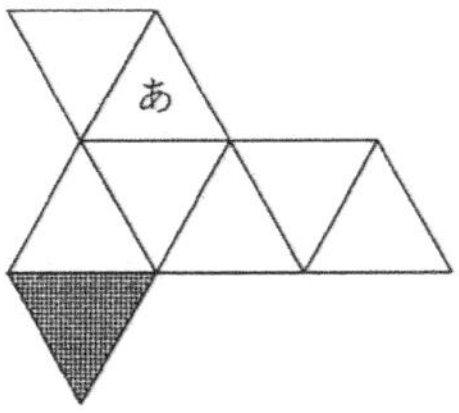

㋒

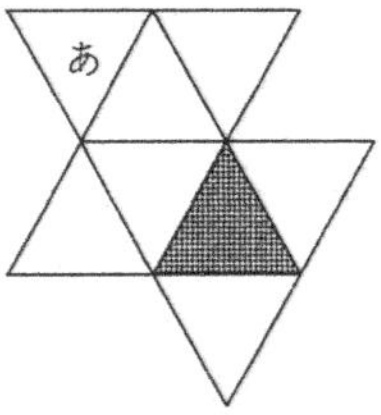

㋓

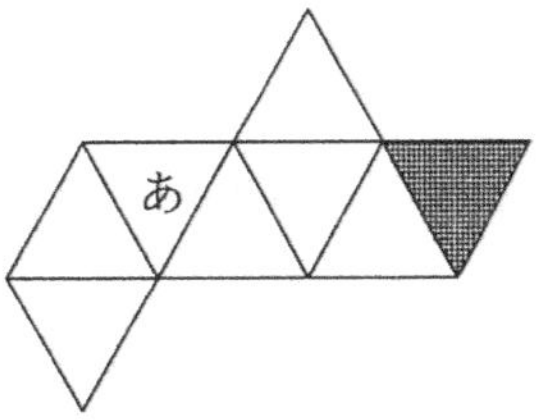

㋔

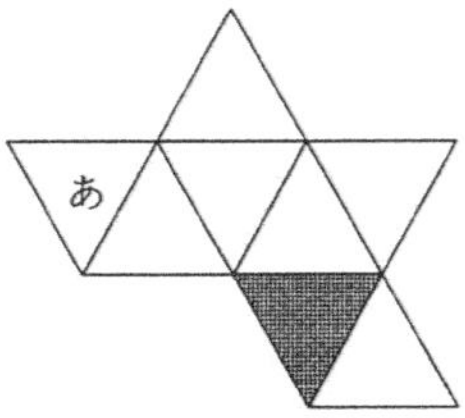

㋕

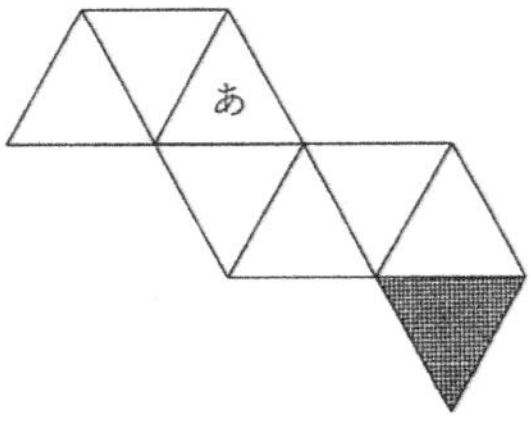

5

図1

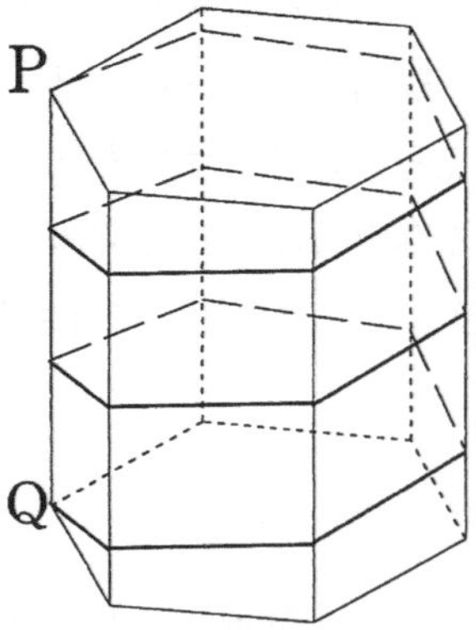

図2

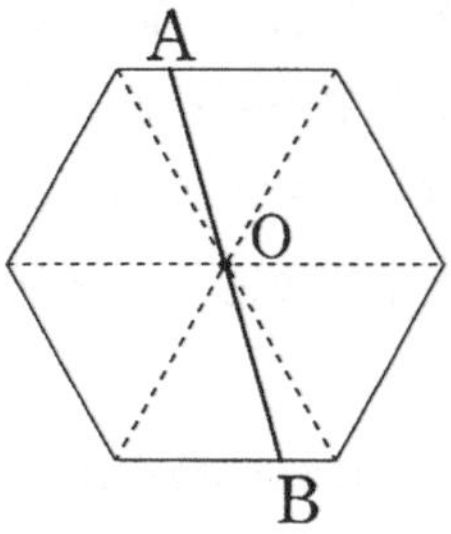

図1のような底面が正六角形である六角柱の形をした建物の側面にそった坂道があります。この坂道は地上から屋上まで高さ 9 m で，ちょうど 3 周しています。この坂道の長さは 90 m で，すべて水平面に対する傾《かたむ》きが等しいことがわかっています。ただし，道の幅《はば》は考えないものとします。

(1)　A さんは地点 P から秒速 1 m でこの坂道を下りました。B 君は A さんと同時に地点 Q から秒速 0.5 m でこの坂道を登り始めましたが，B 君は A さんと**正反対の位置**を通るたびに秒速を 0.5 m ずつ速くしました。

ただし，**正反対の位置**とは，図 2 のように建物を真上から見たとき，A さんのいる位置と B 君のいる位置を結んだ直線が，図 2 の点 O を通るような位置を指します。このとき，次の問いに答えなさい。

①　B 君の速さが秒速 1 m に変わったのは，出発してから何秒後ですか。

②　B 君は A さんと出会うまでに，速さを何回変えましたか。

③　B 君と A さんは，出発して何秒後に，地上から何 m のところで出会いましたか。

(2)　(1) で B 君が A さんと出会った後も B 君は坂道を登り続け，次に**正反対の位置**にきたとき，B 君は A さんと出会ったときの速さから秒速を 0.5 m 速くし，坂道を下り始めました。B 君が地点 Q に戻ってくるのは B 君が地点 Q を出発してから何秒後ですか。

ただし，坂道を下っているときも登っているときと同じように，B 君は A さんと**正反対の位置**を通るたびに秒速を 0.5 m ずつ速くするものとします。

計算用紙

2023年度

北嶺中学校入学試験問題

理　　　科

(40分)

（注意）

1　問題が配られても、「はじめ」の合図があるまで、中を開かないで下さい。

2　問題は全部で **14 ページ**、解答用紙は 1 枚です。「はじめ」の合図があったら、まず、ページ数を確認してからはじめて下さい。もし、ページがぬけていたり、印刷されていなかったりする場合は、静かに手をあげて先生に伝えて下さい。

3　答えはすべて、解答用紙の指定された位置に書いて下さい。

4　字数が指定されている場合は、句読点や記号も 1 字として数えて下さい。

5　コンパス、定規、分度器は使用できません。机の上におかないでください。グラフや図を描く問題では、これらを使用せずに解答してください。

6　質問や用事がある場合は、静かに手をあげて先生に伝えて下さい。ただし、問題の考え方や、言葉の意味、漢字の読み方などについての質問には答えません。

7「おわり」の合図で鉛筆をおき、先生が解答用紙を集めおわるまで、静かに待っていて下さい。

1

次の問いに答えなさい。

(1) 冬の夜空に見られる「冬の大三角」をつくっている星を次の**ア**～**ク**から **三つ** 選び、記号で答えなさい。

ア シリウス　**イ** アンタレス　**ウ** スピカ　**エ** ベテルギウス
オ デネブ　**カ** プロキオン　**キ** ベガ　**ク** アルタイル

(2) 夜空に光る星は色が異なって見えます。この色のちがいは星の表面温度のちがいによるものです。次の**ア**～**ウ**の色に見える星について、表面温度が **高いものから順に** 記号を並べて答えなさい。

ア 赤色　**イ** 青白色　**ウ** 黄色

(3) 現在、アメリカ航空宇宙局（NASA）は各国と協力して、約半世紀ぶりに再び月面に人類を着陸させることを計画しています。この計画の名称(めいしょう)を次の**ア**～**カ**から一つ選び、記号で答えなさい。

ア パイオニア計画　**イ** アルテミス計画　**ウ** アポロ計画
エ マーキュリー計画　**オ** ディスカバリー計画　**カ** ルナ計画

(4) 次の①～⑤の文が正しい場合は ○ 、誤っている場合には × の記号を、それぞれ答えなさい。

① 北の方向から南の方向へふく風を北寄りの風と呼ぶ。
② 日本の冬の気圧配置では、日本列島の東側に低気圧、西側に高気圧が発達することが多い。
③ 気象衛星「ひまわり」から見た場合、ニュージーランドに接近したサイクロンでは、空気がその中心に向かって反時計回りにふきこむ。
④ 地震(じしん)の規模の大きさは震度(しんど)で表す。
⑤ 地震が発生した地下の場所のことを震央(しんおう)という。

(5) 天気予報で「1 時間に 80 ミリの雨が降った」といった場合は「雨水が地面にしみこんだり流れ出たりしないとすると、1 時間に雨水が 80 mm の高さまでたまる」ことを意味します。この場合、1 時間に 1 m^2 当たり何 L の雨水が降ったことになりますか。ただし、答えが小数になるときは、小数第一位を四捨五入して **整数** で答えなさい。

(6) 1 光年とは光が真空中を 1 年の間に進む距離(きょり)のことです。1 光年はおよそ何 km になりますか。最も適するものを次の**ア**～**カ**から一つ選び、記号で答えなさい。ただし、光は 1 秒で 30 万 km 進み、1 年を 360 日とします。

ア 155 億 km　　**イ** 1550 億 km　　**ウ** 1 兆 5500 億 km

エ 933 億 km　　**オ** 9330 億 km　　**カ** 9 兆 3300 億 km

2

次の問いに答えなさい。

(1) プラスドライバーでネジを回すときのことを説明した、以下の文の空らん**A**〜**C**に入る語句として、最も適するものを次の**ア**〜**ウ**からそれぞれ一つずつ選び、記号で答えなさい。

> プラスドライバーの先端(せんたん)は [A]、ネジの穴に引っかかっている部分は [B]、手でにぎる部分は [C] としてはたらいていて、プラスドライバーを使うと、ネジを小さな力で回すことができるようになっています。

ア 支点　　**イ** 力点　　**ウ** 作用点

(2) 図のように、糸に小さなおもりをつけて、いろいろな振り子(ふりこ)を作り、おもりが右はしの位置から右はしの位置にもどってくるまでの時間を測定しました。糸の長さが 1 m、おもりの重さが 10 g、振れ幅(ふれはば)が 10 cm の振り子で測定した時間と 同じだったもの を次の**ア**〜**キ**から すべて 選び、記号で答えなさい。ただし、糸の重さや空気の影響(えいきょう)は考えないものとします。

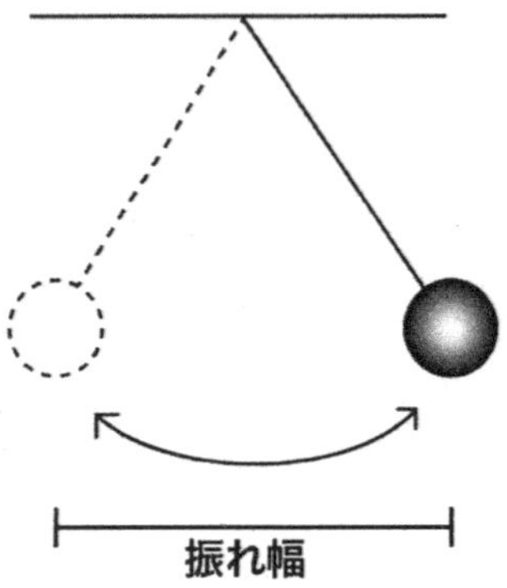

ア 糸の長さが 1 m、おもりの重さが 10 g、振れ幅が 5 cm の振り子。
イ 糸の長さが 1 m、おもりの重さが 20 g、振れ幅が 10 cm の振り子。
ウ 糸の長さが 1 m、おもりの重さが 20 g、振れ幅が 5 cm の振り子。
エ 糸の長さが 2 m、おもりの重さが 10 g、振れ幅が 10 cm の振り子。
オ 糸の長さが 2 m、おもりの重さが 10 g、振れ幅が 5 cm の振り子。
カ 糸の長さが 2 m、おもりの重さが 20 g、振れ幅が 10 cm の振り子。
キ 糸の長さが 2 m、おもりの重さが 20 g、振れ幅が 5 cm の振り子。

(3) 図のような、5 cm 間かくで穴が 9 ヶ所あいている棒があります。その棒の真ん中の穴に糸をつけて、おもりをぶら下げずに天じょうからつるすと、棒は水平な状態で静止しました。また、図のように、四つのおもりを A〜D の位置に糸でぶら下げても、棒は水平な状態で静止しました。このとき、図中の A の位置にぶら下げたおもりの重さは何 g になりますか。ただし、おもり以外のものの重さは考えないこととします。

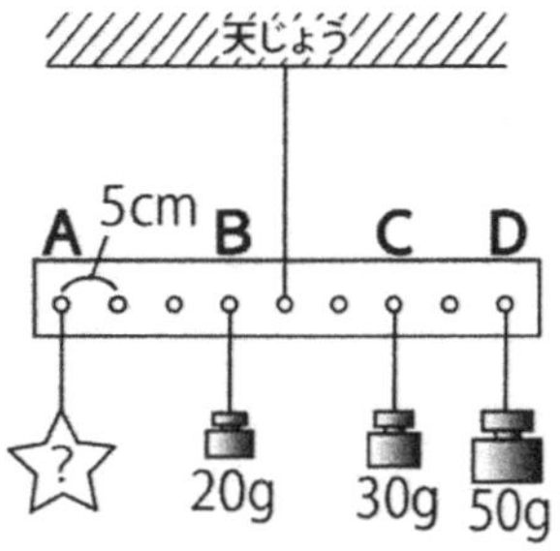

(4) 電池2個と豆電球2個をつないだとき、豆電球が最も明るく点灯するものを次の図**ア**～**エ**から一つ選び、記号で答えなさい。ただし、使用する電池と豆電球は、すべて同じものとします。

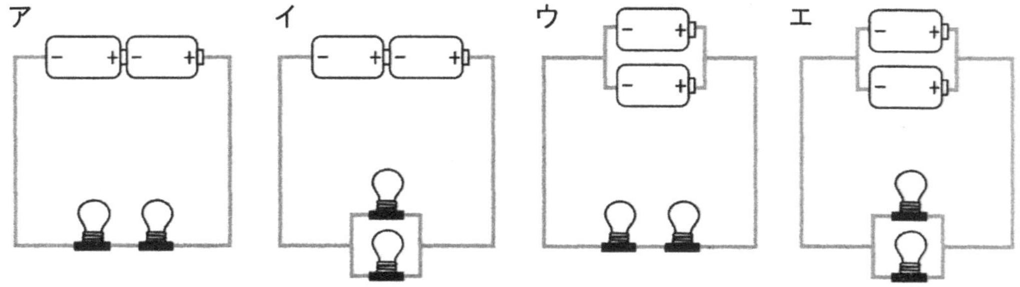

(5) 図**ア**～**ク**のように、電池2個と豆電球とスイッチを一つずつ接続して、その中の導線の上（図**ア**～**エ**）や下（図**オ**～**ク**）に方位磁針を置いてみました。スイッチを切っているときは、どの方位磁針も北（図の上向き）を向いていました。スイッチを入れて豆電球を点灯させたとき、方位磁針の指し示す向きが北向きのまま **動かない** ものを図**ア**～**ク**から **すべて** 選び、記号で答えなさい。

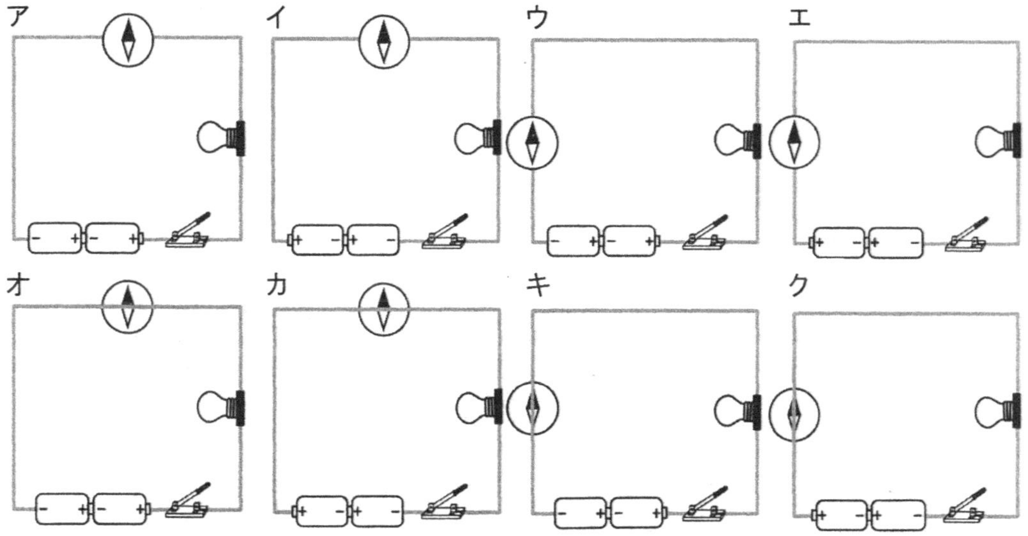

(6) は次のページにあります。

(6) ピアノの鍵盤(けんばん)は白鍵(はっけん)と黒鍵(こっけん)が並んでいて、左から右に音の高さが半音ずつ上がるように作られています。同じように、ギターでは「フレット」という金属の棒が指板に取り付けられていて、弦(げん)を指でおさえる位置をフレット一つ分だけずらして弦の振動(しんどう)する部分の長さを短くすると、弦の音の高さが半音上がるように作られています。ギターの弦には番号が付いていて、図の下側から順に 1 弦～6 弦と言います。ギターでは、弦を指でおさえずに 6 弦をはじくとピアノの b の鍵盤の「ミ」、5 弦をはじくとピアノの c の鍵盤の「ラ」、4 弦をはじくとピアノの d の鍵盤の「レ」の音がそれぞれ鳴ります。また、指板の A の部分で弦を指でおさえて 5 弦をはじくとピアノの a の鍵盤の「ド」の音が鳴ります。この「ド」の音よりも高い「ミ」の音を鳴らすために、指で弦をおさえる指板の位置はどこですか。図中の**ア**～**ト**から <u>二つ</u> 選び、記号で答えなさい。ただし、答えるときに「㋐」のように ○ を書く必要はありません。

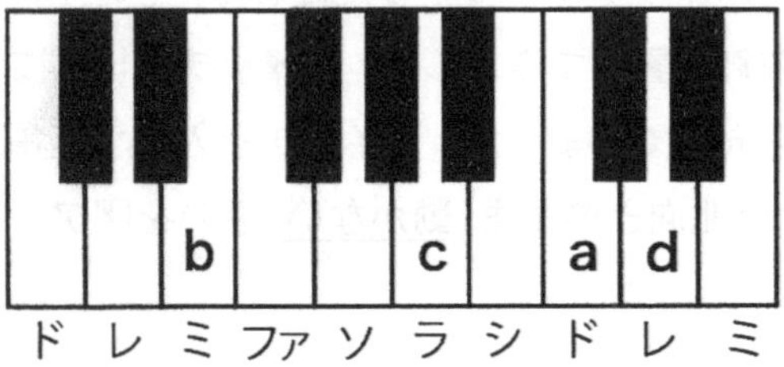

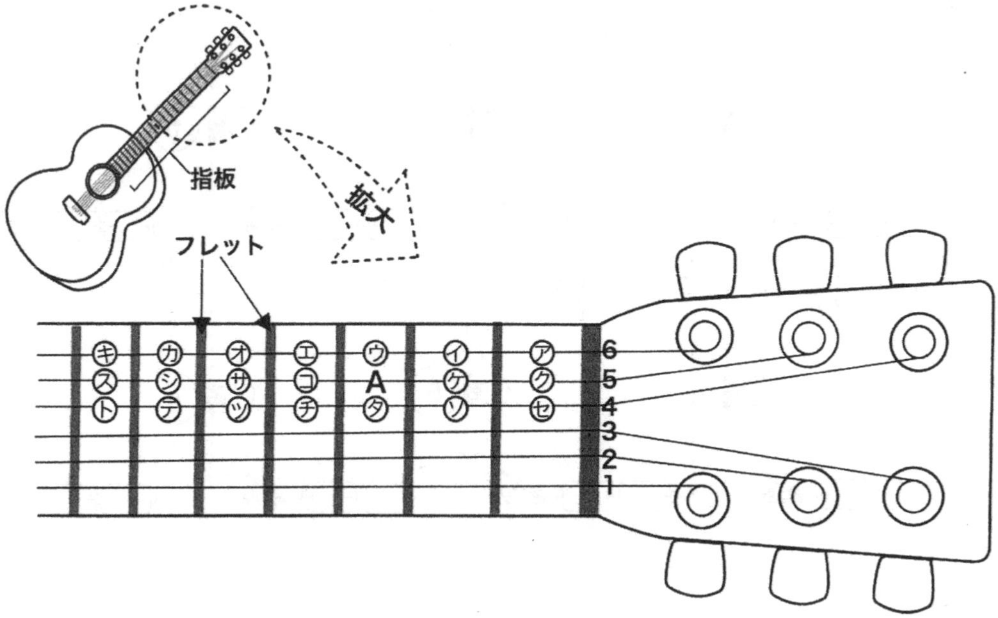

理科の問題は次のページに続きます。

3

北嶺中学校の生徒「**嶺**」くんと、小学生のときのクラスメイト「**北**」さんがモンシロチョウについて話しています。この会話を読んで、次の問いに答えなさい。

嶺：夏休みに(あ)田舎のおばあちゃんの家に遊びに行ったとき、家の周りでモンシロチョウがたくさん飛んでいたよ。そこで、モンシロチョウを観察してみたら、孵化(ふか)したばかりの幼虫がいて、その幼虫の卵の殻(から)もあったんだ。でも次の日に同じ葉を見ると、その幼虫はいたけれど前の日に見た(い)卵の殻はなくなっていたんだよ。幼虫の他に、(う)さなぎになっているモンシロチョウも見ることができたよ。

北：モンシロチョウは、ひらひらと舞(ま)う姿がとてもかわいいわね。

嶺：飛んでいるモンシロチョウをたくさんつかまえて、そのチョウが(え)メスかオスかを調べてみたら、(お)メスは少なくて、オスが多かったんだよ。

北：そうだったのね。そう言えば、(か)モンシロチョウのメスのはねは紫外線(しがいせん)を反射させて、オスのはねは紫外線を吸収するのよ。モンシロチョウは紫外線を見ることができるから、私たちとモンシロチョウでは、はねの見え方がちがっているのね。だから、モンシロチョウはメスとオスを簡単に見分けることができて、オスはメスを見つけやすいのよ。

嶺：ぼくたちは紫外線を見ることができないけど(き)モンシロチョウの眼ってすごいんだね。

北：最近、日本にいるチョウが減っているという話をニュースで聞いたわ。理由はいろいろあるみたいだけど、農薬の使用、(く)里山環境(かんきょう)の変化、外来生物の侵入(しんにゅう)、シカによる食害、地球温暖化などで、チョウが生活できる環境が減ってきているのが原因みたいね。

(1) 下線部（あ）について、**嶺**くんのおばあちゃんの家の周りはどのような環境だと考えられますか。最も適するものを次の**ア**～**オ**から一つ選び記号で答えなさい。

ア　ブナが多く見られる森林　　　**イ**　イネを育てている田んぼ
ウ　ウシを放牧している草原　　　**エ**　ハマヒルガオが育つ海岸
オ　ダイコンを育てている畑

(2) 下線部（**い**）について、モンシロチョウの卵の殻がなくなっていた理由として、最も適するものを次の**ア**〜**エ**から一つ選び、記号で答えなさい。

ア　天敵に食べられたから。
イ　太陽光で分解されたから。
ウ　幼虫自身が食べたから。
エ　親がちがう場所に運んだから。

(3) 下線部（**う**）について、モンシロチョウはさなぎを経て成虫になる「完全変態」をする昆虫(こんちゅう)ですが、さなぎを経ないで成虫になる「不完全変態」をする昆虫もいます。この不完全変態をする昆虫として、適するものを次の**ア**〜**カ**から **二つ** 選び、記号で答えなさい。

ア　ハチ　　**イ**　カブトムシ　　**ウ**　キリギリス
エ　ハエ　　**オ**　カイコガ　　**カ**　トンボ

(4) 下線部（**え**）について、**嶺**くんがモンシロチョウのメスとオスを見分けるには、何を観察するとよいですか。最も適するものを次の**ア**〜**オ**から一つ選び、記号で答えなさい。

ア　はねの模様　　**イ**　はねの枚数　　**ウ**　あしの本数
エ　あしのつき方　　**オ**　触角(しょっかく)の有無

(5) 下線部（**お**）について、**嶺**くんがつかまえたモンシロチョウにオスが多かった理由として、最も適するものを次の**ア**〜**エ**から一つ選び、記号で答えなさい。

ア　メスを好んで食べる天敵が多いから。
イ　メスだけがかかる病気があるから。
ウ　オスとメスでは羽化の時期が異なるから。
エ　オスが積極的にメスを探しているから。

(6) は次のページにあります。

(6) 下線部（**か**）について、モンシロチョウのはねについて説明した、以下の文の空らんA に入る、最も適する語句を **<u>ひらがな</u>** で答えなさい。また、空らんBと空らんCに入る語句の組み合わせとして、最も適するものを次の**ア**～**エ**から一つ選び、記号で答えなさい。

> モンシロチョウのはねには、色や模様をつくる [A] 粉があり、メスとオスでは、この [A] 粉の構造がちがいます。このことから、メスとオスのはねでは、紫外線の反射の仕方がちがい、モンシロチョウから見ると、メスのはねの方がオスのはねよりも [B] 見えています。もし、[B] 見えているモンシロチョウのはねに紫外線を吸収する日焼け止めクリームをぬることができたなら、そのモンシロチョウは、他のモンシロチョウから見ると、[C] に見えると考えられます。

	ア	**イ**	**ウ**	**エ**
空らんB	明るく	明るく	暗く	暗く
空らんC	メス	オス	メス	オス

(7) 下線部（**き**）について、モンシロチョウの眼は六角形の小さな「個眼」がたくさん集まってできています。このような眼を何と言いますか。**<u>ひらがな</u>** で答えなさい。

(8) 下線部（**く**）について、里山について説明した文として、最も適するものを次の**ア**～**エ**から一つ選び、記号で答えなさい。

ア　農業人口が減って使われなくなった農地の広がるところ。
イ　大規模な森林伐採（ばっさい）が進んでいるところ。
ウ　人の手が適度に入っている農地や雑木林があるところ。
エ　人の手がまったく入ったことのない広大な森林があるところ。

理科の問題は次のページに続きます。

4 固体の水酸化ナトリウムを水に溶かして、(あ) 水酸化ナトリウム水溶液(すいようえき) をつくると、熱が発生して水溶液の温度が上がります。また、水酸化ナトリウム水溶液と塩酸を混ぜ合わせると (い) 中和の反応 が起こり、そのときも熱が発生します。このことについて、次に示す【実験 1】～【実験 3】を行いました。それぞれの実験では、使用するすべてのものの温度を室温と同じにしてから実験をはじめていて、【実験 1】と【実験 3】では、固体の水酸化ナトリウムは水や塩酸にすべて溶(と)けました。また、水溶液の種類に関わらず、**すべての水溶液 1 g の温度を 1 ℃上げるために必要な熱の量と、水 1 g の温度を 1 ℃上げるために必要な熱の量は等しい** ものとし、発生した熱は水溶液の温度を上昇(じょうしょう)させることだけに使われるものとします。

【実験 1】

固体の水酸化ナトリウムを水に溶かして 100 g と 200 g の水溶液を作りました。そのときの上昇温度は表 1 のようになりました。

表 1

水酸化ナトリウムの重さ [g]	1	2	1	2
水溶液の重さ [g]	100	100	200	200
水溶液の上昇温度 [℃]	2.4	4.8	1.2	2.4

【実験 2】

2 %の水酸化ナトリウム水溶液 50 g をビーカー①～⑥にそれぞれ用意し、そこにさまざまな濃(こ)さの塩酸 50 g を入れて混ぜ合わせました。そのときの水溶液の上昇温度を表 2 にまとめました。(ビーカー①の塩酸の濃さ 0 %とは、水 50 g のことです。)

表 2

ビーカー	①	②	③	④	⑤	⑥
塩酸の濃さ [%]	0	0.45	0.9	1.35	1.8	2
水溶液の上昇温度 [℃]	0	0.7	1.4	2.1	A	2.8

【実験 3】

表 3 のように、さまざまな濃さの塩酸をビーカー⑦～⑨に用意し、そこに固体の水酸化ナトリウムを溶かして、水溶液の重さを 100 g にしました。そのときの結果を表 3 にまとめました。

表 3

ビーカー	⑦	⑧	⑨
塩酸の濃さ [%]	B	2	3.75
塩酸の重さ [g]	99	98	96
水酸化ナトリウムの重さ [g]	1	2	4
水溶液の上昇温度 [°C]	5.2	C	20.8
反応後の水溶液の液性	中性	D	E

(1) 下線部（**あ**）について、水溶液は酸性、中性、アルカリ性の三つの液性に分けられます。水酸化ナトリウム水溶液と同じ液性を示すものとして、適するものを次の**ア**～**カ**から <u>二つ</u> 選び、記号で答えなさい。

ア 重そう水　　**イ** 砂糖水　　**ウ** 食酢(しょくす)

エ 過酸化水素水　　**オ** 石けん水　　**カ** ミョウバン水

(2) 下線部（**い**）について、次の**ア**～**オ**の中で中和の反応が **<u>起こらない</u>** ものを一つ選び、記号で答えなさい。

ア 消臭剤(しょうしゅうざい)に含(ふく)まれるクエン酸がにおいの原因であるアンモニアと反応する。

イ 胃薬に含まれる炭酸水素ナトリウムが胃液と反応する。

ウ 温泉で湯の花が生じるとき硫黄(いおう)を含んだ気体どうしが反応する。

エ 炭酸カルシウムがうすい塩酸と反応する。

オ 石灰水に二酸化炭素をふきこむと石灰水が白くにごる。

(3)【**実験 1**】について、固体の水酸化ナトリウム 4.5 g を 195.5 g の水に溶かしたとき、その水溶液の上昇温度は何 °C になりますか。ただし、答えが小数になるときは、小数第二位を四捨五入して **<u>小数第一位</u>** まで答えなさい。

(4)【**実験 2**】について、表 2 の空らん A に当てはまる水溶液の上昇温度は何 °C になりますか。ただし、答えが小数になるときは、小数第二位を四捨五入して **<u>小数第一位</u>** まで答えなさい。また、表 2 をもとにして、解答用紙のグラフに、ビーカー②～⑥の塩酸の濃さと水溶液の上昇温度を示す点を **<u>5 点</u>** 描(えが)き、あらかじめ描かれているビーカー①の点（塩酸の濃さ 0 %で水溶液の上昇温度 0 °C の点）を含めて、となり合う点と点を直線で結びなさい。

下書き用のグラフ

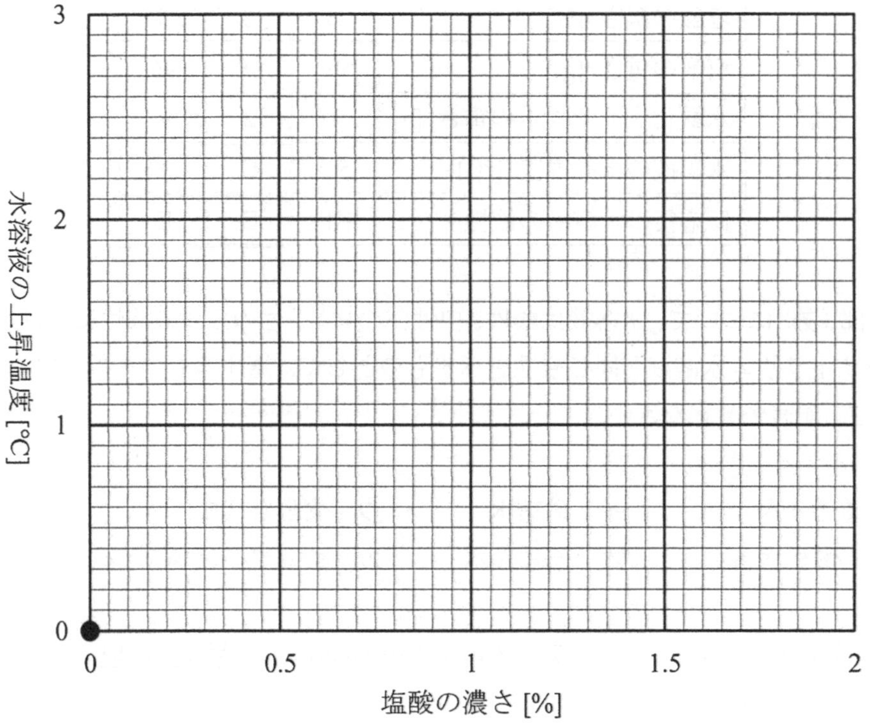

(5)【実験 1】と【実験 2】より、固体の水酸化ナトリウム 1 g を水に溶かして 100 g の水溶液をつくったときに発生した熱の量を「1」としたとき、1 g の水酸化ナトリウムが溶けている水溶液に塩酸を反応させて中和し、100 g の中性の水溶液をつくったときに発生した熱の量はいくらになりますか。ただし、答えが小数になるときは、小数第三位を四捨五入して **小数第二位** まで答えなさい。

(6)【実験 3】について、表 3 の空らん B と空らん C に当てはまる数値をそれぞれ答えなさい。ただし、答えが小数になるときは、空らん B は小数第三位を四捨五入して **小数第二位** まで、空らん C は小数第二位を四捨五入して **小数第一位** まで答えなさい。

(7) **【実験 3】** について、表 3 の空らん D と空らん E に当てはまる水溶液の液性の組み合わせとして、最も適するものを次の**ア**〜**ケ**から一つ選び、記号で答えなさい。

	D	E
ア	酸性	酸性
イ	酸性	中性
ウ	酸性	アルカリ性
エ	中性	酸性
オ	中性	中性
カ	中性	アルカリ性
キ	アルカリ性	酸性
ク	アルカリ性	中性
ケ	アルカリ性	アルカリ性

理科の試験問題はこれで終わりです。

2023年度

北嶺中学校入学試験問題

社　　会

（40分）

（注意）

1　問題が配られても、「はじめ」の合図があるまで、中を開かないで下さい。

2　問題は全部で **21** ページ、解答用紙は1枚です。「はじめ」の合図があったら、まず、ページ数を確認してからはじめて下さい。もし、ページがぬけていたり、印刷されていなかったりする場合は、静かに手をあげて先生に伝えて下さい。

3　答えはすべて、解答用紙の指定された位置に書いて下さい。

4　字数が指定されている場合は、句読点や記号も1字として数えて下さい。

5　質問や用事がある場合は、静かに手をあげて先生に伝えて下さい。ただし、問題の考え方や、言葉の意味、漢字の読み方などについての質問には答えません。

6「おわり」の合図で鉛筆をおき、先生が解答用紙を集めおわるまで、静かに待っていて下さい。

1　次の文を読み、後の問いに答えなさい。

2021 年３月に新しい国定公園が誕生しました。それは、厚岸霧多布昆布森《あっけしきりたっぷこんぶもり》国定公園です。北海道内の国定公園は 1990 年に暑寒別天売焼尻《しょかんべつてうりやぎしり》が国定公園に設定されて以来 31 年ぶりで、６カ所目となります。また、日本国内では 2020 年３月の(a)中央アルプス国定公園に続いて 58 カ所目となりました。

厚岸霧多布昆布森国定公園のテーマは「湿原と断崖が語る大地と海の交わり～生命あふれる湿原と海～」です。この公園には２つの湿原、根釧台地の森、隆起《りゅうき》と沈降《ちんこう》を繰り返した大地が海に浸食されてできた岩石海岸があり、ラッコやイトウ、ミズゴケなどの貴重な動植物が生育しています。この公園に含まれる２つの湿原とは、(b)別寒辺牛《べかんべうし》湿原と霧多布《きりたっぷ》湿原です。両方とも 1993 年にラムサール条約に登録された湿地です。

湿原と湿地、ラムサール条約について説明しましょう。まず、湿原は湿地の一つで、塩分をほとんど含まない（　①　）水で湿った草原のことです。湿地は時々あるいは常に湿っていたり、水につかったりする土地です。そして、ラムサール条約とは 1971 年２月２日、イランのラムサールで開かれた国際会議で決まった条約のことです。この条約の正式名称は、「特に水鳥の生息地として国際的に重要な湿地に関する条約」で、国境を越えて行き来する水鳥の他に、いろいろな動植物が生育する重要な湿地を守るために世界の国々が協力して進めていこうという条約です。また、この条約で湿地は、湖・沼・池・川・川が海に流れる前の河口付近に土や砂が積もってできた（　②　）・干潟・砂浜・(c)マングローブ林・(d)サンゴ礁など(e)とても様々で、（　①　）水でも海水でも湿った土地を含みます。それから、自然のものばかりでなく、人が作ったものも入ります。例えば、水田・ダム湖・ため池・養殖場などがあげられます。

日本で登録されたラムサール条約の湿地とは、多種多様な湿地の中で水の深さ・水鳥の数や絶滅のおそれのある動植物の存在などの国際基準を満たし、かつ(f)日本での登録条件がみたされている湿地です。ラムサール条約は、採択から今年で約 50 年になります。日本は 1980 年に加盟しました。(g)条約に登録されている湿地は、北海道内では 13 カ所で日本国内では 53 カ所にのぼっています。

さて、別寒辺牛湿原と霧多布湿原のような自然の湿原が、国内で最も多く残っているのが北海道です。湿原面積の約 80%が北海道にあり、その内の 80%が北海道の東部に分布します。北海道の湿原は大部分が泥炭地《でいたんち》です。泥炭とは、たくさんの木や草が枯れた後に分解されず、ほぼそのままの状態で地中に積み重なったものをいいます。

かつて、本州以南にもたくさんの湿地がありましたが、弥生時代ころから水田へ変えられてきました。北海道の湿地も、明治時代からの開拓によって減少し、国内の湿地は都市化や工業化によってさらに減り続けています。近年では、(h)湿地の減少は、地域や国内の自然破壊だけでなく、地球規模の気候の大きな変化につながるといわれています。ラムサール条約の取り組みは、「湿地の保全と再生、湿地の賢明な利用、それらが実行できる交流・学習・啓発」です。私たちも暮らしの身近にある湿地に出かけて、動植物とその生育している土地、水、気候などを考えていきましょう。

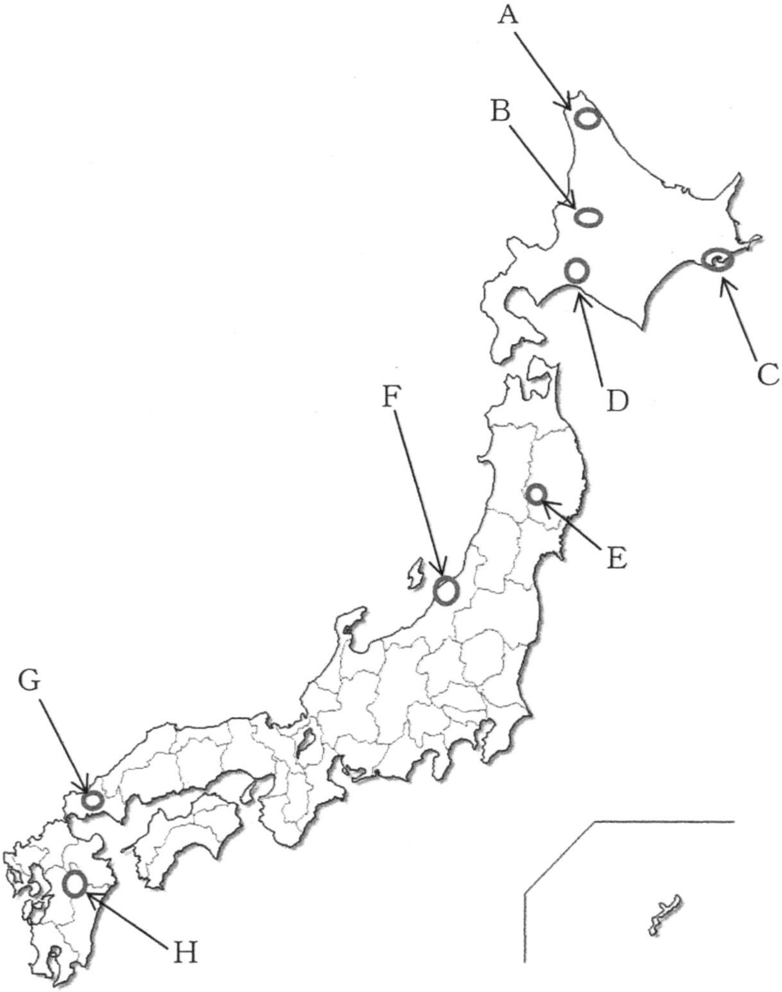

（1）文中の空らん（　①　）（　②　）にあてはまる語句を**漢字**で答えなさい。ただし、（　①　）は**1字**です。

（2）下線部(a)に関して、中央アルプスは、日本の屋根といわれる日本アルプスの１つです。日本アルプスを構成する山脈を北から並べた場合、どのような順番になりますか。次のア～カのうちから正しいものを１つ選び、記号で答えなさい。

ア　赤石山脈　－　飛騨山脈　－　木曽山脈
イ　赤石山脈　－　木曽山脈　－　飛騨山脈
ウ　飛騨山脈　－　赤石山脈　－　木曽山脈
エ　飛騨山脈　－　木曽山脈　－　赤石山脈
オ　木曽山脈　－　赤石山脈　－　飛騨山脈
カ　木曽山脈　－　飛騨山脈　－　赤石山脈

（３）下線部(b)について、この２つの湿原が含まれる地域を、前ページの地図中のＡ～Ｄのうちから１つ選び、記号で答えなさい。

（４）下線部(c)について、暖かい海の浅瀬に生育しているマングローブ林では、エビの養殖が見られます。次の表は、日本がエビを輸入している国のうち、輸入量が上位の４か国を示しています。表中の空らん（　　　）にあてはまる国は、東南アジアにある国で、1960年代の半ばから1970年代の半ばにかけて、アメリカ合衆国を中心とする国々との大きな戦争がありました。この国の名を答えなさい。

順　位	国　　名	金　額（億円）	割合（%）
1	（　　　　）	342	21.4
2	インド	325	20.3
3	インドネシア	267	16.7
4	アルゼンチン	158	9.9

『データブック・オブ・ザ・ワールド 2022』

（５）下線部(d)について、サンゴ礁は日本でも沖縄の島々などで見られますが、世界最大のサンゴ礁は、長さ2300km にもおよぶグレートバリアリーフです。このグレートバリアリーフがある国の名を答えなさい。

（６）下線部(e)について、湿地には鍾乳洞《しょうにゅうどう》も含まれます。鍾乳洞は、石灰岩が水によって溶《と》かされてできた洞窟で、このような地形をカルスト地形といいます。日本最大のカルスト地形は、特別天然記念物に指定されていますが、その位置として正しいものを、前ページの地図中のＥ～Ｈのうちから１つ選び、記号で答えなさい。

（7）下線部(f)について、湿地の保護は漁業者の生活とも関わっています。漁業者は各地で養殖や栽培漁業などを行っていますが、下の表は、カキとのり類の収穫量が全国上位の県を示しています。表中の空らん（　i　）と（　ii　）にあてはまる県の名の組み合わせとして正しいものを、下のア～エのうちから1つ選び、記号で答えなさい。

順　位	カキの収穫県	量(100 t)	のり類の収穫県	量(100 t)
1	広　島	991	（　ii　）	652
2	（　i　）	214	兵　庫	531
3	岡　山	122	福　岡	393
4	兵　庫	74	熊　本	331
5	岩　手	63	（　i　）	116

『データブック・オブ・ザ・ワールド 2022』

ア　i―宮城　ii―佐賀　　イ　i―宮城　ii―秋田
ウ　i―長崎　ii―佐賀　　エ　i―長崎　ii―秋田

（8）下線部(g)に関して、次のi）～ii）の各問いに答えなさい。

i）日本国内で最初に登録された湿原は、北海道の東部にあります。この湿原の名を**漢字**で答えなさい。

ii）1993年に世界自然遺産に登録された屋久島の永田浜は、2005年にラムサール条約にも登録されました。この湿地は砂浜の海岸で、毎年5月から8月になると、ある生物が産卵のためにやってくる地として有名です。この生物は何ですか。

（9）下線部(h)について、次のi）～ii）の各問いに答えなさい。

i）私たちは、湿地を守ることによって、災害にあうことを少なくできます。湿地のどのようなところが、どのような災害の防止になるのですか。文章にして説明しなさい。

ii）地球温暖化のような気候変動に対する取り組みで、日本や世界の国々は「カーボンニュートラル」や「カーボンゼロ」といった目標を掲げています。これは、ある物質の排出を全体としてゼロにする、という意味です。私たちの身の回りにある、この物質は何ですか。**漢字**で答えなさい。

2　次の文は、北嶺中学校１年生の太郎くんが書いた日記です。これを読み、後の問いに答えなさい。

今日は学校の帰りに、近所の 100 円均一ショップに行きました。この店では、名前の通りほとんどのものが 100 円で売られていて、(a)消費税を入れても 110 円で買い物をすることができます。地理の授業で先生が、「ある商品を生産するときにかかるお金（経費）の中で、労働者に支払うお給料の割合が高い場合、その商品は先進国ではなく発展途上国で作られることが多いんだよ」と話していたことを思い出し、定価 100 円の商品の生産国に注目してみました。すると商品のタグには、このようなことが書いてありました。

これはそれぞれ「中国製」「タイ製」を表しています。中国はともかく、タイという国についてはよく知らなかったので、調べてレポートで発表することにしました。

タイについて　まとめ

場所：東南アジアのうち、(b)ユーラシア大陸に国がある（下の図をみてください）

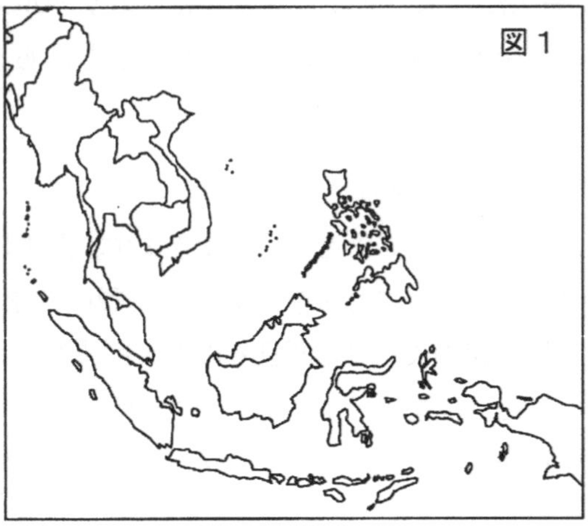
図１

正式名称：タイ王国

面積：約 51 万 ㎢（日本の約 1.4 倍）

平均気温：約 29℃（熱帯の気候）

人口：6980 万人（2020 年）

首都：(c)バンコク

宗教：仏教徒が多い（国民の 83％が信仰）

言語：タイ語

合計特殊出生率：1.53（2018 年）

平均寿命：76.9 歳（2018 年）

○(d)お米やキャッサバという芋のような作物、ココナッツなどの生産量が多い。お米の生産量は、世界のトップ 10 に入っている！

○最近は工業も発展し、とくに(e)自動車（乗用車）の生産量はアジアで８位！

○日本との関わりも深く、海外に住んでいる日本人のうち長期滞在者の数は、（　①　）、中国に次いで３位！（長期滞在者とは、仕事などで３か月以上その国に滞在しており、いずれ自分の国に帰る予定の人を指します。）

○「微笑みの国」と呼ばれていて、(f)世界中から多くの観光客が訪れている！

いろいろ調べていくと、タイをはじめ、(g)東南アジアの国々は日本との関係がとても強いということがよくわかりました。（　②　）＝東南アジア諸国連合と日本との貿易金額も近年どんどん増えているようです。その影響で、タイは経済成長が進んでいるので、100 円で売られるものばかりではなく、タイで作られたオリジナルの自動車やロボットが日本に登場する日もそんなに遠くないのではないかと思いました。これからも世界の国々についてたくさん調べ、大学生になったら世界の国々を旅行したいと思いました。

（1）文中の空らん（　①　）にあてはまる国名を、（　②　）に「東南アジア諸国連合」の略称を、それぞれ答えなさい。なお、（　②　）の略称はアルファベットでもカタカナでもよい。

（2）**図1**の中のうちから、タイに該当する範囲を鉛筆で塗りつぶしなさい。

（3）下線部(a)に関して、日本ではじめて消費税が導入されたのは1989年のことでした。これについて、次のⅰ）～ⅱ）の各問いに答えなさい。

ⅰ）現在の消費税率は 10％ですが、導入された当初の税率は何％でしたか。

ⅱ）消費税が導入された 1989 年に起こった世界の出来事として**適当でないもの**を、次のア～エのうちから１つ選び、記号で答えなさい。

ア　中国で民主化運動が激しくなり、天安門事件が起こりました。
イ　アフガニスタンに侵攻していたソ連軍の撤退が完了しました。
ウ　ベルリンの壁が開放され、同じ年に東西冷戦が終結しました。
エ　アメリカで同時多発テロが発生し、多数の死者が出ました。

（4）下線部(b)に関して、世界でもっとも長い川はナイル川ですが、ユーラシア大陸でもっとも長い川の名を答えなさい。

（5）下線部(c)に関して、次の雨温図A～Cはバンコクと、シャンハイ（中国）、新潟のいずれかのものです。A～Cの都市の名の組み合わせとして正しいものを、下のア～カのうちから1つ選び、記号で答えなさい。

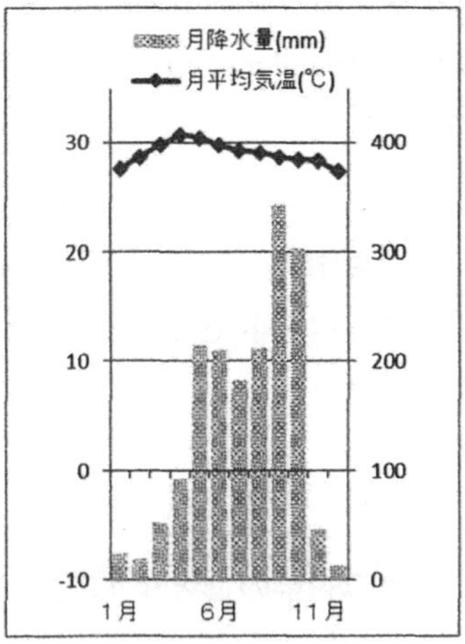

A

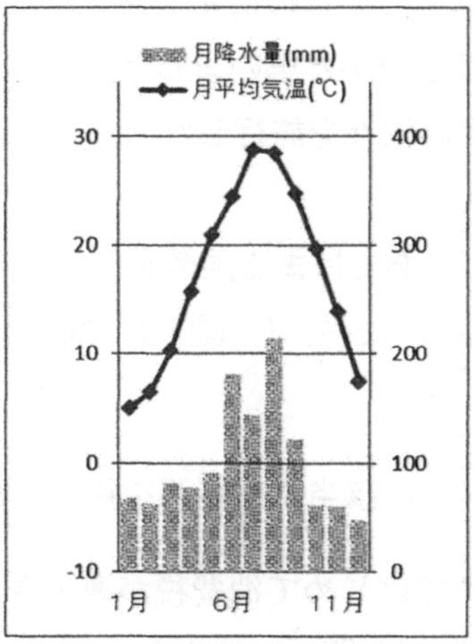

B

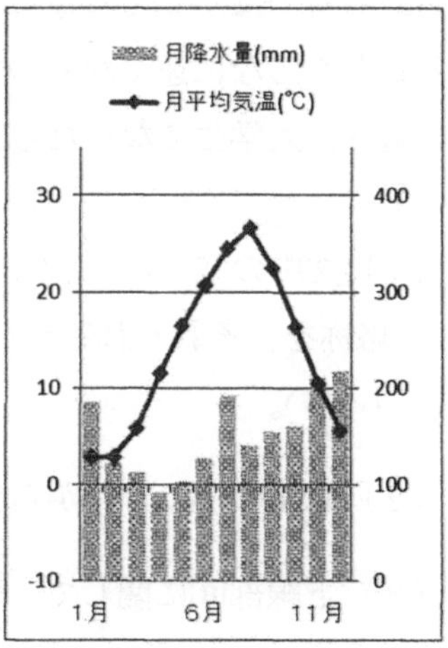

C

ア　A―シャンハイ　　B―バンコク　　C―新潟
イ　A―シャンハイ　　B―新潟　　C―バンコク
ウ　A―バンコク　　B―シャンハイ　　C―新潟
エ　A―バンコク　　B―新潟　　C―シャンハイ
オ　A―新潟　　B―バンコク　　C―シャンハイ
カ　A―新潟　　B―シャンハイ　　C―バンコク

（6）下線部(d)に関して、お米（稲）は、もともと暖かい地方の原産ですが、日本では品種改良の努力が重ねられ、本州北部や北海道などの涼しい地方でもたくさん収穫できるようになりました。しかし、年によっては夏の気温が上がらないなどの原因によって冷害が起こり、不作になったこともありました。次のグラフＡ～Ｃは、北海道、岩手県、茨城県のいずれかの1958年から2018年までのお米の生産量を示しています。Ａ～Ｃと道・県の組み合わせとして正しいものを、下のア～カから１つ選び、記号で答えなさい。

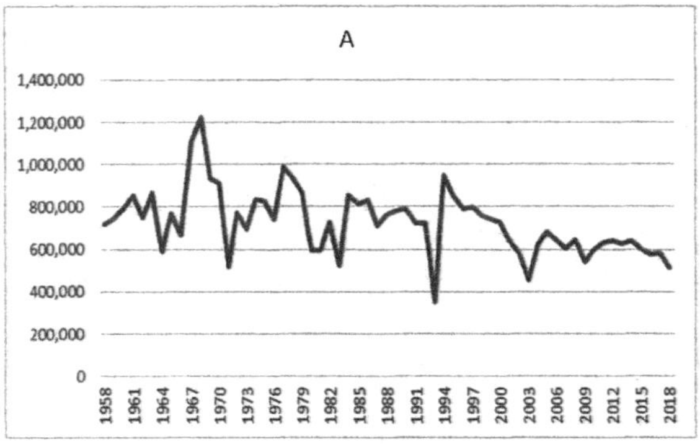

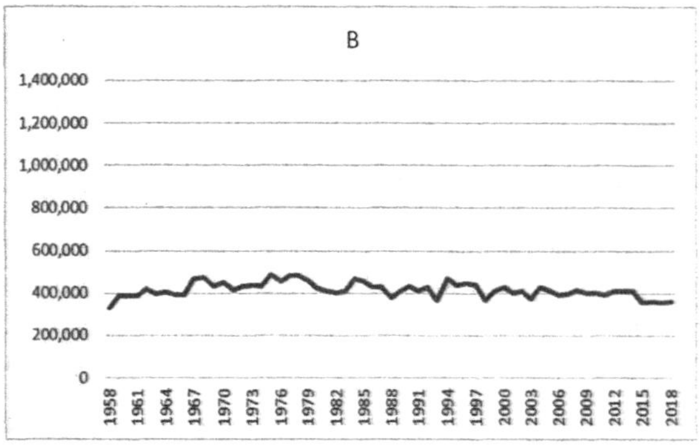

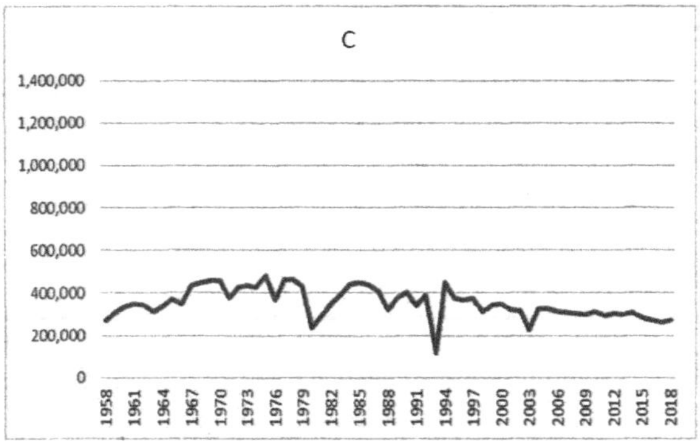

（農林水産省統計より作成）

ア　Ａ―北海道　Ｂ―岩手県　Ｃ―茨城県

イ　Ａ―北海道　Ｂ―茨城県　Ｃ―岩手県

ウ　Ａ―岩手県　Ｂ―北海道　Ｃ―茨城県

エ　Ａ―岩手県　Ｂ―茨城県　Ｃ―北海道

オ　Ａ―茨城県　Ｂ―北海道　Ｃ―岩手県

カ　Ａ―茨城県　Ｂ―岩手県　Ｃ―北海道

（７）下線部(e)に関して、次の**表１**および**表２**を見たキボウ君とホクレイ君は、下のような会話をしました。これについて後のⅰ）～ⅱ）の各問いに答えなさい。

表１　自動車の生産台数(単位は千台)

年次／国名	1990		2020			
	乗用車	商用車	乗用車	商用車	合計	世界全体に占める割合（%）
（　Ａ　）	87	383	19,994	5,231	25,225	32.5
アメリカ	6,078	3,707	1,927	6,869	8,822	11.4
日本	9,948	3,539	6,960	1,108	8,068	10.4
ドイツ	4,661	290	3,515	227	3,742	4.8
（　Ｂ　）	177	188	2,851	543	3,394	4.4

表２　日本における１世帯あたり乗用車保有台数の下位３都府県

下位	都府県名(保有台数)
１位	東京都(0.45)
２位	大阪府(0.66)
３位	神奈川県(0.72)

※表１および表２はともに『データブック・オブ・ザ・ワールド2022』

キボウ君：世界全体で自動車の生産台数は、この30年間で大きく増加していて、**表１**を見ると、とくに（　Ａ　）や（　Ｂ　）での生産量が大きく増えていることがわかるね。（　Ａ　）も（　Ｂ　）も近年経済成長が著しいけれど、両方ともアジアの国なんだね。

ホクレイ君：（　Ａ　）は人口も世界で一番多いし、国民の経済力が上がったことで自動車を持つ人が増えたんだね。（　Ｂ　）も豊富な労働力と安い賃金をいかして年々工業生産を増やしているんだけど、この国は英語も通じる国で、最近はアメリカとの関係を強くして、コンピューター関連産業もさかんにしているらしいよ。

キボウ君：**表２**も興味深い統計だね。１世帯あたり乗用車保有台数が下位の都府県には何か共通する特徴があるのかな。

ホクレイ君：東京や大阪などの都市部は【　Ｃ　】という理由で自動車の保有台数が少ないんじゃないかな。

キボウ君：なるほど、そういう理由で東京都や大阪府では保有台数が少ないんだね。

ｉ）**表１**中の空らん（　Ａ　）（　Ｂ　）にあてはまる国名を答えなさい。

ⅱ）会話文中の【　Ｃ　】には、東京や大阪などの都市部で自動車の保有台数が少ない理由が入ります。その理由を考えて、【　Ｃ　】に適するように文にして答えなさい。

（８）下線部(f)に関して、次のｉ）～ⅱ）の各問いに答えなさい。

ｉ）観光客が多く集まる理由はいくつかありますが、なかでも世界遺産などのような観光資源があることも理由の一つです。日本は、25 の世界遺産が登録されていますが（2022年）、次のア～エのうちから、世界遺産に**登録されていないもの**を１つ選び、記号で答えなさい。

ア（富士山）

イ（原爆ドーム）

ウ（大仙古墳）

エ（名古屋城）

ⅱ）タイは観光客が多く訪れる国として知られており、その数は 2019 年には、およそ 4000 万人でした。その観光客の数を国別に見ると、中国が第１位で、第２位もアジアの国でした。次の**情報①～③**は、その第２位のアジアの国に関する情報です。これらの**情報**をもとに、2019 年にタイを訪れた観光客が２番目に多かった国の名を、下のア～エのうちから１つ選び、記号で答えなさい。

情報①　この国はタイと同じ東南アジアに属し、地理的にタイととても近い
情報②　日本はこの国から機械類のほか、天然ガスなどの資源も多く輸入している
情報③　この国の人口はおよそ 3000 万人であり、その多くがイスラム教徒である

ア　マレーシア　　　イ　シンガポール　　　ウ　フィリピン　　　エ　ミャンマー

（9）下線部(g)に関して、次の表は、2019年の東南アジア、北アメリカ、オセアニアの３つの地域と日本との輸出額と輸入額、およびそれぞれの割合を示したものです。表中のＡ～Ｃにあてはまる地域名の組み合わせとして正しいものを、下のア～カのうちから１つ選び、記号で答えなさい。

	輸出額(億円)	割合(%)	輸入額(億円)	割合(%)
A	20,534	2.7	55,868	7.1
B	184,342	24.0	109,349	13.9
C	115,783	15.1	117,567	15.0

『データブック・オブ・ザ・ワールド 2022』

ア　A―東南アジア　B―北アメリカ　C―オセアニア
イ　A―東南アジア　B―オセアニア　C―北アメリカ
ウ　A―北アメリカ　B―東南アジア　C―オセアニア
エ　A―北アメリカ　B―オセアニア　C―東南アジア
オ　A―オセアニア　B―東南アジア　C―北アメリカ
カ　A―オセアニア　B―北アメリカ　C―東南アジア

(一) A B

(二) Ⅰ Ⅱ Ⅲ Ⅳ Ⅴ

(三) ① ②

(四)

(五)

(六)

(一) A B C D

(二) 1 2 3 4

(三)

(四)

(五)

受験番号	氏　名

※120点満点
（配点非公表）

(1)	(2)	(3)	
		①	②
cm^3	cm^2	cm^3	

5

(1)				(2)
①	②	③		
秒後	回	秒後	m	秒後

受験番号	氏　　　　名

※120点満点
（配点非公表）

(4) A ℃

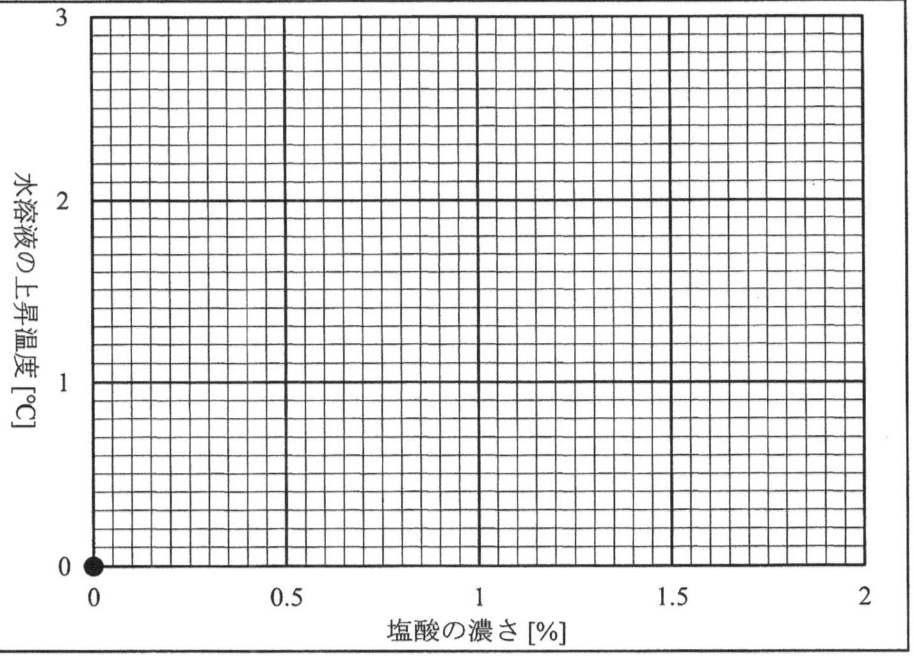

(5)

(6) B C

(7)

受験番号	氏名

※80点満点
（配点非公表）

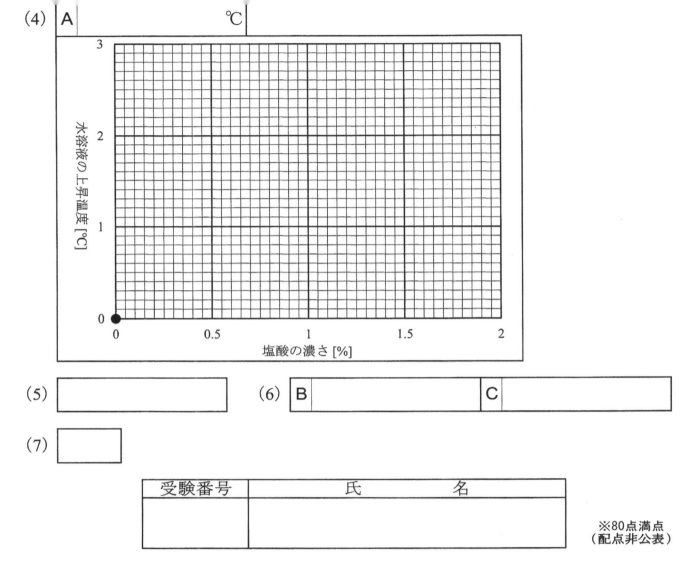

3 (1) (2) 市 (3) i)

ii) (4) (5) (6) 上皇

(7)

(8)

(9) (10) (11)

4 (1) ① ② (2)

(3) (4) (5) i)

ii) (6) (7) (8)

(9)

(10)

受験番号	氏　　　名

※80点満点
（配点非公表）

２０２３年度

入学試験問題社会解答用紙

北嶺中学校

1

（1）① ② （2） （3）

（4） （5） （6）

（7） （8） i） 湿原 ⅱ）

（9） i）

ⅱ）

2

（1）① ②

（2）

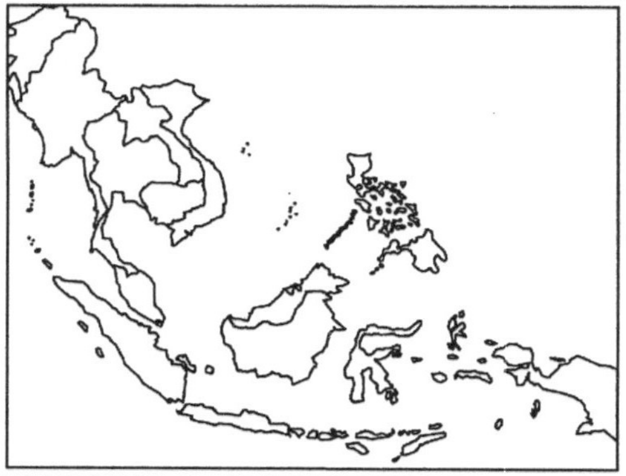

（3） i） % ⅱ）

（4） （5）

（6）

（7） i） A B

ⅱ）

（8） i） ⅱ） （9）

【解答用

2023年度

入学試験理科解答用紙

北嶺中学校

1

(1)

(2) → →

(3)

(4) ① ② ③ ④ ⑤

(5) L

(6)

2

(1) A B C

(2)

(3) g

(4)

(5)

(6)

3

(1)

(2)

(3)

(4)

(5)

(6) A BとC

(7)

(8)

【解答

2023 年度　　# 入学試験算数解答用紙　　北嶺中学校

1

(1)	(2)	(3)	(4)

2

(1)	(2)	(3)	(4)	(5)
	円	日	通り	○

3

(1)		(2)	
①	②	①	②
枚		枚	枚

【解答

2023年度

入学試験国語解答用紙

北嶺中学校

一

(一) A B

(二) 1 2 3 4 5

(三) Ⅰ Ⅱ Ⅲ Ⅳ

(四)

(五)

(六)

【解答

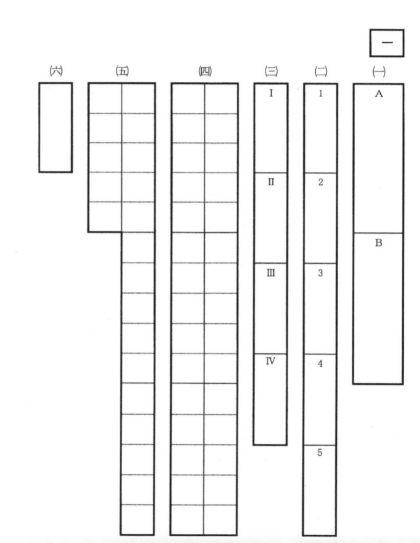

3　次の文を読み、後の問いに答えなさい。

東京の(a)上野恩賜《おんし》公園には、パンダで有名な上野動物園をはじめ、世界遺産に登録されている国立西洋美術館、さらに東京都美術館や東京国立博物館、東京芸術大学などがあり、日本の文化・芸術の一大集積地となっています。なかでも東京国立博物館は、日本や世界の歴史に関わる展示品が多く、それらの研究も行われています。また、通常の展示とは別に約2ヶ月ごとに特別展も実施しています。その例をいくつか挙げてみましょう。2020年には、「(b)桃山―天下人の100年」、「法隆寺と(c)百済《くだら》観音」、2019年には、（　①　）成立1300年特別展「(d)出雲と大和」、日中文化交流協定締結40周年記念特別展「(e)三国志」などが開催されました。また昨年は、創立150年記念事業として、特別展「国宝　東京国立博物館のすべて」が開催され、所蔵する国宝89件すべてが展示されました。この特別展はたくさんの人が訪れたので、みなさんの中にも行った人がいるかも知れませんね。東京国立博物館は有名で大規模な博物館ですが、それぞれの地域にも小さな博物館や資料館などがたくさんありますから、ぜひ興味のある所へ足を運んでみてください。

話題は変わりますが、上野という地名は日本各地に多くあります。例を挙げてみます。三重県の北西部にある伊賀市には、「忍者の里」で知られる伊賀上野という地があります。元は上野市でしたが、(f)2004年の市町村合併により伊賀市となりました。伊賀上野は伊賀上野城を中心とする城下町で、忍者博物館や忍者体験ができるところなど、忍者による観光振興が行われ、多くの観光客が訪れるようになっています。とくに(g)外国人観光客の割合が高いそうです。伊賀市の北には県をまたいで、滋賀県（　②　）市があります。

忍者と言えば「伊賀流と（　②　）流」はよく知られており、すぐ近くにあることから、伊賀市に限らず、このあたり一帯がかつては「忍者の里」だったことをうかがわせてくれますね。また、伊賀市は俳人として有名な(h)松尾芭蕉の生誕地でもあり、市内には銅像や句碑《くひ》、芭蕉翁《おう》記念館などがあり、忍者以外の歴史も学ぶことができます。

伊賀上野の他にも、埼玉県や長野県、愛知県、兵庫県、大分県などにも上野という地名があります。また、読み方が「うえの」ではありませんが、群馬県はかつて上野（こうずけ）国という名称でした。群馬県には、日本に旧石器時代が存在したことを示した岩宿遺跡や、近代日本の産業遺跡であり世界遺産でもある富岡製糸場など多くの歴史遺産があります。また(i)1333年、鎌倉に攻め込んで幕府を滅ぼした御家人が本拠とした地でもあります。このように地名をきっかけに歴史を学ぶというのも面白いですよね。

（1）文中の空らん（　①　）は、舎人親王《とねりしんのう》が中心となって作成され、720年に完成した歴史書があてはまります。この書物は全30巻からなり、神代《じんだい》（神話の時代）から持統天皇までの歴史を、中国の歴史書の書き方にならって年代順に記す編年体《へんねんたい》で書かれ、作成にあたっては、それまでの歴史書だけでなく、朝鮮半島関係や地方の伝承・伝説、寺院の由来など、多くの材料が用いられました。（　①　）にあてはまる歴史書の名を**漢字**で答えなさい。

（2）文中の空らん（　②　）にあてはまる市は、江戸時代に東海道五十三次で49番目の宿場町土山宿《つちやましゅく》、50番目の宿場町水口宿《みなくちしゅく》が設けられ、街道の要衝《ようしょう》として栄えました。また、市内では中世から続く伝統的な信楽焼《しがらきやき》の陶器《とうき》生産が盛んで、2019年９月末～2020年３月末までＮＨＫで放送された連続テレビ小説「スカーレット」では、信楽を舞台に、主演の戸田恵梨香さんが陶芸家として描かれました。この市も伊賀市と同様に、忍者屋敷や忍術村など、「忍者の里」を観光の目玉として宣伝しています。（　②　）にあてはまる市の名を**漢字**で答えなさい。

（3）下線部(a)に関して、上野恩賜公園内には寛永寺《かんえいじ》という天台宗の寺院があり、東京タワー近くの増上寺《ぞうじょうじ》とならんで徳川将軍家の墓所となっています。寛永寺に関する次のｉ）とⅱ）の各問いに答えなさい。

ｉ）徳のある高僧を示す称号を「大師《だいし》」と言いますが、天台宗の開祖には、死後およそ40年を過ぎたころに、清和《せいわ》天皇から「伝教大師」の称号が与えられました。この称号を与えられた天台宗の開祖の名を、次のア～エのうちから１つ選び、記号で答えなさい。また、その僧が中心とした寺院のある山の名を、オ～クのうちから１つ選び、記号で答えなさい。

ア　最澄　　イ　法然　　ウ　親鸞《しんらん》　　エ　日蓮

オ　高野山　　カ　比叡山　　キ　羽黒山　　ク　身延山

ⅱ）1868年４月、戊辰《ぼしん》戦争において江戸城は戦わずして新政府軍に明け渡されました。これを「江戸城無血開城」と言いますが、これに不満を持ち、新政府軍への抵抗をさけんだのが、徳川慶喜を警護し、江戸の治安維持にあたる部隊でした。この部隊は寛永寺に立てこもり、新政府軍を迎え撃ちましたが、わずか一日で鎮圧されました。この戦いを上野戦争と言いますが、この部隊の名として正しいものを次のア～エのうちから１つ選び、記号で答えなさい。

ア　白虎隊　　イ　新撰組　　ウ　彰義隊　　エ　奇兵隊

（4）下線部(b)に関して、桃山文化を代表する画家に狩野永徳がいます。次のア～エのうちから、狩野永徳の作品を１つ選び、記号で答えなさい。

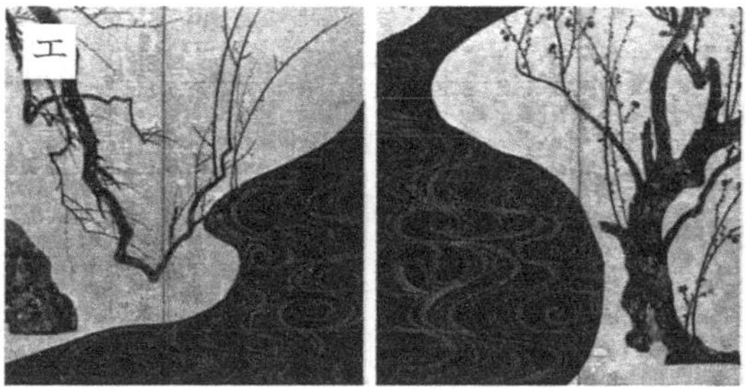

（5）下線部(c)について、百済は４世紀前半に成立した朝鮮半島の国の一つで、660年に滅亡しました。百済は倭と比較的友好な関係だったため、多くの人々が倭へ渡来し、様々な先進的な大陸の文化や技術を伝えました。そのため、660年に百済が滅亡すると、その再興のために倭は朝鮮半島へと出兵し、唐・新羅連合軍と交戦しましたが、これに大敗しました。次の地図中のア～エのうちから、百済の位置を１つ選び、記号で答えなさい。

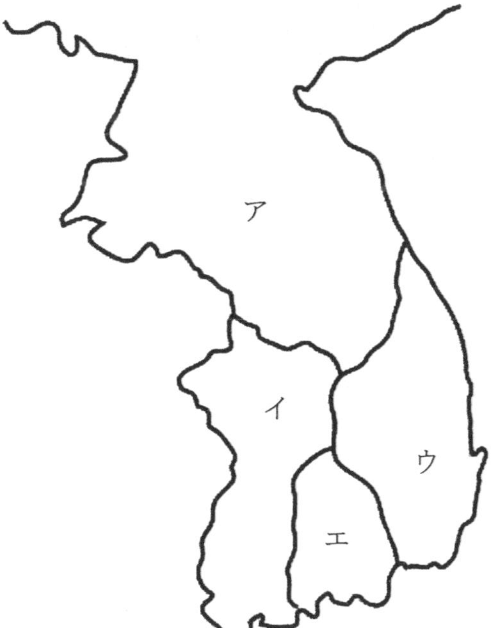

（6）下線部(d)に関して、出雲とは現在の島根県に相当する旧国名ですが、隠岐《おき》と石見《いわみ》も現在の島根県に相当する旧国名です。そのうち隠岐には、約800年続く日本で最も古い闘牛と言われる「隠岐の牛突《うしづ》き」という伝統行事があります。この行事の始まりは、1221年の承久の乱に敗れ、隠岐に流されてきた上皇を慰《なぐさ》めるために始まったとも伝えられています。承久の乱で隠岐に流された上皇の名を**漢字**で答えなさい。

（7）下線部(e)に関して、「三国志」の時代は日本では弥生時代の後半にあたります。その当時の日本の様子を記した中国の歴史書が『魏志倭人伝』で、そこには約30の小国が連合した国家を、占いの力にすぐれた女王の卑弥呼が治めた国について書かれています。この卑弥呼が治めた国の名を**漢字**で答えなさい。

（8）下線部(f)に関して、2004年９月、当時の小泉純一郎首相が北朝鮮との国交正常化交渉を進展させるために北朝鮮を訪問し、金正日《キムジョンイル》総書記との間で「日朝平壌《ピョンヤン》宣言」が調印されました。日朝間の国交正常化は、多くの未解決な問題があるため、その後も進展を見せていませんが、当時の国民が驚いた光景が、次の図に丸で囲んだ５人の人々が、羽田空港で飛行機から降りてくる姿でした。この図は、日朝関係におけるどのような問題に関わる光景かを文にして説明しなさい。

（9）下線部(g)に関して、近年は世界的な新型コロナウイルス感染拡大により、日本国内でも外国人観光客の姿が見られない時期が続きました。しかし、昨年10月に外国人の入国制限が緩和され、日本を訪れる外国人観光客が戻りつつあります。この「外国人が観光のために日本に来ること」「訪日外国人観光客」を意味する語を何といいますか。**カタカナ６字**で答えなさい。

（１０）下線部(h)について、松尾芭蕉は江戸時代前半の俳人で、俳諧を和歌と対等の地位に引き上げ、紀行文『おくの細道』を著しました。次のア～エのうちから松尾芭蕉の俳諧を１つ選び、記号で答えなさい。

ア　菜の花や　月は東に　日は西に

イ　雪とけて　村いっぱいの　子どもかな

ウ　閑さや　岩にしみ入る　蝉の声

エ　柿くへば　鐘が鳴るなり　法隆寺

（１１）下線部(i)について、鎌倉では、防備を固めた幕府軍の抵抗も激しかったので、攻略は難航しました。後に記された『太平記』では、この御家人が稲村ケ崎の海岸で、黄金作りの太刀を海に投じたところ、龍神が呼応して潮が引く「奇蹟」が起こったという話が記されています。次の図は、後の時代に、その様子を描いたものです。本当に奇蹟が起こったかどうかは歴史のロマンとして、この御家人が、鎌倉に攻め込んで幕府を滅亡に追い込んだのは史実です。この御家人の名を**漢字**で答えなさい。

4　**次の先生と生徒Ａ・Ｂの会話を読み、後の問いに答えなさい。**

生徒Ａ：先生、21 世紀になってからも、戦争や、政治的な主張や宗教のちがい、経済的な理由などにより国外に脱出する人々が多いことを学びました。また、アメリカ合衆国でも、ラテンアメリカから不法に入国する人々が大きな政治問題になっていることも学びました。日本も、過去に日本人が国外に移住したことで大きな問題になったことがあるのですか。

先　生：江戸時代の末に、鎖国をしていた日本が開国を迫られ、大混乱したことを覚えていますね。その様子は(a)「泰平の眠りを覚ます上喜撰《じょうきせん》（蒸気船）たった四はいで夜も寝られず」と風刺されました。日本は 1854 年に結んだ日米和親条約によって開国しましたが、(b)日本人の海外への渡航や往来が正式に認められたのは 1866 年のことでした。この後、日本人の海外への移住が始まりましたが、明治になってからは、日本の領土の拡大とともに、東アジアや太平洋の島々に日本人が移住するようになり、さらに東南アジアやアメリカ大陸にまで広がりました。下のグラフを見ながら、日本人の海外移住の歩みを見ていきましょう。

（国際協力事業団「戦前の海外移住推移年譜」）

生徒Ｂ：1880 年代の中ごろまでは、日本人の海外移住はあまり多くないですね。

先　生：そうですね。この時期は、日本国内での移住が多かったようです。薩摩藩や長州藩の出身者を中心とする新政府側の人々の移住だけでなく、(c)戊辰《ぼしん》戦争に敗れた旧幕府側の人々にも、国内の移住の動きがみられました。会津藩や仙台藩の藩士の一部が北海道に移住したのが一例です。さらに、(d)明治政府はロシアとの国境を改めて定める一方、屯田兵の制度を設けました。その後、本州・四国・九州から多くの農民が北海道に移住し、開拓を進めました。

生徒Ａ：1880 年代の中ごろから海外へ移住する人が増え始めたのはどうしてですか。

先　生：このころの日本は、全国的な凶作《きょうさく》であったうえ、(e)政府の財政政策によって多くの農民の生活が苦しくなりました。このような農民の一部は、政府などの紹介によって、(f)ハワイやアメリカ西海岸などに移住しました。この時に移住した人は多い年で３万人を超えたといいます。20 世紀に入ると、移住先で事業に成功する日本人も現れ、そのためアメリカ国内での反日感情が高まり、1924 年にアメリカへの日本人の移住が禁止されました。これ以降、(g)ブラジルをはじめとする南アメリカへ移住する人々が急増し、その後の 10 年間に、年２万人前後の日本人が農業の働き手として南アメリカに移住しました。

生徒Ｂ：日本の領土の拡大による日本人の移住は、いつごろから始まったのですか。

先　生：日本は、日清戦争で(h)台湾・澎湖《ほうこ》諸島・遼東半島を獲得しました。このうち台湾では、現地の人々の抵抗もありましたが、西日本の農民を中心に移住が本格化しました。日露戦争では、北緯 50 度以南の樺太（サハリン）を獲得し、遼東半島南部も得て中国東北地方への進出の拠点にしました。また、朝鮮半島に対しても、1910 年に植民地とし、日本からの農民の移住が進められました。しかし実際には、現地の強い反発で思うように進まず、植民地となった朝鮮半島の人々を小作人として雇《やと》うことが多かったようです。第一次世界大戦後の（　①　）講和会議では、(i)ドイツ領であったサイパン島などの島々を日本が治めることになりました。ここでも日本人の移住が奨励《しょうれい》され、日本の太平洋進出の拠点になりました。

生徒Ａ：日本の領土になったところに、多くの日本人が移住したのですね。

先　生：1930 年代の日本では、昭和恐慌や東北・北海道の冷害による大凶作に悩まされ、農村が荒れ果てました。一方、(j)国内人口は増え続け、農地の不足が問題にされました。1931 年に日本軍が（　②　）事変を起こし、中国東北地方を実質的に支配するようになると、1930 年代には国が農民の移住をおし進め、中国東北地方などに 20 万人以上の人々が送られました。彼らは開拓に従事し、食料増産につとめましたが、実態は、現地の農民から土地を安く買いとったことも多かったと言われ、現地での関係はよくありませんでした。

生徒Ｂ：外国だけでなく、日清戦争以降に獲得・占領した地域にも、たくさんの日本人が移住していたのですね。

先　生：しかし、日本が第二次世界大戦に敗れると、彼らは日本本土に引き揚げることになりました。終戦の時点で、日本の植民地や占領地には約 660 万人の日本人がいたと言われています。戦後４年間でその多くが日本本土に戻り、復興に力を尽くしました。こうして現代日本の原型ができあがったのですね。

（1）文中の空らん（　①　）（　②　）にあてはまる語句を答えなさい。

（2）下線部(a)について、これは黒船来航時の混乱した様子をよんだものです。次の図は、この時に黒船を率いて浦賀に来航したアメリカ艦隊の司令長官です。この人物の名を答えなさい。

（3）下線部(b)について、現在の私たちは、国外へ旅行するときには、パスポート（旅券）が必要になります。現在の日本の国内でパスポート（旅券）を発行するのは、ある省庁の大臣ですが、何という省庁の大臣ですか。この省庁の名を**漢字**で答えなさい。

（4）下線部(c)に関連して、通説では「明治政府が府や県を設置するとき、どの土地が新政府側につき、どの土地が旧幕府側についたかを後世にわかるように、新政府側の府や県の名と府県庁の所在都市の名を同じにし、旧幕府側を異なるようにした」と言われることがあります。しかし実際には、それぞれの事情があって決められたようです。このような府や県の設置について、明治政府は1871年に、旧幕府の領地と全国の約300の藩を新たに府と県に編成し、その長官として府知事や県令を中央から派遣して、地方を直接統治するように改革しました。この改革を何といいますか。**漢字**で答えなさい。

（5）下線部(d)について、次のⅰ）～ⅱ）の各問いに答えなさい。

ⅰ）明治政府は 1875 年にロシアとの間に国境を画定する条約を結び、樺太（サハリン）をロシア領、千島列島全体を日本領としました。この時、新たに日本領になった島はどこですか。次のア～エのうちから１つ選び、記号で答えなさい。

ア　得撫島《うるっぷ》　　イ　択捉島《えとろふ》　　ウ　国後島《くなしり》　　エ　歯舞群島《はぼまい》

ⅱ）明治政府が北海道に屯田兵制度を設けた目的として**適当でないもの**を、次のア～エのうちから１つ選び、記号で答えなさい。

ア　ロシアの北海道への南下に備えるため
イ　日本のシベリア出兵の拠点にするため
ウ　経済的に貧しくなった士族を救済するため
エ　北海道の開拓を進めるため

(6) 下線部(e)について、明治政府は、殖産興業や士族反乱を鎮圧するために必要な費用を、紙幣を大量に発行することによって調達したので、通貨の価値が下がって物価が上がるインフレーションが起こるなど、経済が混乱しました。政府はこれを収拾するため、発行された紙幣を回収・整理して通貨の価値を上げて物価を下げる政策をとりました。この結果、経済は悪化し、米や生糸などの農産物の価格が下落したため、農民は生活が苦しくなりました。このときの政府の政策によって起こされた経済の現象を何といいますか。**カタカナ**で答えなさい。

(7) 下線部(f)と(g)について、ハワイやブラジルに渡った日本人の多くは農業の働き手となりました。この時期にハワイとブラジルで栽培された主な農産物の組み合わせとして正しいものを、次のア～エのうちから1つ選び、記号で答えなさい。

ア　ハワイ―香辛料　　ブラジル―天然ゴム
イ　ハワイ―コーヒー豆　　ブラジル―香辛料
ウ　ハワイ―天然ゴム　　ブラジル―サトウキビ
エ　ハワイ―サトウキビ　　ブラジル―コーヒー豆

(8) 下線部(h)に関して、日本は下関条約でこれらの領土を獲得しましたが、下関について述べた次の文ア～エのうちから、正しいものを1つ選び、記号で答えなさい。

ア　平清盛は博多から畿内にいたる瀬戸内海の航海安全を祈り、厳島神社に経典を奉納しました。
イ　壇ノ浦の戦いで、源義仲率いる源氏の軍勢が平氏の軍勢を破り、滅ぼしました。
ウ　長州藩の外国船砲撃に対して、四か国の連合艦隊が砲台を占領しました。
エ　アメリカ大統領の仲介で、日本と清との間で講和条約が結ばれました。

(9) 下線部(i)について、日本がこの地域を治めることになったのは、第一次世界大戦後に設立された国際機関によって、この地域の統治を任されたためでした。この国際機関は、ジュネーブに本部を置き、国際平和と国際協力を目的とするもので、アメリカ合衆国大統領であったウィルソンによって提唱されました。また、日本はこの国際機関の常任理事国になりましたが、後に脱退することになります。この国際機関の名を**漢字**で答えなさい。

（１０）下線部(j)に関連して、次のア～エの４つの図は「人口ピラミッド」とよばれるもので、日本の1930年・1945年・1990年・2020年の年齢別・男女別の人口を示したものです。人口ピラミッドは、中央より左側が男性の、右側が女性の人口を表します。この中で、1945年の人口ピラミッドはどれですか。次のア～エのうちから１つ選び、記号で答えなさい。また、その人口ピラミッドを選んだ理由を、その背景も含めて答えなさい。

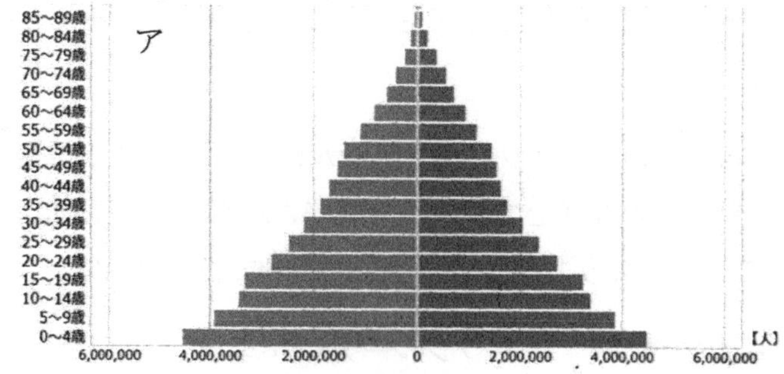

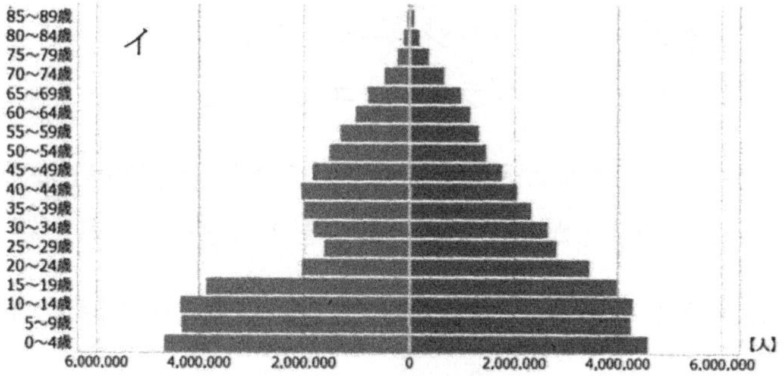

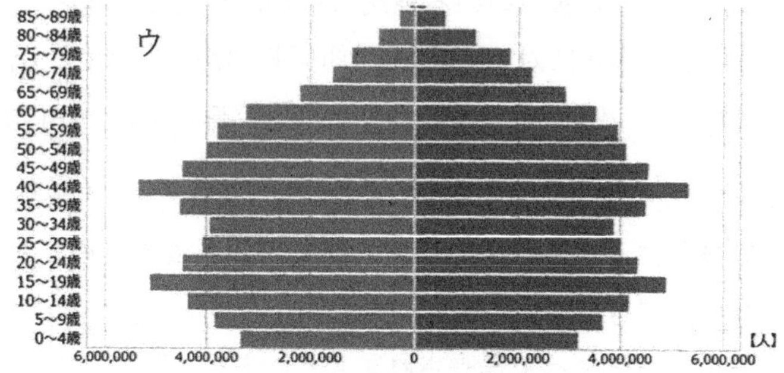

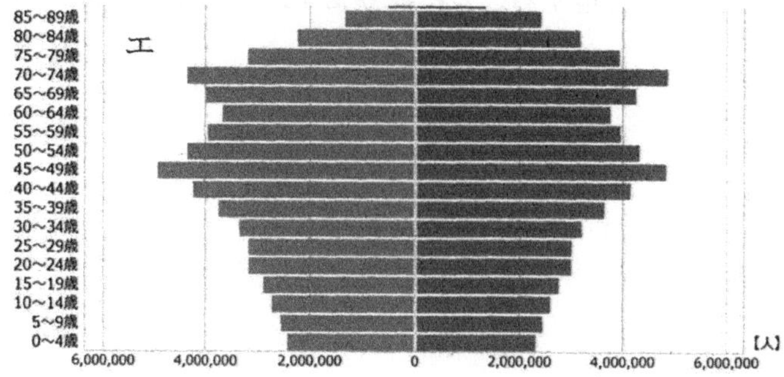

（総務省統計局「国勢調査」「人口調査」）

2022年度

北嶺中学校入学試験問題

国　　語

(60分)

(注意)

1　問題が配られても、「はじめ」の合図があるまで、中を開かないで下さい。

2　問題は全部で **14 ページ**、解答用紙は 1 枚です。「はじめ」の合図があったら、まず、ページ数を確認してからはじめて下さい。もし、ページがぬけていたり、印刷されていなかったりする場合は、静かに手をあげて先生に伝えて下さい。

3　答えはすべて、解答用紙の指定された位置に書いて下さい。

4　字数が指定されている場合は、句読点や記号も 1 字として数えて下さい。

5　質問や用事がある場合は、静かに手をあげて先生に伝えて下さい。ただし、問題の考え方や、言葉の意味、漢字の読み方などについての質問には答えません。

6「おわり」の合図で鉛筆をおき、先生が解答用紙を集めおわるまで、静かに待っていて下さい。

2022(R4) 北嶺中
K 教英出版

一

次の文章を読んで、あとの問いに答えなさい。

皆さん。

私は今大阪にいます、ですから大阪の話をしましょう。

昔、大阪の町へ奉公に来た男がありました。名は何と云ったかわかりません。唯飯炊奉公《ただめしたきぼうこう》に来た男ですから、権助《ごんすけ》とだけ伝わっています。

権助は＊1口入れ屋《くちいれや》の暖簾《のれん》をくぐると、＊2煙管《きせる》を啣《くわ》えていた番頭に、こう口の世話を頼みました。

「番頭さん。私は仙人になりたいのだから、そう云う所へ住みこませて下さい」

番頭は呆気《あっけ》にとられたように、暫《しばら》くは口も利かずにいました。

「番頭さん。聞えませんか？　私は仙人になりたいのだから、そう云う所へ住みこませて下さい」

「まことに御気の毒様ですが、――」

番頭は（　Ａ　）何時《いつ》もの通り、煙草をすぱすぱ吸い始めました。

「手前の店ではまだ一度も、仙人なぞの口入れは引き受けた事がありませんから、どうか外《ほか》へ御出《おい》でなすって下さい」

すると権助は不服そうに、＊3千草《ちぐさ》の股引《ももひき》の膝《ひざ》をすすめながら、こんな理窟《りくつ》を云い出しました。

「それはちと話が違うでしょう。御前さんの店の暖簾には、何と書いてあると御思いなさる？　万《よろず》口入れ所と書いてあるじゃありませんか？　万と云うからは何事でも、口入れをするのがほんとうです。それともお前さんの店では暖簾の上に、嘘《うそ》を書いて置いたつもりなのですか？」

成程《なるほど》こう云われて見ると、権助が怒るのも尤《もっと》もです。

「いえ、暖簾に嘘がある次第ではありません。何でも仙人になれるような奉公口を探せと仰有《おっしゃ》るのなら、明日又御出で下さい。今日中には心当りを尋ねて置いて見ますから」

番頭はとにかく一時逃《のが》れに、①権助の頼みを引き受けてやりました。が、何処《どこ》へ奉公させたら、仙人になる修業が出来るか、もとよりそんな事なぞはわかる筈《はず》がありません。ですから一まず権助を返すと、早速番頭は②近所にある医者の所へ出かけて行きました。そうして権助の事を話してから、

「如何《いかが》でしょう？　先生。仙人になる修業をするには、何処へ奉公するのが近路《ちかみち》でしょう？」と、心配そうに尋ねました。

これには医者も困ったのでしょう。暫くはぼんやり腕組みをしながら、庭の松ばかり眺めていました。が番頭の話を聞くと、直《す》ぐに

横から口を出したのは、古狐《ふるぎつね》と云う渾名《あだな》のある、狡猾《こうかつ》な医者の女房です。

「③それはうちへおよこしよ。うちにいれば二三年中《うち》には、きっと仙人にして見せるから」

「左様ですか？　それは善い事を伺いました。では何分願います。どうも仙人と御医者様とは、何処か縁が近いような心もちが致しておりましたよ」

何も知らない番頭は、頻《しきり》に御辞儀《おじぎ》を重ねながら、大喜びで帰りました。

医者は苦い顔をしたまま、その後《あと》を見送っていましたが、やがて女房に向いながら、

「お前は何と云う莫迦《ばか》な事を云うのだ？　もしその田舎者が何年いても、一向仙術を教えてくれぬなぞと、不平でも云い出したら、どうする気だ？」と忌々《いまいま》しそうに小言を云いました。

しかし女房はあやまるどころか、鼻の先でふふんと笑いながら、

「まあ、あなたは黙っていらっしゃい。あなたのように莫迦正直では、このⅠせち辛い世の中に、御飯を食べる事も出来はしません」と、あべこべに医者をやりこめるのです。

さて明くる日になると約束通り、田舎者の権助は番頭と一しょにやって来ました。今日はさすがに権助も、初の御目見えだと思ったせいか、紋附《もんつき》の羽織を着ていますが、見たところは唯の百姓と少しも違った容子《ようす》はありません。それが反《かえ》って案外だったのでしょう。医者はまるで＊4天竺《てんじく》から来た麝香獣《じゃこうじゅう》でも見る時のように、じろじろその顔を眺めながら、

「お前は仙人になりたいのだそうだが、一体どう云うところから、そんな望みを起したのだ？」と、不審そうに尋ねました。すると権助が答えるには、

「別にこれと云う訳もございませんが、唯あの大阪の御城を見たら、＊5太閤様《たいこうさま》のように偉い人でも、何時か一度は死んでしまう、して見れば人間と云うものは、いくら栄耀栄華《えいようえいが》をしても、はかないものだと思ったのです」

「では仙人になれさえすれば、どんな仕事でもするだろうね？」

狡猾な医者の女房は、隙《す》かさず口を入れました。

「はい。仙人になれさえすれば、どんな仕事でも致します」

「それでは今日から私の所に、二十年の間奉公おし。そうすればきっと二十年目に、仙人になる術を教えてやるから」

「左様でございますか？　それは何より難有《ありがと》うございます」

「その代り向う二十年の間は、一文も御給金はやらないからね」

「はい。はい。承知致しました」

それから権助は二十年間、その医者の家に使われていました。水を汲《く》む。薪《まき》を割る。飯を炊く。拭き掃除をする。おまけに医者が外へ出る時は、薬箱を背負って伴《とも》をする。――その上給金は一文でも、くれと云った事がないのですから、この位重宝な奉公人は、

日本中探してもありますまい。
が、とうとう二十年たつと、権助は又来た時のように、紋附の羽織をひっかけながら、主人夫婦の前へ出ました。そうしてⅡ慇懃《いんぎん》に二十年間、世話になった礼を述べました。
「就《つ》いては兼ね兼ね御約束の通り、今日は一つ私にも、④不老不死になる仙人の術を教えて貰《もら》いたいと思いますが」
権助にこう云われると、Ⅲ閉口したのは主人の医者です。何しろ一文も給金をやらずに、二十年間も使った後ですから、今更仙術は知らぬなぞとは、云えた義理ではありません。医者はそこで仕方なしに、
「仙人になる術を知っているのは、おれの女房の方だから、女房に教えて貰うが好《よ》い」と、素っ気なく横を向いてしまいました。
しかし女房は平気なものです。
「では仙術を教えてやるから、その代りどんなむずかしい事でも、私の云う通りにするのだよ。さもないと仙人になれないばかりか、又向う二十年の間、御給金なしに奉公しないと、すぐに罰が当って死んでしまうからね」
「はい。どんなむずかしい事でも、きっと仕遂《しと》げて御覧に入れます」
権助は〈　B　〉喜びながら、女房の云いつけを待っていました。
「それではあの庭の松に御登り」
女房はこう云いつけました。もとより仙人になる術なぞは、知っている筈がありませんから、何でも権助に出来そうもない、むずかしい事を云いつけて、もしそれが出来ない時には、又向う二十年の間、唯《ただ》で使おうと思ったのでしょう。しかし権助はその言葉を聞くとすぐに庭の松へ登りました。
「もっと高く。もっとずっと高く御登り」
女房は縁先《えんさき》に佇《たたず》みながら、松の上の権助を見上げました。権助の着た紋附の羽織は、もうその大きな庭の松でも、一番高い梢《こずえ》にひらめいています。
「今度は右の手を御放し」
権助は左手にしっかりと、松の太枝をおさえながら、〈　C　〉右の手を放しました。
「それから左の手も放しておしまい」
「おい。おい。左の手を放そうものなら、あの田舎者は落ちてしまうぜ。落ちれば下には石があるし、とても命はありはしない」
医者もとうとう縁先へ、心配そうな顔を出しました。
「あなたの出る幕ではありませんよ。まあ、私に任せて御置きなさい。――さあ、左の手を放すのだよ」
権助はその言葉が終らない内に、思い切って左手も放しました。何しろ木の上に登ったまま、両手とも放してしまったのですから、落ちずにいる訳はありません。あっと云う間に権助の体は、権助の着ていた紋附の羽織は、松の梢から離れました。が、離れたと思う

と落ちもせずに、不思議にも昼間の中空《なかぞら》へ、まるで操り人形のように、ちゃんと立止ったではありませんか？

「どうも難有うございます。おかげ様で私も一人前の仙人になれました」

権助は叮嚀《ていねい》に御辞儀をすると、静かに青空を踏みながら、〈 D 〉高い雲の中へ昇って行ってしまいました。

医者夫婦はどうしたか、それは誰も知っていません。唯その医者の庭の松は、ずっと後までも残っていました。何でも＊6淀屋辰五《よどやたつご》郎《ろう》は、この松の雪景色を眺める為に、四抱《よかか》えにも余る大木をわざわざ庭へ引かせたそうです。

（芥川龍之介『仙人』）

【注】

＊1 口入れ屋……奉公人に仕事を世話する店。現代でいう人材派遣《はけん》会社。

＊2 煙管……刻みタバコを吸うための道具。

＊3 千草の股引……千草は灰色がかった水色のこと。江戸時代、丁稚《でっち》は千草色の股引をはいていた。

＊4 天竺から来た麝香獣……天竺はインドのこと。麝香獣は、香料の材料になる物質を出す、麝香鹿や麝香猫などの動物。

＊5 太閤様……豊臣秀吉のこと。太閤とは関白の位を退いた人を指す。

＊6 淀屋辰五郎……大坂の豪商である淀屋の五代目。宝永二（一七〇五）年、分に過ぎた生活をとがめられ、全財産没収、所払いの処分となる。近松門左衛門の戯曲の題材となった。

問一 次のA～Cは、小説の冒頭《ぼうとう》部分です。それぞれの小説の作者を、後のア～クより選び、記号で答えなさい。

A 親譲りの無鉄砲で小供《こども》の時から損ばかりして居る。

B 或《ある》春の日暮です。唐の都洛陽《らくよう》の西の門の下に、ぼんやり空を仰いでいる、一人の若者がありました。

C 国境の長いトンネルを抜けると雪国であった。夜の底が白くなった。

ア 森鷗外　イ 中島敦　ウ 島崎藤村　エ 芥川龍之介

オ 太宰治　カ 川端康成　キ 夏目漱石　ク 三島由紀夫

問二 〈 A 〉～〈 D 〉を補う言葉として最もふさわしいものを、次のア～コより選び、記号で答えなさい。同じ記号を二度以上選んではいけません。

ア きっと　イ まるで　ウ そろそろ　エ かねがね　オ あたふた
カ やっと　キ よもや　ク いそいそ　ケ だんだん　コ ほくほく

問三 〰〰Ⅰ～Ⅲのここでの意味として最もふさわしいものを、次のア～オよりそれぞれ選び、記号で答えなさい。

Ⅰ せち辛い
ア 人づきあいの難しい
イ 生活するのが大変な
ウ 見るにしのびない
エ 計算高くてけちな
オ 思い通りにいかない

Ⅱ 慇懃に
ア うわの空で
イ ぞんざいに
ウ えらそうに
エ 自分勝手に
オ ていねいに

Ⅲ 閉口した
ア 口ごもった
イ やりこめた
ウ 弱りはてた
エ ごまかした
オ とりなした

問四 ――①「権助の頼みを引き受けてやりました」について、番頭はなぜ引き受けることにしたのですか。三十字以内で説明しなさい。

問五 ――②「近所にある医者の所へ出かけて行きました」について、番頭が医者の家を選んだ理由を示す一文を、本文より選び、最初の五字をぬき出しなさい。

問六　――③「それはうちへおよこしよ」について、医者の女房は、どういう考えからこう言ったのですか。最もふさわしいものを、次のア～オより選び、記号で答えなさい。

ア　分別のない田舎者も、立派な医師の家で奉公できるならきっと納得するに違いない、という考え。
イ　右も左もわかっていない若者を自分の元で教育し、いずれ立派に独立させてやろう、という考え。
ウ　仙人になりたいなどと言う若者に単純な興味を持ち、どんな人間か会ってみたい、という考え。
エ　いかにも世間知らずな田舎者をうまく言いくるめて、自分の家でこき使ってやろう、という考え。
オ　途方《とほう》もない要求を持て余している番頭を気の毒に思い、何とか力になってやろう、という考え。

問七　――④「不老不死になる仙人の術を教えて貰いたい」について、権助はなぜそう考えているのですか。三十字以内で説明しなさい。

問八　次のア～カより、説明に誤りを含むものを二つ選び、記号を五十音順に並べなさい。

ア　医者は、女房に押し切られてしまう一面はあるが、ものごとを常識的に判断する人物である。
イ　医者の女房は、古狐というあだ名の通り、言葉たくみに相手を言いくるめることに長けている。
ウ　医者の女房は、仙術を心得ていることを誰にも打ち明けずに権助を鍛《きた》え、とうとう仙人にした。
エ　権助は、強い思いをひたむきに持ち続けた結果、医者の女房の打算を超えて本当に仙人になった。
オ　この小説は、仙人になった「私」の回想として、大阪での二十年間を語る形で書かれている。
カ　この小説は、語り手から読者に、大阪を舞台にした昔話を語る、という方法で書かれている。

二

次の文章を読んで、あとの問いに答えなさい。

水の存在感は空気と同様であって、生命のある所どこにでもあり、身近すぎて気づきにくいものである。故に古い時代から、水は万物の根源的な構成要素と見なされてきた。水はまた①千変万化して、一つとして同じ形をとらない。凍れば固体であり、蒸気になれば気体である。水は人知を超えて人間と多様に関わる。沙漠《さばく》で喉《のど》が渇いたときに飲む水は命を支える恵みであり、洪水で押し寄せる水は生命を脅《おびや》かす恐怖である。生命の営みは水の介在《かいざい》なしに起こりえない。しかし、水が一つの物質（H_2O）として理解されるようになったのはごく最近で、②ここ二〇〇年程度にすぎない。

＊1川の工事をしていていつも浮かぶ疑問は、古い時代の人々がこの水をどう感じ、どう理解していたのかということである。体系的知識は、今より余程少なかったであろう。それでも、科学以前から水は人間生活に深く関わり、それなりの深い理解があったはずだ。治水によって古代中国を治めた聖人も、＊2満濃池《まんのういけ》を改修した弘法大師も、＊3山田堰《やまだぜき》を完成した古賀百工も、河川工学や水理学など知らなかったはずだ。

水は人間を律する神の手である。どんな宗教でも、水を清めの媒体《ばいたい》とすることが普通であった。神社では手を清める場所があり、キリスト教会では洗礼の際に水で清める。イスラム教でも礼拝所には必ず体を洗う場所が備えられている。メッカの湧水（ザムザムの水）は特別な恵みがあると解され、巡礼の際に持ち帰る信徒が多いという。

ずいぶん前になるが、九歳の次男が悪性の脳腫瘍《のうしゅよう》に罹《かか》り、余命一年と宣告された。折から現地はＡ空前の大干ばつで、栄養失調で弱った子供たちが次々と感染症で倒れていた。それを必死で訴えていた矢先である。

忘れもしない二〇〇一年夏、帰宅したとき、「左手が動かない」との訴えを初めて子供から聞いた。左上肢だけの単マヒで、当初は肩関節の脱臼《だっきゅう》かと思った。整形外科では診断がつかなかったので、自分で診察すると、脳内病変が疑われた。当時勤務していた脳外科の病院で検査をした結果、右頭頂葉の皮質に病変を認め、間違いないと判断された。③専門が脳神経であることが苦痛であった（悪性膠腫《こうしゅ》という脳腫瘍は子供ではまれであるが、当時二年生存率はゼロとされていた）。末期の状態は分かり切っていた。病院では死が隠される。本人の姿ではなくモニターの画面を囲み、心肺停止を待つ臨終は受け入れがたい。なるべく自宅に置き、家族皆で看病した。

そのことを伝え聞いたペシャワールの＊4ＰＭＳ病院の事務長が、④後生大事に小瓶《こびん》に詰めた「ザムザムの水」を届けてくれた。メッカ巡礼の際に持ち帰り、大切に保存しておいたものだ。彼は陸軍の退役少佐（major）であった。軍人でありながら深い信心の持ち主で、額にたこがあった（礼拝の際に額を地面にすりつけるので、これは相当な熱心さを意味する）。曲がったことが嫌いで職員に対しても厳格だったから、口の悪い者は「原理主義者」などと陰口をたたく程であった。

おそらく普段なら、「苦しい時の神頼み」とか、「縁起かつぎの御利益《ごりやく》」くらいにしか考えなかったであろう。だが、このときばかりは、そんな他人事のような言葉の方がB白々しく思えた。対照的に、退役少佐の贈り物には、特別の響きがあった。神癒《しんゆ》があり得るかという、神懸かり的な話ではない。彼は他人の子供のために、心魂を込めて奇跡を祈ったのだ。その心情自体が尊く、理屈はなかった。当方もC一縷《いちる》の望みを託して、毎日数滴ずつをジュースに混ぜて与え、回復を祈った。

医師生活の最後の奉公と見て手を尽くしたが、次男は宣告された通りに死んだ。享年一〇歳であった。ザムザム水の効き目がなかったではないかと、のちにD心ない冗談を言う者もいたが、⑤胸中に残る温かい余韻《よいん》を忘れることができない。我々の持つ世界観、いわゆる「科学的常識」は、しばしば味気ない理屈と計算で構成されている。水を届けた者のまごころがうれしかっただけではない。あの水は、紛《まぎ》れもなく「聖水」であったと思っている。Eさかしい理屈の世界から解放され、その奥に厳然とある温かい摂理《せつり》を垣間《かいま》見られたことに、今でも感謝している——今日も川のほとりで眺める水は、天空を映してあくまで青く、真っ白に砕ける水しぶきが凛《りん》として、とりとめもなく何かを語る。

（中村哲『希望の一滴』）

【注】

＊1　川の工事……筆者は一九八四年から、パキスタン北西部のペシャワールを拠点《きょてん》として難民への医療活動を始め、アフガニスタン国内へ活動を広げる中、二〇〇〇年の大干ばつに直面し、「もはや病の治療どころではない」との思いで井戸を掘り始め、二〇〇三年からは大規模な用水路の建設に着手していた。

＊2　満濃池……香川県にある日本最大のため池。奈良時代に造られた。

＊3　山田堰……福岡県の筑後川中流域にある井堰《いせき》（水をせき止める設備）。庄屋古賀百工が江戸時代に改修した。筆者は全国の堰を訪ねた末に、山田堰を何度も視察して研究を重ね、アフガニスタンでの灌漑《かんがい》用水モデルとした。

＊4　ＰＭＳ……筆者の活動を支援するために結成された国際団体（Peace Japan Medical Services 平和医療団・日本）。

問一　A〜Eのここでの意味として最もふさわしいものを、次のア〜オよりそれぞれ選び、記号で答えなさい。

A　空前の
ア　今までにない
イ　予想もしない
ウ　以前から続く
エ　先の見えない
オ　さしせまった

B　白々しく
ア　さりげなく
イ　投げやりに
ウ　いかめしく
エ　わざとらしく
オ　真実味がなく

C　一縷の
ア　片時も心から離れない
イ　ひたむきに念じている
ウ　かすかにつながっている
エ　家族が心を合わせている
オ　他の全てを捨ててもよい

D　心ない
ア　悪気のない
イ　いわれのない
ウ　なじみのない
エ　配慮《はいりょ》に欠ける
オ　本心と異なる

E　さかしい
ア　分をこえた
イ　勢いのある
ウ　完成された
エ　おそれ多い
オ　ゆるぎない

問二　——①「千変万化」、——④「後生大事」の読み方を、ひらがなで答えなさい。

問三　——②「ここ二〇〇年程度にすぎない」について、それ以前の人々は、水をどういうものとして理解してきましたか。本文より、その答えに当たる表現を二つ選び、一つ目は十五字以内で、二つ目は十字以内で、それぞれぬき出しなさい。

問四　―――③「専門が脳神経であることが苦痛であった」について、筆者はなぜそう感じたのですか。三十字以内で説明しなさい。

問五　―――⑤「胸中に残る温かい余韻」とは、筆者の心に残るどういう感情ですか。五十字以内で説明しなさい。

三

次の文章を読んで、あとの問いに答えなさい。

先日の＊1ある審議会で、局所的判断や短期的視野を得るには論理や合理や理性だけで間に合うかも知れないが、正しい大局観や長期的視野を得るにはそうはいかない、一見役に立ちそうもない文学、芸術、歴史などの教養、そして誠実、慈愛、勇気、正義感、卑《ひ》怯《きょう》を憎む心、美的感受性、もののあわれ、家族愛、Aキョウド愛、祖国愛、人類愛といった情緒が必要、と私は述べた。これに異論が出たのは予想外だった。

論理というものは、単純化すると、AならばB、BならばC、CならばDと続き、Zまで行くものである。Aを出発し、論理の鎖《くさり》を通り結論のZに達することになる。Aは出発点だから当然、論理的帰結ではなく仮説である。論理は必ず仮説から出発することになる。

この仮説は通常、多くの可能性の中から、その人の価値観、人生観、世界観、人間観といったものにより選ばれる。そしてこれらの基底となるものが、先ほど述べたような教養や情緒、宗教といったものなのである。

①例えば日本の食料を考えてみよう。穀物自給率を見ると、昭和三五年に八二パーセントだったものが平成九年には二八パーセントにまで激減している。ちなみに他の先進国ではその間、フランスが一一六パーセントから一九八パーセント、ドイツが六二パーセントから一一八パーセント、日本と同じ島国のイギリスでさえ五三パーセントから一三〇パーセントといずれも逆に急増させている。

日本の輸入食料で量がもっとも多いのは、順にとうもろこし、小麦、大豆だが、それぞれの九割、五割、八割がアメリカからの輸入である。わが国の農家は輸入品に価格で太刀《たち》打ちできない。そのため、作付けBノベ面積も大きく減少している。

これら統計を見て、祖国愛など古いと思っている地球市民は、「世界はグローバル化していて、各国個別のアンバランスを気にしていたら、世界Cボウエキは縮小する。市場原理を貫くことこそが世界そして日本の繁栄につながる」とまず思うだろう。

今こそ祖国愛と思う人は「国防と食料だけは、他国との協力態勢は当然としても、自ら確保するのが独立国家だ」という考えが頭に浮かぶだろう。家族愛が何より強い人は「輸入先が一国に偏っているし、大きな国際紛争でも起きたら子供たちは一年もたたぬうちに餓死してしまう」とまず背筋を凍らせるだろう。美的感受性やもののあわれが強烈な人は、近頃めっきり荒れてきた田園を思いだし、背景に作付け面積の低下があったのだ、と慨嘆《がいたん》するだろう。

各自の議論の出発点はこのようにして決まる。そこから出発し、地球市民派は「自給率の低落は、市場の力により日本の構造改革が順調に進んでいることを示している。〈　Ⅰ　〉」と論理的に結論するだろう。祖国愛派や家族愛派は「欧州先進国なみとまではいかなくとも、〈　Ⅱ　〉パーセントを目ざし具体的計画を早急に練るべき」と結論するだろう。

美的感受性派やもののあわれ派は、「日本の伝統的な文化、芸術、文学などの根底にあるのは類い稀《まれ》な美意識とものあわれであり、これはわが国が世界に誇る情緒だ。この情緒の母胎は四季の変化に恵まれた日本の美しい自然であり、棚田《たなだ》などの芸術的景観だ。これはどんな犠牲を払ってでも守るべきものだ。〈　Ⅲ　〉が半分になっても食料増産を進め、農業と自然を守るべき」と結論するだろう。

その人の教養とか、それに裏打ちされた情緒の濃淡や型により、大局観や出発点が決まり、そこから結論まで論理で一気に進むということになる。どんな事柄に関しても論理的に正しい議論はゴロゴロある。その中からどれを選ぶか、すなわちどの出発点を選ぶかが決定的で、この選択が教養や情緒でなされるのである。論理は得られた結論の実行可能性や影響を検証する際に、はじめて有用となる。

現在、わが国の政治、経済、社会、教育はどれもうまくいかないでいる。改革につぐ改革がなされているが、一向に功をDソウさず国家はEキキにある。原因は各界のリーダーたちが正しい大局観を失ったことにあり、その底流には国民一般における教養や情緒力の低下があるのではないか。

この回復は活字文化の復興なくしてありえない。真の教養のほとんどと美しい情緒の大半が、読書などを通じて育つからである。情報社会でもっとも大切なのは、いかに情報を得るかでなく、いかに情報に流されず本質を摑《つか》むかである。大局観を持つことである。活字文化は②情報時代にこそ重みを増すのだと思う。

（藤原正彦『祖国とは国語』新潮文庫刊）

【注】　＊1　ある審議会………筆者は二〇〇一年から二〇〇四年まで、文部科学省の文化審議会で委員を務めていた。

問一 ――― A～Eのカタカナを漢字に改めなさい。

問二 〈 Ⅰ 〉～〈 Ⅲ 〉を補う言葉として最もふさわしいものを、次のア～オよりそれぞれ選び、記号で答えなさい。

Ⅰ
ア 思いがけない
イ やむを得ない
ウ うらやましい
エ おもはゆい
オ 素晴らしい

Ⅱ
ア 二〇
イ 五〇
ウ 一〇〇
エ 一五〇
オ 二〇〇

Ⅲ
ア 芸術的景観
イ 穀物輸出高
ウ 市場価格
エ 国民所得
オ 作付け面積

問三 ――― ①「例えば日本の食料を考えてみよう」について、筆者はどういうことの例として、食料自給率の話をしたのですか。最もふさわしいものを、次のア～オより選び、記号で答えなさい。

ア 日本のリーダーは長期的視野に欠けており、どの分野でもその場しのぎの対応に終わっている、ということ。
イ 一つの事実も、見る人それぞれの論理で異なる過程をたどることで、より多角的に分析できる、ということ。
ウ どんな統計も、諸外国や過年度のものと比較してみて初めて、様々な問題点が明らかになる、ということ。
エ 一つの事実が、見る人によって様々にとらえられ、そのとらえ方によって異なる結論を導く、ということ。
オ 日本が欧米諸国と肩を並べるには、論理的思考力よりも伝統的情緒力を高めなければならない、ということ。

問四 ——②「情報時代にこそ重みを増すのだ」について、筆者は、活字文化のどういう働きを重視していますか。三十字以内で説明しなさい。

問五 本文の内容として正しいものを、次のア～オより一つ選び、記号で答えなさい。

ア 日本人は世界に誇れる伝統文化を持っているが、国際社会への発信力に欠けているために、どの改革も失敗している。

イ 論理的思考に基づく大局観こそ、情報社会のリーダーとして不可欠な資質であり、早急に養成されなければならない。

ウ 論理的思考は情緒力に支えられており、日本人固有の部分よりも、欧米人と重なる部分を大切にしなければならない。

エ 教養の質や深さは、激化する国際競争の中で食料自給率を確保するために、今後一層重要になっていくはずである。

オ 日本人は情緒と教養の低下により伝統的価値観を失ったために、どの分野でも広い視野による方向性を誤っている。

2022年度

北嶺中学校入学試験問題

算　　数

(60分)

(注意)

1　問題が配られても、「はじめ」の合図があるまで、中を開かないで下さい。

2　問題は全部で **10** ページ、解答用紙は1枚です。「はじめ」の合図があったら、まず、ページ数を確認してからはじめて下さい。もし、ページがぬけていたり、印刷されていなかったりする場合は、静かに手をあげて先生に伝えて下さい。

3　答えはすべて、解答用紙の指定された位置に書いて下さい。答えが分数になるときは、できるだけ約分して答えて下さい。

4　コンパス、定規、分度器は使用できません。机の上にはおかないで下さい。

5　質問や用事がある場合は、静かに手をあげて先生に伝えて下さい。ただし、問題の考え方や、言葉の意味、漢字の読み方などについての質問には答えません。

6　「おわり」の合図で鉛筆をおき、先生が解答用紙を集めおわるまで、静かに待っていて下さい。

1 次の □ に当てはまる数を求めなさい。

(1)　$(349 - 17 \times 13) \times 0.0625 = \square$

(2)　$1 \div \left[1 + 1 \div \left\{1 + 1 \div \left(1 + \frac{3}{4}\right)\right\}\right] = \square$

(3)　$\frac{38}{63} \div \left\{\left(5\frac{5}{6} - 3\frac{2}{3}\right) \div \square \times \frac{11}{21}\right\} = \frac{8}{33}$

(4)　1 時間 26 分 52 秒 × 3 + 14 時間 10 分 36 秒 ÷ 3 = □ 時間 □ 分 □ 秒

計算用紙

計算用紙

2 次の各問いに答えなさい。

(1)　2時から3時の間で，時計の短針と長針が反対方向をさして一直線になるのは2時何分であるか答えなさい。ただし，答えが整数にならない場合は分数で答えなさい。

(2)　A，B，C，Dの4人の所持金について，4人のうち2人の所持金を合計してみたところ，次の6通りになりました。

1986円，2394円，2792円，2816円，3214円，3622円

このとき，4人の所持金の合計を答えなさい。

(3)　ある数の約数をすべて足すと280になり，約数の逆数をすべて足すと $\frac{70}{27}$ になりました。ある数を答えなさい。

(4)　次のように，あるきまりにしたがって数を並べていきます。

1段目				1			
2段目			4	7	10		
3段目		13	16	19	22	25	
4段目	28	31	·	·	·	·	·
⋮				⋮			

このとき，10段目の真ん中の数を答えなさい。

(5)　次の図において，四角形ABCDは平行四辺形で，点E，Fは辺BCを3等分する点です。このとき，平行四辺形ABCDの面積は三角形AGHの面積の何倍であるか答えなさい。

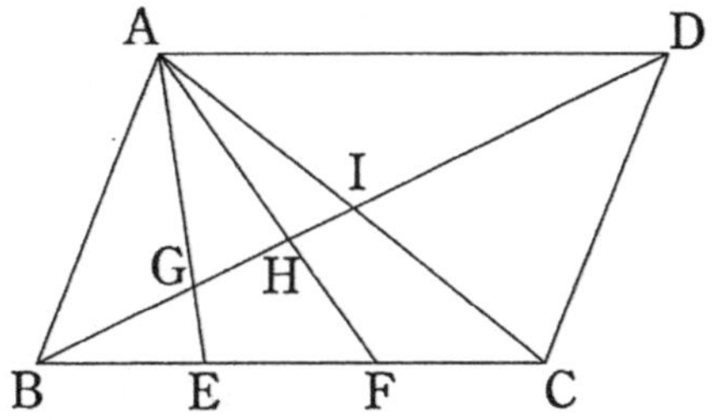

計算用紙

3

H工場には3種類の装置㋐㋑㋒があり，それぞれの装置が別々に同じ製品を作っています。これらの装置は午前9時から午後5時までの8時間休まず製品を作り続け，1日あたりあわせて23520個の製品を作ります。しかし，停電や断水が発生すると，その間は以下の① ～ ⑤のように製品を作る量が通常と比べて変化し，工場全体で作ることができる量も減ってしまいます。

① 停電の間は，装置㋐と㋑は製品を作る量が通常の $\frac{2}{3}$ になり，装置㋒は製品を作ることが全くできなくなります。

② 断水の間は，装置㋐は製品を作ることが全くできなくなり，装置㋑と㋒は製品を作る量が通常の $\frac{1}{2}$ になります。

③ 停電と断水が同時に発生している間は，装置㋐と㋒は製品を作ることが全くできなくなり，装置㋑は製品を作る量が通常の $\frac{1}{10}$ になります。

④ 1日中停電が続き，断水がない日には，あわせて9600個の製品を作ることができます。

⑤ 1日中断水が続き，停電がない日には，あわせて7680個の製品を作ることができます。

次の各問いに答えなさい。

(1)　午前中に2時間の停電があり，午後に2時間の断水がある日には，あわせて何個の製品を作ることができますか。

(2)　通常，装置㋐㋑㋒は1日あたり，それぞれ何個の製品を作ることができますか。

(3)　ある日，午前9時から午後1時まで停電があり，午前10時から午後3時まで断水もありました。この日，あわせて何個の製品を作ることができましたか。

計算用紙

計算用紙

4　たてが 3 cm，横が 4 cm の長方形があり，図のように，たて，横それぞれ 1 cm おきに辺と平行な線が引かれています。たてと横の線が交わる点（交点）のうち対角線 XY より上側にある点を A ～ I とします。点 P は点 X を出発し，対角線 XY より上側にある線にそって，上方向か右方向に秒速 1 cm で動き，点 Y まで移動します。また，点 Q は点 P と同時に点 X を出発し，対角線 XY より下側にある線にそって，上方向か右方向に秒速 1 cm で動き，点 Y まで移動します。次の各問いに答えなさい。

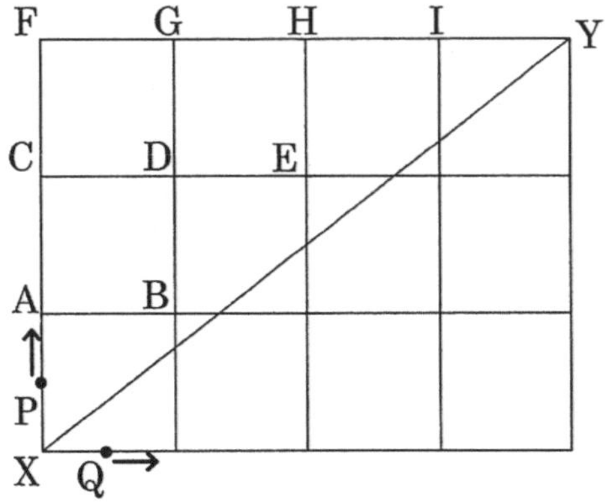

(1)　下の文の [ア]，[ウ] に当てはまる交点を A ～ I から選びなさい。また，[イ]，[エ] に当てはまる数を求めなさい。

「点 P が交点 A から交点 I までのどれかと重なっているときについて，三角形 PXY の面積が最も大きくなるのは，点 P が交点 [ア] と重なるときで，面積は [イ] cm^2 である。また，三角形 PXY の面積が最も小さくなるのは，点 P が交点 [ウ] と重なるときで，面積は [エ] cm^2 である。」

(2)　点 P が点 Y に到着するまでに，三角形 PXY の面積が常に 3 cm^2 以下となるような点 P の進み方を，以下の ㋐ ～ ㋔ から 1 つ選び，記号で答えなさい。

あ X → A → C → F → G → H → I → Y
い X → A → C → D → G → H → I → Y
う X → A → C → D → E → H → I → Y
え X → A → B → D → G → H → I → Y
お X → A → B → D → E → H → I → Y

(3)　点 P が点 Y に到着するまでに，三角形 PXY の面積が 3 cm^2 となる回数は最も多くて何回か答えなさい。

(4)　下のグラフは，横軸《じく》を時間，たて軸を面積として，四角形 PXQY の面積の変化を表しています。

①　点 P，点 Q がある進み方をしたとき，四角形 PXQY の面積が図 1 のグラフのようになりました。このときの点 P の進み方を，以下の ㋐ ～ ㋔ から 1 つ選び，記号で答えなさい。

㋐ X → A → C → F → G → H → I → Y
㋑ X → A → C → D → G → H → I → Y
㋒ X → A → C → D → E → H → I → Y
㋓ X → A → B → D → G → H → I → Y
㋔ X → A → B → D → E → H → I → Y

②　四角形 PXQY の面積が図 2 のグラフのようになる点 P，点 Q の進み方の組み合わせは何通りあるか答えなさい。

図 1

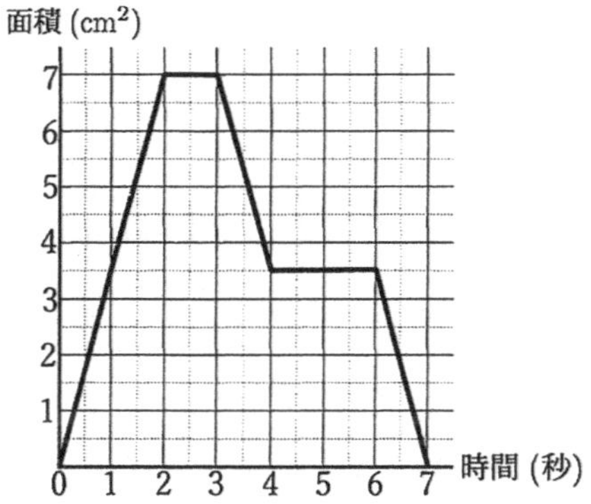

図 2

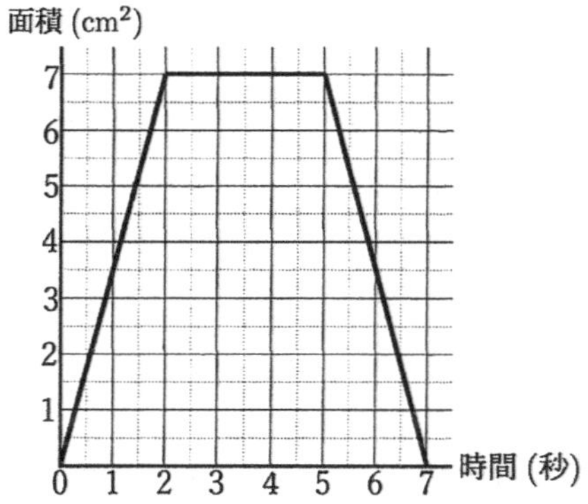

5　四角形 ABCD は 1 辺の長さが 4 cm の正方形で，CE，DE の長さはそれぞれ 3 cm，5 cm です。いま，点 D を通る直線を折り目として，頂点 A が直線 DE 上にくるように折ったとき，頂点 A は点 G に重なるとします。またこのときできる折り目の線を DF とします。さらに点 G を通り，辺 AB に平行な線が DF と交わる点を H とします。次の各問いに答えなさい。

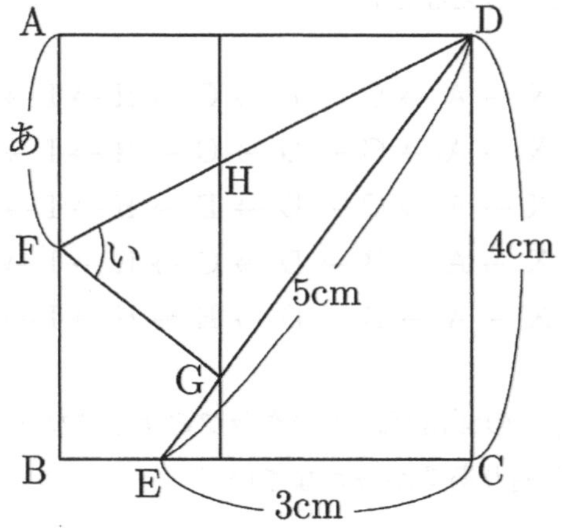

(1)　AF の長さ（ 図の「あ」）を求めなさい。

(2)　3 点 D，E，F を通る円の面積を求めなさい。ただし，円周率は 3.14 とします。

(3)　図において，角「い」と同じ大きさの角がある点を，F をのぞく A〜H からすべて選びなさい。1 つもない場合は「なし」と書きなさい。

(4)　三角形 DGH の面積を求めなさい。

計算用紙

2022 年度

北嶺中学校入学試験問題

理　　　　科

（40分）

（注意）

1　問題が配られても、「はじめ」の合図があるまで、中を開かないで下さい。

2　問題は全部で **11** ページ、解答用紙は 1 枚です。「はじめ」の合図があったら、まず、ページ数を確認してからはじめて下さい。もし、ページがぬけていたり、印刷されていなかったりする場合は、静かに手をあげて先生に伝えて下さい。

3　答えはすべて、解答用紙の指定された位置に書いて下さい。

4　字数が指定されている場合は、句読点や記号も 1 字として数えて下さい。

5　コンパス、定規、分度器は使用できません。机の上におかないでください。グラフや図を描く問題では、これらを使用せずに解答してください。

6　質問や用事がある場合は、静かに手をあげて先生に伝えて下さい。ただし、問題の考え方や、言葉の意味、漢字の読み方などについての質問には答えません。

7「おわり」の合図で鉛筆をおき、先生が解答用紙を集めおわるまで、静かに待っていて下さい。

1　次の問いに答えなさい。

(1) (あ)石灰水(せっかいすい)に二酸化炭素を吹(ふ)きこんだところ、石灰水が白くにごりました。その白くにごった石灰水を蒸発させたところ、1種類の(い)固体が残りました。(う)この残った固体を5本の試験管に分けて、それぞれにうすい塩酸を加えたところ(え)気体が発生しました。

① 下線部（**あ**）について、石灰水にフェノールフタレイン溶液(ようえき)を2、3滴(てき)加えたとき、石灰水は何色に変化しますか。最も適するものを次の**ア**～**オ**から一つ選び、記号で答えなさい。また、その色の変化から、石灰水の性質は **酸性**、**中性**、**アルカリ性** のいずれかを答えなさい。

ア　無色　　**イ**　赤色　　**ウ**　青色　　**エ**　黄色　　**オ**　緑色

② 下線部（**い**）について、この固体が多く含(ふく)まれているものとして、適するものを次の**ア**～**ク**から **三つ** 選び、記号で答えなさい。

ア　ベーキングパウダー　　**イ**　卵のから　　**ウ**　砂糖　　**エ**　ダイヤモンド
オ　ホタテの貝がら　　**カ**　ロウソク　　**キ**　石膏(せっこう)　　**ク**　真珠(しんじゅ)

③ 下線部（**う**）について、この残った固体を0.1 g、0.3 g、0.5 g、0.7 g、0.9 gずつ5本の試験管に分け、それぞれに同じ濃(こ)さのうすい塩酸を100 cm^3ずつ加えました。そのときに発生した気体の体積を調べて、以下の表1にまとめました。もし、この残った固体4 gを試験管に取り、同じ濃さのうすい塩酸を1000 cm^3入れたら、発生する気体の体積は何cm^3ですか。ただし、答えが小数になるときは、小数第一位を四捨五入して **整数** で答えなさい。

表1

残った固体の重さ [g]	0.1	0.3	0.5	0.7	0.9
発生した気体の体積 [cm^3]	24	72	120	120	120

④　下線部（え）について、この気体の性質として、最も適するものを次の**ア**～**カ**から一つ選び、記号で答えなさい。

ア　空気より軽い気体で、水にとけにくく、火を近づけると燃える。
イ　空気より軽い気体で、水にとけやすく、刺激臭(しげきしゅう)がする。
ウ　空気と同じくらいの重さの気体で、水にとけにくく、火を近づけても燃えない。
エ　空気と同じくらいの重さの気体で、水にとけにくく、火を近づけると燃える。
オ　空気より重い気体で、水に少しとけて、火を近づけても燃えない。
カ　空気より重い気体で、水にとけやすく、刺激臭がする。

(2) 次の**ア**～**カ**の中で、水蒸気（気体の水）が液体の水に変化したことを **示していないもの** を **二つ** 選び、記号で答えなさい。

ア　ドライアイスの周りに、白いけむりのようなものが見えた。
イ　お湯を沸(わ)かしているやかんの口から、白い湯気が出ていた。
ウ　冬の寒い日に、車の窓ガラスに霜(しも)がついて白くなった。
エ　冬の寒い日に、吐(は)く息が白くなった。
オ　ガラスのコップに氷水を入れると、コップの外側が白くくもった。
カ　明け方に霧(きり)が白く現れていたが、気温が高くなると消えた。

(3) 物質は温度によって、固体、液体、気体の状態に変化します。固体から液体に変化するときの温度を融点(ゆうてん)、液体から気体に変化するときの温度を沸点(ふってん)といいます。6種類の物質の融点と沸点を、以下の表2にまとめました。液体の状態にした**ア**～**オ**の5種類の物質について、液体の窒素(ちっそ)を使って固体に変化させることが **できないもの** を **二つ** 選び、記号で答えなさい。ただし、十分な量の液体の窒素があるものとします。

表2

	物質名	融点 [°C]	沸点 [°C]
	窒素	−210	−196
ア	水素	−259	−253
イ	アンモニア	−78	−33
ウ	エタノール	−115	78
エ	水銀	−39	357
オ	酸素	−218	−183

2 次の問いに答えなさい。

(1) プランクトンは小形の魚に食べられ、さらに小形の魚は大形の魚に食べられます。このように、生物どうしは、「食べる・食べられる」の関係でつながっています。図は、川と陸の生物の「食べる・食べられる」の関係を表したものです。図中の矢印は、矢印の向きへ食べられることを表しています。
(例 A ← B はAがBを食べることを表す。)

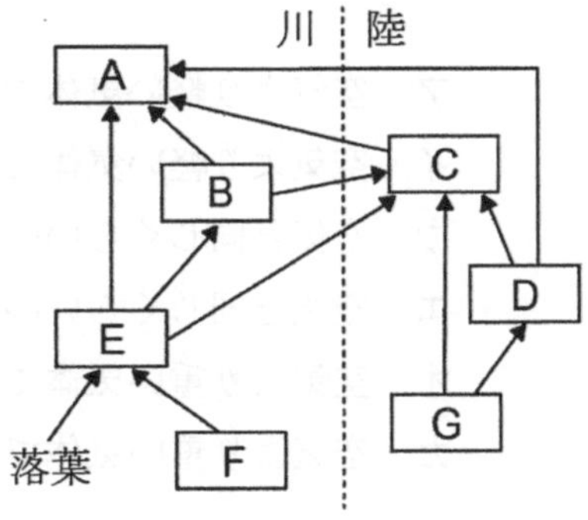

図

① 図中の B 、D に入る生物として、最も適するものを次のア～キからそれぞれ一つずつ選び、記号で答えなさい。ただし、図中の A ～ G には、次のア～キの生物のいずれかがあてはまるものとします。

ア イネ(陸上植物)　　**イ** シオグサ(藻(も)の仲間)
ウ トビケラ(落葉食・藻食の昆虫(こんちゅう))　　**エ** バッタ(草食の昆虫)
オ カマドウマ(雑食の昆虫)　　**カ** アマゴ(肉食の魚類)
キ カゲロウ(肉食の水生昆虫)

② ハリガネムシは水中で産卵(さんらん)し、ふ化したハリガネムシの幼虫はカゲロウの幼虫の体内に入りこみます。そのカゲロウの幼虫が成虫になって陸上に移動した後、カマドウマに食べられると、その体内でハリガネムシが成長し成虫になります。ハリガネムシの成虫はカマドウマの行動をあやつり、水中に飛びこませて、肛門(こうもん)から水中に脱出(だっしゅつ)します。ある川での調査によると、アマゴなどの肉食の魚類が1年間で取りこむエネルギーの約60 %は、ハリガネムシによってあやつられて水中に飛びこんだ、カマドウマなどの陸上の昆虫によるものでした。ハリガネムシが存在しなくなった場合、図中の生物の関係やそれを取り巻く環境(かんきょう)に生じる変化として、<u>**考えられないもの**</u>を次の**ア～オ**から一つ選び、記号で答えなさい。ただし、A の数や A の平均的なからだの大きさに変化はないものとします。

ア Bの数が減少する。　　**イ** Dの数が増加する。
ウ Eの数が減少する。　　**エ** Fの数が増加する。
オ 落葉の食べられる量が減少する。

(2) ヒトの肝臓(かんぞう)は肝細胞(かんさいぼう)という小さな部屋のようなものが集まってできています。その肝細胞を一辺が 0.02 mm の立方体としたとき、肝臓 1 cm^3 あたりに含(ふく)まれる肝細胞の数として、最も適するものを次の**ア～ク**から一つ選び、記号で答えなさい。ただし、ヒトの肝臓は肝細胞がすき間なく並んでいるものとします。

ア 125 万個　**イ** 250 万個　**ウ** 1250 万個　**エ** 2500 万個
オ 1 億 2500 万個　**カ** 2 億 5000 万個　**キ** 12 億 5000 万個　**ク** 25 億個

(3) ヒト（成人）の肝臓について、**誤りを含むもの**を次の**ア～カ**から**二つ**選び、記号で答えなさい。

ア からだに有害なアンモニアを分解している。
イ 少し切り取られても再生することができる。
ウ 血液中に含まれる尿素(にょうそ)をこしとって排出(はいしゅつ)している。
エ 胆汁(たんじゅう)という消化液をつくっている。
オ ヒトの腹部にある臓器のうちで最も重い。
カ 背中側の左右に一つずつある。

(4) 表はヒトの吸気と呼気の中に含まれる酸素と二酸化炭素の体積の割合を示しています。吸気に含まれる酸素から、呼気に含まれる酸素を差し引いた分だけ、酸素は体内に取りこまれます。同じように、呼気に含まれる二酸化炭素から、吸気に含まれる二酸化炭素を差し引いた分だけ、二酸化炭素は体内から排出されます。1 回の呼吸での吸気と呼気の体積はそれぞれ 500 cm^3 で、1 分間の呼吸回数が 15 回とすると、1 分間で体内に取りこまれた酸素の体積と、1 分間で体内から排出される二酸化炭素の体積では、どちらがどれだけ大きいですか。ただし、答えが小数になるときは、小数第一位を四捨五入して**整数**で答えなさい。

表

	吸気	呼気
酸素の体積の割合 [%]	21	16.5
二酸化炭素の体積の割合 [%]	0.04	4

3 地球上の(あ)<u>さまざまな地形</u>は、地球内部の構造や動きによって形成されると考えられています。例えば、地下の岩石の一部がとけてマグマが発生し、このマグマが地表に噴出(ふんしゅつ)すると(い)<u>火山</u>が形成されます。地球は地球全体（半径約 6400 km）から見ると、うすい皮のような「地殻(ちかく)」という厚さが約 6～50 km の岩石で覆(おお)われていると考えられています。地殻の下は「マントル」という重たい岩石が深さ約 2900 km まであります。地殻とマントルは重さが違(ちが)うために、マントルの上に(う)<u>「地殻」が浮(う)いたような状態</u>になっていると考えられています。そのため、(え)<u>1 万年以上前の氷期に氷で地面が覆われていた北欧(ほくおう)のスカンジナビア半島は、氷がとけてその分の重さがなくなったために、1 万年前よりも地面が約 300 m も隆起(りゅうき)していることが確認(かくにん)されています</u>。

(1) 下線部（**あ**）について、地質学的に価値があり、その環境を保護しながら、教育や観光に役立てる活動を行っていて、ユネスコなどの専門の機関にその重要性を認定されている地域があります。このような地域を何といいますか。<u>**カタカナ**</u>で答えなさい。

(2) 下線部（**い**）について、火山の形はマグマの粘り気(ねばりけ)を決めている「ある物質」の量によって変わることが知られています。「ある物質」はガラスの原料としても使われているものです。「ある物質」に含まれている成分（元素）として、適するものを次の**ア**～**コ**から<u>**二つ**</u>選び、記号で答えなさい。

ア 炭素	**イ** 水素	**ウ** 酸素	**エ** 窒素	**オ** 塩素
カ 硫黄(いおう)	**キ** ケイ素	**ク** フッ素	**ケ** ヨウ素	**コ** ホウ素

(3) 下線部（**う**）について、地殻を木片(もくへん)、マントルを水に例えて、木片を水に浮かべて考えてみます。図 1 は、10 cm × 10 cm × 8 cm の直方体の木片を水に浮かべたときの様子で、図 2 は、図 1 を真横から見たときの様子です。木片は 10 cm × 10 cm の面が常に水平に保たれた状態で浮いています。このときに、木片の水面から出ている部分の高さ（図 2 中の「？cm」の部分）は何 cm ですか。ただし、答えが小数になるときは、小数第二位を四捨五入して<u>**小数第一位**</u>まで答えなさい。なお、<u>**水に入れた木片は、おしのけた水の重さの分だけ重さが軽くなるために、浮くことができます**</u>。また、水 1 cm^3 の重さは 1 g、木片 1 cm^3 の重さは 0.6 g とします。

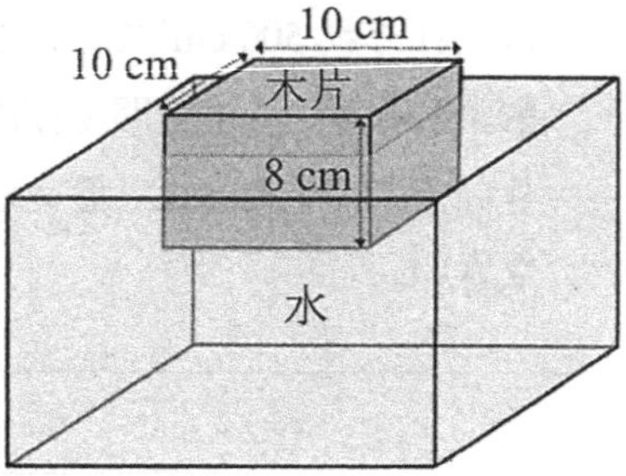

図 1

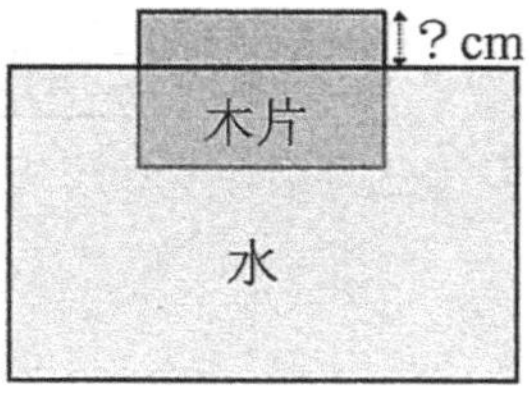

図 2

(4) 図 2 の状態から、この木片の上におもりをのせて、図 3 のように、木片全体がちょうど水に沈(しず)むようにしました。このときにのせたおもりは何 g ですか。ただし、答えが小数になるときは、小数第一位を四捨五入して **整数** で答えなさい。

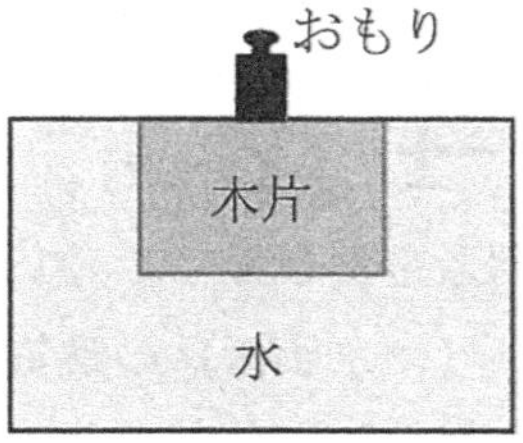

図 3

(5) 下線部（え）について、この現象を図 2 の状態から図 4 のように、木片の上に氷をのせて考えてみます。木片の上面の 10 cm × 10 cm にちょうど重なるような、厚さが 1 cm、2 cm、3 cm の直方体の氷をのせたときに、木片の水面から出ている部分の高さ（図 4 中の「？cm」の部分）はそれぞれ何 cm ですか。解答用紙のグラフに、氷をのせていないとき（氷の厚さが 0 cm）の高さと、氷の厚さが 1 cm、2 cm、3 cm のときの高さを示す点を **4 点** 描(えが)き、となり合う点と点を直線で結びなさい。ただし、高さが小数になるときは、小数第二位を四捨五入して **小数第一位** までにしてからグラフに点を描きなさい。なお、氷 1 cm^3 の重さは 0.9 g とします。

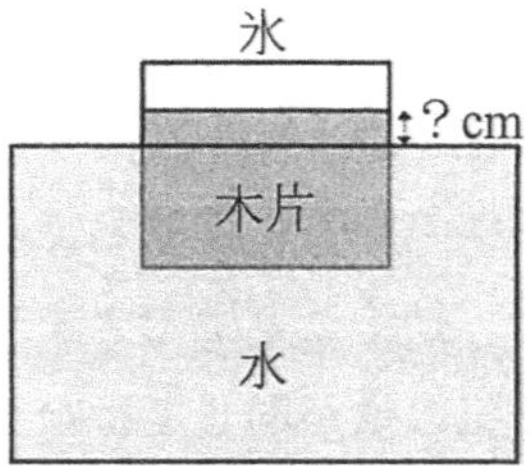

図 4

下書き用のグラフ

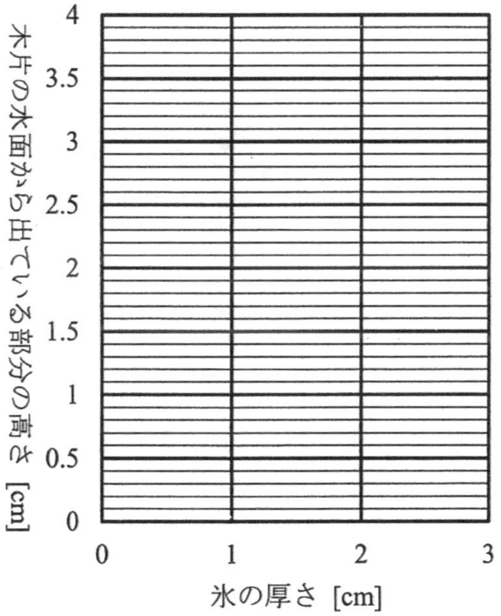

(6) (5) において、ある厚さの氷をこの木片の上にのせると、図 3 のように、木片全体がちょうど水に沈みました。このときの氷の厚さは何 cm ですか。ただし、答えが小数になるときは、小数第二位を四捨五入して **小数第一位** まで答えなさい。

4

物質はとても小さくて、目で見ることができない粒(つぶ)からできています。このような粒を「原子」といいます。図1は原子の構造を表していて、原子は＋（プラス）の電気をもった原子核(げんしかく)と、－（マイナス）の電気をもった電子からできています。＋の電気と－の電気の間には引き合う力（引力）がはたらくため、電子と原子核には引力がはたらいて、月と地球の関係のように、電子は原子核の周りを回っています。原子は＋と－の電気を同じ量だけもっているため、物質は全体としては＋でも－でもない、電気をもたない状態になっています。

図1

電子はとても軽くて小さいため、原子核から離(はな)れて外に移動したり、反対に外から原子核の周りに移動してきたりすることができます。原子核は電子に比べると重くて大きいので、動くことはできません。そのために、電子の移動によって、物質全体としての＋と－の電気の量が同じではなくなることがあります。電子が物質の外に移動して、＋の電気の量が－の電気の量よりも多くなれば、物質全体として＋の電気が生じます。反対に電子が物質の中に移動して、－の電気の量が＋の電気の量よりも多くなれば、物質全体として－の電気が生じます。このように、物質に生じている＋や－の電気のことを「静電気」といい、物質に電気が生じることを「帯電する」といいます。

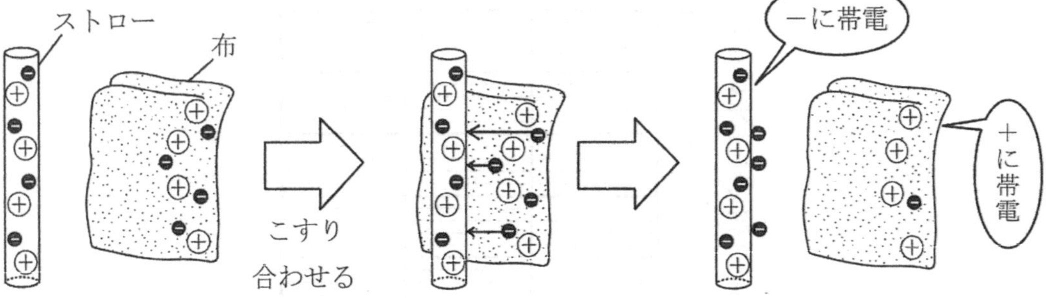

図2

電子を移動させる簡単な方法は、図2のように、異なる二つの物質（ストローと布）をこすり合わせることです。二つの物質の組み合わせによって、電子の移動の向きが決まっていて、こすり合わせた表面の間で電子が移動して、二つの物質はそれぞれ＋と－の電気に帯電します。＋の電気どうしや、－の電気どうしの間には、退け合う力（せき力）がはたらくので、同じ種類の電気に帯電した物質どうしには、せき力がはたらきます。反対に、異なる種類の電気に帯電した物質どうしには引力がはたらきます。

(1) 静電気と関係が深いものとして、適するものを次の**ア～オ**から <u>三つ</u> 選び、記号で答えなさい。

ア　車から降りた後にドアをさわるとビリッと感じた。
イ　雨の日に雷(かみなり)がゴロゴロと鳴った。
ウ　吸盤(きゅうばん)をガラスに押(お)しつけるとピッタリとくっついた。
エ　セーターをぬぐとバチバチと音がした。
オ　リニアモーターカーがフワッと浮いて動いた。

(2) 毛皮とポリ塩化ビニル棒をこすり合わせると、毛皮とポリ塩化ビニル棒に静電気が発生して、ポリ塩化ビニル棒は－に帯電しました。また、絹の布とガラス棒をこすり合わせても静電気が発生しました。このポリ塩化ビニル棒とガラス棒を近づけると、二つの棒の間に引力がはたらきました。この結果からわかることとして、最も適するものを次の**ア～エ**から一つ選び、記号で答えなさい。

ア　ガラス棒が－に帯電していることから、絹の布も－に帯電している。
イ　ガラス棒が－に帯電していることから、絹の布は＋に帯電している。
ウ　ガラス棒が＋に帯電していることから、絹の布は－に帯電している。
エ　ガラス棒が＋に帯電していることから、絹の布も＋に帯電している。

金属も原子からできていて、図3のように、帯電していない金属は＋と－の電気が同じ量だけあります。金属は電気を通しやすい性質があり、電子は金属全体の中を動くことができます。＋に帯電した物質を金属に近づけると、金属内の電子に引力がはたらきます。すると、電子の一部は金属内を移動して物質に近いほうに集まり、そこには－の電気が現れます。そのために、物質から遠いほうには、電子が少なくなってしまうことで、＋の電気が現れるようになります。このような状態でも、金属内の＋と－の電気は同じ量のままなので、金属全

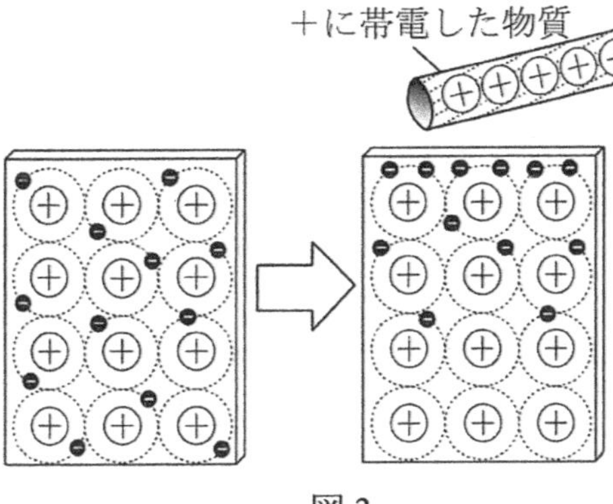

図3

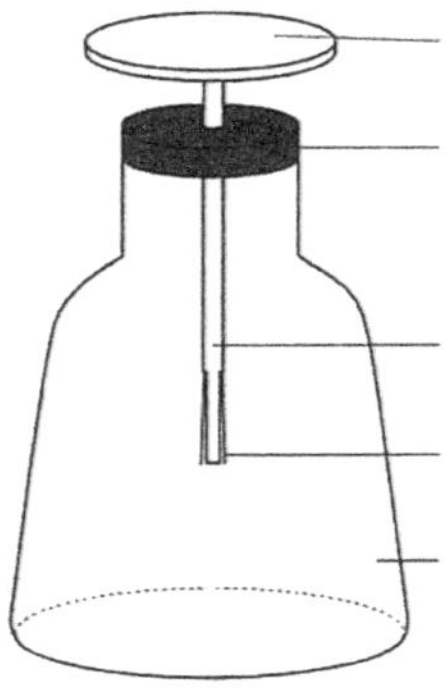

図4

体としては、帯電していないままです。

このような現象を利用して、物質が帯電しているかどうかを調べる装置に「はく検電器」があります。図4のように、はく検電器は金属板、金属棒、2枚の金属はく（とてもうすい金属）でできた金属部分を、ゴムせんに通してガラスびんに入れたものです。2枚の金属はくはほんの少しの風でも動いてしまうため、ガラスびんは風よけになっています。また、ガラスびんは金属部分（金属板・金属棒・金属はく）の表面に現れた電気が逃(に)げてしまうことを防ぐ役割もあります。はく検電器の金属はくに電気が現れると、金属はくにせき力がはたらいて、金属はくが開きます。はく検電器は金属はくの動きを見ることで、金属板に近づけた物質が帯電しているかどうかを確認することができます。

(3) 金属部分（金属板・金属棒・金属はく）全体が帯電していないはく検電器を用意しました。図5のように、－に帯電したポリ塩化ビニル棒を、金属板に近づけると、金属はくが開きました。このときの電気の様子を説明したものとして、最も適するものを次の**ア**～**エ**から一つ選び、記号で答えなさい。ただし、電子は金属部分全体を動くことができるものとします。

ア はく検電器の金属部分の電子が金属はくに移動し、金属板の表面には＋の電気が現れ、金属はくの表面には－の電気が現れた。

イ はく検電器の金属部分の電子が金属はくに移動し、金属板の表面には－の電気が現れ、金属はくの表面には＋の電気が現れた。

ウ はく検電器の金属部分の電子が金属板に移動し、金属板の表面には＋の電気が現れ、金属はくの表面には－の電気が現れた。

エ はく検電器の金属部分の電子が金属板に移動し、金属板の表面には－の電気が現れ、金属はくの表面には＋の電気が現れた。

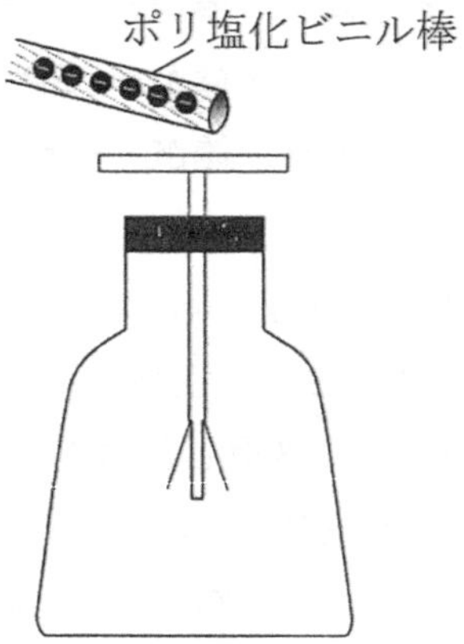

図5

(4) 図5の状態から、図6のように、－に帯電したポリ塩化ビニル棒を金属板に近づけたまま、帯電していない指で金属板にさわりました。すると、金属はくが閉じました。このときの電気の様子を説明したものとして、最も適するものを次の**ア**～**エ**から一つ選び、記号で答えなさい。ただし、ヒトのからだも金属と同じように電気を通しやすく、指で金属板にさわると、電子は指を通ってはく検電器の内外に出入りできるものとします。

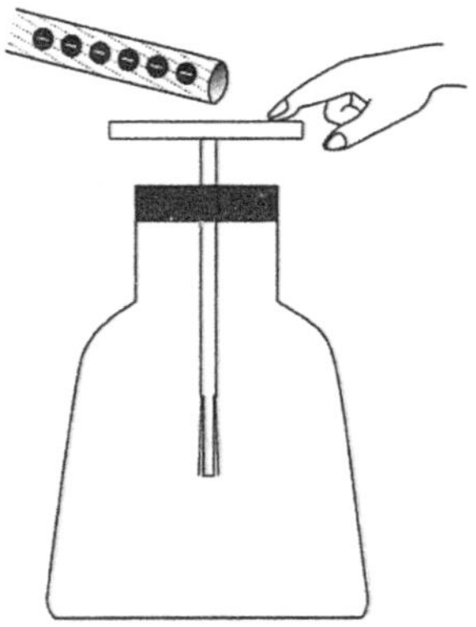

図6

ア　はく検電器の金属板の表面には＋の電気が現れたまま、金属はくの表面には電気が現れていない。

イ　はく検電器の金属板の表面には－の電気が現れたまま、金属はくの表面には電気が現れていない。

ウ　はく検電器の金属はくの表面には＋の電気が現れたまま、金属板の表面には電気が現れていない。

エ　はく検電器の金属はくの表面には－の電気が現れたまま、金属板の表面には電気が現れていない。

(5) 図6の状態から、ポリ塩化ビニル棒を金属板に近づけたまま、指をはなしました。すると、金属はくが閉じたままでした。その後、ポリ塩化ビニル棒を遠ざけたとき、金属はくが開きました。ポリ塩化ビニル棒を遠ざけたときの電気の様子を説明したものとして、最も適するものを次の**ア**～**エ**から一つ選び、記号で答えなさい。

ア　電子がはく検電器の金属板から金属部分全体に広がり、金属部分が全体として－に帯電した。

イ　電子がはく検電器の金属はくから金属部分全体に広がり、金属部分が全体として－に帯電した。

ウ　電子がはく検電器の金属板から金属部分全体に広がり、金属部分が全体として＋に帯電した。

エ　電子がはく検電器の金属はくから金属部分全体に広がり、金属部分が全体として＋に帯電した。

(6) は次のページにあります。

(6) 図7のように、金属部分が全体として＋か－のどちらかに帯電しているはく検電器は、金属はくが開いた状態になりました。次に、はく検電器の金属板に、－に帯電したポリ塩化ビニル棒をゆっくりと近づけていったところ、金属はくが閉じました。そして、さらに近づけていくと再び開きました。

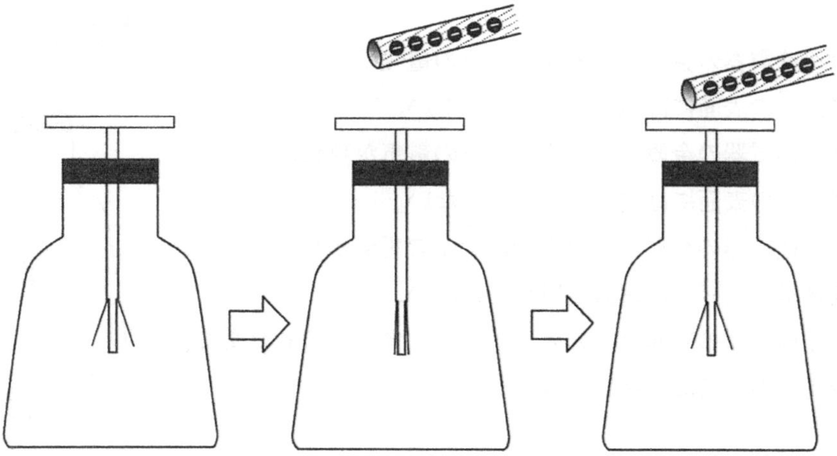

図7

① はじめの状態での(A)はく検電器の金属部分が全体として帯電していた電気の種類 と、金属はくがいったん閉じたときの (B) 金属はくの表面に現れる電気の種類 の組み合わせとして、最も適するものを次の**ア**～**カ**から一つ選び、記号で答えなさい。ただし、「0」とは電気が現れていないことを意味します。

	ア	イ	ウ	エ	オ	カ
(A)	＋	＋	＋	－	－	－
(B)	＋	0	－	＋	0	－

② 金属はくが再び開いたときの (A) はく検電器の金属部分が全体として帯電している電気の種類 と、(B) 金属はくの表面に現れる電気の種類 の組み合わせとして、最も適するものを次の**ア**～**ケ**から一つ選び、記号で答えなさい。ただし、(A) の「0」とは帯電していないことを、(B) の「0」とは電気が現れていないことを意味します。

	ア	イ	ウ	エ	オ	カ	キ	ク	ケ
(A)	＋	＋	＋	0	0	0	－	－	－
(B)	＋	0	－	＋	0	－	＋	0	－

2022年度

北嶺中学校入学試験問題

社　　　　会

（40分）

（注意）

1　問題が配られても、「はじめ」の合図があるまで、中を開かないで下さい。

2　問題は全部で**22 ページ**で、解答用紙は1枚です。「はじめ」の合図があったら、まず、ページ数を確認してからはじめて下さい。もし、ページがぬけていたり、印刷されていなかったりする場合は、静かに手をあげて先生に伝えて下さい。

3　答えはすべて、解答用紙の指定された位置に書いて下さい。

4　字数が指定されている場合は、句読点や記号も1字として数えて下さい。

5　質問や用事がある場合は、静かに手をあげて先生に伝えて下さい。ただし、問題の考え方や、言葉の意味、漢字の読み方などについての質問には答えません。

6「おわり」の合図で鉛筆をおき、先生が解答用紙を集めおわるまで、静かに待っていて下さい。

1　次の文を読み、後の問いに答えなさい。

日本は四方を海に囲まれた島国で、日本を囲む海は（　①　）海、太平洋、日本海、(a)東シナ海の４つです。日本列島の近海には、深さ約 200mまでの平坦な部分が広がっており、これを大陸棚といいます。ここにはプランクトンが多く、恵まれた漁場となっているだけでなく、天然ガスなどの資源もあると考えられています。また、(b)日本列島の周辺を流れる海流には４つあり、寒い北から流れてくる２つの海流は寒流、暖かい南から流れてくる２つの海流が暖流です。寒流と暖流のぶつかるエリアも好漁場となっています。

日本は海に囲まれているだけでなく、国内には多くの湖沼《こしょう》や河川《かせん》などがあります。きれいな水は農業・工業などの産業用水や、飲料水などとして用いられ、日本人の生活や経済レベルの向上に不可欠なものでした。

さらに水に関係する観光スポット、最近ではパワースポットとして注目されている場所も少なくありませんね。例えば代表的なものとして日本三景があります。日本三景とは、古くは江戸時代初期、儒学者として幕府に仕《つか》えた林春斎《しゅんさい》(鵞峰《がほう》)の著した『日本国事跡考《じせきこう》』に登場する風光明媚《ふうこうめいび》な景勝地で、現在の(c)宮城県の松島、京都府の（　②　）、(d)広島県の宮島を指しています。三景に共通するのは海です。現在でも多くの人々に親しまれ、人気のある観光地で、すでに行ったことがある人は再び、まだ行ったことのない人はぜひ行ってみたいと思っているのではないでしょうか。

日本三景に対して(e)1916 年、実業之日本社という出版社が発行していた『婦人世界』という雑誌の読者投票で決定したのが日本新三景です。これは(f)北海道の大沼公園、静岡県の三保《みほの》松原《まつばら》、大分県の耶馬渓《やばけい》のことで、それぞれ沼・海・川に関係しています。特に三保松原は、2013 年に「富士山─信仰の対象と芸術の源泉」としてユネスコの世界文化遺産に登録されたことでも知られていますね。

さらに水に関するパワースポットと言えば、滝もあります。1990 年、当時の環境庁(現在の環境省)と（　③　）が後援し、緑の文明学会など３団体が企画して一般の応募から「日本の滝百選」が選定されました。その中でも、栃木県日光市の華厳滝《けごんのたき》、(g)和歌山県那智《なち》勝浦町の那智滝《なちのたき》、兵庫県神戸市の布引滝《ぬのびきのたき》は日本三大神滝《こうたき》として古くから多くの人々を魅了《みりょう》する景勝地となってきました。どれくらい古くからかと言えば、例えば布引の滝は、(h)在原業平《ありわらのなりひら》が主人公とされる平安時代に作られた最初の歌物語にも登場するなど、古い文学作品の舞台にもなっています。

(i)感染症の世界的拡大や緊張する国際関係の中にある私たちですが、一日でも早く平穏な日を迎え、当たり前のように景勝地を訪れることができる日常を取り戻したいですね。

（1）文中の空らん（　①　）～（　③　）に適する語句を答えなさい。なお、（　③　）には農林水産省の外局の１つで、森林の健全な育成を通じて、国土保全など公益的機能を高度に発揮させることなどの役割を担う省庁が入ります。

（2）下線部(a)に関して、次の各問いに答えなさい。

ⅰ）東シナ海とは、英語で「East China Sea」と言います。その中の「China」は、紀元前221年に中国を初めて統一した「秦《しん》」という国の名に由来するという説があります。中国を初めて統一した秦の王が最初に用いた、王より上の地位を表す語を、**漢字２字**で答えなさい。

ⅱ）中国では、人口の多数は漢民族ですが、数多くの少数民族がいる国でもあります。少数民族のうち、中国南西部に広がる高原地帯で、牧畜や大麦の栽培を中心とした農耕を営む民族がいます。この民族の政治・宗教（仏教）の最高位の指導者であったダライ=ラマ14世は、中国からインドへ逃《のが》れ、その後、1989年にノーベル平和賞を受賞しました。この少数民族の名を、次のア～エのうちから１つ選び、記号で答えなさい。

ア　ウイグル族　　イ　モンゴル族　　ウ　チベット族　　エ　チョワン族

（3）下線部(b)について、日本列島周辺を流れる海流のうち、日本海を北上する暖流は、サハリンや沿海州の沖合で向きを変え、寒流となって日本海に流れ込んでくると言われます。この日本海を南下する寒流の名を答えなさい。

（4）下線部(c)と(d)について、次の図ア～カのうちから、宮城県と広島県の**いずれにも関係のないもの**を**2つ**選び、記号で答えなさい。

ア　（伊達政宗像）

イ　（天童市将棋資料館）

ウ　（気仙沼ふかひれスープ）

エ　（もみじ饅頭）

オ　（大和ミュージアム）

カ　（錦帯橋《きんたいきょう》）

（5）下線部(e)について、次の文は1916年に雑誌『中央公論』に発表された論文の一部です。文中の空らん（　　　）に当てはまる語と、この論文を発表した政治学者の組み合わせとして正しいものを、下のア～エのうちから１つ選び、記号で答えなさい。

いわゆる（　　　）とは、法律の理論上の主権が誰にあるかということは問わず、ただその主権を行使するにあたって、主権者は一般民衆の利福および意向を重んずることを方針とするべきであるという主義である。

ア　民本主義 ― 吉野作造　　　　イ　民本主義 ― 美濃部達吉

ウ　天皇機関説 ― 吉野作造　　　エ　天皇機関説 ― 美濃部達吉

（6）下線部(f)について、大沼公園は道南と呼ばれる北海道南部の函館市に近く、次の地図中の矢印で示した半島にあります。この矢印で示した北海道南西部の半島の名を答えなさい。

（７）下線部(g)について、和歌山県では農業生産物のうち６割以上を果実が占めるため、「果樹王国」とも言われます。次の表の（　Ａ　）と（　Ｂ　）に当てはまる果実の組み合わせを、下のア～カのうちから１つ選び、記号で答えなさい。

	果実収穫量の全国順位（平成30年度 農林水産省「作物統計」）							
	（Ａ）		（Ｂ）		かき		もも	
	全国	773,700t	全国	112,400t	全国	208,000t	全国	113,200t
1位	**和歌山**	155,600t	**和歌山**	73,200t	**和歌山**	39,200t	山梨	39,400t
2位	静岡	114,500t	群馬	5,470t	奈良	28,300t	福島	24,200t
3位	愛媛	113,500t	三重	2,090t	福岡	15,900t	長野	13,200t
4位	熊本	90,400t	神奈川	1,810t	岐阜	13,900t	山形	8,070t
5位	長崎	49,700t	長野	1,770t	愛知	13,500t	**和歌山**	7,420t

ア　Ａ―みかん　　Ｂ―なし　　　　イ　Ａ―うめ　　Ｂ―いちご
ウ　Ａ―みかん　　Ｂ―うめ　　　　エ　Ａ―なし　　Ｂ―みかん
オ　Ａ―いちご　　Ｂ―みかん　　　カ　Ａ―なし　　Ｂ―うめ

（８）下線部(h)について、在原業平は当時の和歌の名手で、「六歌仙《ろっかせん》」の一人に数えられています。その在原業平の恋愛談を中心とする120余りの短編集である、この歌物語の名を答えなさい。

（９）下線部(i)について、2021年4月、日本の菅首相とアメリカ合衆国のバイデン大統領による日米首脳会談が行われ、その成果として日米首脳共同声明が発表されました。その中に、緊張する東シナ海を念頭に、「両岸問題の平和的解決を促す」という表現が盛り込まれましたが、中国はこれに猛反発しました。中国が猛反発した理由を説明しなさい。

（社会の試験問題は次ページに続きます。）

2　次の文を読み、後の問いに答えなさい。

現在の世界には、およそ 80 億の人々が暮らしています。そして、その 80 億人は全員の顔が違うのと同じように、様々な考えを持ったり、(a)肌の色が違うなどの外見的な特徴をもったりしています。世界で人はみな、互いの権利を認め合いながら生活をしています。もちろん 80 億もの人がいるので、すべての物事について全員が納得するように決定したり、80 億人すべてが一つの場所に集まって話し合ったりすることは不可能です。

多くの問題をかかえながらも、現実的には 80 億の人々は、それぞれ国家に所属し、生活を共にしています。では、国家の構成員である国民は、みんなが同じ生活をしているでしょうか。

世界には(b)およそ 200 の国家がありますが、日本だけで 1 億以上の人が居住しています。そのうち北海道には約 530 万の人が生活しており、さらに(c)札幌市には 200 万近い人々が住んでいます。しかし、札幌市に居住する約 200 万人をとってみても、みんなが同じ考えや生活様式を持っているわけではありません。

例を挙げて考えてみましょう。みなさんは「(d)米」と「パン」とではどちらが好きでしょうか。毎日お米のご飯を食べないと元気が出ないという人もいれば、毎食パンの方がいいという人もいることでしょう。また、スポーツでは野球が好きだという人もいれば、サッカーの方が好きな人もいるでしょう。勉強では、理科と社会だと社会の方が得意だという人も多いかもしれません。このように考えると、無数にある「カテゴリー」（枠組み）のすべてが共通している人というのは、たとえ家族であっても一人もいないのではないかということが想像できます。

さて、人を文化というカテゴリーで分類したとき、一定の共通性を持つ集団のことを「民族」と呼びます。先ほどの例では、「米を主に食べる民族」「サッカーが好きな民族」などに分類することができます。しかし、このように考えると、無数のカテゴリーの分だけ民族が存在するということになります。そのため、一般的には、先ほどのカテゴリーのうち、「円滑な社会生活を営む上で、これは共通性を持っていた方が都合が良いだろう」と思われる点で民族を分類するケースが多いです。その分類方法の典型的な例は、「言語」と「宗教」です。

言語は、私たちの日常生活に欠かせないものです。世界の言語の数は、諸説ありますが、6,000 語とも 7,000 語ともいわれます。その中で、生まれて最初に身につける言語（第一言語といいます）として最も多く使用されている言語は中国語で、約 13 億人とされます。2 番目に多いのは（　①　）語の約 4.4 億人、3 番目は英語で約 3.7 億人と言われています。（　①　）語は、ヨーロッパの国である（　①　）のほか、メキシコ以南のラテンアメリカの多くの国々で使用されています。近年は、アメリカ合衆国でも、この言語を用いる人々が増えてきました。

（　①　）語や英語のような多くの国々で用いられる言語とは逆に、その国の外では第一言語として使用されることの少ない日本語のような言語もあります。日本語のように、国民のほぼすべてがその国の言語を用いるのは、世界でも珍しいかもしれません。しかし、その日本にも、北海道地方の先住民族である（　②　）がいるように、複数の民族によって国民が構成される国家です。

次に宗教について考えてみましょう。世界の宗教人口は 73.4 億人(2016 年)と言われており、重複があるとしても世界人口とほぼ同じと言われています。宗教人口の内訳は(e)キリスト教徒が最も多く 25 億人、イスラム教徒が 17 億人、仏教徒が５億人などとなっていますが、宗教の考え方はその地域の生活文化に連動しており、宗教によっては厳しい禁忌《きんき》（禁じられていること）や制限などがあることが知られています。例えば、イスラム教徒は、宗教上の規則に従った方法で処理されていない肉を食べることが禁止されており、(f)適切に処理された食べ物だけを食べることが許されています。また、同じ宗教でも考え方の違いによってさらに細かく分類することがあります。例えば、キリスト教は、（　③　）のローマ教皇（法王）を頂点とするカトリックや、ドイツやオランダ、北ヨーロッパ等で信仰されるプロテスタント、主に東ヨーロッパで信仰される東方正教（正教会）というように区別されます。

さて、これまで見てきたように、この世界には実に多くの民族が居住していることが分かります。どの民族にとっても住みやすい世の中を作っていくためには、宗教や言語などのほか、様々な生活様式の違いを互いに認め、尊重することが大事だということがわかると思います。しかし、世界を見渡すと、例えば宗教の違いから対立が表面化し、話し合いで決着がつかず、(g)国家間の戦争が起こったり、国内の戦争である内戦が起こってしまう例も見られます。それらを根本的に解決する手段はあるのか、どうすれば世界中の人々にとって住みやすい世の中を作ることができるのか、そのようなことを考えるのが今後を生きていくみなさんの大きな仕事の一つと言えるでしょう。

（1）文中の空らん（　①　）～（　③　）に適する語句を答えなさい。なお、（　①　）と（　③　）には、国名を答えなさい。

（2）下線部(a)に関して、人類の形質の上でのちがい、つまり人類を遺伝的に分類したものを人種と呼びます。われわれ現生人類は、新人と呼ばれる人類の子孫とされますが、新人はアフリカ大陸で誕生したと考えられています。その後、新人の一部は北方に移動し、現在の白色人種の先祖になったと言われています。この人種を「コーカソイド」と呼びます。他方、アフリカ大陸から東に移動して、現在の中国人や日本人、さらにはアメリカ大陸の先住民の先祖となったものが、黄色人種と呼ばれています。この黄色人種を何といいますか。**カタカナ**で答えなさい。

（3）下線部(b)に関して、次のⅰ）～ⅲ）の各問いに答えなさい。

ⅰ）国家の領域について述べた以下のア～エの文のうち、**誤りを含むもの**を1つ選び、記号で答えなさい。

ア　日本の国土面積はおよそ 38 万 km^2ですが、この大きさは世界の国土面積の平均値より小さいです。

イ　領空は領土と領海の上にありますが、その上限は大気が存在するところまでとされており、宇宙空間は含みません。

ウ　領海は沿岸から 12 海里までとされており、その範囲は領土と同様に、その国の主権が認められています。

エ　どの国の経済水域にも含まれない部分を公海と呼びますが、現在の公海は、すべての海の面積の 50%以上を占めます。

ⅱ）国際社会の平和と安全の維持や、各国の友好の促進などを目的に、1945 年に国際連合が設立されました。次の図は、1945 年から 2014 年までの国際連合の加盟国数を、世界の地域（州）ごとに分類したものです。図中のＡ～Ｃは、ヨーロッパ、アジア、アフリカのいずれかを示します。Ａ～Ｃのそれぞれが示す州の名の組合せとして正しいものを、下のア～カから1つ選び、記号で答えなさい。

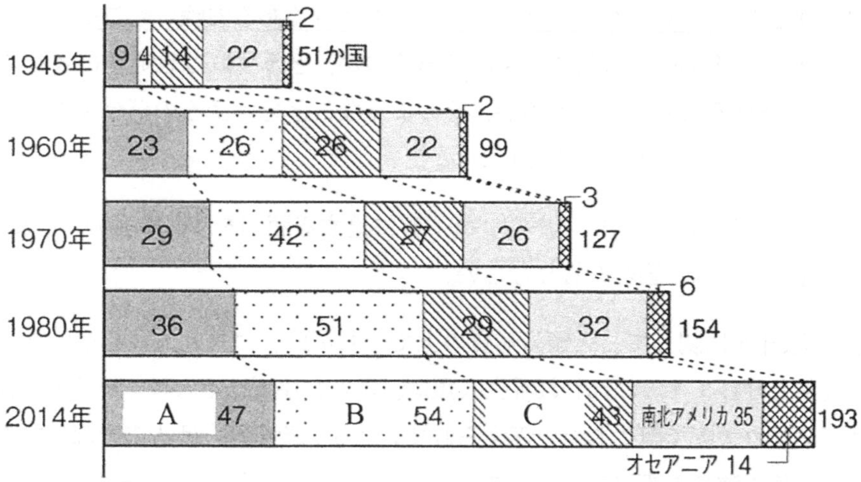

ア　Ａ ― ヨーロッパ　　Ｂ ― アジア　　Ｃ ― アフリカ

イ　Ａ ― ヨーロッパ　　Ｂ ― アフリカ　　Ｃ ― アジア

ウ　Ａ ― アジア　　Ｂ ― ヨーロッパ　　Ｃ ― アフリカ

エ　Ａ ― アジア　　Ｂ ― アフリカ　　Ｃ ― ヨーロッパ

オ　Ａ ― アフリカ　　Ｂ ― アジア　　Ｃ ― ヨーロッパ

カ　Ａ ― アフリカ　　Ｂ ― ヨーロッパ　　Ｃ ― アジア

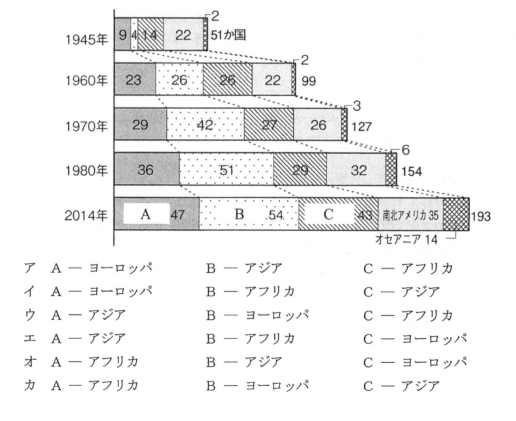

ⅲ）国家の主権がおよぶ範囲を「領域」と言いますが、領域内でなくても排他的経済水域のように、領域を越えて沿岸国の権利が広く認められている範囲が存在します。この排他的経済水域について、次の語句をすべて使用して、簡潔に説明しなさい。

【　鉱産　　２００　　沿岸国　】

（4）下線部(c)に関して、以下のＡ～Ｃの雨温図は、札幌市、札幌市とほぼ同緯度にあるフランスのニース、および札幌市と経度の近いオーストラリアのメルボルンのいずれかのものです。Ａ～Ｃと都市名の組み合わせとして正しいものを、下のア～カから１つ選び、記号で答えなさい。

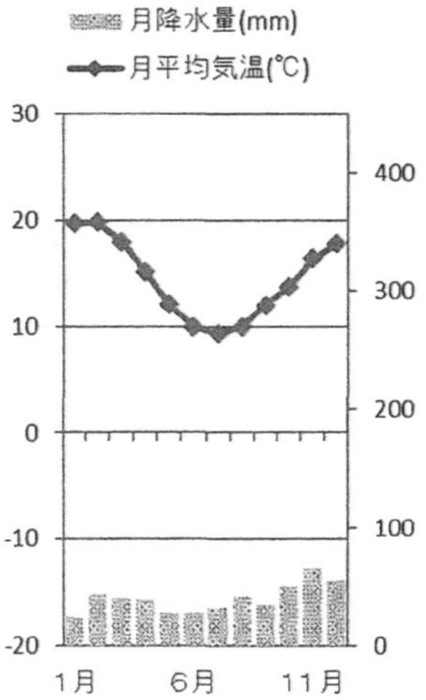

A

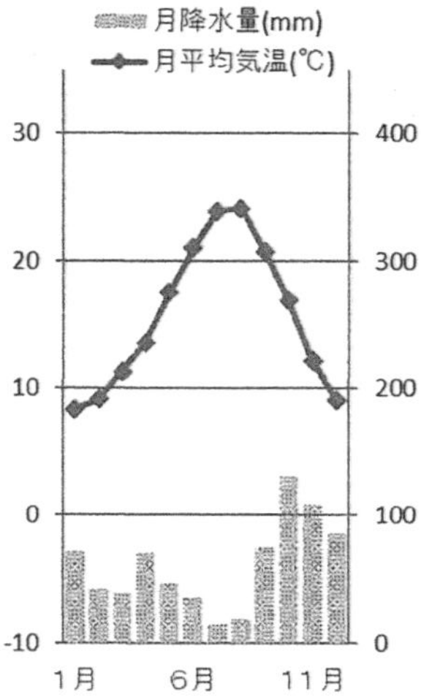

B

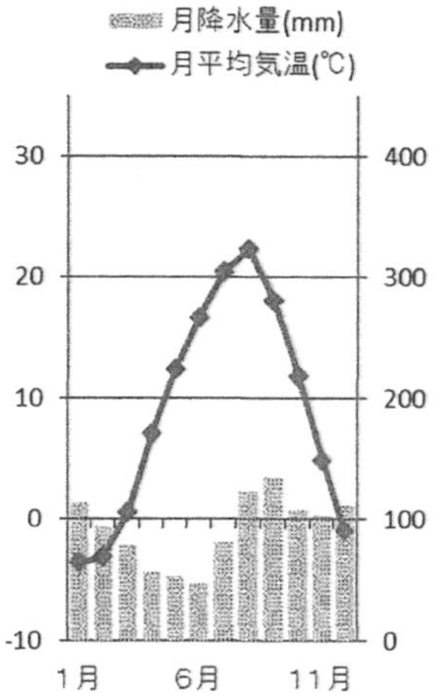

C

ア	Ａ ― 札幌	Ｂ ― ニース	Ｃ ― メルボルン
イ	Ａ ― 札幌	Ｂ ― メルボルン	Ｃ ― ニース
ウ	Ａ ― ニース	Ｂ ― 札幌	Ｃ ― メルボルン
エ	Ａ ― ニース	Ｂ ― メルボルン	Ｃ ― 札幌
オ	Ａ ― メルボルン	Ｂ ― ニース	Ｃ ― 札幌
カ	Ａ ― メルボルン	Ｂ ― 札幌	Ｃ ― ニース

（5）下線部(d)に関して、日本で生産される米の中には、主に天候の不順による不作を避ける目的で、他の地域よりも早く生産される種類があります。このような米の種類を何といいますか、**漢字３字**で答えなさい。

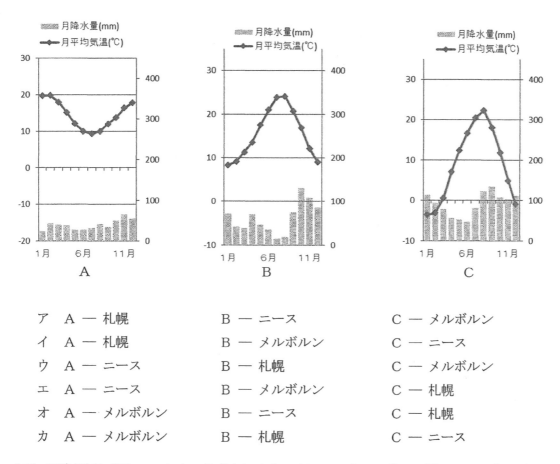

（6）下線部(e)に関して、キリスト教やイスラム教には、それぞれの「聖地」があります。キリスト教では、イエス=キリストが十字架にかけられて処刑された都市や、イエスの弟子であったペテロの墓があるローマが聖地とされます。イスラム教では、カーバ神殿のあるメッカが第一の聖地ですが、イエスが処刑された都市も聖地の一つです。このキリスト教とイスラム教の両方の聖地である都市の名を答えなさい。なお、この都市はイスラエルにあります。

（7）下線部(f)について、このような食べ物を何といいますか。「フード」という語を後につけて、「～フード」という形で、**カタカナ**で答えなさい。

（8）下線部(g)に関して、20年以上の内戦を経《へ》て、2011年７月に独立を果たしたアフリカの国で、東にエチオピア、南東にケニアなどと国境を接する内陸国の名を、次のア～エから１つ選び、記号で答えなさい。

ア　ソマリア連邦共和国　　イ　ガーナ共和国　　ウ　南アフリカ共和国
エ　南スーダン共和国

問一

A

B

C

D

E

問二

①

④

問三

問四

問五

問一

A

B

C

D

E

問二

Ⅰ

Ⅱ

Ⅲ

問三

問四

問五

受験番号	氏名

※120点満点
（配点非公表）

4

(1)				(2)	(3)	(4)	
ア	イ	ウ	エ			①	②
					回		通り

5

(1)	(2)	(3)	(4)
cm	cm^2		cm^2

受験番号	氏　　名

※120点満点
（配点非公表）

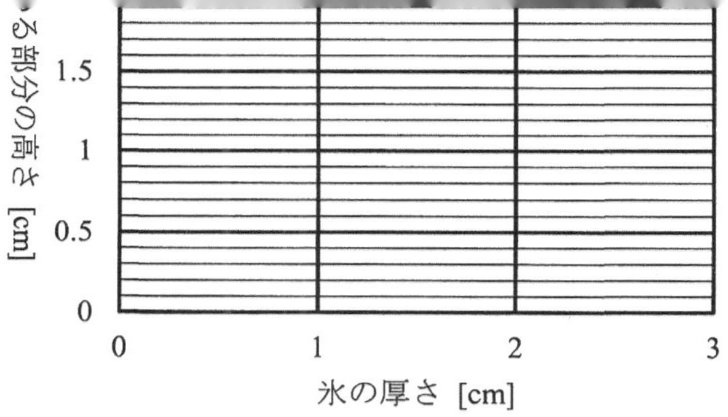

(6) cm

4 (1) (2) (3)

(4) (5)

(6) ① ②

受験番号	氏名

※80点満点
（配点非公表）

(5) の戦い (6) (7)

(8) (9) (10)

(11)

(12)

4 (1) (2) (3) (4) i)

ii)

(5) (6) (7) 藩

(8) (9)

(10) (11) (12)

受験番号	氏　名

※80点満点
（配点非公表）

2022年度

入学試験社会解答用紙

北嶺中学校

1

（1）①　②　③

（2）ⅰ）　ⅱ）　（3）　海流

（4）　（5）　（6）　半島

（7）　（8）

（9）

2

（1）①　②　③

（2）　（3）ⅰ）　ⅱ）

ⅲ）

（4）　（5）　（6）

（7）　（8）

3

（1）　（2）

【解答

2022年度

入学試験理科解答用紙

北嶺中学校

1

(1) ① 　性 ②

③ 　cm^3 ④ 　(2)

(3)

2

(1) ① B 　D 　② 　(2)

(3) 　(4) 　が 　cm^3大きい

3

(1) 　(2) 　(3) 　cm

(4) 　g

(5)

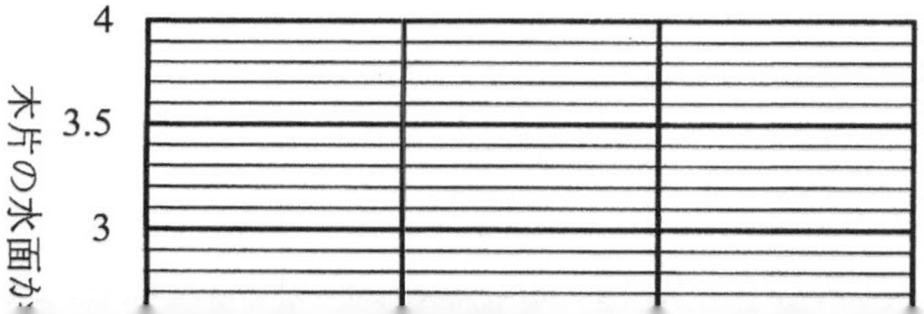

2022年度　　　　入学試験算数解答用紙　　　　北嶺中学校

1

(1)	(2)	(3)	(4)		
			時間	分	秒

2

(1)	(2)	(3)	(4)	(5)
2 時　分	円			倍

3

(1)	(2)			(3)
個	㋐　個	㋑　個	㋒　個	個

2022年度

入学試験国語解答用紙

北嶺中学校

一

問一
A
B
C

問二
A
B
C
D

問三
Ⅰ
Ⅱ
Ⅲ

問四

問五

問六

問七

問八

【解答

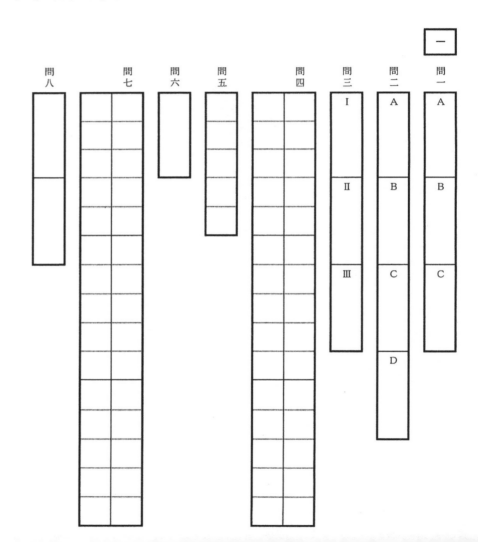

（社会の試験問題は次ページに続きます。）

3 次の文を読み、後の問いに答えなさい。

みなさんは、歴史の本を開いて(a)「中国の四大発明」「ルネサンスの三大発明」という語句を目にしたことはありませんか。長い人類の歴史の中で、(b)石器の製作や火の使用が始まりましたが、これらの発明は単に新しい物や方法を発明しただけではなく、さまざまな分野で大きな影響を与えてきたと考えられ、このように取り上げられています。ルネサンスの三大発明とは、火薬・羅針盤・活版印刷術を指しますが、これらはいずれも中国で最初に発明されたもので、これに紙を加えて中国の四大発明とも言われます。中国で発明されたさまざまなものは、ユーラシア大陸の東にある日本列島にも伝わり、いろいろな面で大きな影響を与えました。それでは、これらの発明を順に見ていきましょう。

一番目は火薬です。中国ではすでに9世紀頃に火薬はあったと言われ、10世紀にはこれを使った兵器も発明され、11世紀には実際の戦争で使われていました。日本に対しても、(c)13世紀後半の蒙古襲来で使われていたのは、みなさんも知っていることでしょう。また、時代が下って、1543年にはヨーロッパから日本の（　①　）に鉄砲が伝来し、(d)従来の戦法を一変させるきっかけになりました。日本では江戸時代に入ると、しばらく泰平を謳歌《おうか》して火薬を使った兵器の改良はあまり進みませんでしたが、戦乱に明け暮れたヨーロッパでは、さまざまな兵器が発達しました。また、洋の東西を問わず、花火として火薬を娯楽用に使ったり、(e)鉱山を掘ったり、道路を切り拓くなどの産業用に使う面も見逃せません。

二番目は羅針盤です。中国では、11世紀末に方位磁針（コンパス）が航海に使われ、南シナ海・インド洋を通って、14 世紀には(f)地中海沿岸のイタリアにも伝わり改良されました。この羅針盤の改良は、天文学や海図製作の発達、船の改良とあわせて、遠洋航海を可能とし、西ヨーロッパ諸国の海洋進出をあと押ししました。(g)日本でも、16世紀後半～17世紀前半に東アジア・東南アジア方面に渡航した船の中には、西ヨーロッパの航海術や船の構造を取り入れたものがありました。その後、鎖国下の日本では遠洋航海は認められませんでしたが、(h)沿岸の海運は活発で独自の発達を遂げました。18世紀末からヨーロッパ諸国やアメリカの船が開国・通商を求めて日本沿岸に現れると、江戸幕府はその対応を迫られ、近代の幕開けにつながりました。

三番目は活字を使った活版印刷術です。中国では、７～８世紀頃すでに木版印刷があり、11世紀頃には多くの本が印刷されて普及し、活字の印刷術も発明されました。これらの印刷術は朝鮮半島や日本へも、早い段階で伝わりました。日本では、印刷の方法には諸説ありますが、製作年代が判明している日本最古の印刷物として(i)「百万塔陀羅尼《ひゃくまんとうだらに》」(764～770年)が作られました。朝鮮半島や日本などのアジア東部の印刷技術の発達とヨーロッパの印刷技術の関連については、まだよくわかっていませんが、15世紀中頃、ドイツでは金属活字による活版印刷術で多くの書物が出版され、16世紀に始まるキリスト教の宗教改革に大きな影響を与えました。こういった動きに対抗して、旧来のキリスト教勢力はアジアなどに熱心に布教するようになり、16世紀後半には、日本にヨーロッパの活版印刷術が伝わりました。しかし、

(j)日本では金属活字の活版印刷術があまり普及せず、木版印刷を主流とする文化・教育活動が盛んになりました。日本で活版印刷が本格的に普及するのは、明治時代以降になります。

最後に、活版印刷術と密接な関係にある紙の発明です。世界各地でさまざまなものに文字などの記録が残っていますが、記録を残す素材が高価であったり、重かったり、手間ひまがかかるなどの欠点がありました。中国では、紀元前から紙があったようですが、２世紀中頃に製紙法が改良されて普及しました。(k)日本でも、７世紀には紙が伝来し、８世紀には使用が始まっています。同じ頃、中国からイスラム世界に製紙技術が伝わり、12世紀にはヨーロッパに伝わりました。製紙技術は印刷術の発達にともなって発展を遂げてきましたが、20世紀に入ると、写真や映画やコンピューターなどで記録を残す技術が発達し、現在では紙の役割が限られるようになってきました。

以上、四つの発明の歴史を見てきましたが、これだけ見ても幅広い分野に関わり、技術の革新が、社会に対して、さまざまな影響を与えてきたことがわかります。「必要は発明の母」ということわざがありますが、それぞれの時代の要請で次々に発明を生み出し、いろいろな分野に影響を与え、現在に至っていることがわかりますね。みなさんはどう考えますか。

（1）空欄（　①　）について、鉄砲はある島に伝来しました。空欄に適する島の名を**漢字**で答えなさい。

（2）下線部(a)に関して、現代社会では、発明されたものは、発明した人の知的財産として保護されます。知的財産には、発明の他、研究者による論文や、芸術家や文学者の作品なども含まれます。現在の日本において発明は、担当する官庁に出願して認められると、発明者の知的財産として20年間（一部は25年間）保護されます。このように保護される発明に関する権利を何権といいますか。「権」の字を含めて**漢字３字**で答えなさい。

（3）下線部(b)に関して、下のＡ～Ｃの石器はいずれも日本の遺跡で出土したものです。出土地や名称を参考にして、製作された石器の古い順に記号を並べ替えなさい。

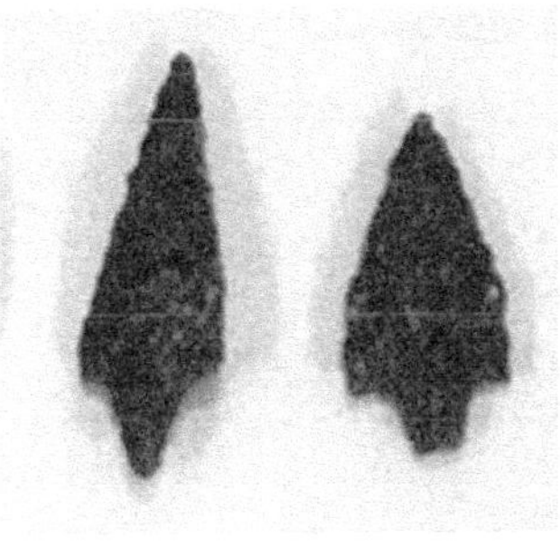

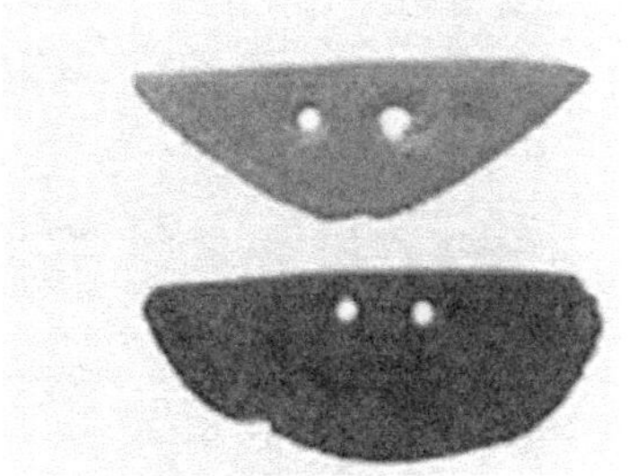

A　三内丸山遺跡の鏃《やじり》（矢の先）　B　岩宿遺跡の石斧　C　吉野ヶ里遺跡の石包丁

（4）下線部(c)について、左下の図は、蒙古襲来の様子を描いた絵巻物の一部です。中央に描かれているのが、元軍が鎌倉武士を苦しめた火薬を利用した兵器です。近年、長崎県沖で発見された元軍の沈没船から、その兵器が発掘されました（右下の図）。元軍がこの時に用いた、火薬を利用した兵器を何といいますか。**ひらがな４字**で答えなさい。

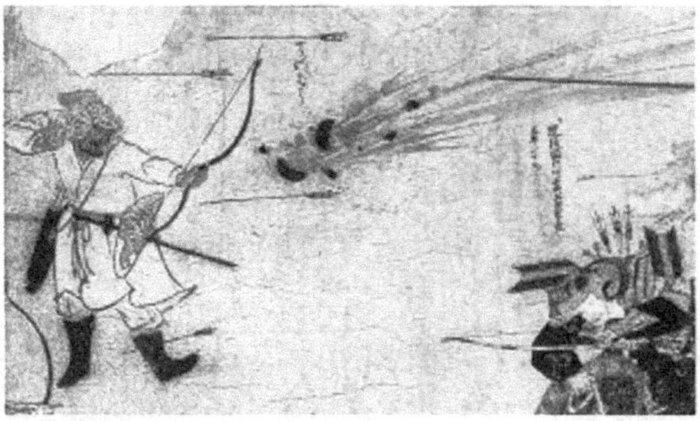

（5）下線部(d)に関して、次の図は、現在の愛知県東部で1575年に行われた戦いの様子を屏風《びょうぶ》に描いたものの一部です。この戦いでは、織田氏・徳川氏の軍勢が、当時の最新兵器であった鉄砲を3,000丁ほど用意し、新戦法の三段撃ちによって、当時最強といわれた武田氏の騎馬隊に大勝しました。鉄砲を組織的に用いたこの戦いは、従来の日本の戦法を一変させるきっかけとなったと言われますが、この戦いの名を**漢字**で答えなさい。

（6）下線部(e)に関して、19世紀後半スウェーデンの発明家・実業家のアルフレッド・ノーベルはダイナマイトをはじめとするさまざまな爆薬の開発・生産によって大富豪になりました。この爆薬は、鉄道建設や鉱山開発だけではなく、戦争では兵器として多く用いられました。その後、ノーベルは基金を設立して人類のために大きな貢献をした人々に財産を分配することを遺言して亡くなりましたが、1900年にノーベル財団が設立され、翌年から５部門でノーベル賞が授与され、後に１部門が加わりました。ノーベル賞は、日本人や日本出身者も数多く受賞していますが、2021年にノーベル物理学賞を受賞した日本出身の人物の名として正しいものを、次のア～エのうちから１つ選び、記号で答えなさい。

ア　吉野　彰　　イ　真鍋　淑郎　　ウ　本庶　佑　　エ　山中　伸弥

（7）下線部(f)に関して、中世のイタリアで栄えた都市の一つにベネチア（ベニス）があります。ベネチア（ベニス）に関して、16世紀後半に日本にやってきたイエズス会の宣教師たちが、次の史料のような文を残しています。史料中の空らん（　　　）に適する日本の都市の名を**漢字**で答えなさい。

> （　　　）の町は甚《はなは》だ広大にして大なる商人多数あり。この町はベニス市の如く執政官によりて治めらる。　　ガスパル・ヴィレラ『書簡』より
>
> （　　　）は日本のベニスである。大きな町で富裕で、多数の取引があるだけでなく共同市場のようで、つねに各地から人々が集まってきている。
> ルイス・フロイス『日本史』より

（8）下線部(g)に関して、16世紀末から17世紀初頭にかけて、日本人も豊臣秀吉や徳川家康などの海外渡航許可証を得て、東南アジアなどに渡航して貿易を行いました。この貿易に関する文Ａ・Ｂの正誤の組み合わせとして正しいものを、下のア～エのうちから１つ選び、記号で答えなさい。

Ａ　この貿易を南蛮貿易といい、東南アジア各地に日本町が形成されました。

Ｂ　主に西日本の大名や大商人がこの貿易に関わり、銀などが輸出されました。

ア　Ａ―正　Ｂ―正　　イ　Ａ―正　Ｂ―誤
ウ　Ａ―誤　Ｂ―正　　エ　Ａ―誤　Ｂ―誤

（9）下線部(h)について、江戸時代中期には交通網が整備されて、日本各地の海産物も取引されるようになりました。次の文の空欄（　A　）（　B　）に入る海産物の組み合わせとして正しいものを、下のア～エのうちから１つ選び、記号で答えなさい。

現在の千葉県の九十九里浜でとれた（　A　）は加工されて、近畿地方や東海地方などの綿の栽培地に肥料として売られました。また、蝦夷地でとれた（　B　）は、日本海沿岸を通って西日本で流通するようになりました。

ア　A—いわし　B—こんぶ　　イ　A—にしん　B—こんぶ
ウ　A—いわし　B—かつお　　エ　A—にしん　B—かつお

（１０）下線部(i)に関して、「百万塔陀羅尼」は、８世紀後半に起きた反乱の戦没者を供養し、国家の動乱を鎮《しず》め守護するために、当時の天皇が『陀羅尼経』100万巻を印刷し、小型の木塔に納めて、南都七大寺をはじめとする10の大寺に分けて奉納したものです。このうち、現存するものは４万数千基で、その多くが７世紀初めに建立された「斑鳩寺《いかるがでら》」ともよばれる、大和国北西部の寺院に残されています。この寺院の名を**漢字**で答えなさい。

（１１）下線部(j)に関して、江戸時代になって大きな戦乱がなくなると、武士の子弟は藩校などで学問や武芸を学び、統治者としての心構えを身につけました。一方、江戸時代の後半になると、商人や農民の子供も教育を受けるようになり、大人になってからの生活に役立てました。このような江戸時代後半の商人や農民の子供たちは、どのような教育の場で学び、どのような内容の教育を受けていましたか。簡潔に説明しなさい。

（１２）下線部(k)について、日本で現存する最古の和紙は、８世紀初頭の『正倉院文書』に収められている戸籍に用いられた紙だと言われます。これ以降、日本各地で和紙の生産が確認され、役所の記録や手紙、冊子・書物等に用いられるようになりました。このように紙（和紙）が使用されるようになった頃から、右図のような、地名・日付・品目などを記した木の札によって、納税の記録が残されました。このような短冊状の木の札を何といいますか。**漢字２字**で記しなさい。

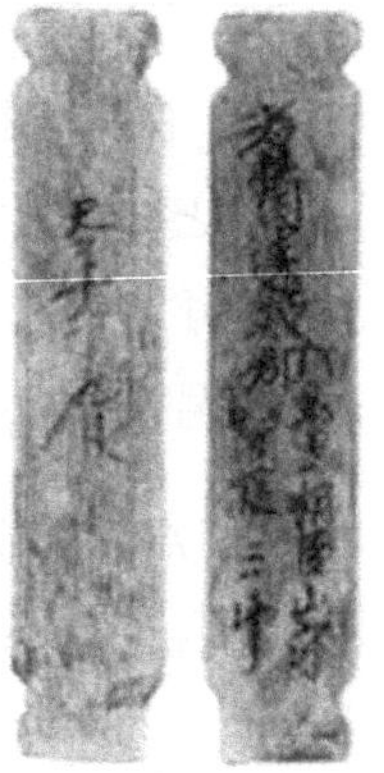

（社会の試験問題は次ページに続きます。）

4　次の文を読み、後の問いに答えなさい。

皆さんは2024年度に(a)新しい一万円札の肖像画に採用される渋沢栄一を知っていますか。渋沢は「近代日本経済の父」と呼ばれます。そんな彼の生涯を見てみましょう。

渋沢栄一は、江戸時代の(b)天保11年（1840年）、現在の埼玉県深谷市に生まれました。渋沢家は(c)藍《あい》玉の製造販売と養蚕《ようさん》を行い、米や麦、野菜なども生産する裕福な農家でした。原料の買い入れと販売を行うので、商業的な才覚が求められ、栄一も父親と共に(d)信濃《しなの》や上野《こうずけ》など周辺の国々まで藍を売り歩き、藍の葉を仕入れる仕事をしていました。

また、栄一は父親から読書をすすめられ、歴史書を中心に学んだようです。一方、剣術も学び、文武両道を実行していました。文久元年（1861年）に江戸に出て儒学者の塾に通いつつ、(e)北辰一刀流《ほくしんいっとうりゅう》の道場で剣術の腕をあげました。しかし、剣術の修行をするにつれて勤皇《きんのう》の志士と関係を深めていき、尊王攘夷《そんのうじょうい》の思想に目覚めました。そして、高崎城を乗っ取って武器を奪い、横浜を焼き討ちにし、長州と連携して幕府を倒すという計画をたてます。ところが、親戚《しんせき》一同の懸命な説得により、この計画は中止になりました。

その後、栄一は京都に出ますが、その時期は尊王攘夷派が衰退しており、志士活動に行き詰まりました。しかし、彼の才能を認めていた一橋家の家臣で、要職をつとめる平岡円四郎の勧めにより(f)一橋慶喜《ひとつばしよしのぶ》に仕えることになります。そして、慶喜が将軍となったことに伴って幕臣となり、慶喜の弟、徳川昭武《あきたけ》が将軍の代理としてパリで行われる万国博覧会に出席するのに伴って、フランスへ渡航します。一行はパリ万博を視察したほか、(g)ヨーロッパ各国を訪問して各地で先進的な産業などを見学すると共に、ヨーロッパの新しい社会を見て驚き、感動しました。ところが、日本では徳川慶喜により大政奉還が行われ、栄一は新政府から帰国の命令を受けて(h)横浜港に帰国することになります。

帰国後は（　①　）に謹慎していた慶喜と面会し、「これからはお前の道を行きなさい」といわれて、フランスで学んだ株式会社の制度を実践することや、1869年に（　①　）で商法会所を設立しました。その後、大隈重信に説得されて大蔵省に入ることになり、貨幣制度や(i)国立銀行条例の制定に携わりましたが、予算編成をめぐって大久保利通などと対立し、1873年に退官してしまいます。それから間もなく官僚の時に設立を指導していた第一国立銀行の頭取に就任した後は、多種多様の企業の設立に関わり、その数は500以上といわれています。

明治時代の日本は、欧米諸国にくらべて実際の生活にすぐに役立つような学問に関心が薄く、商業などの教育があまり行われていませんでした。そこで、渋沢は教育にも力を入れて森有礼と共に商法講習所、(j)大倉喜八郎と商業学校の設立に関わり、私塾の二松学舎の学長になりました。また、男尊女卑の影響が残っていた(k)女子の教育の必要性を考えて、日本女子大学校、東京女学館の設立にも協力します。

一方、東京市養育院の院長として恵まれない子供たちを救うなど社会福祉事業に力を注いだり、欧米を訪問して民間の立場から平和外交を促進したりしました。そして、渋沢栄一は1931年に91歳で亡くなりました。

渋沢栄一の人生は、ＮＨＫの大河ドラマ『青天を衝け』で放送されていましたが、番組名の『青天を衝け』は、若き日の栄一が詠んだ詩の一部に「青空をつきさす勢いでひじをまくって登り、白雲を突きぬける気力で手につばして進む」から引用されています。君たちは入学後に、渋沢が深く関わった日本の制度や資本主義経済のしくみを学んでいきましょう。

（1）文中の空らん（　①　）には、徳川家康が将軍を引退した後に江戸から移り住んだ城があった場所の地名が入ります。この地名は、徳川家康の時代と現在とでは呼び方が異なります。空らん（　①　）に適する、現在の地名（都市名）を**漢字**で答えなさい。

（2）下線部(a)に関して、新しい千円札の肖像画は北里柴三郎です。この人物の業績について述べた文として正しいものを、次のア～エのうちから１つ選び、記号で答えなさい。

ア　熱帯にいる蚊《か》がウィルスを運ぶ黄熱病《おうねつびょう》などを研究し、ノーベル賞の候補にあがりましたが、アフリカで黄熱病にかかり、亡くなりました。

イ　汚染された食べ物や水を通して腸内に侵入する赤痢《せきり》菌を患者の便から発見しました。

ウ　らくだが運んだと言われる天然痘《てんねんとう》ウィルスの予防に牛の病気や患者の膿《うみ》からワクチンを作りました。

エ　患者の血液からペスト菌《きん》を発見し、家屋などの消毒や菌を運ぶネズミの駆除《くじょ》を徹底させました。

（3）下線部(b)に関して、江戸時代の三大改革のうち、天保の改革の内容をあらわしているものを次のア～エのうちから１つ選び、記号で答えなさい。

ア　大阪など上方からの商品を特定の大商人が独占していると判断し、この商人らの組合を解散させました。

イ　財政を立て直すために、大名からも米を納めさせ、そのかわりに参勤交代での江戸の滞在期間を減らしました。

ウ　罪の内容によって死刑・牢屋《ろうや》に投獄・磔《はりつけ》・叩《たた》きなど刑の基準を定めて、裁判を明確にするための法を制定しました。

エ　儒学のうち朱子学を正しい学問として、それ以外の学問を湯島聖堂の学問所で講義や研究することを禁止しました。

（4）下線部(c)について、藍玉とは藍の葉を発酵させて固めたもので、藍染めの原料となります。次の藍を用いたことわざについて、下の各問いに答えなさい。

（　　　）は藍より出《い》でて藍より（　　　）し

ⅰ）ことわざの中の空らん（　　　）には、共通の語句が入ります。この共通の語句を**漢字１字**で答えなさい。

ⅱ）このことわざの意味を、先生と弟子の関係から考えて、簡潔に述べなさい。

（5）下線部(d)に関して、信濃国は現在の長野県、上野国は群馬県にあたります。渋沢栄一の生まれ育ったのは現在の埼玉県の深谷市でしたから、栄一は父親と共に商売で北の方へ行ったことになります。ところで、渋沢栄一の生まれた村は、江戸時代には血洗島《ちあらいじま》村と言われましたが、血洗島村から見て真南にある国はどの国ですか。次のア～エのうちから正しいものを１つ選び、記号で答えなさい。

ア　甲斐国　　　イ　相模国　　　ウ　下総国　　　エ　常陸国

（6）下線部(e)に関して、幕末に剣術の修行で土佐から江戸に出て、この流派を学んだ人物として適当なものを、次のア～エのうちから１つ選び、記号で答えなさい。

ア　土方歳三　　　イ　近藤勇　　　ウ　坂本龍馬　　　エ　宮本武蔵

（7）下線部(f)に関して、一橋慶喜は、生まれたときの姓は「徳川」でしたが、後に一橋家へ養子に出たため、「一橋」の姓を名乗りました。一橋慶喜の生家の徳川家は、徳川一族の中でも名門の御三家の一つでしたが、慶喜の生まれた徳川家は、どこの藩の大名でしたか。藩の名を**漢字**で答えなさい。

（8）下線部(g)に関して、この時に渋沢栄一らは、演劇と音楽によって構成される舞台で、歌劇とも呼ばれるものを見たといわれます。この舞台芸術を何といいますか。**カタカナ３字**で答えなさい。

（9）下線部(h)に関して、この港は、江戸幕府が修好通商条約を結んで開いた貿易港のひとつです。幕末に行われた貿易で、日本から輸出された品物のうち、輸出額の割合が第一位だったものは何ですか。次のア～エのうちから１つ選び、記号で答えなさい。

ア　綿織物　　　イ　茶　　　ウ　米　　　エ　生糸

（１０）下線部(i)について、この「国立銀行」とは、国営の銀行ではなく、民間の銀行でした。この国立銀行とは別に、日本政府は、1882年に中央銀行である日本銀行を設立しました。現在の日本銀行には、３つの大きな役割がありますが、それは「発券銀行」、「銀行の銀行」、およびもう一つはどのような役割ですか。**５文字**で答えなさい。

（１１）下線部(j)に関して、大倉喜八郎は、将来の冬季オリンピックの開催を想定し、自ら費用を出して、スキーのジャンプ台を建設しました。このジャンプ台は1931年に完成しましたが、この年の９月には満州事変がおこり、.日本軍は満州の一帯を占領しました。軍は翌年３月に占領した地域に満州国を建国しましたが、この時の首相はこれに反対し、満州国を承認しませんでした。その後、５月中旬に、この首相は若い海軍の軍人らによって暗殺され、これによって大正時代から続いてきた、「憲政の常道」とよばれた政党政治が終わりを告げました。このときに暗殺された首相の名を、次のア～エのうちから１つ選び、記号で答えなさい。

ア　犬養毅　　イ　原敬　　ウ　桂太郎　　エ　伊藤博文

（１２）下線部(k)に関して、新しい五千円札の肖像画になる人物は、明治初期に日本で最初の女子留学生としてアメリカに渡り、帰国後は女子英学塾を設立して女性の教育に尽力しました。この人物の名を**漢字**で答えなさい。

2021年度

北嶺中学校入学試験問題

国　　語

（60分）

（注意）

1　問題が配られても、「はじめ」の合図があるまで、中を開かないで下さい。

2　問題は全部で **17 ページ**で、解答用紙は1枚です。「はじめ」の合図があったら、まず、ページ数を確認してからはじめて下さい。もし、ページがぬけていたり、印刷されていなかったりする場合は、静かに手をあげて先生に伝えて下さい。

3　答えはすべて、解答用紙の指定された位置に書いて下さい。

4　字数が指定されている場合は、句読点や記号も1字として数えて下さい。

5　質問や用事がある場合は、静かに手をあげて先生に伝えて下さい。ただし、問題の考え方や、言葉の意味、漢字の読み方などについての質問には答えません。

6「おわり」の合図で鉛筆をおき、先生が解答用紙を集めおわるまで、静かに待っていて下さい。

一

次の文章は、昭和十二年の東京を舞台にした小説の一節です。読んで、あとの問いに答えなさい。

門倉修造は風呂を沸かしていた。

長いすねを二つ折りにして焚《た》き口にしゃがみ込み、真新しい渋《しぶ》うちわと火吹竹《ひふきだけ》を器用に使っているが、そのいでたちはどうみても風呂焚きには不似合いだった。三つ揃《ぞろ》いはついこの間銀座の英國屋《えいこくや》から届いたものだし、ネクタイも光る石の入ったカフス釦《ボタン》も、この日のために吟味した品だった。

小使いの大友が、

「社長」

と何度も風呂場の戸を開け、自分が替《かわ》りますと声をかけたが、そのたびに門倉はいいんだと手を振った。

「風呂焚きはおれがやりたいんだよ」

あいつが帰ってくる。親友の水田仙吉が三年ぶりで四国の高松から東京へ帰ってくる。長旅の疲れをいやす最初の風呂は、どうしても自分で沸かしてやりたかった。今までもそうして来た。

サビ落しの灼《や》ける匂《にお》いがきつくなった。新しいブリキの煙突にはじめて熱い煙が廻《まわ》るときの匂いである。新しいのは煙突だけではなかった。借家だから、家だけはどうにもならなかったが、檜《ひのき》の風呂桶《おけ》も流しの簀《す》の子も、新しい木の匂いをさせていた。

門倉は門倉金属の社長である。年はあと厄《やく》の四十三だが、あと厄どころかこのところアルマイトの流行に乗って急激にふくれ上り、社員も三百人を越して景気がいい。新聞は軍縮軍縮と騒いでいるが、支那《しな》も欧州もア キナ臭《くさ》いし、軍需《ぐんじゅ》景気はこれからというのが大方の見通しらしい。注文は坐《すわ》っていてもころがり込んで来たが、門倉はこの半年ほど仕事は二の次だった。

水田仙吉から言って来た社宅手当の金額は月三十円である。これで手頃な借家を探さなくてはならなかった。あと五円あればと思うが、中どころの製薬会社の地方支店長からやっと本社の部長に栄転した仙吉は、門倉と違ってつましい月給暮しである。贅沢《ぜいたく》はいえなかった。何軒も見て廻り、結局自分の家にも近い芝白金三光町のここに決めたのである。仙吉のところには間取りもなにも知らせなかった。二十年あまりのつきあいだが、仙吉が地方に出ては東京に舞いもどるたびに、門倉は社宅探しをやって来た。仙吉は安心して任せていた。

借家が見つかると、それからが門倉の楽しみだった。まず大家に大きな菓子折を届けて挨拶《あいさつ》する。畳を入れ替えるのは大家持ちだが、植木を入れたり垣根のつくろいは、門倉が金に〈　Ｉ　〉をつけずにやった。小使いの大友夫婦に心附《こころづ》けをはずみ、台所の灰汁《あく》洗いや、当座の所帯道具を調える手伝いをさせた。万一、＊1チッキの着くのが遅れても、一日二日不自由はないようにして置くのである。

門倉がシャボンと湯上りタオルをたしかめ、大友を呼んで便所に紙は入っているだろうなどなった時、魚屋が来た。頼んでおいた栄転祝いの（　Ⅱ　）が届いたのである。門倉は腕時計を見た。水田一家が東京駅から＊2円タクに乗り込んだ頃あいである。こんどはどういう趣向《しゅこう》で出迎《でむか》えようか。門倉にとってこの三年は、①今日このときのためにあったようなものだった。

「水田仙吉」の表札を見つけたのは、女房のたみだった。

地図の通り、産婆の看板のところで円タクをおり、仙吉を先頭に、たみ、十八になる長女のさと子、すこし遅れて仙吉の父初太郎が、それぞれトランクや籐《とう》のバスケットを手に路地を入ったところで見つけたのである。たみは疲れが出たのか、汽車の中からひどく大儀《たいぎ》そうにしていたのに、こういうことには目が早かった。

「お父さん、ほら」

仙吉は門倉とあい年である。門倉は＊3羽左衛門《うざえもん》をもっとイバタ臭くしたようなと言われる美男で、銀座を歩けば女は一人残らず振り返るといわれたが、仙吉のほうは、ただの一人も振り返らない男だった。見映えのしない外見に重しをつけようというつもりか、鼻の下にチョビひげを蓄えている。その分だけ分別くさく見えた。

「何様じゃあるまいし、馬鹿でかい表札出しやがって」

嬉しい時、まず怒ってみせるのが②仙吉の癖《くせ》である。

「三十円にしちゃいいうちじゃないの」

「そりゃ奴がめっけたんだ。間違いないよ」

玄関のすぐ横手に大きな木蓮《もくれん》がある。二つ三つ蕾《つぼみ》がふくらんで、暗い紫色の艶《つや》のいい舌をのぞかせている。木蓮が開くと桜が咲いてお花見になるのだが、東京は高松より風が冷たい。さと子は首を（　Ⅲ　）。

仙吉とたみは、玄関の前で待っていた。さと子は、六年前のことを思い出した。仙吉から、東京の本社へ転勤になり、今日のように門倉が借家の世話をしてくれたときのことである。あのときは、一家四人が着いたところでいきなり玄関の戸があいた。ばあと、かくれん坊の子供が出てくるように門倉の笑顔が出迎えた。今度もそうかしら、と仙吉に言うと、

「そうだよ。なかへ入ると火鉢に火はおこってる。座布団はならんでる。風呂は沸いている。びっくりするおれたちの顔見たくてさ」

③自分のことのように得意になった。

「それで門倉さん、駅に迎えにこないのね」

たみも相槌《あいづち》をうったが、門倉は出てこなかった。

玄関の戸は、仙吉が手をかけると、するりと開いた。

なかは仙吉の言ったとおりだった。

青畳。いま貼りかえたばかりの糊《のり》の匂いのしそうな障子と襖《ふすま》のまんなかに、炭火をいけた瀬戸の火鉢があった。鉄瓶《てつびん》がたぎり、茶の道具が揃っていた。炭取りには炭があり、部屋の隅には新しい座布団が積んである。

仙吉は、床の間の籠《かご》盛りを見つめた。〈 Ⅱ 〉、伊勢海老、さざえが笹の葉を敷いてならび、隣りに「祝栄転」の熨斗紙《のしがみ》をつけた一升瓶が立っていた。

「相変らず下手糞《へたくそ》だね。字だけはおれのほうがうわてだな」

鼻のつまったようなくぐもり声で仙吉は笑った。

押入れをあけたたみが声を立てた。

「お父さん、夜具布団、絹布《けんぷ》よ」

「チッキが着くまでなんだから、貸布団でいいじゃないか。無駄遣《づか》いしやがって」

下の段には、覆《おお》いをかけた枕や寝巻まで入っていた。

間取りも申し分なかった。

茶の間が六畳、客間が八畳。つづいて夫婦の寝間の六畳。はばかりに近い玄関脇の四畳半に、煙草盆《たばこぼん》の用意があるのは、初太郎の部屋のつもりであろう。老父と息子の折り合いが悪く、口も利かない間柄を門倉はのみ込んでいて、夫婦の部屋と離れたところに心づもりしたのである。二階は四畳半と納戸《なんど》兼捨部屋の三畳である。四畳半には、ここはさと子ちゃんの部屋だよというように、一輪差しに〈 Ⅳ 〉の花があった。

風呂場のガラスが湯気で曇っている。

仙吉は風呂桶の蓋《ふた》を取り、着衣のまま手を突っ込んで、そのまま動かなかった。湯加減を見ているだけでないことは、④さと子にもよく判《わか》った。

（向田邦子『あ・うん』文春文庫刊より）

【注】　＊1　チッキ……………鉄道で送る荷物。

＊2　円タク………「一円タクシー」の略。昭和初期の大都市で、市内を一円均一の料金で走っていた。

＊3　羽左衛門……美形で知られた歌舞伎《かぶき》役者、十五代目市村羽左衛門（一八七四～一九四五）。

問一 〈 Ⅰ 〉〜〈 Ⅳ 〉を補う言葉として最もふさわしいものを、次の1〜5よりそれぞれ選び、数字で答えなさい。本文には〈 Ⅱ 〉が二か所ありますが、両方に同じ言葉が入ります。

Ⅰ
1 筋目
2 人目
3 役目
4 糸目
5 針目

Ⅱ
1 鱧《はも》
2 鮭《さけ》
3 鯛《たい》
4 鰹《かつお》
5 鮎《あゆ》

Ⅲ
1 かしげた
2 すくめた
3 のばした
4 そろえた
5 つなげた

Ⅳ
1 桜
2 朝顔
3 山茶花《さざんか》
4 桔梗《ききょう》
5 桃

問二 〜〜〜ア・イの意味として最もふさわしいものを、次の1〜5よりそれぞれ選び、数字で答えなさい。

ア キナ臭い
1 景気が良さそうだ
2 戦争が起こりそうだ
3 勝ち目がありそうだ
4 ぼろを出しそうだ
5 秘密がありそうだ

イ バタ臭く
1 野心的に
2 牧歌的に
3 都会的に
4 西洋的に
5 現代的に

問三 ――①「今日このときのためにあったようなものだった」について、水田一家が高松にいた三年間を、「門倉」がどのように過ごしてきたということですか。「門倉」の気持ちがわかるように、五十字以内で説明しなさい。

問四　――②「仙吉の癖」について、この癖が表れている発言を本文より二か所選び、それぞれの最初の五字をぬき出しなさい。かぎかっこは解答に含《ふく》めず、文字だけを書くこと。

問五　――③「自分のことのように得意になった」について、「仙吉」は、誰の、どういう様子を誇《ほこ》らしく思っているのですか。二十字以内で説明しなさい。

問六　――④「さと子にもよく判った」について、どういうことがわかったのですか。最もふさわしいものを、次のア～オより選び、記号で答えなさい。

ア　門倉のおじさんが、今回は東京駅に迎えに来なかっただけでなく、新しい家にも姿を見せないだろう、ということ。
イ　門倉のおじさんが、さと子たちを驚かせようとどこかにかくれて、姿を現す機会をうかがっている、ということ。
ウ　父の仙吉が、自分にはとてもできない贅沢な用意をした門倉のおじさんに、少し気を悪くしている、ということ。
エ　父の仙吉が、門倉のおじさんからの心づくしに、いつもながら言葉にならない感謝をかみしめている、ということ。
オ　父の仙吉が、初太郎と話もしないまま同じ家で暮らしてゆくことを、改めて気づまりに感じている、ということ。

国語の問題は、次のページに続きます。

二

次の文章を読んで、あとの問いに答えなさい。

そのとき、私にはとても珍《めずら》しいことだったが、岩手の花巻でタクシーに乗っていた。

タクシーに乗るのが①どうして珍しいことなのか？

私は浪費家でもないが、吝嗇家《りんしょくか》、すなわちケチというのでもないと思う。Aサイフというものを持ったことのない私は、あればあるだけの金をポケットに突っ込み、ほとんど無造作に使い切ってしまう。要するに金の使い方に関してはかなり〈 Ⅰ 〉方なのだ。

しかし、タクシーに使う金に関してだけは別である。臆病《おくびょう》、と言ってもいい。

もっとも、つい最近まで、銀座や新宿の酒場で夜遅くまで飲み、家にタクシーで帰るなどということを日常的に続けていたが、そのときのタクシー代をもったいないと思ったことはない。臆病になってしまうのは、旅先に限るのだ。旅に出ると、ついタクシーを使うのを躊躇《ちゅうちょ》してしまう。

その臆病さは若い頃の貧乏旅行の体験に根差している。一日でも長く旅を続けるため、一ドル、いや一セントさえも〈 Ⅱ 〉使わなくてはならなかった。そのような貧乏旅行では、タクシーを使うなどということはよほどのことがないかぎりありえなかった。常に歩くか、公共の交通機関を使うかして、金を倹約《けんやく》しつづけていた。

それから年月が過ぎ、いくらか旅費に余裕が持てるようになっても、旅に出ると、どうしても金を倹約したくなってしまう。タクシーに乗る前に、まずは歩こうと考え、次にバスはないかと探してしまう。

その私が、花巻においてタクシーに乗るというだけでなく、一時間も借り切るなどというかつてないことをしたのはどうしてか。花巻で生まれ育った宮沢賢治にゆかりの場所を短時間で巡ってもらおうとしていたのだ。

実は、私はつい最近まで、ほとんど②宮沢賢治を読んだことがなかった。宮沢賢治に独特な言葉遣《づか》いがなんとなく苦手だったのだ。

ところが、最近、盛岡に用事ができ、二、三日滞在しては帰ってくるということを繰り返すようになった。用事そのものは午後の早い時間で終わるため、夕方以降が暇《ひま》になる。その時間をぼんやり過ごすようになって、宮沢賢治の作品を読むようになった。本は、その舞台になった土地で読むと、不思議なほど理解が深くなるということがある。

盛岡は宮沢賢治の学びの土地だが、ある日の午後、ふと、宮沢賢治の生地である花巻に行ってみようかなという気持が起きた。

③花巻駅に着くとタクシーを呼んだ。私の若い友人が、花巻には宮沢賢治ゆかりの場所を巡ってくれるタクシーがあると話していたのを思い出したからだ。私は旅先におけるタクシー恐怖症を克服すべく、まさに三百三十八メートルのマカオタワーの上からバンジージャンプでもするような気持で、タクシーの時間借りをすることにした。

来てくれたタクシーの運転手は、意外にも初老に近い女性で、宮沢賢治にまつわる「名所」に手際よく連れて行ってくれてはガイドのような名調子で説明してくれる。おかげで花巻という地名の由来も、花巻における宮沢という名の家の重みも、よくわかってきた。

しかし、こういう旅の仕方に慣れていない私には、なんとなく面白みがなく、やはり自分の足で歩いたり、バスに乗ったりしなくては駄目なのだなと後悔しかかっていた。

女性の運転手は、最後に、少し遠回りをして県立花巻農業高校に案内してくれた。そこはかつて宮沢賢治が教鞭《きょうべん》を執っていた花巻農学校のBコウシンの学校だが、彼女が案内してくれたのは、その校庭の片隅にCイチクされた宮沢賢治の住居だった。

その家では、宮沢賢治の最愛の妹であり、最大の理解者でもあった妹のトシが、死ぬ前にも滞在して結核の療養《りょうよう》をしていたという。

宮沢賢治はトシが息を引き取ると、それを深く悲しみ、「永訣《えいけつ》の朝」という詩を書く。

あぁあのとざされた病室の
くらいびょうぶやかやのなかに
④やさしくあおじろく燃えている
わたくしのけなげないもうとよ

私は夕暮れの淡いDヨウコウに照らされた古い民家の前にたたずみながら、これが宮沢賢治が住んでいた家だったのか、これがトシを看病していた家だったのかと、心の奥でひとりつぶやきつづけていた。

たぶん、ひとりで気ままに動いていれば、観光客にとってあまりアクセスがいいとは言えないこの地に来ることはなかっただろう。貸し切りのタクシーに乗って運転手に行き先をEユダねるという、私にとって〈 Ⅲ 〉の行動を取ったおかげでここに来ることができた。

私は、その「ちょっとした贅沢《ぜいたく》」が導いてくれた思いがけない風景との遭遇《そうぐう》に、⑤感謝したくなった。

（沢木耕太郎『旅のつばくろ』新潮社刊より）

問一 ――A～Eのカタカナを、漢字に改めなさい。

問二 〈Ⅰ〉〈Ⅱ〉を補う言葉として最もふさわしいものを、次の1～5よりそれぞれ選び、数字で答えなさい。

Ⅰ
1 開放的な
2 不安定な
3 不始末な
4 無制限な
5 無頓着《むとんちゃく》な

Ⅱ
1 おしみおしみ
2 のらりくらり
3 だましだまし
4 あらいざらい
5 あれやこれや

問三 〈Ⅲ〉には、「今までにない珍しいこと」を意味する、「聞」の字を含《ふく》む四字熟語が入ります。四字を漢字で書きなさい。

問四 ――①「どうして珍しいことなのか」について、最もふさわしい理由を、次のア～オより選び、記号で答えなさい。

ア 作者は、若い頃から年月が経っても、持ち前の性格でどうしてもお金を倹約したくなってしまうから。
イ 作者は、若い頃の貧乏旅行の経験によって、旅先でタクシーを使うことをお金の無駄だと考えているから。
ウ 作者は、旅先ではタクシーを一時間借り切って楽をしようとする前に、まずは歩くべきだと思ったから。
エ 作者は、タクシーを使うお金に関してはいつも厳密で、気軽にタクシーに乗ることに臆病になっていたから。
オ 作者は、宮沢賢治にゆかりの場所を、タクシーを借り切って、短時間で巡ってもらおうとしていたから。

問五　――②「宮沢賢治」の作品としてあてはまらないものを、次のア～クより二つ選び、記号を五十音順に並べなさい。

ア　セロ弾《ひ》きのゴーシュ　　イ　やまなし　　ウ　風の又三郎　　エ　手袋《てぶくろ》を買いに
オ　どんぐりと山猫　　カ　山椒魚《さんしょううお》　　キ　よだかの星　　ク　銀河鉄道の夜

問六　――③「花巻駅に着く」について、このような行動を起こした「私」の考えの変化を、解答用紙に示された「生地である花巻にも行こうとふと思い立った」という末尾に続くように、五十字以内で説明しなさい。

問七　――④「やさしくあおじろく燃えている」という表現は、どのような様子を表していますか。次に示す、「永訣の朝」の一部（仮名づかいは原文のままにしてあります）をふまえて考え、最もふさわしいものを、後のア～オより選び、記号で答えなさい。

ああ＊1とし子
死ぬといふいまごろになつて
わたくしをいつしやうあかるくするために
こんなさつぱりした雪のひとわんを
おまへはわたくしにたのんだのだ
ありがたうわたくしのけなげないもうとよ
わたくしもまつすぐにすすんでいくから
（＊2あめゆじゆとてちてけんじや）
はげしいはげしい熱やあえぎのあひだから
おまへはわたくしにたのんだのだ

【注】　＊1　トシのこと。
＊2　「雨雪をとってきてください」という意味の方言。

ア　トシのはかない魂《たましい》が、今にも天に昇ろうとしている様子。
イ　亡くなってしまったトシが、火葬《かそう》されて天に昇ってゆく様子。
ウ　トシの病室を、ろうそくの火がうす明るく照らしている様子。
エ　賢治がトシのけなげさを受け止め、じっと見ている様子。
オ　トシが、命尽きるまで一生懸命に生きようとしている様子。

問八　―――⑤「感謝したくなった」について、この時「私」は、どのような気持ちでいますか。最もふさわしいものを、次のア～オより選び、記号で答えなさい。

ア　旅先でタクシーを使うことに臆病になったままでは訪ねるはずのなかった場所に、今回の旅では行くことができた。そしてその場所は、かつて宮沢賢治が最愛の妹トシを看病していた家だった。
イ　宮沢賢治が妹のトシを看病していたという家を訪ねることができた。またその家は、観光客にとってあまりアクセスが良いとは言えない場所にあるため、気ままに動いていれば行くことはなかっただろう。
ウ　徒歩やバスを利用するいつもの旅だと訪れるはずのなかった場所に、今回はタクシーを使ったことで訪問できた。そして偶然《ぐうぜん》にも感動的な風景と出会えたことに、ありがたさを感じずにはいられなかった。
エ　はじめは、自分の足で歩いたりバスに乗ったりしなければ、旅の楽しさを味わえないと思っていた。タクシーを使った今回の旅は、そのような思いを見事に打破してくれて、すがすがしい気分になった。
オ　初老に近い女性が、タクシーで宮沢賢治にまつわる名所を案内してくれた。そして最後に訪ねた場所は、宮沢賢治のかつての住居であり、穴場の風景を見せてくれた運転手にありがとうと伝えたい気持ちになった。

国語の問題は、次のページに続きます。

三

次の文章を読んで、あとの問いに答えなさい。

著作権に関係する弊社の都合により
本文は省略いたします。

教英出版編集部

著作権に関係する弊社の都合により
本文は省略いたします。

教英出版編集部

（茂木健一郎『「書く」習慣で脳は本気になる』より）

【注】
＊1 note……記事の投稿《とうこう》や購読ができる、インターネット上のサービス。
＊2 パイロット版……一般公開に先立って作られるもの。

問一 〈 Ⅰ 〉～〈 Ⅳ 〉を補う言葉として最もふさわしいものを、次のア～コより選び、記号で答えなさい。同じ記号を二度以上選んではいけません。

ア まだ　イ むしろ　ウ まさか　エ やはり　オ どうにか
カ もし　キ まるで　ク すでに　ケ たとえ　コ あるいは

問二 ――①「誤解」とは、文章を書くことについての、どういう誤解ですか。具体的な内容を、三十字以内で説明しなさい。

問三　――②「自分が何を本当は考えているかは、書いてみて初めてわかる」といえるのはなぜですか。最もふさわしい理由を、次のア～オより選び、記号で答えなさい。

ア　無意識の知識や経験にアクセスするためには、書くことと脳をつなげる回路が必要だから。
イ　文字を見たときに目と脳の回路が完成し、無意識の中にある知識や経験を自覚できるから。
ウ　何かを書くことが、無意識にある知識や経験と脳をつなげるための回路を作り出すから。
エ　口述では、無意識にある知識や経験を表現するための回路を作り出すことができないから。
オ　知識や経験の泉に沈んでいる無意識が、書くという作業を通して脳内に伝わってくるから。

問四　――③「そんなこと」とは、どういうことですか。三十字以内で説明しなさい。

問五　――④「肩肘張ることは不要です」について、なぜですか。最もふさわしい理由を、次のア～オより選び、記号で答えなさい。

ア　最初からテーマを決めて書き始めると、自分が無意識のうちに考えていたことに気づくきっかけを失ってしまうから。
イ　最終形を意識しながら書くことで、無意識にある知識や経験を新しい視点とし、のびしろのある文章を書けるから。
ウ　未完成なものを前提にして書くことで、心理的に追いつめられることがなくなり、かえってよい文章が生まれるから。
エ　叩き台でよいという意識を持った方が、無意識から着想を得ることができ、よりよい文章を書くことにつながるから。
オ　パイロット版を作るつもりで書けば、心に余裕が生まれてまちがいが少なくなり、後々よいものが完成するから。

問六　作者はドストエフスキーの例によって、読者にどういうことを伝えようとしていますか。最もふさわしいものを、次のア～オより選び、記号で答えなさい。

ア　文章は、書きたいことがあるから書けるのではなく、書かざるを得ないから書ける、ということ。

イ　文学者ですらきっかけがないと書けないのだから、素人《しろうと》にはより強いきっかけが必要だ、ということ。

ウ　じっくりと構想を練り細部まで完成させていく余裕のない方が、かえって良い作品になる、ということ。

エ　後世に残る名作をいくつも生み出すには、切羽詰まった特殊な状況がなければならない、ということ。

オ　どんなに望ましくない状況にも、当人の思いも寄らない成功の可能性がひそんでいる、ということ。

2021(R3) 北嶺中
K 教英出版

2021 年度

北嶺中学校入学試験問題

算　　　数

（60分）

（注意）

1　問題が配られても、「はじめ」の合図があるまで、中を開かないで下さい。

2　問題は全部で **10** ページで、解答用紙は 1 枚です。「はじめ」の合図があったら、まず、ページ数を確認してからはじめて下さい。もし、ページがぬけていたり、印刷されていなかったりする場合は、静かに手をあげて先生に伝えて下さい。

3　答えはすべて、解答用紙の指定された位置に書いて下さい。答えが分数になるときは、できるだけ約分して答えて下さい。

4　コンパス、定規、分度器は使用できません。机の上にはおかないで下さい。

5　質問や用事がある場合は、静かに手をあげて先生に伝えて下さい。ただし、問題の考え方や、言葉の意味、漢字の読み方などについての質問には答えません。

6「おわり」の合図で鉛筆をおき、先生が解答用紙を集めおわるまで、静かに待っていて下さい。

1　次の $\square$ に当てはまる数を求めなさい。

(1) $56+252+69+259+82+266+95+273+108+280+121+287=\square$

(2) $(\,9.8\times7.2-3.6\times5.8\,)\div(\,8.3\times5.4-2.7\times7.4\,)=\square$

(3) $2\frac{5}{24}-\left\{8-\left(\frac{2}{5}+2\frac{1}{6}\right)\div2\frac{1}{5}\right\}\times\frac{7}{82}=\square$

(4) $\left\{2\frac{1}{3}-\left(\square\div2-1\frac{2}{3}\right)\div3.4\right\}\times0.3=\frac{9}{20}$

計算用紙

2　次の各問いに答えなさい。

(1)　ある試験を 500 人が受験しました。受験者全体の平均点は 60.06 点で，合格者の平均点は 66 点，不合格者の平均点は 55 点でした。この試験の合格者は何人いますか。

(2)　食塩水 A と食塩水 B を，3 : 5 の割合で混ぜると濃度《のうど》が 6.5 % の食塩水になり，7 : 3 の割合で混ぜると濃度が 7.8 % の食塩水になります。このとき，濃度が 5.8 % の食塩水をつくるためには，A と B をどんな割合で混ぜるとよいですか。できるだけ小さな整数の比にして答えなさい。

(3)　5 桁《けた》の整数の中で，各 位《くらい》 の数がすべて異なり，どの 2 つの数字の和も 9 にならないような数は全部で何個ありますか。

(4)　北嶺君の学年で 3 種類の動物（犬・猫《ねこ》・ハムスター）それぞれの好き嫌《きら》いについてアンケートを取ることにしました。犬が好きな人は 48 人，猫が好きな人は 49 人，ハムスターが好きな人は 58 人，1 種類だけ好きな人は 62 人，3 種類すべて好きな人は 9 人でした。2 種類の動物が好きな人は何人いますか。

(5)　下の図は 2 つの直角二等辺三角形を組み合わせたものです。色のついた部分の面積を求めなさい。

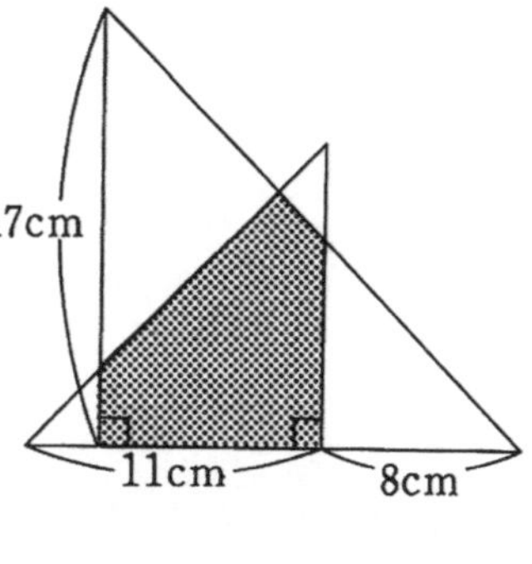

計算用紙

3　次の各問いに答えなさい。

(1)　図1の正方形ABCDをAM，AN，MNで折ってABとAD，BMとCM，DNとCNをはり合わせてできる立体を考えます。この立体の底面を三角形AMNとしたときの高さは何cmですか。

ただし，この立体の体積は「$\frac{1}{3}$ × 底面積 × 高さ」で求めることができます。

図1

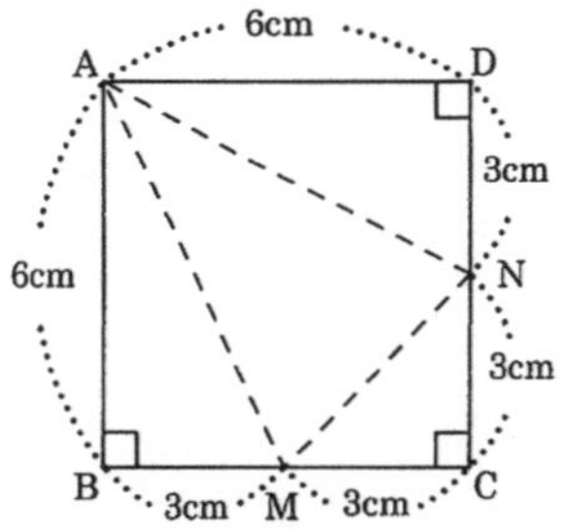

(2)　図2の1辺の長さが6cmの立方体を3点B，D，Eを含《ふく》む平面で切り2つの立体に分けます。点Aを含む立体の体積と点Aを含まない立体の体積の比を，できるだけ小さな整数の比にして答えなさい。

図2

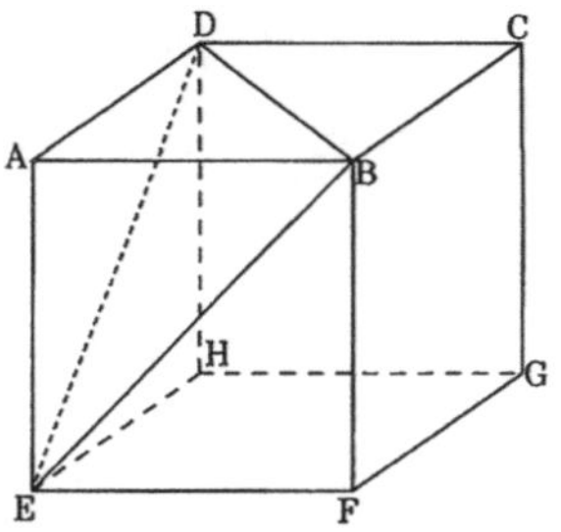

(3)　図3の1辺の長さが6cmの立方体において，辺EFの中点（まん中の点）をMとします。この立方体を3点A，M，Cを含む平面で切り2つの立体に分けます。点Hを含む立体と点Hを含まない立体の表面積の差は何cm^2ですか。

図3

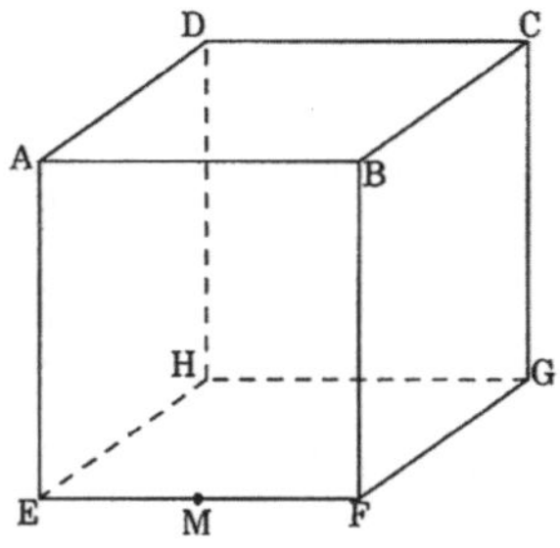

計算用紙

4

図1のようなコースを作り，おもちゃの電車を走らせることにしました。

電車は駅から出発し時計回りに走ります。また，駅に戻《もど》ってくると5秒間停車してから再び出発します。

図1

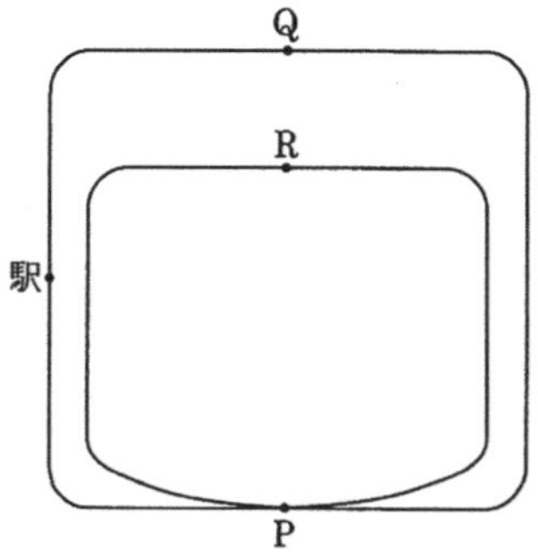

コースは外側の1周540 cm，内側の1周400 cmからなり，外側と内側のコースは地点Pのポイント1点でつながっており，ポイントが切り替《か》わることで電車が異なるコースを走ることができます。図のように外側のコースには，地点Pからコースに沿って135 cmの位置に駅が，地点Pからコースに沿って270 cmの位置に地点Qがあり，内側のコースには，地点Pからコースに沿って200 cmの位置に地点Rがあります。

電車Aと電車Bは外側のコースを走るときは秒速30 cm，内側のコースを走るときは秒速20 cmで進み，地点Pのポイントを通過した瞬間《しゅんかん》に速さが変わり，それぞれのコースを一定の速さで走るものとします。電車Cはどちらのコースを走るときも秒速25 cmで進み，一定の速さで走るものとします。また，電車の長さは考えないものとします。

(1)　電車Aと電車Bだけが走る場合を考え，電車Aが駅を出発したあとに電車Bが駅を出発するものとします。また，ポイントは，外側のコースを走っていた電車は内側のコースに，内側のコースを走っていた電車は外側のコースに進むように切り替わるとします。次の問いに答えなさい。

①　電車Aが駅を出発して再び駅に戻ってくるまでにかかる時間は何秒ですか。

②　電車Aが駅を出発して2回目に地点Qに到達したときに，電車Bが1回目に地点Rに到達しました。電車Bは電車Aが出発して何秒後に駅を出発しましたか。

(2)　電車 A と電車 C だけが走る場合を考え，電車 A が駅を出発したあとに電車 C が駅を出発するものとします。また，ポイントは，直前にポイントを通過した電車の進んだコースと異なるコースに進むように切り替わり，最初にポイントを通過する電車は内側のコースに進むとします。次の問いに答えなさい。

①　電車 A が 1 回目に駅を出発して連続して 2 回内側のコースを進むためには，電車 C は電車 A が出発して何秒後までに出発すればよいか，最大の整数の値を答えなさい。

②　内側のコースの長さは 10 cm ずつ変えることができるものとします。図 2 のように内側のコースの長さを □ cm 短くしました。最初に電車 A が駅を出発してから 10 秒後に電車 C が出発すると，電車 A は 2 回続けて内側のコースを進み，次は外側のコースを進みました。また，電車が地点 P を合計 5 回通過するまでに，電車 A，C の両方が外側のコース上にいる時間が連続して 11 秒以上になりました。

□ にあてはまる最小の整数の値を答えなさい。

図 2

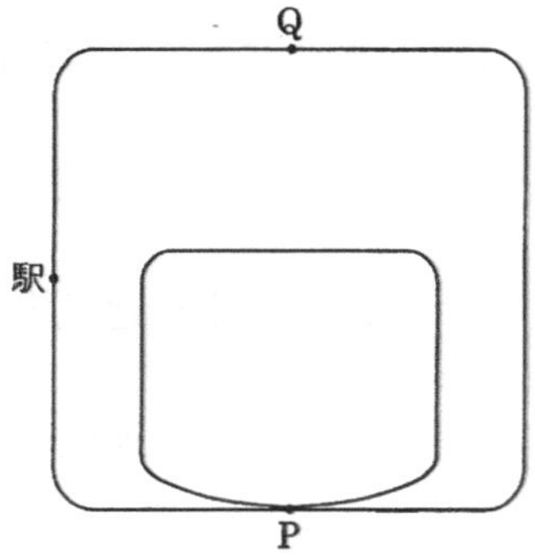

5　3以上の整数を連続する整数の和で表すことを考えます。例えば，3以上10以下の整数については次の表のようになります。

3	「1＋2」
4	表せない
5	「2＋3」
6	「1＋2＋3」
7	「3＋4」
8	表せない
9	「4＋5」または「2＋3＋4」
10	「1＋2＋3＋4」

この表から3，5，7のように2個の連続する整数の和で表される整数，6のように3個の連続する整数の和で表される整数，10のように4個の連続する整数の和で表される整数，9のように2個の連続する整数の和と3個の連続する整数の和の2種類で表すことができる整数，4，8のように連続する整数の和で表すことができない整数があることがわかります。

3以上100以下の整数について考えるとき，次の問いに答えなさい。

(1)　以下にあてはまる整数を小さい方から順に4個答えなさい。

①　3個の連続する整数の和で表される整数のうち6，9以外のもの。

②　4個の連続する整数の和で表される整数のうち10以外のもの。

③　5個の連続する整数の和で表される整数。

(2)　このように整数を表したとき，最大何個の連続する整数の和になるか答えなさい。

(3)　54は何種類の連続する整数の和で表すことができるか答えなさい。

(4)　連続する整数の和の表し方が5種類ある整数は全部で5個あります。その5個の整数をすべて答えなさい。

計算用紙

2021 年度

北嶺中学校入学試験問題

理　　　　科

（40分）

（注意）

1　問題が配られても、「はじめ」の合図があるまで、中を開かないで下さい。

2　問題は全部で **12** ページで、解答用紙は 1 枚です。「はじめ」の合図があったら、まず、ページ数を確認してからはじめて下さい。もし、ページがぬけていたり、印刷されていなかったりする場合は、静かに手をあげて先生に伝えて下さい。

3　答えはすべて、解答用紙の指定された位置に書いて下さい。

4　字数が指定されている場合は、句読点や記号も 1 字として数えて下さい。

5　質問や用事がある場合は、静かに手をあげて先生に伝えて下さい。ただし、問題の考え方や、言葉の意味、漢字の読み方などについての質問には答えません。

6「おわり」の合図で鉛筆をおき、先生が解答用紙を集めおわるまで、静かに待っていて下さい。

1　次の問いに答えなさい。

(1) 生物の多様性を守るためにつくられた条約の中で、特に水鳥の生息地となる湿地(しっち)を保全する目的のものは「 [A] 条約」とよばれています。 [A] に当てはまる名称(めいしょう)を **カタカナ** で答えなさい。

(2)「生きている化石」とは、太古の生物に近い特徴(とくちょう)を、現在まで保っている生物です。この「生きている化石」にあてはまる生物を次の**ア**～**カ**から **三つ** 選び、記号で答えなさい。

ア　カブトガニ　　**イ**　アンモナイト　　**ウ**　シーラカンス
エ　ナウマンゾウ　　**オ**　サンヨウチュウ　　**カ**　イチョウ

(3) 現在、日本国内に生息していて、「環境省(かんきょうしょう) レッドリスト 2020」で絶滅(ぜつめつ)のおそれがあるとされている生物を次の**ア**～**カ**から一つ選び、記号で答えなさい。

ア　アメリカザリガニ　　**イ**　ニホンウナギ　　**ウ**　ニホンザル
エ　ニホンオオカミ　　**オ**　ウシガエル　　**カ**　エゾシカ

(4) 花粉を放出する同じ種類の木が、10 m 四方（10 m × 10 m）ごとに 10 本生えている森林を考えます。その森林のいろいろな場所にワセリンをぬったスライドガラスを置いて、24 時間後にスライドガラスをすべて回収しました。それぞれに 2 cm × 2 cm のカバーガラスをかぶせて、カバーガラス内にある花粉のうち、この種類の木から放出された花粉だけを数えたところ、平均で 100 個でした。24 時間でこの種類の木 1 本から放出された花粉の数は、平均で何個ですか。ただし、答えが小数になるときは、小数第一位を四捨五入して **整数** で答えること。また、放出された花粉はすべて森林内に落下したものとします。

(5) カイコガはチョウのなかまに分類される昆虫(こんちゅう)です。カイコガは卵からふ化して(あ)幼虫になり、その後 [B] 回脱皮(だっぴ)をして成長した後に繭(まゆ)をつくります。繭の中で(い)幼虫はさなぎになり、その後、成虫に姿を変えます。

① 下線部(**あ**)について、カイコガの幼虫はエサとして、ある木の葉を好んで食べます。その木として、最も適するものを次の**ア**～**カ**から一つ選び、記号で答えなさい。

ア サクラ　　**イ** カエデ　　**ウ** ブナ
エ マツ　　**オ** ウメ　　**カ** クワ

② 文中の [B] に最も適する数字を答えなさい。

③ 下線部(**い**)について、幼虫がさなぎになり、その後、成虫に姿を変える昆虫として、適するものを次の**ア**～**ク**から **四つ** 選び、記号で答えなさい。

ア バッタ　　**イ** テントウムシ　　**ウ** カブトムシ　　**エ** ハチ
オ トンボ　　**カ** セミ　　**キ** カマキリ　　**ク** アリ

2　次の問いに答えなさい。

(1) 右の図は、2017年に気象衛星ひまわりから撮影(さつえい)した日本周辺の画像を再現したものです。これを撮影した日はいつと考えられますか。最も適するものを次の**ア～エ**から一つ選び、記号で答えなさい。

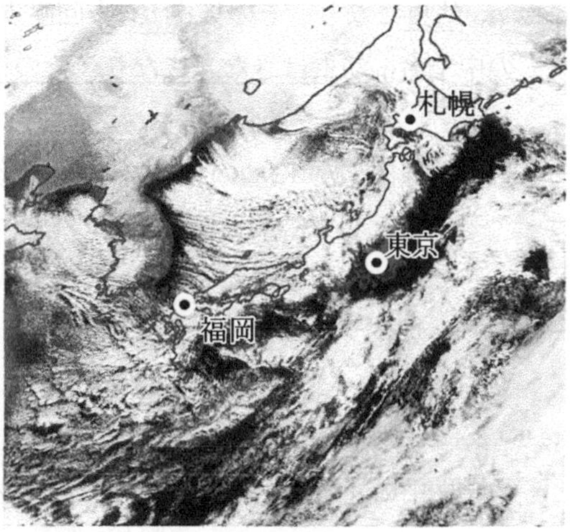

ア　6月11日　　**イ**　8月11日
ウ　10月11日　　**エ**　12月11日

(2) フィリピンのタール山は過去に何度も噴火(ふんか)していて、地下にたまっていたマグマが地上に放出されたことで、山頂付近が陥没(かんぼつ)しています。このように、火山の噴火によって地面が陥没してできた地形を何といいますか。**カタカナ 4 文字** で答えなさい。

(3) 宇宙航空研究開発機構（JAXA）が運用する探査機「［A］2」は、2019年2月22日と7月11日に小惑星(しょうわくせい)「［B］」への着陸に成功しました。そのとき、この探査機は小惑星をつくっている物質を採取したと見られています。［A］と［B］に入る語を、［A］については **ひらがな** で、［B］については **カタカナ** でそれぞれ答えなさい。

(4) 月は自転しながら、地球のまわりを自転と同じ向きに、円を描(えが)いて公転しています。月が1回自転するのにかかる時間は、月が1回公転するのにかかる時間と同じです。そのために、地球から見ると、月はいつも同じ側を地球に向けていて、自転していないように見えます。

①　札幌（北緯(ほくい)43度）とアルゼンチンのトレリュー（南緯(なんい)43度）の二つの都市から、満月を一晩中観察していたときの説明として、最も適するものを次の**ア～エ**から一つ選び、記号で答えなさい。

ア　札幌では月が東から西に動いて見えたが、トレリューでは西から東に動いて見えた。
イ　札幌では月が西から東に動いて見えたが、トレリューでは東から西に動いて見えた。
ウ　札幌、トレリューのどちらでも月が東から西に動いて見えた。
エ　札幌、トレリューのどちらでも月が西から東に動いて見えた。

② ①の二つの都市で満月を観察した日から、毎晩、月の満ち欠けを観察していたときの説明として、最も適するものを次の**ア**～**エ**から一つ選び、記号で答えなさい。

ア 札幌では右側から欠けて見えて、トレリューでは左側から欠けて見えた。
イ 札幌では左側から欠けて見えて、トレリューでは右側から欠けて見えた。
ウ 札幌、トレリューのどちらでも右側から欠けて見えた。
エ 札幌、トレリューのどちらでも左側から欠けて見えた。

③ 月面のある位置から地球を見ると、地球が満月のように円形で明るく見えました。この位置で 24 時間地球を観察していたときの説明として、適するものを次の**ア**～**カ**から<u>**三つ**</u> 選び、記号で答えなさい。

ア 地球が大きく欠けていくように見えた。
イ 地球がほとんど欠けないように見えた。
ウ 地球の位置が大きく変わり、動いているように見えた。
エ 地球の位置がほとんど変わらず、止まっているように見えた。
オ 地球がほぼ 1 回自転しているように見えた。
カ 地球がほとんど自転していないように見えた。

3　燃料として使われているメタンガスやプロパンガスは、それぞれを燃焼(ねんしょう)させると、どちらも二酸化炭素と水の二つの物質に変化します。この燃焼について、次に示す**【実験 1】**～**【実験 3】**を行いました。この実験では、体積を測定するときの気体全体の温度と圧力（気体がふくらもうとするはたらき）を一定にしているものとし、燃焼後に生じた水の体積は、燃焼後のそれぞれの気体の体積に比べて非常に小さいため、考えないものとします。次の問いに答えなさい。ただし、数値を答える問題で、答えが小数になるときは、小数第一位を四捨五入して **整数** で答えること。

【実験 1】

表 1 のＡ～Ｅの組み合わせで、メタンガスと酸素を混ぜて燃焼させました。

表 1

	A	B	C	D	E
メタンガスの体積 [cm^3]	10	10	10	10	10
酸素の体積 [cm^3]	10	20	30	40	50

表 1 のＡ～Ｅについて、燃焼後のすべての気体の体積を表 2 にまとめました。

表 2

	A	B	C	D	E
残ったメタンガスの体積 [cm^3]	5	0	0	0	0
残った酸素の体積 [cm^3]	0	0	10	20	30
発生した二酸化炭素の体積 [cm^3]	5	10	10	10	10
燃焼後の気体の体積の合計 [cm^3]	10	10	20	30	40

(1) 二酸化炭素が **発生しない** 方法として、最も適するものを次の**ア**～**オ**から一つ選び、記号で答えなさい。

ア　炭酸水を加熱する。
イ　石灰石(せっかいせき)にうすい塩酸を加える。
ウ　重曹(じゅうそう)にうすい塩酸を加える。
エ　アルミニウムはくにうすい塩酸を加える。
オ　卵の殻(から)に食酢(しょくず)を加える。

(2)【実験 1】のメタンガスの体積を 30 cm^3 としたとき、メタンガスをすべて燃焼させるために必要な酸素は、少なくとも何 cm^3 ですか。

(3)【実験 1】のメタンガスの体積を 30 cm^3 とし、そこに 50 cm^3 の酸素を混ぜて燃焼させました。燃焼後の気体の体積の合計は何 cm^3 ですか。

(4) は次のページにあります。

【実験 2】

表 3 のＦ～Ｊの組み合わせで、プロパンガスと酸素を混ぜて燃焼させました。

表 3

	F	G	H	I	J
プロパンガスの体積 [cm^3]	10	10	10	10	10
酸素の体積 [cm^3]	10	20	30	40	50

表 3 のＦ～Ｊについて、燃焼後のすべての気体の体積を表 4 にまとめました。

表 4

	F	G	H	I	J
残ったプロパンガスの体積 [cm^3]	8	6	4	2	0
残った酸素の体積 [cm^3]	0	0	0	0	0
発生した二酸化炭素の体積 [cm^3]	6	12	18	24	30
燃焼後の気体の体積の合計 [cm^3]	14	18	22	26	30

【実験 3】

表 5 のＫ～Ｎの組み合わせで、プロパンガスと空気を混ぜて燃焼させました。

表 5

	K	L	M	N
プロパンガスの体積 [cm^3]	2	2	2	2
空気の体積 [cm^3]	25	50	80	100

(4) **【実験 3】**について、「空気の体積」と「燃焼後の気体の体積の合計」の関係を、**【実験 2】**を参考にしてグラフに表しなさい。解答用紙のグラフには、空気が入っていないときのプロパンガスのみの体積を表す点があらかじめ描かれているので、「空気の体積」が 25 cm^3、50 cm^3、80 cm^3、100 cm^3 のときの「燃焼後の気体の体積の合計」を示す点を **4 点** 描き、となり合う点と点を直線で結びなさい。ただし、空気は窒素(ちっそ)と酸素が 4 : 1 の体積比で混合された気体で、窒素は燃焼によって変化しないものとします。また、「燃焼後の気体の体積の合計」が小数になるときは、小数第一位を四捨五入して、**整数** にしてからグラフに点で描くこと。

以下は下書き用のグラフです。

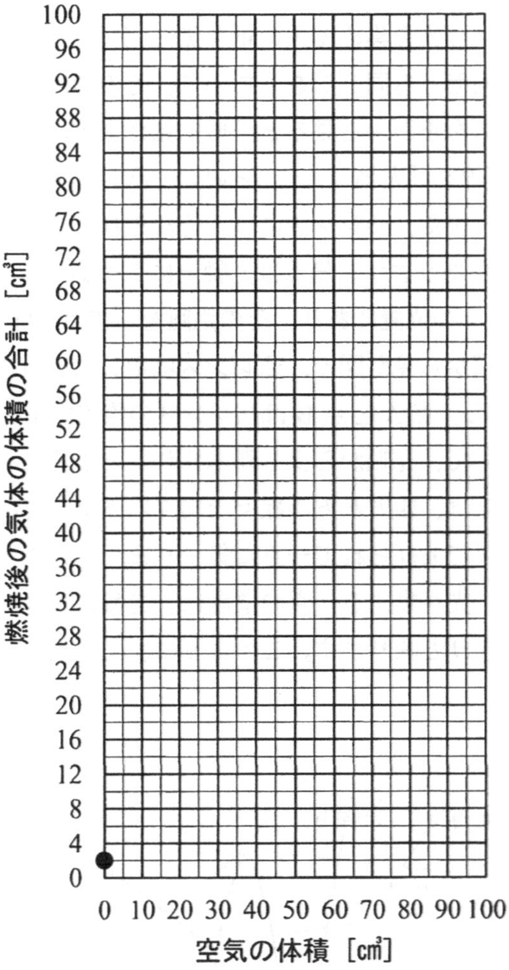

(5) 燃料として使われているものには、メタンガスやプロパンガスのような気体のほかに、液体のメタノールがあります。メタノールを燃焼したときに発生した熱を使って、お湯をつくることを考えてみます。水 1 g の温度を 1 ℃ 上げるのに必要な熱の量を 1 cal(カロリー)といい、メタノール 1 g をすべて燃焼したときに発生する熱の量は 5400 cal です。また、0 ℃ の氷 1 g をとかして 0 ℃ の水 1 g にするために必要な熱の量は 80 cal です。メタノール 2 g をすべて燃焼したときに発生した熱を利用して、0 ℃ の氷 90 g をとかして水をつくり、水をあたためてお湯をつくりました。このときにできるお湯の温度を答えなさい。ただし、発生した熱はすべて氷や水に与(あた)えられるものとして、空気などの周囲の物質との間では熱のやりとりがないものとします。

4

虫めがねのように、透明(とうめい)なガラスでできていて、中心部分が厚くてまわりがうすくなっているものを、凸(とつ)レンズといいます。凸レンズには光を集める性質があるので、虫めがねで太陽光を集めて黒い紙を焦(こ)がすことができます。

凸レンズのガラス面は両面とも同じ形をしていて、その形は大きな球面の一部になっています。このため、凸レンズを正面から見ると円形に見えます。この円の中心を通って、ガラス面を垂直に貫(つらぬ)く直線を「光軸(こうじく)」といい、凸レンズの中央で光軸上の点を凸レンズの「中心」といいます。また、凸レンズには、それぞれに凸レンズの性質を決める「焦点(しょうてん)」という特別な点があります。焦点は光軸上に二つあって、それぞれの点は凸レンズの中心から等しい距離(きょり)の位置にあり、その距離を「焦点距離」といいます。

図1は、凸レンズを真横から見た図で、凸レンズは半分に切った断面の形で表されています。点Oは凸レンズの中心、点Aと点Bは凸レンズの焦点です。図1に示すように、焦点Aよりも凸レンズから遠くて、光軸から少し離(はな)れたところに小さな光源（✩）を置いたとします。小さな光源からは、四方八方の様々な向きに光が出ていますが、その中で、凸レンズを通る光は、凸レンズで曲げられて一点に集まります。図1中の点線はそのような光の通る道筋を表しています。光が集まる一点の位置に、光軸に垂直なスクリーンを置けば、スクリーンには光源がはっきりと映ります。このように、光が集合したものを「像」といいます。

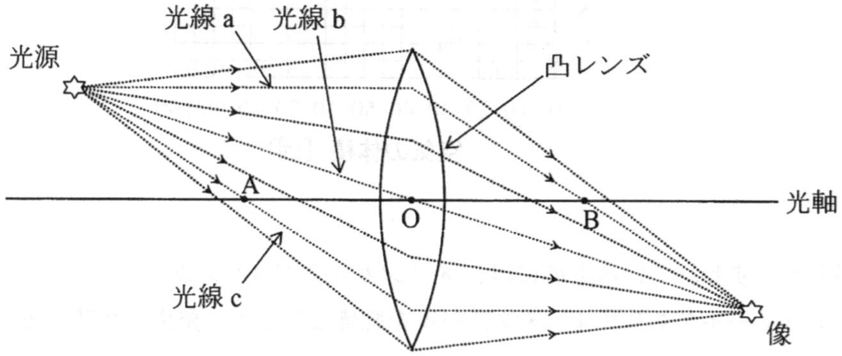

図1

小さな光源から出て、凸レンズを通る光の進み方には次の三つの**【規則】**があり、これを用いて作図することによって、像の位置を求めることができます。

【規則】

- 図1の光線aのように、光軸と平行に進んだ光は凸レンズを通ると、焦点Bを通る向きに進む。
- 図1の光線bのように、凸レンズの中心Oに進んだ光は、そのまま直進する。
- 図1の光線cのように、焦点Aを通った光は凸レンズを通ると、光軸と平行な向きに進む。

この**【規則】**をふまえて、次の問いに答えなさい。ただし、数値を答える問題で、答えが小数になるときは、小数第一位を四捨五入して **整数** で答えること。また、図2、図3、図5中の点線はすべて0.5 cmおきに描かれているものとします。

(1) 図2のように、焦点距離が2 cmの凸レンズの中心Oから、左6 cm、上2 cmの位置に小さな光源（✡）があります。このときの光源の位置を（**左6、上2**）と表すことにします。この表し方を用いると、焦点Aの位置は（**左2、上下0**）、焦点Bの位置は（**右2、上下0**）、中心Oの位置は（**左右0、上下0**）と表すことができます。このとき、凸レンズの右側にできる像の位置を **光源の位置の表し方にならって** 答えなさい。

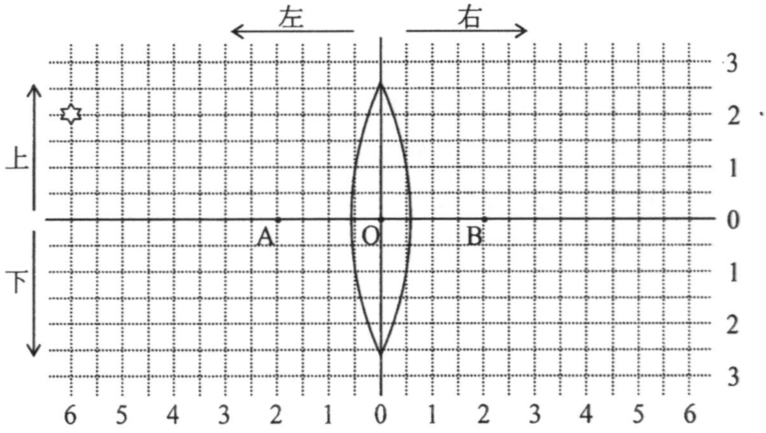

図2

(2) 図3のように、(1) と同じ凸レンズと、矢印のような形でその全体から光が出ている光源（⇨）があります。この光源は光軸と垂直で、その先端(せんたん)の位置が（**左6、上2**）、その根本の位置が（**左6、下2**）となっています。このときに、凸レンズの右側にできる像を解答用紙の図中に作図しなさい。像以外の作図に用いた線などを、そのまま消さずに残しておいてかまいませんが、像の先端と根本の位置がはっきりとわかるように描くこと。また、像の太さや矢印の先端の形は光源と同じように描けばよいものとします。

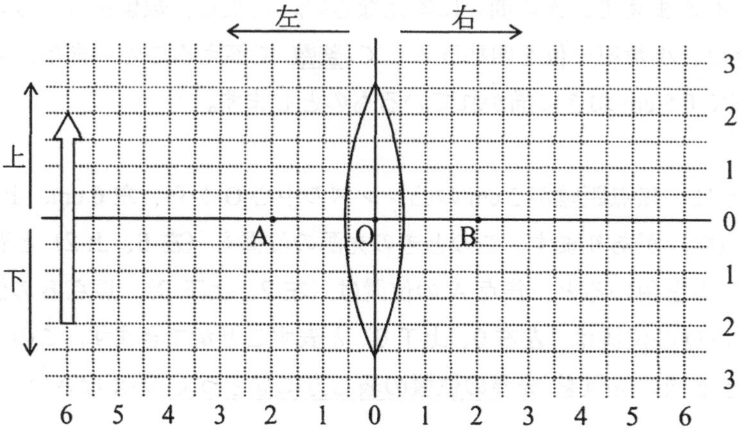

図3

(3) (2) の光源の先端の位置「**上2**」と根本の位置「**下2**」は変えずに、光源を少しずつ右に動かしました。すると、光源の先端が「ある位置」に来たときに、凸レンズの右側にできる像の大きさが光源と同じになりました。「ある位置」を (1) で用いた **光源の位置の表し方にならって** 答えなさい。

(4) 図3と同じ状態から、光が凸レンズの中心付近のみを通るように、凸レンズの左側のガラス面を、図4のような厚紙でおおいました。このときの像の変化として、最も適するものを次の**ア**～**カ**から一つ選び、記号で答えなさい。

ア 何も変わらない。
イ 像全体が消える。
ウ 像の光軸周辺だけが消える。
エ 像の先端と根本の周辺だけが消える。
オ 像全体が暗くなる。
カ 像全体が明るくなる。

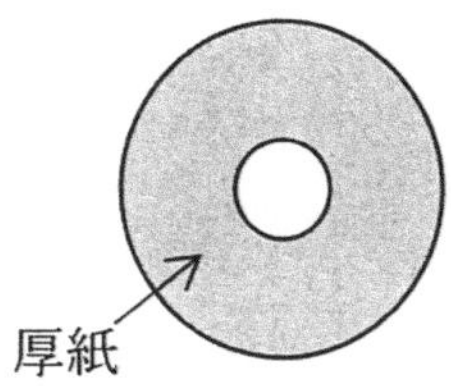

図4

(5) 図5のように、光源は図3と同じ状態で、凸レンズの中心Oの位置は変えずに別の凸レンズに取りかえました。このとき、スクリーンを中心Oから右に6cmの位置に、光軸と垂直に立てると、像がはっきりと映りました。取りかえた凸レンズの焦点距離は何cmですか。

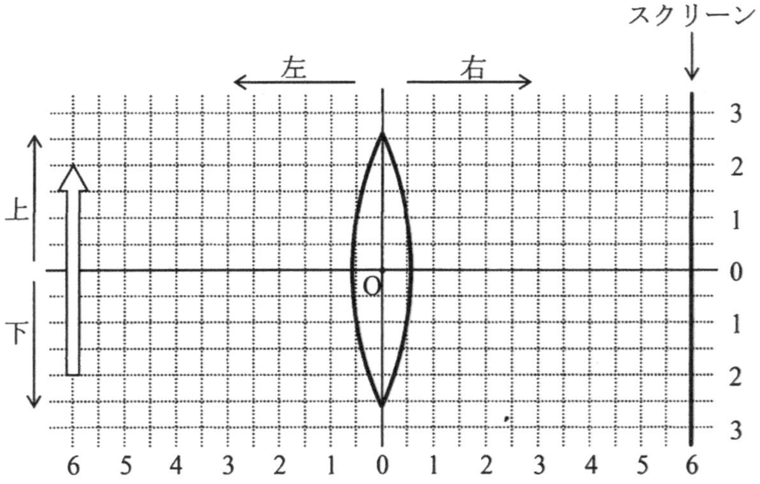

図5

(6) 凸レンズは、光がガラス面を通るときに曲がることを利用した器具です。光には、性質の異なる二つの物質の境界面を通るときに曲がる性質があって、これを「光の屈折(くっせつ)」といいます。「光の屈折」と <u>**関係のない**</u> 現象として、最も適するものを次の**ア**～**エ**から一つ選び、記号で答えなさい。

ア　海で蜃気楼(しんきろう)が発生すると、海面上にないものが見えることがある。
イ　水をためたプールの上から底を見ると、実際の深さよりも少し浅く見える。
ウ　太陽光がプリズム（三角柱のガラス）を通ると、虹(にじ)のような色が見える。
エ　カーブミラー（凸面鏡）には、平面の鏡よりも広い範囲(はんい)が映って見える。

理科の試験問題はこれで終わりです。

2021年度

北嶺中学校入学試験問題

社　　　会

（40分）

（注意）

1　問題が配られても、「はじめ」の合図があるまで、中を開かないで下さい。

2　問題は全部で**19**ページで、解答用紙は1枚です。「はじめ」の合図があったら、まず、ページ数を確認してからはじめて下さい。もし、ページがぬけていたり、印刷されていなかったりする場合は、静かに手をあげて先生に伝えて下さい。

3　答えはすべて、解答用紙の指定された位置に書いて下さい。

4　字数が指定されている場合は、句読点や記号も1字として数えて下さい。

5　質問や用事がある場合は、静かに手をあげて先生に伝えて下さい。ただし、問題の考え方や、言葉の意味、漢字の読み方などについての質問には答えません。

6「おわり」の合図で鉛筆をおき、先生が解答用紙を集めおわるまで、静かに待っていて下さい。

1　次の文を読み、後の問いに答えなさい。

みなさんは、ラグビーワールドカップ2019を見ましたか。見た人は、日本代表の活躍に感動したのではないでしょうか。ラグビーワールドカップは、4年に1度行われる15人制ラグビーの世界大会です。2019年に日本で開催されたこの大会は9回目、アジアでは初めての開催となり、優勝チームに贈られる優勝トロフィー「(a)ウェブ・エリス・カップ」を目指して、(b)世界の20チームが参加しました。

この大会は、2019年9月20日に東京都の調布市で開幕し、11月2日に横浜市で決勝戦が行われました。(c)会場は日本全国の12の都市でした。地方ごとに、この12会場をあげてみましょう。北海道地方は札幌市の1会場、東北地方は岩手県の釜石市の1会場、関東地方は埼玉県の熊谷市、東京都の調布市、神奈川県の横浜市の3会場、中部地方は愛知県の豊田市と静岡県の袋井市の2会場、近畿地方は大阪府の東大阪市と兵庫県の神戸市の2会場、九州地方は福岡県の福岡市、大分県の大分市、熊本県の熊本市の3会場でした。

次に、会場となった都市の特徴を少し紹介します。

札幌市は、人口が約197万人で、市内にも豊かな自然が広がり、ラーメンや(d)ジンギスカンなどのおいしい料理と大通公園、時計台などの観光名所がたくさんあります。

釜石市は、(e)三陸復興国立公園のほぼ中央に位置し、橋野鉄鉱山が2015年に「明治日本の産業革命遺産」として世界遺産に登録されました。

熊谷市は、埼玉県の北部にあって、県内有数の農産物の特産地です。夏はとても暑くなり、(f)2018年8月に、当時の国内の最高気温を記録しました。

調布市は、新宿から西へ約20㎞。東京23区に接していますが、武蔵野の自然が残り、奈良時代に創建したと伝えられる由緒ある古いお寺の(g)深大寺があります。

横浜市は、高層ビルや観覧車がある近代的なみなとみらい地区、おいしい料理に活気あふれる中華街、歴史ある西洋建築が点在する山手・元町地区など、観光地がとても多い都市です。

豊田市は、「(h)クルマのまち」として知られ、世界をリードするものづくり産業の中心的な都市です。

袋井市は、静岡県の西部に位置し、人口約9万人。(i)温暖な気候を利用して、茶やマスクメロンの栽培がさかんです。江戸時代には、東海道五十三次で、27番目の袋井宿が置かれていました。

東大阪市は、昭和38年以来、高校生のラグビー全国大会が行われている花園ラグビー場のある「ラグビーのまち」、そして回転寿司発祥の地でもあります。大阪平野の東部に位置し、人口は約50万人。(j)大阪市および堺市の政令指定都市に次ぐ、府内の人口第3位の都市です。

神戸市は、海と山に囲まれた自然が豊かな港町です。夜景が美しいことでも有名で、日本三大夜景の1つに数えられています。また、有馬温泉や酒どころの灘、そして(k)神戸牛は

世界的にも有名です。

福岡市は、九州最大の都市で、都心部と空港、駅、港が約10分圏内とコンパクトに配置されており、近代化された都心部と、2000年にわたる国際交流の歴史を感じられる文化や祭りなどがあります。

大分市は、大分県の中央に位置し、人口約48万人。県内の人口の約40%が集中しています。歴史は古く、鎌倉時代から大友氏の城とともに発展し、戦国時代にはキリシタン大名の大友義鎮の保護のもと、南蛮文化が花開きました。

熊本市は、熊本県の西北部に位置し、人口約74万人。東部は（　①　）山の外輪山によってできた丘陵地帯、南部は白川の三角州で形成された平野からなっています。豊富な地下水にも恵まれて、「水の都」とも呼ばれます。

これらの都市で行われたラグビーワールドカップを、テレビで見た人、実際に会場に行って見られた人、残念ながら見られなかった人。入学後はみんな、ラグビーボールを追いかけましょう。

（1）文中の空らん（　①　）に適する語句を**漢字**で答えなさい。

（2）下線部(a)に関連して、ラグビーの起源は、1823年、イギリスの「ラグビー」という町にある「ラグビー校」という学校で行われたフットボールの試合中に、ウィリアム・ウェブ・エリスという生徒が、ルールを無視して、突然ボールを手で持って走り出したことだとされています。このイギリスでは、18世紀の中頃に、世界で初めて産業革命が始まりました。産業革命とは、どのような出来事でしたか。中心的な役割を果たした工業、さらに動力とその燃料をあげて、簡潔に説明しなさい。

（3）下線部(b)に関連して、この大会は、国別対抗にはなっていません。理由は、イギリスから3つのチームが出場するからです。この3つのチームは、イギリスのグレートブリテン島の3つの地方区分の代表として出場します。3つのチームのうちの1つは、2019年のラグビーワールドカップで日本と対戦し、日本が勝利しました。この地方は、グレートブリテン島の北部にあり、2014年にはイギリスから独立するか否かの住民投票を行いました。また、イギリスのEU脱退を機に、再び独立に向けた気運が高まってきたとも言われています。この地方の名を、次のア～エのうちから1つ選び、記号で答えなさい。

ア　イングランド　　イ　ウェールズ　　ウ　スコットランド　　エ　アイルランド

（4）下線部(c)に関連して、本文では12の会場を、北から南への順番で述べています。この12会場がある都市の中で、都道府県庁が**置かれていない**都市の数として正しいものを、次のア～エのうちから1つ選び、記号で答えなさい。

ア　7都市　　イ　6都市　　ウ　5都市　　エ　4都市

（5）下線部(d)に関連して、次の表は羊の飼育頭数の上位国と、国別の飼育頭数、世界全体でその飼育頭数が占める割合を示したものです。表中の空らん（　②　）に適する、羊の飼育頭数第2位の国名を、下のア～エのうちから1つ選び、記号で答えなさい。

順位	国　名	頭数（万）	割合（%）
1	中　　　国	16,135	13.4
2	（　②　）	7,213	6.0
3	イ　ン　ド	6,307	5.2
4	ナイジェリア	4,250	3.5
5	スーダン	4,057	3.4

（2017年『データブック オブ・ザ・ワールド2020』より）

ア　ロシア　　　イ　スイス　　　ウ　エジプト　　　エ　オーストラリア

（6）下線部(e)に関連して、三陸海岸の海岸線は、出入りが多く複雑な形をしています。これは、山地が沈んだり、海面が上昇したりしたために、もとの山地の尾根が半島や岬となり、谷が湾や入り江となったもので、ワカメやカキなど、海産物の養殖がさかんです。この地形の名を答えなさい。

（7）下線部(f)に関連して、これと同じ2018年8月に、41.0度を記録して、わずか0.1度の差で当時の国内第2位の高温となった都市があります。この都市は、中部地方のある県にあり、この県は海に面していない内陸県です。この県の名を答えなさい。

（8）下線部(g)の名物に「深大寺そば」があります。ソバは、タデ科の植物で、やせた土地でも生育し、また生育期間が短いために、古くは開拓や、凶作《きょうさく》に備えた作物として栽培されてきました。収穫されたソバの実は、製粉してそば粉にされ、それを用いた麺などを食用にします。現在、ソバの国内生産量が第1位の都道府県名を、次のア～エのうちから1つ選び、記号で答えなさい。

ア　北海道　　　イ　山形県　　　ウ　茨城県　　　エ　長野県

（9）下線部(h)について、豊田市は、トヨタ自動車の本社や工場、さらに下請け会社や関連会社の工場などが市内に集まっており、市民の大多数がそれらの会社で働いています。そのため、豊田市の経済や社会はトヨタ自動車に大きく依存し、トヨタ自動車の売上げや利益が市の財政に直結しています。このような都市の他の例として、日立製作所がある茨城県日立市などがあります。このような都市を何といいますか。解答らんの語句につながる語を、**漢字2字**で答えなさい。

（１０）下線部(i)について、袋井市のある静岡県の気候の説明として、正しいものを次のア～エのうちから１つ選び、記号で答えなさい。

ア　夏には、南東の季節風が中央の山地を越える時に、高温で乾燥した風となって吹きおろす現象が起こりやすいです。

イ　６月には梅雨があり、夏は南東の季節風の影響で、９月～10 月は台風の影響で雨が多い気候です。

ウ　南と北にある山地が、夏と冬の季節風をさえぎるため、雨が少ない気候です。

エ　冬の季節風が中央の山地にあたり、大量の雨や雪を降らせます。

（１１）下線部(j)について、大阪市を中心に、2025年の５月から国際的な催しが開かれます。この催しが大阪で開かれるのは２回目で、前回は1970年に吹田市で、「人類の進歩と調和」をテーマに開催されました。その時のシンボルであった「太陽の塔」は修復されて、現在では内部を見学することができます。この国際的な催しは、何といわれますか。

（１２）下線部(k)に関連して、2014年に地理的表示法という法律が定められました。この法律は、地域で育まれた伝統と特性をもつ食品のうち、品質などの特性が産地と結び付いており、それが特定できるような名前がつけられているものを、知的財産として保護するという内容でした。そして、この法律に基づき、2015年には「神戸ビーフ」や「夕張メロン」などの７品目が地理的表示として登録され、現在では100品目以上の地理的表示が登録されています。この法律に基づき、地理的表示の登録を行っている省庁の名を答えなさい。

2　次の文を読み、後の問いに答えなさい。

上の写真を見てみましょう。“WE ARE THE 99%”（私たちは99%だ）と書いてあります。これは、いったい何のことを言っているのでしょうか。

この写真は、(a)2011年に半年ほどにわたって(b)アメリカで行われたデモの一部を撮影したものです。アメリカでは、人口のわずか１%を占める超高所得者層が、アメリカ全土の富のおよそ40%を持っていると言われています。“WE ARE THE 99%”とは、経済的な格差が非常に大きく、残りの99%の国民は十分な富を受け取れていないということを意味しています。これは一つの例ですが、(c)ＡＩなどの分野を含め、世界一の先進工業国と言われているアメリカでは、このような大きな格差問題に直面しています。そして、この状態はアメリカだけではなく、(d)多くの先進国でも見られる傾向なのです。

一方、発展途上国ではどうでしょうか。先進国と同様に、(e)資本主義経済による社会体制をとっている国の多くでは、先進国と同様か、それ以上の経済格差が生じています。例えばインドでは、農業分野で「緑の革命」と呼ばれる高収量品種の苗を導入することにより、(f)農作物の生産量が急激に増加しました。しかし、その品種を導入するのに多額のお金がかかるため、導入することのできた比較的豊かな農民は、ますます生産量を増やして豊かになりましたが、導入できなかった貧しい農民は豊かになれず、貧富の格差がいっそう拡大するという問題が起こりました。

ここまで、アメリカとインドを例に挙げ、一つの国の国内の経済格差の問題を見ました。では、視点を少し広げて、先進国と発展途上国との経済格差を見たとき、それはどのぐらい大きな問題になっているでしょうか。

皆さんは、『世界がもし 100 人の村だったら』という本を知っていますか。世界の人口を、(g)宗教や人種、言語などの割合をそのままにして、100 人に縮小してあらわしたもので、2000 年前後に(h)インターネットを通じて世界中に広がり、その後書籍化されました。以下に一部を紹介します。

村に住む人びとの 100 人のうち、20 人は栄養がじゅうぶんではなく、1人は死にそうなほどです。でも 15 人は太りすぎです。

(100 人のうち)75 人は食べ物の蓄えがあり、雨露《あまつゆ》をしのぐところがあります。でも、あとの 25 人はそうではありません。17 人は、きれいで安全な水を飲めません。

村人のうち1人が大学の教育を受け2人がコンピュータをもっています。けれど、14 人は文字が読めません。

銀行に預金があり、財布にお金があり、家のどこかに小銭が転がっている人は、もっとも豊かな8人のうちの1人です。

いかがでしょうか。予想以上に、世界の中の経済格差は大きいことがわかったでしょう。発展途上国の貧困問題の解決や、生活水準の向上のために、第二次世界大戦後にアメリカとヨーロッパを中心として結成された組織である(i)経済協力開発機構(ＯＥＣＤ)は、このような現代的な問題に取り組んでいます。しかし、世界では紛争やそれにともなって住む場所を追われた難民なども多く、経済的な支援だけでは十分とは言えないのが現状です。また、栄養や衛生の状態が悪い子どもも多く、(j)国際連合では、(k)国連児童基金が 1946 年に設立され、食料・医療の援助など、子どもたちが直面するさまざまな課題に取り組んできました。

このように、国際連合も世界の子どもを守るための取り組みをしていますが、すぐに解決できる問題ばかりではありません。また、一部の人々だけが取り組んで解決できる問題でもありません。私たち一人ひとりが問題に目を向け、“今できること”を少しずつ行っていくことが求められていると言えるでしょう。

（1）下線部(a)に関して、2011年に発生した東日本大震災や、2018年に発生した北海道胆振東部地震で、地表が陥没《かんぼつ》してマンホールが浮き出たり、住居が傾いたりしたほか、山の斜面では地すべりなども確認されました。地震によって発生する災害で、固体である地層が、このように急激に流動化することにより発生する現象を何といいますか。

（2）下線部(b)に関して、アメリカは多くの移民を受け入れてきた国家です。近年では中国系を中心とするアジア系の移民が増加していますが、それと同じくらいメキシコなどの中南米からの移民も増加しています。中南米からの移民はスペイン語を話し、豊かな生活を求めてアメリカへと移り住んできました。この移民のことを何といいますか。カタカナで答えなさい。

（3）下線部(c)に関して、ＡＩとは言語の理解のほか、ものごとの展開を予想し、問題解決などの知的な行動を人間に代わってコンピュータが行う技術のことを指します。このＡＩのことを、日本語では何といいますか。**漢字４字**で答えなさい。

（4）下線部(d)に関して、次のＡ～Ｃの文は、日本・カナダ・フランスのいずれかの国を説明したものです。Ａ～Ｃが示す国の名の組み合わせとして正しいものを、下のア～カのうちから１つ選び、記号で答えなさい。

Ａ　この国は人口およそ6700万人を数え、この周辺地域の中ではもっとも農業が発達しています。小麦などの穀物の生産のほか、食品工業も盛んで、中でもぶどうを原料とするワインの生産が多いことで知られています。

Ｂ　この国の首都には国の人口のおよそ１割が居住しています。資源に乏しく、石油や鉄鉱石などの地下資源は他国からの輸入に依存していますが、工業は盛んで、年間の自動車生産台数は中国、アメリカに次ぐ世界３位です。

Ｃ　この国は面積のわりに人口が少なく、人口密度は3.7人/km^2と非常に小さいです。北部は非常に寒冷で、先住民が自分たちで政治を行うことをある程度認められた地域があります。近年ではオイルサンドと呼ばれる石油資源の採掘に力を入れていることでも知られています。

ア　Ａ－日　本　　Ｂ－カナダ　　Ｃ－フランス
イ　Ａ－日　本　　Ｂ－フランス　　Ｃ－カナダ
ウ　Ａ－カナダ　　Ｂ－日　本　　Ｃ－フランス
エ　Ａ－カナダ　　Ｂ－フランス　　Ｃ－日　本
オ　Ａ－フランス　　Ｂ－日　本　　Ｃ－カナダ
カ　Ａ－フランス　　Ｂ－カナダ　　Ｃ－日　本

（5）下線部(e)に関して、日本をはじめとする多くの国家は、資本主義体制を基本として経済発展をしてきました。次のグラフは、1956年から2014年までの日本の実質経済成長率を示しています。この数値が０％を超えていると、前年と比べて経済的な成長がみられたということを意味しています。

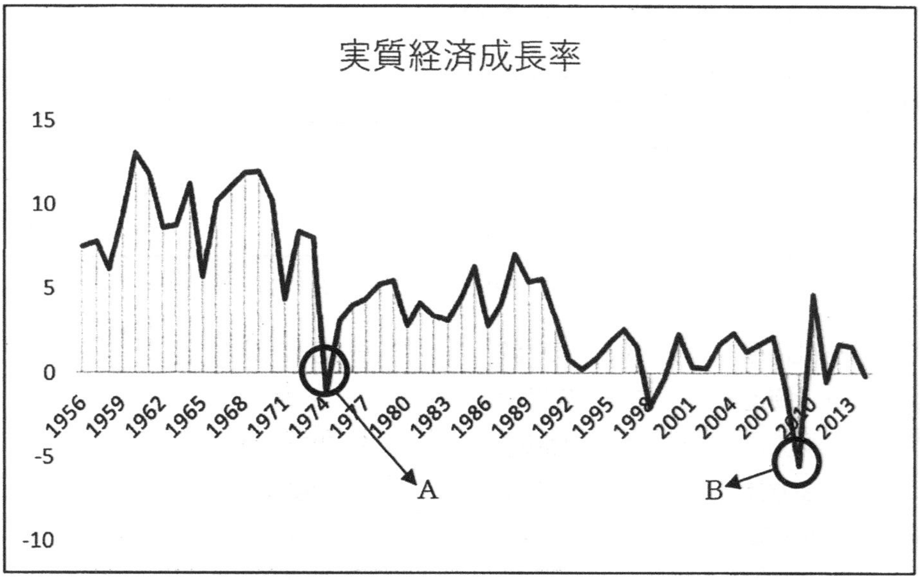

（内閣府「平成27年度年次経済財政報告」より）

この図を見ると、幅はあるものの、全体的には経済成長が続いている傾向が読み取れますが、図中に示したＡやＢの時期に、それぞれ大きく経済成長が落ち込んでいる状況が読み取れます。それぞれの時期に、なぜ経済成長が落ち込んだのか、その理由を解答らんに合わせて答えなさい。

（6）下線部(f)に関して、日本の食料自給率は38％（2017年）と高くありませんが、国内でさまざまな農作物を生産しています。次の表は2018年における都道府県別農業産出額（億円）と、そのうち米、野菜、果実、畜産が占める割合を示したもので、表中のＡ～Ｃは、北海道・東京都・鹿児島県のいずれかを示しています。Ａ～Ｃが示す都道府県の組み合わせとして正しいものを、下のア～カのうちから１つ選び、記号で答えなさい。

都道府県名	農業産出額(億円)	米(%)	野菜(%)	果実(%)	畜産(%)
A	5,000	4.4	13.1	1.9	63.2
B	274	0.4	58.8	11.7	7.7
C	12,762	10.0	16.6	0.5	57.0

（2018年『データブック オブ・ザ・ワールド2020』より）

ア　Ａ ― 北海道　Ｂ ― 東京都　Ｃ ― 鹿児島県
イ　Ａ ― 北海道　Ｂ ― 鹿児島県　Ｃ ― 東京都
ウ　Ａ ― 東京都　Ｂ ― 北海道　Ｃ ― 鹿児島県
エ　Ａ ― 東京都　Ｂ ― 鹿児島県　Ｃ ― 北海道
オ　Ａ ― 鹿児島県　Ｂ ― 北海道　Ｃ ― 東京都
カ　Ａ ― 鹿児島県　Ｂ ― 東京都　Ｃ ― 北海道

（7）下線部(g)に関して、世界にはとても多くの宗教が存在します。次のア～カのうち、キリスト教、イスラーム教、ヒンドゥー教、仏教の信仰者数を多い順に並べたものとして正しいものを、次のア～カのうちから１つ選び、記号で答えなさい。

ア　キリスト教 → イスラーム教 → ヒンドゥー教 → 仏教
イ　キリスト教 → ヒンドゥー教 → 仏教 → イスラーム教
ウ　イスラーム教 → キリスト教 → ヒンドゥー教 → 仏教
エ　イスラーム教 → ヒンドゥー教 → 仏教 → キリスト教
オ　ヒンドゥー教 → キリスト教 → 仏教 → イスラーム教
カ　ヒンドゥー教 → イスラーム教 → キリスト教 → 仏教

（8）下線部(h)に関して、インターネットの普及率は、その国の経済レベルに比例しており、日本でも80％を超えています（総務省より）。このような情報社会においては、個人のプライバシーを守り、与えられた情報を比較・分析する能力が求められています。そのような中、2003年に一人ひとりのプライバシーを守るための指針として定められた法律の名を答えなさい。

二〇二二年度 入学試験国語解答用紙

北嶺中学校

一

問一 I II III IV

問二 ア イ

問三

問四

問五

問六

二

問一 A B C D E

問二 I II

問三

問四

問五

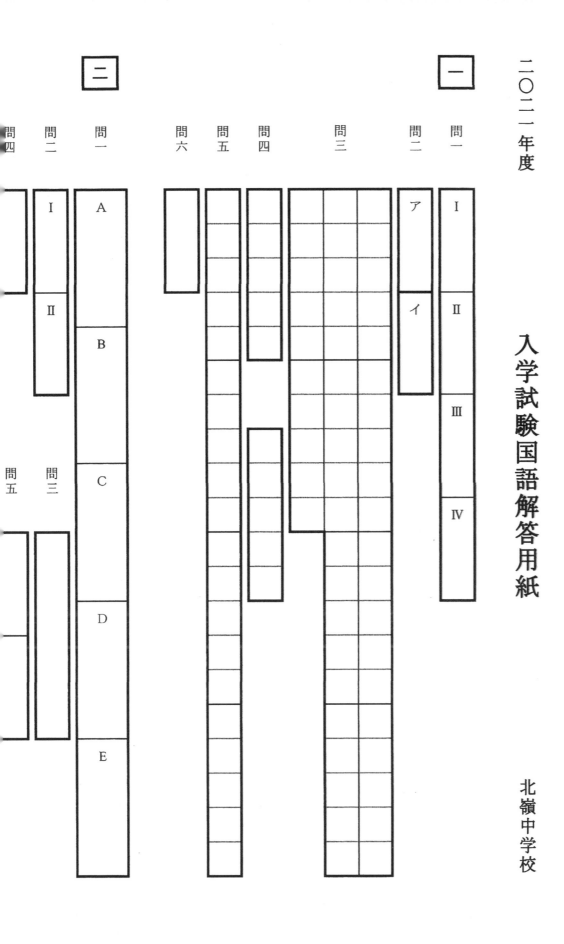

①	②	①	②
秒	秒後	秒後	cm

5

(1)		
①	②	③

(2)	(3)	(4)
最大　　個	種類	

受験番号	氏　　名

※120点満点
（配点非公表）

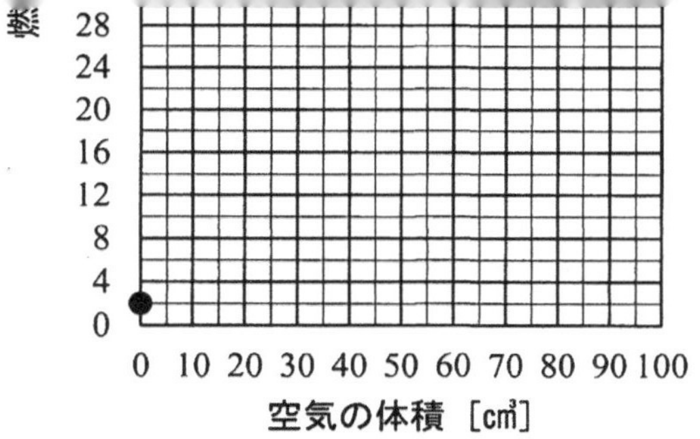

4

(1) （　　　、　　　）

(2) 右の解答らんに解答してください。→

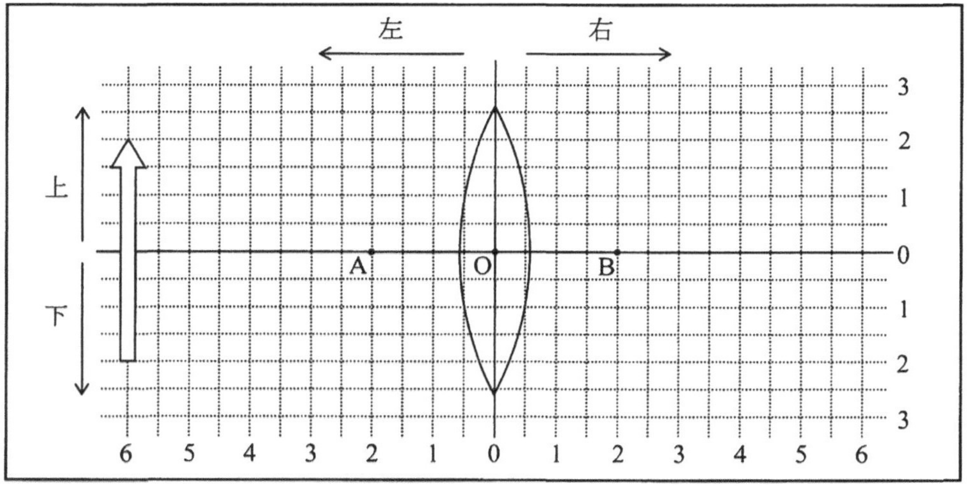

(3) （　　　、　上２　）

(4)

(5) 　　　cm

(6)

受験番号	氏　　　　名

※80点満点
（配点非公表）

④　　(2)　　(3) i)

ii)　　(4)　　(5)　　(6)

(7)

(8)

4 (1) ①　②　　(2)

(3)　　(4)　　(5)

(6)

(7)

(8)　　(9)　　(10)

(11)　→　→　→

受験番号	氏　　名

※80点満点
(配点非公表)

2021年度

入学試験社会解答用紙

北嶺中学校

1

（1）

（2）

（3）　（4）　（5）　（6）

（7）　県　（8）　（9）　城下町

(10)　(11)　(12)

2

（1）　現象　（2）　（3）

（4）

（5）　Aの時期は　、Bの時期は

（6）　（7）　（8）　法

（9）　(10)　都市名　場所

(11)

【解答用

2021年度

入学試験理科解答用紙

北嶺中学校

1

(1) A

(2)

(3)

(4) 個

(5) ① ② B ③

2

(1)

(2)

(3) A B

(4) ① ② ③

3

(1)

(2) cm^3

(3) cm^3

(4) 右の解答らんに解答してください。→

(5) ℃

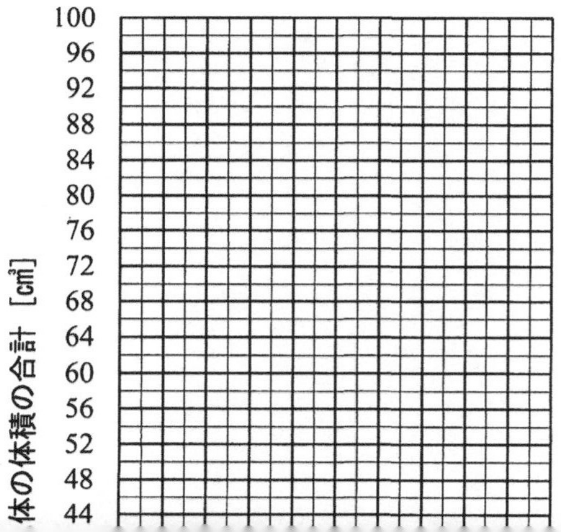

【解答

2021 年度

入学試験算数解答用紙

北嶺中学校

1

(1)	(2)	(3)	(4)

2

(1)	(2)	(3)	(4)	(5)
人	:	個	人	cm^2

3

(1)	(2)	(3)
cm	:	cm^2

【解答

問六

生地である花巻にも行こうとふと思い立った。

問七

問八

三

問一

I

II

III

IV

問二

問三

問四

問五

問六

受験番号

氏名

※120点満点
（配点非公表）

（9）下線部(i)に関して、ＯＥＣＤは先進工業国による経済協力のしくみで、世界貿易の拡大や発展途上国への援助などを目指して1961年に発足しました。加盟国は世界35か国にわたり、日本も1964年に加盟しました。次のア～カの文のうち、1960年代の日本における出来事として**適当でないもの**を**２つ**選び、記号で答えなさい。なお、解答の順序は問いません。

ア　四大公害病を踏まえて、公害対策基本法が公布されました。
イ　東海道新幹線が世界初の高速鉄道として開業しました。
ウ　沖縄がアメリカから日本に返還されました。
エ　アジアで初めてのオリンピックが東京で行われました。
オ　日ソ共同宣言を経て、日本が国際連合に加盟しました。
カ　日本のＧＮＰ（国民総生産）が西ドイツを抜き、世界第２位になりました。

（１０）下線部(j)に関して、国際連合は1945年に、国際平和と安全の維持、経済や社会などに関する国際協力の実現を目的に設置されました。現在190以上の国家が加盟していますが、その本部はアメリカにあります。国際連合の本部がある都市の名を答え、その場所を次の地図中のア～エのうちから１つ選び、記号で答えなさい。

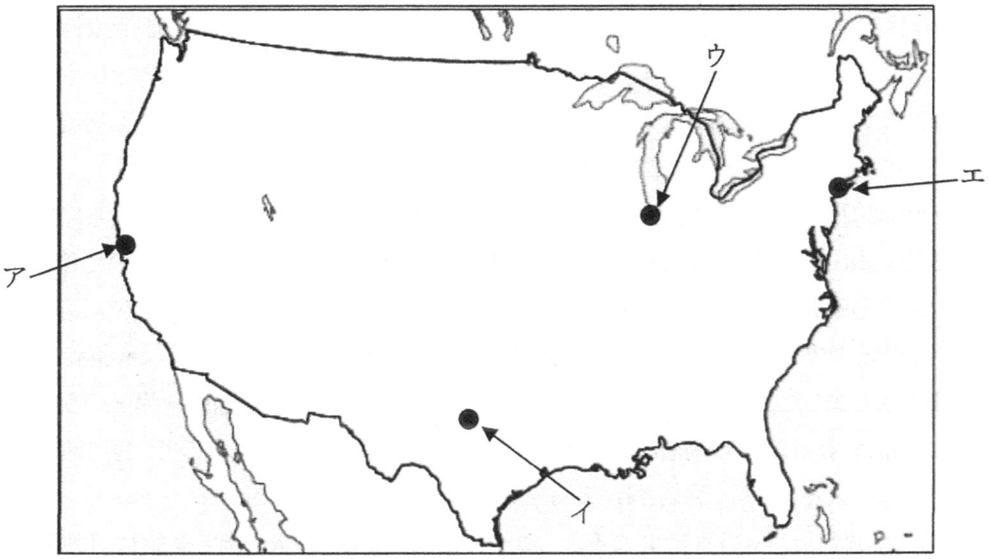

（１１）下線部(k)に関して、国連児童基金は発展途上国の児童へ食料・医薬品・医療などの、緊急あるいは長期的な援助を行っている機関です。この機関を略称で何といいますか。**カタカナ**で答えなさい。

3　次の文を読み、後の問いに答えなさい。

「国際化」と言われるようになって、ずいぶんたちました。みなさんの中にも、語学を生かして将来海外で活躍したいという夢を持っている人もいるのではないでしょうか。日本の歴史上でも海外へ渡った人は少なくありません。そんな歴史上の人物を何人か紹介したいと思います。

653年に遣唐使の一員として唐に渡った道昭《どうしょう》という僧がいます。『続日本紀《しょくにほんぎ》』という歴史書には、「唐では(a)三蔵法師の名で有名な玄奘《げんじょう》に教えを受けるだけでなく、とても可愛がられて同じ部屋に住まわせた。また、帰国後の700年に亡くなった際には、天皇がとても悲しみ、使いを送って供養した」といった記録が記されています。このように道昭は、唐や日本で高く評価された僧で、また、後の人々にも大きな影響を与えました。道昭の弟子の一人に、民間の人々への仏教の布教が禁止されていた時代に、政府に弾圧されながらも熱心に布教を行い、貧しい人々を救済しようとした僧の（　①　）がいます。この僧は、後に(b)大仏造立《ぞうりゅう》に協力し、政府から大僧正という、律令における僧の最高位を与えられました。なお、日本で最初に火葬されたのが道昭だと伝えられています。

700年代に遣唐使として唐に渡った人物には、（　②　）や阿倍仲麻呂らがいます。（　②　）は貧しい農民の生活の苦しさを歌った『貧窮《ひんきゅう》問答歌』が知られ、奈良時代の代表的な歌人の一人でもあります。阿倍仲麻呂は、唐の皇帝玄宗《げんそう》に仕《つか》え、日本に帰国できずに唐で亡くなった人物です。阿倍仲麻呂が渡ったころの唐は繁栄を極めていた時期で、皇帝の玄宗に可愛がられた女性が、(c)世界三大美女に数えられる楊貴妃《ようきひ》です。山口県長門市には楊貴妃が唐から渡ってきたという伝説があり、楊貴妃のものとされる墓もあります。それが本当かどうかはわかりませんが、もし阿倍仲麻呂が帰国していたら、楊貴妃について詳しく伝えられていたかも知れませんね。

平安時代に真言宗を開いた空海や、天台宗を開いた最澄も唐に渡っています。さらに天台宗の本山である比叡山の延暦寺で学んだ僧も【　A　】へ渡り、その中には鎌倉仏教を開いた者もいます。日本における臨済宗の開祖である栄西もその一人です。栄西は1168年と(d)1187年の二度【　A　】に渡り、禅を日本に伝えました。また、(e)茶を飲む習慣を伝えた僧でもあり、『喫茶養生記《きっさようじょうき》』という書物を著しました。臨済宗の僧では、1368年に【　B　】に渡った絶海中津《ぜっかいちゅうしん》という人物がいます。この僧は【　B　】の高僧に教えを受け、とくに優れた漢詩を残したので、室町時代を代表する文化人の一人として高く評価されています。

安土・桃山時代から江戸時代になると、ヨーロッパへ渡る日本人が出てきます。「独眼竜」と恐れられた戦国大名の伊達政宗は、1613年に家臣の（　③　）一行をヨーロッパに派遣しました。これを慶長遣欧使節と言います。この使節は太平洋を横断してメキシコに至り、その後大西洋も横断してスペインへ到着し、スペイン国王に会いました。その後、陸路でローマへ向かい、ローマ教皇にも会いました。伊達政宗が（　③　）を派遣したのは、一般に貿易の開始を求めるためだったとされていますが、一説にはスペインと軍事同盟を結んで天下を治めようとしたのではないかとも言われています。また、（　③　）一行が持ち帰った「慶長遣欧使節関係資料」は(f)2001年に国宝に指定され、2013年にはユネスコの「世界の記憶」に選定されました。同じ年に「世界の記憶」に選定されたのが、４人の娘を天皇の后《きさき》とし、1016年に摂政、1017年に太政大臣となり、自らの権力を満月に例えた歌を詠んだ(　④　)が記した『御堂《みどう》関白記』です。

ここで紹介した海外へと渡った日本人は、ごく一部です。日本の場合、僧が留学のために中国へ渡ったことが比較的多く見られますが、江戸時代以降には、弾圧されたキリシタンが国外追放となったり、漂流して、意に反して異国へ流れ着いてしまったという場合も少なからずありました。しかし、今は時代も大きく違っていて、この先みなさんが海外へと羽ばたくとすれば、それは自分の夢を実現させるため、そして世界へ貢献するためといったことになるでしょう。その土台をぜひ北嶺中学校で築いていきましょう。

（1）文中の空らん(　①　)～(　④　)に当てはまる僧や人物の名を答えなさい。

（2）【　Ａ　】と【　Ｂ　】に当てはまる国の名の組み合わせとして正しいものを、次のア～カのうちから１つ選び記号で答えなさい。

ア　Ａ－明　Ｂ－清	イ　Ａ－明　Ｂ－宋
ウ　Ａ－清　Ｂ－明	エ　Ａ－清　Ｂ－宋
オ　Ａ－宋　Ｂ－明	カ　Ａ－宋　Ｂ－清

（3）下線部(a)に関して、次の各問いに答えなさい。

ⅰ）三蔵法師が天竺《てんじく》へ行き、仏教の経典を唐に持ち帰った史実をもとに、三蔵法師の従者となった孫悟空《そんごくう》・猪八戒《ちょはっかい》・沙悟浄《さごじょう》が、道中に襲ってくる妖怪の退治に活躍する長編小説が、1570年ころに成立しました。この小説の名を**漢字**で答えなさい。

ⅱ）ⅰ)の「天竺」とは釈迦《しゃか》が仏教を開いた国のことですが、その国および周辺の国で女性が着用する民族衣装にサリーというものがあります。次のア～エの図のうちから、サリーを着用しているもの１つ選び、記号で答えなさい。

ア

イ

ウ

エ

（4）下線部(b)に関して、大仏が造られたころの都は平城京で、この時代の文化を、聖武天皇の時代の元号をとって天平文化といいます。天平文化は遣唐使によってもたらされる唐の進んだ文化の影響を強く受けた国際色豊かな文化でした。次のア～エのうちから、この文化に属するものを１つ選び、記号で答えなさい。

ア

イ

ウ

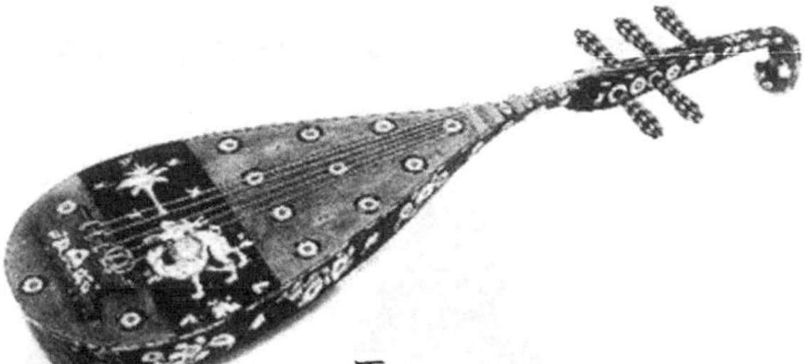

エ

（5）下線部(c)に関して、世界三大美女は日本以外の国では、ほとんど知られていないことから日本を起源とするものと考えられています。楊貴妃・クレオパトラと、もう一人の美女が日本の女性なのもそれが理由かもしれません。平安時代の前期、とくに和歌に優れた６人の歌人が「六歌仙」と称されましたが、その女性も含まれていました。次の和歌は、百人一首に含まれているその女性のものです。この女性の名を**漢字**で答えなさい。

花の色は　うつりにけりな　いたづらに　わが身世にふる　ながめせしまに

（6）下線部(d)について、1180年代は、源頼朝によって武家政権が確立していった時期です。次の年代順の出来事を見て、栄西が二度目に【　Ａ　】に渡った1187年は、どの時期に当てはまりますか。ア～エのうちから１つ選び、記号で答えなさい。

源頼朝が平氏打倒の兵を挙げました
ア
源義仲により平氏が都落ちをしました
イ
壇の浦の戦いで平氏が滅亡しました
ウ
平泉で栄華を誇った奥州藤原氏が滅亡しました
エ
源頼朝が征夷大将軍に任命されました

（7）下線部(e)について、茶は当時、主にどのような目的で飲まれましたか。文中に用いられている「身体を大切にし、健康を増進する」という意味の語句を用いながら、簡潔に述べなさい。

（8）下線部(f)について、2001年9月11日にアメリカ同時多発テロ事件が発生しました。この事件は世界に大きな衝撃を与え、日本でも小泉内閣の下で自衛隊の海外派遣・支援活動を含むテロ対策特別措置法が制定されて、テロと戦う国への積極的な支援の姿勢が示されました。また、アメリカ軍などは、このテロ事件を起こしたアルカイダを支援するイスラーム主義組織タリバンが政権を握っていた国に対して大規模な攻撃を行い、テロとの戦いを本格化させました。このときアメリカ軍などが攻撃した国の名を答えなさい。

4　次の文を読み、後の問いに答えなさい。

平成の時代は、(a)西暦 1989 年１月８日から始まり、2019 年４月 30 日に終わりました。この平成の時代を振り返った話題は、ここ２年間、皆さんもさまざまなところで見聞きしたでしょう。ここで、改めて整理してみたいと思います。

まず、(b)元号をめぐる話題がありました。昭和から平成への元号の変化は、日本国憲法下で初めての天皇の代替わりによるもので、1979 年に制定された元号法にもとづくものでした。この法の条文は、「第１条　元号は、政令で定める　第２条　元号は、皇位の継承があった場合に限り改める」という２条のみです。平成の元号は、この法律により、(c)内閣が有識者の意見を聴いてまとめ、国会の正副議長に説明して意見を聴き、閣議で決定した後に発表しました。元号は従来、中国の古典にある字句からつけてきましたが、平成も中国の古典の『史記』および『書経《しょきょう》』に由来するものだそうです。ただし、現在の令和の元号は、日本の『（　①　）』の「梅の花の歌」が典拠だったことは皆さんもご存じの通りです。

平成の時代の政治を考える上で、その主要な政策の一つに（　②　）の導入がありました。これは、少子高齢社会を迎えて、安定した財源を確保することなどを目的にした政策で、1989 年４月１日に初めて３％の税率で導入されました。その後、税率は５％、さらに８％になり、2019 年 10 月から 10%になりました。今では、（　②　）の収入がなければ国や地方自治体の予算は組めません。ただ、（　②　）は、年齢や所得と関係なく広く国民に課されるため、税率の上昇をめぐって政治が混乱したこともありました。

平成の時代の政治を激変させたのが、選挙制度の改正でした。とくに、1994 年１月の(d)衆議院議員総選挙における小選挙区比例代表並立制の導入です。衆議院選挙は、長い間中選挙区制で行われてきました。同一選挙区内で複数の候補者が立候補して複数当選したため、政党間だけでなく政党内の派閥の競争も激しく、巨額の政治資金がかかりました。その結果、いろいろな問題が生じて政治改革の必要性が叫ばれ、政権交代可能な二大政党政治を目指すようになりました。そのような風潮の中で、1993 年８月に(e)非自民・非共産８党派連立内閣が成立して選挙制度が大幅に改正され、現在に至っています。

平成の時代は経済も激動しました。平成が始まったばかりの 1989 年末、日経平均株価は 38,957 円と最高値を記録し、株価や不動産の価格が高騰して、いわゆるバブル景気の絶頂期を迎えました。その後、政府や日本銀行が景気の抑制を行ったため、1991 年にバブル経済は崩壊し、これ以後、長い景気の低迷が始まります。銀行や証券会社などの金融機関が破たんし、金融機関再編や自由化が進み、政府も不況対策や金融支援を行いました。21 世紀に入って、ようやく景気は落ち着きを取り戻しましたが、赤字国債が急増したのもこの時期です。その後、東日本大震災などによるさまざまな経済的打撃を受けるなど、まさに経済激動の時代でした。

平成の時代は、自然災害の時代でもありました。大きな地震だけでも、東日本大震災、阪神淡路大震災、熊本地震、北海道南西沖地震、新潟県中越地震などがありました。また、主な火山噴火だけでも、御嶽山、雲仙普賢岳、三宅島の噴火がありました。日本は火山列島なので、地震や火山噴火は避けられない自然災害ですが、防災・減災の努力が実った例もありました。さらに、(f)気候変動に伴う自然災害もあり、主な災害だけでも、りんご台風、記録的冷夏と(g)「平成の米騒動」、記録的豪雪、西日本豪雨があげられます。これら異常気象は日本だけでは対応できないものもあり、地球規模で考える必要があるでしょう。

世界に目を転じると、平成が始まった(h)1989 年 12 月に冷戦の終結が宣言されました。しかし、冷戦の終わりは平和な時代への幕開けではありませんでした。冷戦というアメリカとソ連の二つの超大国による力の均衡は終了したものの、それは民族や宗教を背景にした新たな地域紛争の始まりでもありました。1991 年の湾岸戦争以降、日本の国際貢献のあり方も変化し、経済的な支援だけでなく、自衛隊員を海外に派遣する支援も行われるようになりました。

私たちの身の回りの社会生活も、平成の時代に大きく変わりました。(i)1990 年代にパーソナルコンピュータが急速に普及し、21 世紀に入るとインターネットが普及し始め、2010 年代にはＳＮＳが普及して、情報通信技術が私たちの生活や社会を大きく変えてきました。また、(j)明治以降は、一時期を除いて人口が増加し続けてきた日本でしたが、2008 年をピークに、かつて経験したことのない人口減少社会に突入しました。人口の内訳を見ても、急速に少子高齢化が進み、超高齢社会に入りました。こういった変化をみると、平成の時代は転換期だったとも言えるでしょう。1960 年代に高度経済成長で世界有数の経済大国になった日本でしたが、2010 年にはＧＤＰが中国に追い抜かれ、国際経済での影響力が衰えてきました。このように目まぐるしく変化した平成の時代でしたが、令和に入ってもさまざまな分野でいろいろな変化が予想されます。私たちに、どんな未来が待っているでしょうか。

（1）文中の空らん（　①　）～（　②　）に適当な語句を答えなさい。

（2）下線部(a)に関して、西暦は16世紀後半にカトリック教会が定めた「グレゴリウス暦」に由来するもので、その起源は紀元前１世紀に制定されたローマの「ユリウス暦」にさかのぼります。そして、このユリウス暦は、世界四大文明のうち、太陽暦を用いていた文明の暦をもとに作成されたものでした。世界四大文明とは、次の図の地域をさしますが、ユリウス暦に最も大きな影響を与えた文明はどれですか。適当なものを下のア～エのうちから１つ選び、記号で答えなさい。

ア　黄河(中国)文明　　イ　インダス文明　　ウ　メソポタミア文明　　エ　エジプト文明

（3）下線部(b)について、元号は中国に起源がある暦年の数え方で、現在では日本だけで用いられています。日本で最初に用いられた元号は、従来は７世紀半ばの「大化」とされてきましたが、近年に出土した資料によると、７世紀に元号を使った形跡がありません。しかし、『続日本紀』という歴史書の701年の部分には、次のように記されています。資料中の「元《げん》」とは元号のことです。

「対馬嶋《つしまのしま》、金を貢《たてまつ》る。元《げん》を建てて（　③　）元年《がんねん》と為《な》す。」

また、（　③　）と同じ元号の記された木簡がいくつかの遺跡から出土しています。これらのことから、現在では、701年に初めて元号が定められ、それ以降、全国で元号の使用が開始されたと考えられています。なお、701年には、日本史上初めて律と令がそろった、本格的な律令が定められました。資料中の空らん（　③　）に適する元号の名を**漢字**で答えなさい。

（4）下線部(c)について、日本では1885年に内閣制度が創設されました。これは、欧米諸国にならった近代国家の体制をつくるため、憲法にもとづく政治体制の導入を進めていた明治政府が、ある人物をドイツやオーストリアなどに派遣して憲法の調査をさせ、その人物が帰国して創設した制度でした。この人物は、自ら初代の内閣総理大臣に就任し、憲法の制定や議会の開設などにおいても中心的な役割を果たしました。この人物の名を**漢字**で答えなさい。

（5）下線部(d)について、次の表は衆議院議員総選挙の回数、実施年、有権者数、有権者の全人口に対する比率を示しています。この表を参考にして、下の衆議院議員総選挙に関する文ア～エのうちから**誤っているもの**を１つ選び、記号で答えなさい。

回　数	第1回	第7回	第14回	第16回	第22回	第41回	第48回
実施年	1890	1902	1920	1928	1946	1996	2017
有権者数(万人)	45	98	307	1,241	3,688	9,768	10,609
人口比(%)	1.1	2.2	5.5	20.8	50.4	77.6	83.7

ア　第１回総選挙では、選挙権が直接国税15円以上を納める25歳以上の男性に限られたため、有権者の全人口に対する比率は約１%でした。

イ　選挙権年齢が20歳以上に引き下げられてから最初の男子普通選挙が実施された第16回総選挙では、納税資格がなくなったため、有権者の全人口に対する比率は約20%に達しました。

ウ　第二次世界大戦後に実施された第22回総選挙では、20歳以上の男女に選挙権が与えられたため、有権者の全人口に対する比率は約50%でした。

エ　選挙権年齢が18歳以上に引き下げられてから最初に実施された第48回総選挙では、少子高齢社会を反映して、有権者の全人口に対する比率が80%を越えました。

（6）下線部(e)について、1993年７月の衆議院議員総選挙で自由民主党が過半数を割ったため、自由民主党と日本共産党を除く８党派が結束して８月に細川護熙《もりひろ》内閣が成立しました。それまでは、政権を担当する自由民主党が衆議院の議席のほぼ３分の２、日本社会党等の野党が３分の１を占めて対立する政治体制が約40年間続いていました。この政治体制を何体制といいますか。

（7）下線部(f)に関して、長い期間で地球の歴史を見ると、大規模な気候変動がしばしば見られ、寒暖を繰り返してきたことがわかります。下の関東地方の地図は、5000年以上前の貝塚の分布と当時の海岸線、および点線で現在の海岸線を示したものです。この地図でわかるように、5000年以上前の貝塚と海岸線は、現在の海岸線より内陸にありました。これは、どのような地球規模での気候変動があったためと考えられますか。5000年以上前の時代の名を含めて、次の語句を使って簡潔に説明しなさい。ただし、気候変動以外の要因は考えないものとします。

温暖化　　上昇

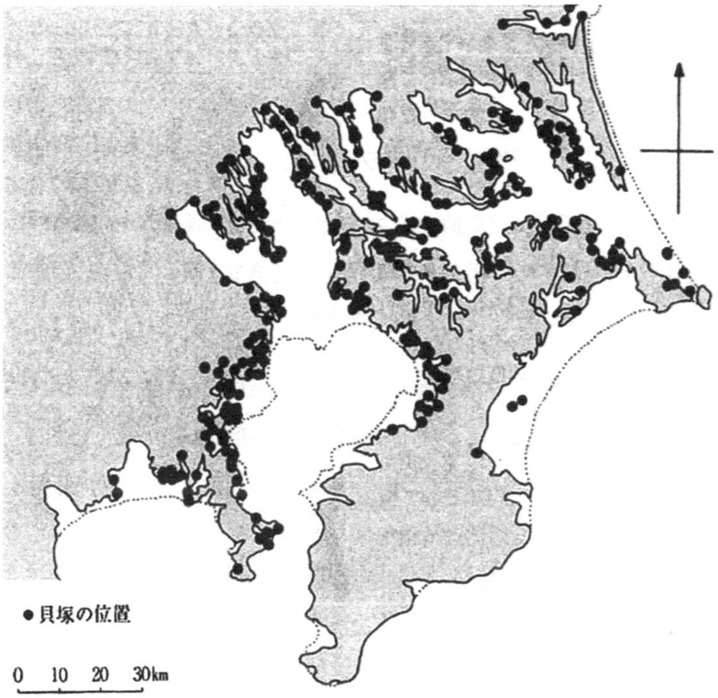

（8）下線部(g)について、「平成の米騒動」とは、1993年の記録的な冷夏による不作が原因となった米不足の時のことを言います。これより以前にも、凶作《きょうさく》で米不足になったり、価格が上がって、人々が米を買えなくなって騒動になったことは何度もありました。その中でもとくに有名なのは、1918年に起きた米騒動です。この時は、第一次世界大戦が始まって米価が値上がりする社会不安の中で、政府があることを発表すると米価がいっそう高騰し、富山湾岸の町で米を求める騒動が発生して全国に拡がりました。この米騒動のきっかけは、政府が何を発表したことでしたか。

（９）下線部(h)に関して、冷戦の終結は、アメリカとソ連の首脳が地中海のマルタ島で会談して宣言されました。それまでの冷戦体制の下では、東西両陣営の対立から、世界の各地で国家が分断されました。次のア～エの国家の分断に関する文のうちから、冷戦の終結宣言が出された時期に最も年代が近いものを１つ選び、記号で答えなさい。

ア　ドイツでは、ベルリンの壁が開放され、翌年東西ドイツの統一が実現しました。

イ　ベトナムでは、ベトナム戦争が終結し、翌年南北ベトナムの統一が実現しました。

ウ　中国では、中華人民共和国が建国され、中華民国は台湾に移りました。

エ　朝鮮では、北朝鮮（朝鮮民主主義人民共和国）と大韓民国の間に、朝鮮戦争が起こりました。

（１０）下線部(i)に関連して、通信技術は平成の時代に入って長足の進歩を遂げました。この背景には、第二次世界大戦以降の科学技術の発達があります。特に、宇宙開発事業は通信技術に革命的変化を起こしました。その先駆《さきが》けになったのが、1957年の人工衛星の打ち上げです。世界で最初に人工衛星を打ち上げた国はどこですか。次のア～エのうちから正しいものを１つ選び、記号で答えなさい。

ア　アメリカ　　　イ　中国　　　ウ　ソ連　　　エ　日本

（１１）下線部(j)に関して、明治時代以降の日本では、人口が農村部から都市部に移動する傾向が強く、時代とともに都市とその周辺の景観が変化してきました。これに関連する次のア～エの文について、年代の古い順に記号を並べ替えなさい。

ア　大都市の湾岸部には、巨大な高層マンションが建てられるようになりました。

イ　東京の銀座では道路を広げ、両側に煉瓦《れんが》作りの洋風建築が建てられました。

ウ　大都市と郊外を結ぶ鉄道が建設され、その沿線には一戸建ての和洋折衷《せっちゅう》の住宅が建てられました。

エ　都市人口の急増により、都市近郊には大規模な団地の造成が相次《あいつ》ぎました。

令和２年度

北嶺中学校入学試験問題

国　　語

（60分）

（注意）

1　問題が配られても、「はじめ」の合図があるまで、中を開かないで下さい。

2　問題は全部で **14** ページで、解答用紙は１枚です。「はじめ」の合図があったら、まず、ページ数を確認してからはじめて下さい。もし、ページがぬけていたり、印刷されていなかったりする場合は、静かに手をあげて先生に伝えて下さい。

3　答えはすべて、解答用紙の指定された位置に書いて下さい。

4　字数が指定されている場合は、句読点や記号も１字として数えて下さい。

5　質問や用事がある場合は、静かに手をあげて先生に伝えて下さい。ただし、問題の考え方や、言葉の意味、漢字の読み方などについての質問には答えません。

6　「おわり」の合図で鉛筆をおき、先生が解答用紙を集めおわるまで、静かに待っていて下さい。

一

次の文章は、広島を舞台にした物語の一節です。主人公の「ヤスさん」は、妻を亡くして以来、男手一つで息子の「アキラ」を育ててきました。小学五年生になった「アキラ」は、野球の小学校対抗試合に向けて特訓を重ねていますが、ある日、「ヤスさん」の一言をきっかけに機嫌を損ねてしまいます。しかし、「ヤスさん」には「アキラ」の不機嫌の理由がわかりません。読んで、あとの問いに答えなさい。

やれやれ、とヤスさんはため息をついた。思い当たることは、一つしかない。
「……野球でピッチャーになれんのが、そげん悔しいんか。しょうがなかろうが、実力の世界なんじゃけえ」
アキラの返事はなかったが、なにか不服そうに言い返そうとする気配は伝わった。
「外野の練習、しよるんか?」
アキラは顎《あご》をお湯の中に沈めて、アかぶりを振《ふ》る。
ははーん、とヤスさんはうなずいた。①やっとわかった。そうかそうか、とアキラがいじらしくもなった。
「すまんかったのう、仕事仕事でおまえにも寂しい思いさせてしもうて。よっしゃ、明日は仕事を早じまいして、練習の相手しちゃる」
父一人子一人なのだ。仕事は立て込んでいるが、それくらいのことはしてもいいし、しなければならないだろう。キャッチボールは照れくさくても、ノックなら「獅子《しし》は我が子を千尋《せんじん》の谷に落とす」という感じで、悪くない。
ヤスさん、勢いよく湯船からでて、「明日は千本ノックじゃ!」と尻をパンパンと叩《たた》いて気合いを入れた。
ところが、アキラはそっけなく②「お父さんは関係ないけん」と言った。「ぼく、＊1照雲《しょううん》おじさんと練習する」
外野のノックではなく、ピッチング練習の相手をしてほしい――という。
「要するに、じゃ……」
話を切り出す前に、ため息がこぼれ落ちてしまう。納得がいかない。わけがわからない。しまいには電話口の向こうにいる照雲に対して腹さえ立ってくる。
「ええのう、おまえ、人気者じゃ。今度の市議選にでも出てみいや。③ガキに選挙権があったら一発で当選じゃ」
「……なにを言うとるんか、さっぱりわからんがな。どないしたんか、アキラが」

「じゃけん、おまえに野球のコーチしてくれ、言うとるんよ」

悔しさが声ににじむ。受話器を持つ手に、つい力がこもってしまう。腹立ちまぎれに事務所中をにらみ回すと、「私用電話厳禁」が口癖《くちぐせ》の支店長が渋《しぶ》い顔をして、そっぽを向いた。

アキラは今度の試合で、やはり先発ピッチャーを目指すのだという。エースの藤井くんには勝ち目がないのに、外野に回るぐらいなら控えのピッチャーでもいい、とまで言った。

ヤスさんにはその理由がわからない。わからないから、外野の練習の話をして、アキラを怒らせてしまった。

「怒るスジじゃなかろうが、のう、ナマグサ。試合に出てナンボと違うんか。ピッチャーはだめでも外野で試合に出ればよかろうが。それが理屈じゃろ？　怒るほうがおかしいで、ほんま、よそのガキじゃったら頭一発はたいちゃるところじゃ……おう、ナマグサ、聞いとるんか、ひとの話……ナマグサ？　もしもし？　おう、ナマグサ、返事ぐらいせんか、ボケが！」

一喝《いっかつ》すると、相槌《あいづち》が途切れたままだった照雲は、やっと、ぼそぼそとした声で返した。

「聞こえんど、もっと大きな声で言えや」

「④……えらいがな」

「は？」

「アキラ……ほんまにえらいがな、ええ子じゃがな……わし、もう感動して感動して……」

涙交じりだった。

ヤスさんは、あちゃあ、と受話器を持ったまま天を仰《あお》ぎ、目をつぶって、ため息をついた。

野球は試合に出てナンボ――高校時代、ベンチ入りの補欠にすらなれなかったのに最後までがんばった照雲には、それは通じない。

「ヤス、おまえは考え違いをしとる。アキラのほうが、よっぽど野球の真髄《しんずい》をわかっとるわ」

説教の口調で言われてしまった。いや、それは、出来のいい息子を持った父親の口調だっただろうか。

「人間、初志貫徹《かんてつ》がいちばん大事なんじゃ」照雲はきっぱりと言う。「アキラが志を曲げんとがんばっとるのに、親父がさっさとあきらめてどげんするんな」

「アホ」ヤスさんは即座に切り捨てる。「ほんまの初志は、試合に出ることじゃろうが。アキラが試合に出られるにはどげんすればええかを考えてやるんが親の務めと違うんかい」

「ヤス、それは妥協《だきょう》いうんじゃ。人間、妥協しちゃいけんのよ」

「妥協と違うわい、作戦じゃ」

自分がほんとうに言いたいこととは微妙にニュアンスが違うような気がしたが、本をあまり読まないヤスさん、こういうときにうまい言葉を見つけられない。ただ、間違っているとは思わない。ピッチャーでは試合に出られず、外野に回るのならスタメンが約束されている。それでもなおピッチャーにこだわるのは、初志貫徹だのなんだのではなくて……。

「（　Ａ　）を張ってもしょうがなかろうが」

おっ、ええど、と自分の一言に思わずイ頬《ほお》がゆるんだ。「作戦」よりはずっとすんなり来る言葉だった。

だが、照雲は「男の子には（　Ａ　）が大事なんよ」と譲《ゆず》らない。「ここで外野に回ったら、アキラは大きゅうなってから、ちょっと難しいことがあったらすぐに脇へ逃げてしまうようになるど」

「大げさなこと言うな、アホ」

「……まあ、とにかく、アキラがそげん言うとるんじゃったら、わしがウひと肌脱《ぬ》いじゃるしかないのう」

うれしそうに言う。夢にまで描いていた「息子」とのキャッチボール――しかも、「息子」のたっての願いを受けて、である。

「夕方、アキラの学校まで行ってみるけん。どうせ校庭で練習しとるんじゃろ。ヤスは今日残業か？　もしアレじゃったら、アキラの晩飯、わしが外で食わせちゃってもええし……おう、そうじゃ、ウチに連れて帰って幸恵《ゆきえ》の手料理でも悪うないのう」

張り切っている。使い古しのボールでは表面がツルツルして投げにくいだろうから、と新しい軟式ボールを持って行く、とまで言った。この調子なら、「今日から試合まで＊2ヤクシンさんで特訓の合宿じゃ」あたり言い出しかねない。

「補欠は補欠どうし、仲良うやっとけ！」

⑤ヤスさんは怒鳴り声とともに受話器を叩きつけた。

（重松清『とんび』ＫＡＤＯＫＡＷＡより）

【語注】＊1　照雲おじさん………薬師院という寺の僧で、「ヤスさん」の幼なじみ。妻「幸恵」との間に子を望んでいたが、恵まれなかった。後に出てくる「ナマグサ」も照雲のこと。

＊2　ヤクシンさん………薬師院のこと。

問一　―――ア～ウの意味として最もふさわしいものを、次の1～5からそれぞれ選び、数字で答えなさい。

ア　かぶりを振る

1　がっかりして目をつぶる
2　腹を立てて押しだまる
3　ふてくされて横を向く
4　困ったような目で見る
5　首を振って否定する

イ　頬がゆるんだ

1　自信がわいてきた
2　納得してうなずいた
3　自画自賛してしまった
4　嬉しくてにこにこした
5　急に恥ずかしくなった

ウ　ひと肌脱いじゃる

1　親身になって相談に乗る
2　本気になって力を貸す
3　かげながら応援する
4　上着を脱いで運動する
5　努力して夢を実現する

問二　二つの（　Ａ　）にあてはまる共通の言葉として、最もふさわしいものを次のア～オから選び、記号で答えなさい。

ア　見栄　　イ　気　　ウ　肩　　エ　意地　　オ　体

問三　―――①「やっとわかった」とありますが、この時「ヤスさん」はどのような気持ちでいますか。次のア～オから、最もふさわしいものを選び、記号で答えなさい。

ア　息子よりも仕事を大切にしている父にアキラが腹を立てているとわかり、どうすればよいかわからずに困っている。
イ　父に十分に相手をしてもらえずアキラが寂しい思いをしているとわかり、アキラのことをかわいそうに思っている。
ウ　なぜ怒っているかを父に理解してもらえてアキラがほっとしているとわかり、仲直りができたことに安心している。
エ　アキラが父の気を引くためにわざと反抗しているとわかり、いたずらに刺激《しげき》しない方がいいだろうと用心している。
オ　アキラは父と仲直りをしたいのに言い出せずにいるだけだとわかり、仲直りのきっかけを作ろうと張り切っている。

問四　―――②「『お父さんは関係ないけん』と言った」とありますが、この時「アキラ」はどのような気持ちでいますか。次のア～オから、最もふさわしいものを選び、記号で答えなさい。

ア　自分の実力不足が原因でピッチャーになれない、という事実を受けいれることができずに、父に八つ当たりしている。
イ　ピッチャーになるためには自分が努力するほかないのであり、父に頼るようなことはすまいと、強く心に決めている。
ウ　ピッチャーとしてレギュラーの座を勝ち取りたい、という気持ちを父が理解してくれないことに、不満を感じている。
エ　父がピッチング練習をしてくれればピッチャーの座を勝ち取ることができたと、父のことを恨みがましく思っている。
オ　父が息子のレギュラー争いに対し熱くなりすぎていることをうっとうしく思い、父のことを冷ややかな目で見ている。

問五　―――③「ガキに選挙権があったら一発で当選じゃ」とありますが、この時「ヤスさん」は「照雲」に対して、どのような気持ちを抱《いだ》いていますか。三十字以内で説明しなさい。

問六 ――④「……えらいがな」とありますが、「照雲」は、「アキラ」のどういうところを評価しているのですか。三十字以内で説明しなさい。

問七 ――⑤「ヤスさんは怒鳴り声とともに受話器を叩きつけた」とありますが、この時「ヤスさん」は、どういうことに腹を立てているのですか。次のア～オから、最もふさわしいものを選び、記号で答えなさい。

ア アキラが悩みごとを父親に打ち明けず、照雲だけに相談することで、父親を仲間外れにしようとした、ということ。
イ 照雲がアキラに気に入られたいために、父親の意見をすべて無視して勝手に話を進めていこうとした、ということ。
ウ 照雲が野球を知らない父親の意見など聞く価値がないと馬鹿にして、アキラの肩を持ってばかりいる、ということ。
エ 照雲はアキラの気持ちをよく理解しているのに、父親である自分はなかなか理解することができない、ということ。
オ 照雲のことを心の底でうらやましく思いながらも、その気持ちを照雲に素直に伝えることができない、ということ。

二

次の文章を読んで、あとの問いに答えなさい。

時計屋の主人は大層小柄の人だった。その小柄の人が店の脇に古机を置いて、背中を丸めて時計の修繕《しゅうぜん》をしていると、余計《よけい》小さく見えた。手許《てもと》に古風な電燈《でんとう》を引き寄せて、いつ通りかかっても同じ恰好《かっこう》をしていた。

私はその田舎町に一ヶ月ばかり滞在していた。泊まっている宿がその時計屋の筋向いだったので、店の前を通ることも多かった。

私は懐中時計を打紐《うちひも》でズボンのベルト通しに結えつけて置くのが習慣になっていたが、どういう弾みか紐が切れているのに気が付かず、時計を道路に落とした。時計に対してこのようなア無作法をしたことは殆《ほとん》どなかった。若い頃に、ズボンの隠しに入れたまま尻上りをして硝子《がらす》を割った記憶はあるが、多分それ以来の失敗であった。

何度も振《ふ》って耳にあててみたが〈　Ⅰ　〉は止まったままだった。その日宿へ戻る時にその時計屋へ持って行った。自分で落として置きながらこんなことを言うのは心苦しいけれども成《な》る可《べ》く急いで修繕を頼んだ。すると主人は裏側の蓋《ふた》を開け、Aシンボウが折れているのを確かめながら、急いでやるけれども、同じシンボウが手許にないので四日は貰《もら》いたいと言った。心当りの仲間の時計屋に連絡をして、そこにあればいいが……。

その時私は今向いの宿屋に仮り住まいをしていることを話すと、それは困るだろうと言って腕時計を貸してくれた。銀鍍金《ぎんめっき》が剝《は》げて古いものだが、時間は正確だから、その間使ってくれと、遠慮する私に貸してくれたのだった。借物の時計を、慣れない手頸《てくび》にはめて気になって仕方がなかったが、時計屋のイ好意が嬉しかったし、実際に大助かりだった。

今から三十数年前である。

小さい時計屋の店には、さまざまの形の掛時計があったが、その幾つかは振子が動いていた。それは売物ではなく、一応修繕を終えてから調子を見ている預り物であった。〈　Ⅱ　〉前に大事をとって容子《ようす》を見られている恢復期《かいふくき》の連中であった。

その振子の動き具合を見ていると、いかにもせっかちや、ゆったりBカマえているのやらいろいて、時計の性格がよく分かって面白かった。これらの時計と一緒に寝起きしている時計屋の主人が、①それをどう感じているかちょっと尋《たず》ねてみたいような気持があったのだが、別に親しくもなく、今店に来て話をしたばかりの人にそんなことを尋ねるうまい言葉も思いつかないままに黙っていた。

四日後に寄ってみると私の懐中時計は修繕が出来ていた。ウ重宝した腕時計を返して自分の時計を受取った時に、主人の右手の黒光りしている柱に八角形の柱時計が掛っているのを見た。四日前に来た時にも同じ柱にあったのかも知れないが、気が付かなかったらしい。

腕時計を貸してくれた好意に対して何かこの店で買物をしたい気持もあったが、それを餘《あま》りエ露骨《ろこつ》に見せるのもいやで、何の意味もないように、それが売物かどうかを聞いてみた。

それは想像した通り時計屋の時計であった。しかも大切な時計であるのが分かった。その主人が生まれた時に、時計屋でもなかった彼の父親が、別にそのCキネンにという積りでもなかったのだろうが買ったものだということだった。ぜんまいは幾度か取換えたが、ずっと動いているそうだった。そしてこんなことも話した。

この時計は、子供の頃には台所の柱に掛けてあって、硝子が曇って黄ばんで来ると、踏台に乗ってそれを拭《ふ》くのが自分の役目だったし、時計屋に奉公するようになってから、また自分で店を出すようになってからは尚更《なおさら》のこと、これだけは絶対に狂わせないように気を配って来たそうである。

②そこまで深い結びつきが出来てしまうと、この柱時計が止まる日に自分の寿命《じゅみょう》も尽きるというような気がして来るのではあるまいか、或いはこの時計に自分の運命が左右されている感じを常に抱《いだ》くようになるのではないか。そんなことを私は咄嗟《とっさ》に思ったが、無論それは口にしなかった。

それから十数年後にこの町を列車で通る機会があって、私は途中下車をした。時計屋の主人が健在であるかどうかが急に気になって訪ねて見た。方々の町の容子がどんどん変って行くのに、ここは記憶にない新しい建物も殆ど見当らない程に変っていなかった。時計屋の店もそのままで、矢張り訪ねてよかったと思ったが、修理机のところには若い男の人がDカクダイキョウを片目にはめて背を丸めていた。そして右手の柱を見ると八角時計はなく、電気時計のEビョウシンが静かに廻《まわ》っていた。

私は店へ入って③尋ねる気持が急に消えてしまった。主人は亡くなったに違いなかった。そして自分でそれを望んだか、それとも家族が相談をしたかして、柱時計も主人と一緒にこの世から旅立ったのではあるまいか。

（串田孫一『四季』より）

問一 ――― A～Eのカタカナを、漢字に改めなさい。

問二 〈 Ⅰ 〉〈 Ⅱ 〉を補う言葉として最もふさわしいものを、次の1～5からそれぞれ選び、数字で答えなさい。

Ⅰ
1 異動
2 鼓動《こどう》
3 波動
4 動機
5 動転

Ⅱ
1 診察《しんさつ》
2 手術
3 発病
4 入院
5 退院

問三 〰〰ア～エのここでの意味として最もふさわしいものを、次の1～5からそれぞれ選び、数字で答えなさい。

ア 無作法
1 物がなくなること
2 作り方が雑なこと
3 判断を間違うこと
4 丁寧《ていねい》さを欠くこと
5 世間体が悪いこと

イ 好意
1 親近感
2 快適さ
3 期待感
4 好奇心
5 心配り

ウ 重宝した
1 大事にした
2 高価だった
3 役に立った
4 気をつかった
5 やっと慣れた

エ 露骨に
1 時を置かずに
2 ありのままに
3 慣れ慣れしく
4 おせっかいに
5 意味ありげに

問四　――①「それをどう感じているか」とありますが、作者は主人の心境を、どのように想像していますか。次のア～オから、最もふさわしいものを選び、記号で答えなさい。

ア　小さな変化も見のがすまいと、売り物にも修理した時計にも、常に細心の注意を払っている。
イ　時計の持っていた悪い癖《くせ》を見事に直したので、客に満足してもらえるだろうと期待している。
ウ　それぞれの時計の性質を理解すればするほど、売ってしまうことに名残おしさを感じている。
エ　修理した時計それぞれの個性を理解するにつれて、自然に家族のような親しみを抱いている。
オ　客の持って来た時計に対し、それぞれの性格を見きわめてから修理したいと張り切っている。

問五　――②「そこまで深い結びつき」とは、どういうことですか。四十字以内で説明しなさい。

問六　――③「尋ねる気持」とは、どういうことを尋ねる気持ちですか。三十字以内で説明しなさい。

問七　本文全体から、作者が時計というものを、どういう存在としてとらえていることがわかりますか。次のア～オから、最もふさわしいものを選び、記号で答えなさい。

ア　正確に時を刻み続けることによって、持ち主の人生を区切り、正しく導いてくれる、厳しくも優しい存在。
イ　二つとして同じものがなく、使い続けるにつれて持ち主の人生と一体化して感じられる、いとおしい存在。
ウ　時々故障するからこそ愛着がわき、修理に費用や時間をかけることにさえ、かえって喜びを感じる存在。
エ　わずかな不注意で故障してしまう上に、借りた物や買ったばかりの物では役に立たない、やっかいな存在。
オ　他人に借りたりゆずり受けたりすれば、自分の人格や人生を変えてしまいかねない、どこか不気味な存在。

三

次の文章を読んで、あとの問いに答えなさい。

「時間どろぼう」という言葉を記憶している読者は多いだろう。ドイツの作家（　Ⅰ　）作『モモ』に出てくる言葉である。時間貯蓄銀行から派遣《はけん》された灰色の男たちによって、人々の時間が盗まれていく。それをモモという少女が活躍してとりもどす。そのために彼女がとった手段は、ただ相手に会って話を聞くことだった。このファンタジーは現代の日本で、（　Ａ　）重要な意味をもちつつあるのではないだろうか。

時間とは記憶によって紡《つむ》がれるものである。かつて距離は①時間の関数だった。だから、遠い距離を旅した記憶は、かかった時間で表現された。「七日も歩いて着いた国」といえば、（　Ｂ　）遠いところへ旅をしたことになった。その間に出会った多くの景色や人々は記憶のなかに時間の経過とともにならび、出発点と到着点を結ぶ物語となった。

しかし、今は違う。東京の人々にとって飛行機で行く沖縄は、バスで行く名古屋より近い。移動手段の発達によって、距離は時間では測れなくなった。

時間にとって代わったのは（　Ⅱ　）である。「時は金なり」ということわざは、（　Ｃ　）時間はお金と同じように貴重なものだから大切にしなければいけないという意味だった。ところが、次第に「時間は金で買えるもの」という意味に変わってきた。特急料金をはらえば、普通列車で行くより時間を短縮できる。速達郵便は普通郵便よりも料金が高いし、航空便は船便より費用がかさむ。同時に、距離も時間と同じように金に換算されて話題に上るようになった。

しかし、これは大きな勘違いを生むもととなった。金は時間のように記憶によって蓄積できるものではない。本来、金は今ある可能性や価値を、劣化《れっか》しない紙幣や硬貨に代えて、それを将来に担保する装置である。いわば時間を止めて、その価値や可能性が持続的であることを認める装置だ。しかし、実はその持続性や普遍性《ふへんせい》は危うい約束事や予測の上に成り立っている。今の価値が将来も変わることなく続くかもしれないが、もっと大きくなったり、ゼロになるかもしれない。＊1リーマン・ショックに代表される近年の金融《きんゆう》危機は、②そのことを如実《にょじつ》に物語っている。

時間には決して金に換算できない側面がある。（　Ｄ　）、子どもが成長するには時間が必要だ。金をかければ、子どもの成長を物質的に豊かにできるかもしれないが、成長にかかる時間を短縮することはできない。そして、時間が紡ぎだす記憶を金に換算することもできないのだ。社会で生きていくための信頼を金で買えない理由がここにある。信頼は人々の間に生じた優しい記憶によって育てられ、維持《いじ》されるからである。

人々の信頼でつくられるネットワークを社会資本という。何か困った問題が起こったとき、ひとりでは解決できない事態が生じたとき、頼れる人々の輪が社会資本だ。それは互いに顔と顔とを合わせ、時間をかけて話をすることによってつくられる。その時間は金では買えない。人々のために費やした社会的な時間が社会資本の元手になるのだ。

私はそれを、野生のゴリラとの生活で学んだ。ゴリラはいつも仲間の顔が見える、まとまりのいい十頭前後の群れで暮らしている。顔を見つめ合い、しぐさや表情で互いに感情の動きや意図を的確に読む。人間の最もまとまりのよい集団のサイズも十～十五人で、共鳴集団と呼ばれている。サッカーやラグビーのチームのように、言葉を用いずに合図や動作で仲間の意図が読め、まとまって複雑な動きができる集団である。これも日常的に顔を合わせる関係によって築かれる。言葉のおかげで、人間はひとりでいくつもの共鳴集団をつくることができた。でも、信頼関係をつくるには視覚や接触によるコミュニケーションに勝るものはなく、〈 Ⅲ 〉はそれを補助するにすぎない。

人間が発する言葉は個性があり、声は身体と結びついている。だが、文字は言葉を身体から引き離し、劣化しない情報に変える。情報になれば、効率が重視されて金と相性《あいしょう》がよくなる。現代の危機はその情報化を急激に進めてしまったことにあると私は思う。本来、身体化されたコミュニケーションによって信頼関係をつくるために使ってきた時間を、今私たちは膨大《ぼうだい》な情報を読み、発信するために費やしている。フェイスブックやチャットを使って交信し、近況《きんきょう》を報告し合う。それは確かに仲間と会って話す時間を節約しているのだが、（ E ）その機能を代用できているのだろうか。

現代の私たちは、③一日の大半をパソコンやスマホに向かって文字とつき合いながら過ごしている。もっと、人と顔を合わせ、話し、食べ、遊び、歌うことに使うべきなのではないだろうか。それこそが、モモがどろぼうたちからとりもどした時間だった。時間が金に換算される経済優先の社会ではなく、人々の確かな信頼にもとづく生きた時間をとりもどしたいと切に思う。

（山極寿一《やまぎわじゅいち》『ゴリラからの警告』より）

【語注】＊1 リーマン・ショック……二〇〇八年、アメリカの投資銀行リーマン・ブラザーズの倒産をきっかけに起こった、世界的な不況。

問一　〈　Ⅰ　〉にあてはまる、『モモ』や『はてしない物語』の作者を、次のア～カから選び、記号で答えなさい。

ア　ルイス・キャロル　　イ　ジョナサン・スウィフト　　ウ　ルーシー・モード・モンゴメリ
エ　マーク・トウェイン　　オ　ミヒャエル・エンデ　　カ　アントワーヌ・ド・サン・テグジュペリ

問二　〈　Ⅱ　〉〈　Ⅲ　〉を補うのに最もふさわしい言葉を、次のア～カから選び、記号で答えなさい。

ア　距離　　イ　記憶　　ウ　費用　　エ　信頼　　オ　身体　　カ　言葉

問三　（　A　）～（　E　）を補うのに最もふさわしい言葉を、次のア～コから選び、記号で答えなさい。同じ言葉が二度以上入ることはありません。

ア　ようやく　　イ　たちまち　　ウ　果たして　　エ　たとえば　　オ　しばらく
カ　ますます　　キ　ずいぶん　　ク　あたかも　　ケ　わざわざ　　コ　もともと

問四　―――①「時間の関数だった」とは、どういうことですか。解答らんに記された主語に続けて、全体を二十字以内で説明しなさい。

問五　――②「そのこと」とは、どういうことですか。次のア～オから、最もふさわしいものを選び、記号で答えなさい。

ア　お金の価値が、状況によって大きく変わりうる、ということ。
イ　時間は、お金や社会資本と同じように貴重だ、ということ。
ウ　現代人が、時間をお金で買えると思っている、ということ。
エ　現代社会では、距離を時間で計れなくなった、ということ。
オ　お金によって、価値や可能性が永遠に保たれる、ということ。

問六　――③「一日の大半をパソコンやスマホに向かって文字とつき合いながら過ごしている」とありますが、このことによって、社会からどういうものが失われていると、作者は考えていますか。二十字以内で説明しなさい。

令和２年度

北嶺中学校入学試験問題

算　　　数

（60分）

（注意）

1　問題が配られても、「はじめ」の合図があるまで、中を開かないで下さい。

2　問題は全部で **10** ページで、解答用紙は１枚です。「はじめ」の合図があったら、まず、ページ数を確認してからはじめて下さい。もし、ページがぬけていたり、印刷されていなかったりする場合は、静かに手をあげて先生に伝えて下さい。

3　答えはすべて、解答用紙の指定された位置に書いて下さい。答えが分数になるときは、できるだけ約分して答えて下さい。

4　コンパス、定規、分度器は使用できません。机の上にはおかないで下さい。

5　質問や用事がある場合は、静かに手をあげて先生に伝えて下さい。ただし、問題の考え方や、言葉の意味、漢字の読み方などについての質問には答えません。

6　「おわり」の合図で鉛筆をおき、先生が解答用紙を集めおわるまで、静かに待っていて下さい。

1　次の □ に当てはまる数を求めなさい。

(1) $\dfrac{1}{1\times2\times3}+\dfrac{1}{2\times3\times4}+\dfrac{1}{3\times4\times5}+\dfrac{1}{4\times5\times6}+\dfrac{1}{5\times6\times7}=\square$

(2) $\{1.001+(1.2\times1.2\times1.2+0.001)\}\div0.91-(10-0.01)\div3.7=\square$

(3) $\dfrac{2}{13}\times\left(\square-\dfrac{4}{5}\right)\div\dfrac{1}{2}\div\dfrac{2}{3}=2\dfrac{2}{5}$

(4) $73\times5+1\div(4+1\div8)$ を計算し，小数第3位を四捨五入した値は □ です。

計算用紙

2　次の各問いに答えなさい。

(1)　あるお店で，

ハンバーガー１個350円，ジュース１杯《ばい》100円，フライドポテト１個200円

で販売《はんばい》していますが，セットメニューとして

Aセット（ハンバーガー１個とジュース１杯）	420円
Bセット（ハンバーガー１個とジュース１杯とフライドポテト１個）	600円

でも販売しています。このお店で，ハンバーガー８個とジュース９杯とフライドポテト６個を購入《こうにゅう》するとき，最も安く購入するときの値段は，１つずつ単品で購入するときよりいくら安いか求めなさい。ただし，消費税は考えないものとします。

(2)　正六角形ABCDEFがあります。このとき，三角形BDFの面積は四角形ACDFの面積の何倍になるか求めなさい。

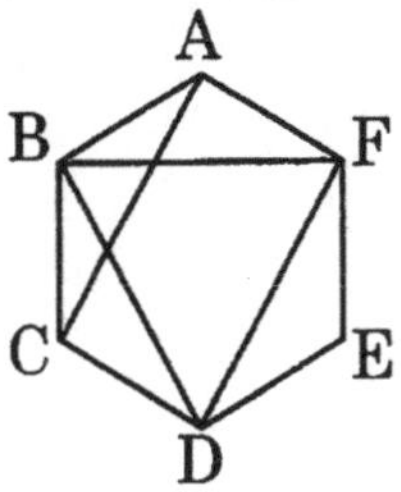

(3)　A小学校，B小学校，C小学校の３校で共通の試験を４教科行い，その結果は次の表のとおりになりました。

小学校	人数（人）	国語平均点	算数平均点	社会平均点	理科平均点
A	150	8	7	9	7
B	100	7	［ア］	8	8
C	200	8	7	7	8

３つの小学校全員の４教科合計の平均点が30.6点のとき，B小学校の算数の平均点［ア］を答えなさい。ただし，［ア］は整数になるとは限りません。もし，答えが整数にならない場合は小数で答えなさい。ただし，小数第３位までに割り切れない場合は小数第３位を四捨五入して，小数第２位まで答えなさい。

(4)　下図はおうぎ形と直角三角形を組み合わせた図形です。斜《しゃ》線部分の面積を求めなさい。ただし，円周率は 3.14 とし，小数第 3 位を四捨五入して小数第 2 位まで答えなさい。

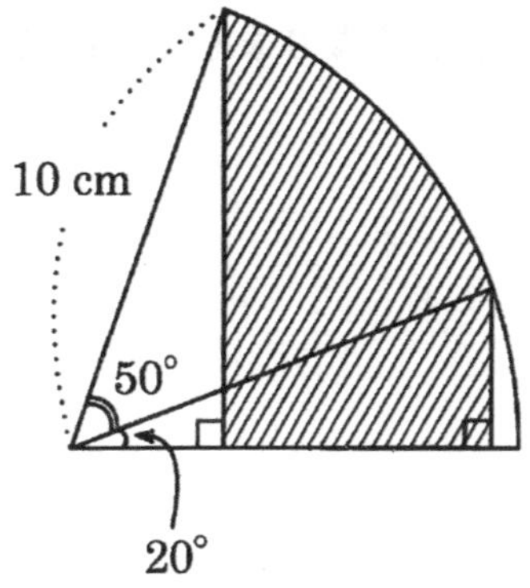

(5)　A さんの学校までの通学路の途中に B さんと C さんの家があります。A さんの家から学校まで 1200 m，B さんの家から学校まで 700 m，C さんの家から学校まで 70 m です。また，A さんの歩く速さは分速 60 m，B さんの歩く速さは分速 75 m で，ともに一定の速さで歩きます。

A さんが 7 時 55 分に家を出発し学校に向かいました。このとき，B さんが家を出発し，A さんと同じ通学路で学校に向かうとき，C さんの家の前までの間に A さんと出会うためには，B さんは

[ア] 時 [イ] 分 [ウ] 秒 から　[エ] 時 [オ] 分 [カ] 秒 の間

に家を出なければなりません。[ア] ～ [カ] に当てはまる数字を答えなさい。

3　H 中学校の生徒にお菓子を配ることにしました。

(1)　何人かの生徒にチョコレートを配ることにしました。1 人に 5 個ずつ配ろうとすると 25 個余ることがわかりました。そこで，1 人に 6 個ずつ配ることにしましたが，生徒が 4 人増えたので 13 個足りなくなりました。最初にいた生徒の人数を求めなさい。

(2)　H 中学校の 2 年生全員の人数は 1 年生全員の人数より 7 人多いことが分かっています。1，2 年生全員にあめを配ることを考えました。1 人に 5 個ずつ配ろうとすると，2 年生全員には配ることができますが，1 年生に配っている途中であめがなくなり，1 人は 3 個しかもらえず，8 人は全くもらえないことになります。また，1 人に 4 個ずつ配ろうとすると 61 個余ることになります。

このとき，次の各問いに答えなさい。

①　あめの個数と 1 年生全員の人数を求めなさい。

②　1，2 年生全員に加えて 3 年生のうちの何人かにもあめを配ることにしたので，あめを 100 個以上増やしました。1 人に配るあめの個数を，3 年生には 2 年生より 1 個多く，1 年生には 2 年生より 1 個少なくすると，ちょうど全員にあめを配ることができました。あめを配った 3 年生の人数は 1 年生全員の人数の $\frac{1}{6}$ です。このとき，増やしたあめの個数として考えられる最も小さい数を答えなさい。

計算用紙

4

底面が正方形である直方体の容器 ①～⑨が，図のように９つ並べてあります。この容器は 特殊《とくしゅ》 な材質で作られており，次の３つのルールをすべて満たしながら液体を容器間で移動させます。

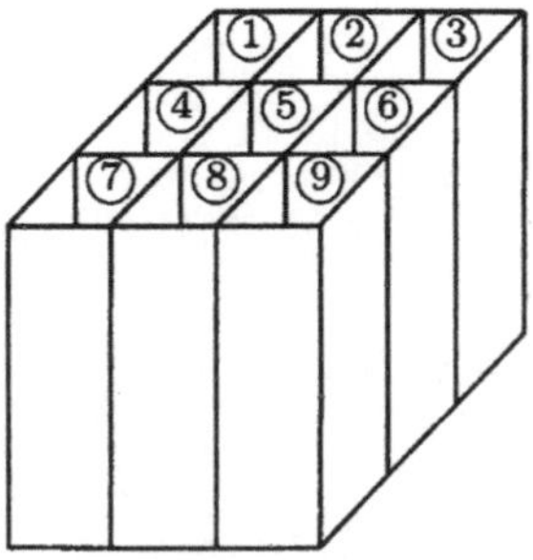

1. 液体の入った容器は，面が接している容器が 空《から》 ならば，その面から毎分 $1\ \mathrm{cm}^3$ の割合で空の容器に液体を流出させ，空でないならば流出させない。
2. 液体の流出は，容器が空になるまで行われ，流出中の容器に他の容器から液体は流入しない。
3. 液体が流入している容器は，流入が終わるまで他の容器に液体を流出させない。

今，容器①にのみ液体が $12\ \mathrm{cm}^3$ 入っている状態から液体の移動の様子を観察しました。次のグラフは容器②の液体について，移動を始めてから９分後までの体積の推移を表しています。

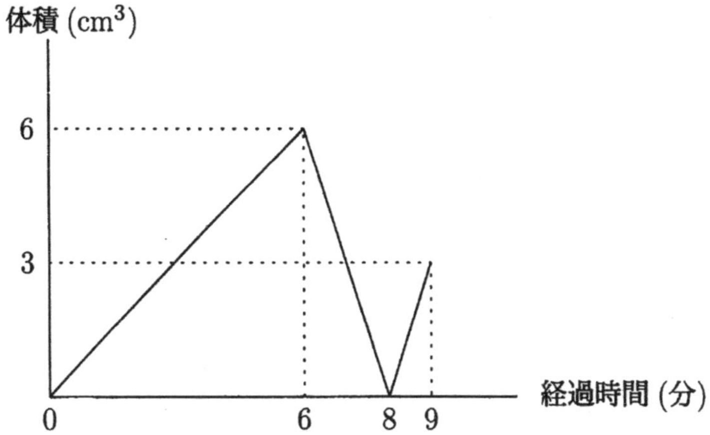

(1) ８分後，容器⑤に入っている液体の体積は何 cm^3 ですか。

(2) ９分後，空の容器は何個ありますか。

(3) 空の容器が初めて２個になるのは何分何秒後ですか。

(4) 11 分後，容器⑤に入っている液体の体積は何 cm^3 ですか。

計算用紙

5

下の図のような直角三角形ABCでは，角(あ)の大きさが定まると3辺の長さの比が定まります。

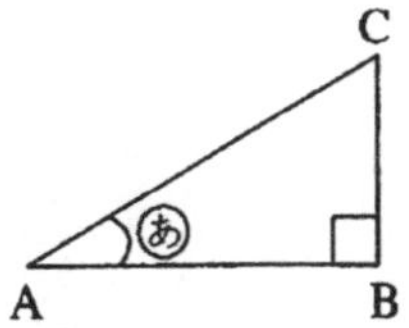

角(あ)との位置関係によって定まる2辺の長さの比の値について考えます。右の表は角(あ)が1°から20°までのときの，2辺の比の値を表したものです。ただし，表の中の比の値は，小数第5位で四捨五入をした値です。たとえば，角(あ)が19°のときは

$\frac{BC}{AC}=0.3256$，$\frac{AB}{AC}=0.9455$，$\frac{BC}{AB}=0.3443$

と定まります。

この表を利用して次の各問いに答えなさい。ただし，問題文の中にある「光線」とは太さのないまっすぐ進む1本の光の線のことを表します。また，壁《かべ》の厚さについては考えないものとします。

角(あ)の大きさ	$\frac{BC}{AC}$	$\frac{AB}{AC}$	$\frac{BC}{AB}$
1°	0.0175	0.9998	0.0175
2°	0.0349	0.9994	0.0349
3°	0.0523	0.9986	0.0524
4°	0.0698	0.9976	0.0699
5°	0.0872	0.9962	0.0875
6°	0.1045	0.9945	0.1051
7°	0.1219	0.9925	0.1228
8°	0.1392	0.9903	0.1405
9°	0.1564	0.9877	0.1584
10°	0.1736	0.9848	0.1763
11°	0.1908	0.9816	0.1944
12°	0.2079	0.9781	0.2126
13°	0.2250	0.9744	0.2309
14°	0.2419	0.9703	0.2493
15°	0.2588	0.9659	0.2679
16°	0.2756	0.9613	0.2867
17°	0.2924	0.9563	0.3057
18°	0.3090	0.9511	0.3249
19°	0.3256	0.9455	0.3443
20°	0.3420	0.9397	0.3640

(1)　図1は，AD＝6.4 m，BD＝11.6 m で，D地点には地面に垂直に立つ高さ1 m の壁がある様子を表しています。今，B地点の真上にある位置Cから，壁に当たらないように壁の向こう側の地面に向けて光線を放ちます。

図1

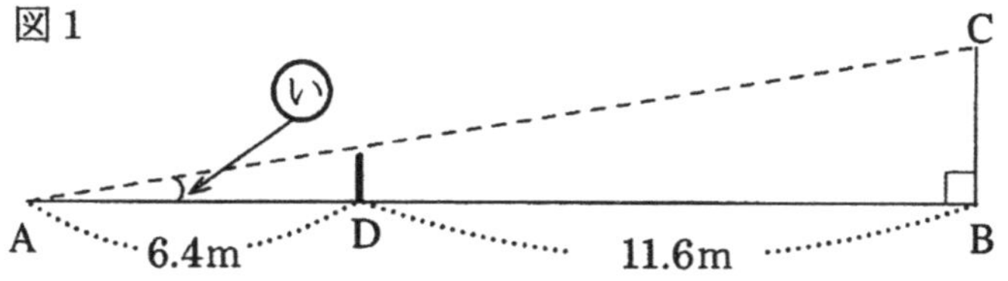

①　位置Cが地面から3 m の高さにあるとき，次の問いに答えなさい。

(i)　位置Cから放たれた光線がA地点に届きました。光線は壁の上端《じょうたん》から何 m 上を通過しましたか。ただし，答えは小数で，小数第4位を四捨五入して小数第3位まで答えなさい。

(ii)　位置Cから放つ光線が壁の向こう側の地面に届く位置を，光線を放つ向きを少しずつ変えながら，A地点からD地点に向かって近づけていきました。光線が届く壁の向こう側の地面の位置で最もD地点に近い位置は，D地点から何mかを答えなさい。

②　位置Cから放たれた光線がA地点に届いたとき，光線と地面が作る角(い)が10° でした。光線が放たれた位置Cの地面からの高さは何mですか。ただし，答えは小数で，小数第4位を四捨五入して小数第3位まで答えなさい。

(2)　図2の四角形ABGFは地面の上にある長方形です。また，AD = 6.4 m，BD = 11.6 mで，AFとDEは平行で，DE上には地面に垂直に立つ高さ1 mの壁があります。また，辺ABと対角線BFが作る角は13° です。B地点の真上にある地面からの高さが3 mである位置Cから，壁に当たらないように壁の向こう側の地面に向けて光線を放ちます。

図2

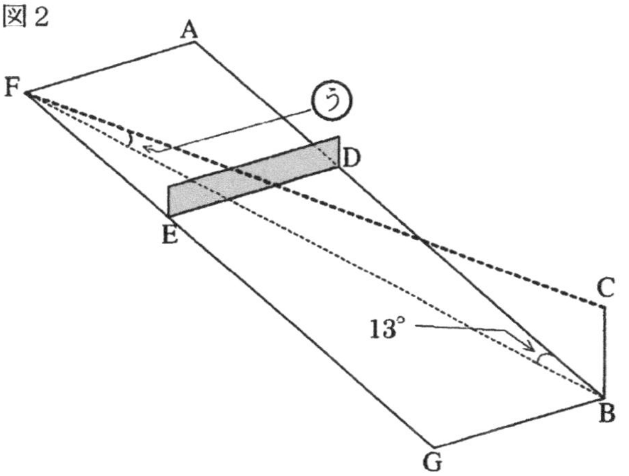

①　地面の上にある長方形ADEF上で，光線が地面に届いた場所に色を塗《ぬ》りました。色が塗られた部分の面積は何m^2ですか。ただし，答えは小数で，小数第4位を四捨五入して小数第3位まで答えなさい。

②　長方形ABGF上の地点Fに光線が届いたとき，対角線BFと光線が作る角(う)は，□°より大きい角度になります。□に当てはまる最も大きい整数を答えなさい。

① 位置Cから放つ光線が壁の向こう側の地面に届く位置を，光線を放つ向きを少しずつ変えながら，A地点からD地点に向かって近づけていきました。光線が届く壁の向こう側の地面の位置で最もD地点に近い位置は，D地点から何mかを答えなさい。

② 位置Cから放たれた光線がA地点に届いたとき，光線と地面が作る角㋐が10°でした。光線が放たれた位置Cの地面からの高さは何mですか。ただし，答えは小数で，小数第4位を四捨五入して小数第3位まで答えなさい。

(3) 図2の四角形ABCFは地面の上にある長方形です。また，AD＝0.4 m，BD＝11.6 mで，AFとDEは平行で，DE上には地面に垂直に立つ高さ1 mの壁があります。また，辺ABと対角線BFが作る角は13°です。B地点の真上にある地面からの高さが3 mである位置Cから，壁に当たらないように壁の向こう側の地面に向けて光線を放ちます。

図2

① 地面の上にある長方形ADEFにおいて，光線が地面に届いた場所に色を塗りました。色が塗られた部分の面積は何m²ですか。ただし，答えは小数で，小数第4位を四捨五入して小数第3位まで答えなさい。

② 長方形ABCF上の地点Eに光線が届いたとき，対角線BFと光線の作る角㋐は，□°より大きい角度になります。□に当てはまる最も大きい整数を答えなさい。

令和２年度

北嶺中学校入学試験問題

理　　科

（40分）

（注意）

1　問題が配られても、「はじめ」の合図があるまで、中を開かないで下さい。

2　問題は全部で **13** ページで、解答用紙は１枚です。「はじめ」の合図があったら、まず、ページ数を確認してからはじめて下さい。もし、ページがぬけていたり、印刷されていなかったりする場合は、静かに手をあげて先生に伝えて下さい。

3　答えはすべて、解答用紙の指定された位置に書いて下さい。

4　字数が指定されている場合は、句読点や記号も１字として数えて下さい。

5　質問や用事がある場合は、静かに手をあげて先生に伝えて下さい。ただし、問題の考え方や、言葉の意味、漢字の読み方などについての質問には答えません。

6　「おわり」の合図で鉛筆をおき、先生が解答用紙を集めおわるまで、静かに待っていて下さい。

1 次の問いに答えなさい。

(1) 物質には元素とよばれるさまざまな成分が含(ふく)まれています。ホタテの貝がらに含まれる主な元素を、次の**ア**～**コ**から**三つ**選び、記号で答えなさい。

ア 鉄　**イ** 銅　**ウ** 亜鉛(あえん)　**エ** カルシウム　**オ** 水素
カ 酸素　**キ** 炭素　**ク** 硫黄(いおう)　**ケ** 塩素　**コ** 窒素(ちっそ)

(2) 漂白剤(ひょうはくざい)と洗剤(せんざい)をまぜると、有毒な気体が発生することがあります。そのため、それぞれの容器には「**まぜるな危険**」という注意が書かれています。それらをまぜたときに発生する有毒な気体として、最も適するものを、次の**ア**～**キ**から一つ選び、記号で答えなさい。

ア 水素　**イ** 窒素　**ウ** 塩素　**エ** 一酸化炭素
オ 二酸化炭素　**カ** 二酸化硫黄　**キ** アンモニア

(3) ロウソクに関する、次の①～③に答えなさい。

① ロウソクを燃やしたときに発生する主な気体を、次の**ア**～**ク**から**二つ**選び、記号で答えなさい。

ア 酸素　**イ** 水素　**ウ** 窒素　**エ** 塩素
オ 二酸化炭素　**カ** 二酸化硫黄　**キ** アンモニア　**ク** 水蒸気

② ロウソクの炎は明るさや温度のちがう三つの部分からなり、芯(しん)に近い方から「炎心」、「内炎」、「外炎」といいます。「炎心」と「外炎」の温度について説明したものとして、最も適するものを、次の**ア**～**ウ**から一つ選び、記号で答えなさい。

ア 炎心は外炎よりも高温になる。
イ 外炎は炎心よりも高温になる。
ウ 炎心と外炎の温度は変わらない。

③ 2019年にノーベル化学賞を受賞した吉野彰さんが、小学生のときに科学に興味をもつ原点となった本「**ロウソクの科学**」の作者を、次の**ア**～**オ**から一つ選び、記号で答えなさい。

ア ファラデー　**イ** アインシュタイン　**ウ** エジソン
エ ニュートン　**オ** ノーベル

(4) 図1のように、3種類の物質（食塩、ミョウバン、硝酸カリウム）が100 gの水に溶(と)ける重さは、水の温度によって変化します。60 ℃のさまざまな重さの水に溶ける**ミョウバン**の重さを表すグラフとして、最も適するものを、図2のグラフの**ア**～**エ**から一つ選び、記号で答えなさい。

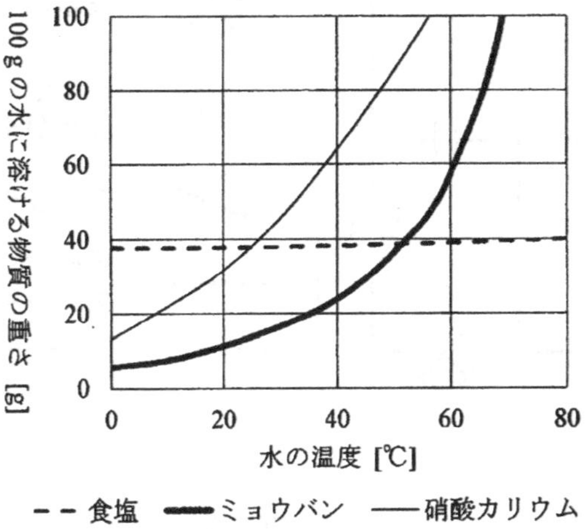

図1

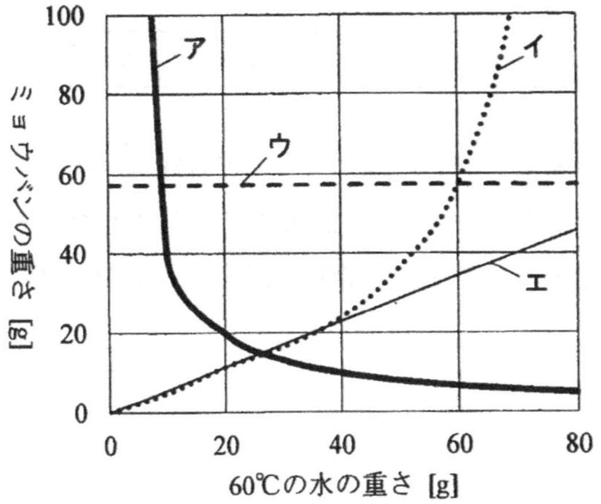

図2

2 次の問いに答えなさい。

(1) 一つの乾電池(かんでんち)、同じ種類の三つの豆電球A～C、三つのスイッチS_1～S_3を、図1のように導線でつなぎました。そして、スイッチS_1～S_3のそれぞれを「入れた（オン）」状態や「切った（オフ）」状態にして、三つの豆電球A～Cのそれぞれが点灯するかどうかを調べました。はじめに、スイッチS_1～S_3をすべて「入れた」ところ、豆電球AとCは点灯しましたが、豆電球Bは点灯しませんでした。三つの豆電球A～Cがすべて点灯したのはスイッチS_1～S_3をどのような状態にしたときですか。次の**ア～カ**から二つ選び、記号で答えなさい。

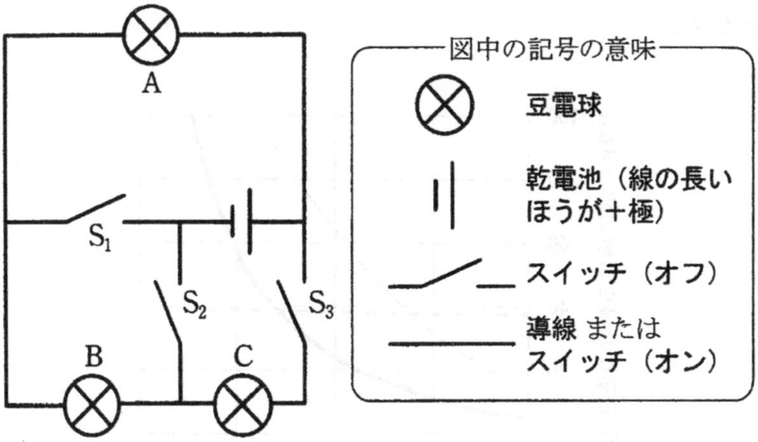

図1

	ア	イ	ウ	エ	オ	カ
スイッチS_1の状態	入れた	入れた	入れた	切った	切った	切った
スイッチS_2の状態	入れた	切った	切った	入れた	入れた	切った
スイッチS_3の状態	切った	入れた	切った	入れた	切った	入れた

(2) 同じ種類の二つの乾電池と同じ種類の三つの豆電球A～Cを、図2のように導線でつなぎました。このとき、豆電球は明暗の二通りで点灯しました。三つの豆電球A～Cで、明るく点灯した豆電球と暗く点灯した豆電球の組み合わせを、次の**ア～カ**から一つ選び、記号で答えなさい。

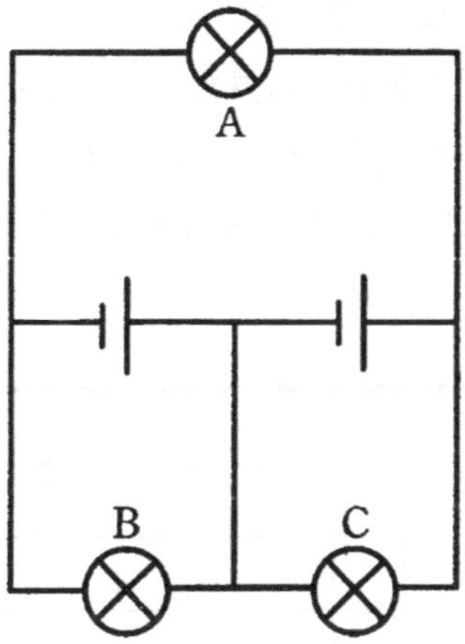

図 2

	ア	イ	ウ	エ	オ	カ
明るく点灯した豆電球	A・B	A・C	B・C	A	B	C
暗く点灯した豆電球	C	B	A	B・C	A・C	A・B

(3) 長さが 40 cm で太さが一定の軽い棒、重さが 30 g のおもり A、重さのわからないおもり B、二つのなめらかに回転する滑車(かっしゃ)、3 本の糸を使って、図 3 のように棒やおもりをつなぐと、棒は水平につりあいました。おもり B の重さが何 g かを答えなさい。ただし、棒、滑車、糸の重さは考えないものとし、滑車はそれぞれ天井(てんじょう)と床(ゆか)に固定されているものとします。また、答えが小数になるときは、小数第一位を四捨五入して、**整数**で答えること。

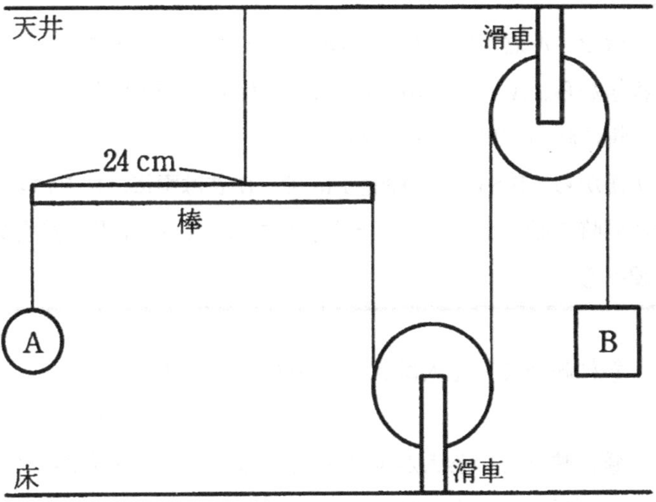

図 3

(4) 鏡に映る人物の見え方について調べるために、次のような実験を行いました。図4は、鏡の位置と、A～E君の位置を真上から見たようすを示したものです。次の①～③に答えなさい。ただし、図4の1目盛りはすべて1mを表し、鏡の幅（はば）は3mで厚さは考えないものとします。また、人物は点として見えるものとします。

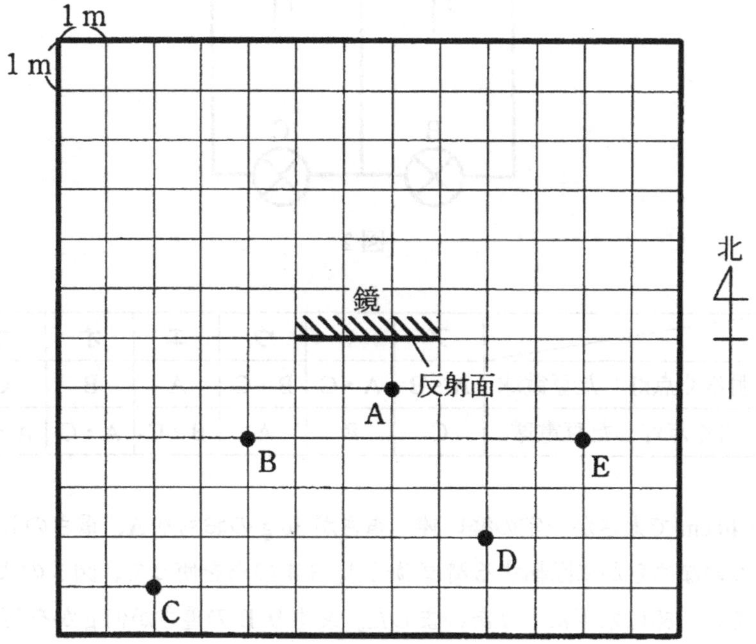

図4

【実験】鏡に映る人物の見え方について調べる

手順1	図4の状態で、A君が鏡を見て、鏡に映っている人を調べる。
手順2	図4の状態から、A君だけが南に一定の速さで移動する。このとき、A君が鏡を見ながら、鏡に映っている人を調べる。
手順3	図4の状態から、B～E君が秒速1mで、B君は南に、C君は北に、D君は東に、E君は西に同時に動き出す。このとき、止まっているA君が鏡を見て、鏡に映っている人を調べる。

① 手順1で、鏡に映っている人はA君以外に何人ですか。

② 手順2で、鏡に映っている人がA君だけになるのは、A君が少なくとも何m移動したあとになりますか。ただし、答えが小数になるときは、小数第一位を四捨五入して、整数で答えること。

③　手順3で、全員が鏡に映っているのは何秒間ですか。ただし、答えが小数になるときは、小数第一位を四捨五入して、**整数**で答えること。

〔問題を考えるために、図4をもう一つ印刷しています。〕

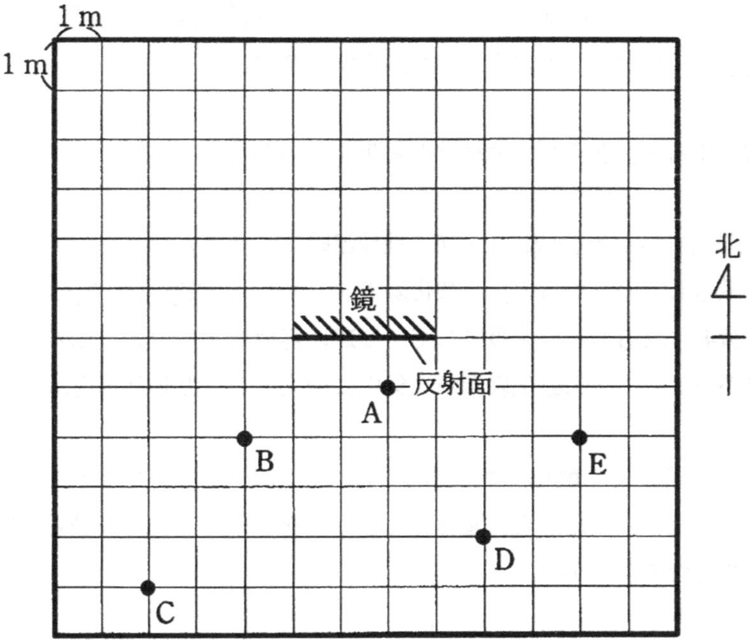

3

北嶺中学校の生徒「**嶺**くん」と小学生のときのクラスメイト「**北**さん」が植物や環境(かんきょう)について話しています。この会話を読んで、次の問いに答えなさい。

嶺くん：ぼくが通っている北嶺中学校は、自然豊かな環境にあるんだ。小高い丘(おか)の上にあって、周りには森林がたくさんあり、景色もすばらしいところなんだ。

北さん：それはいいわね。私が通っている学校は街中にあるので、森林はもちろんのこと、植物もあまり見られないわ。そういえば、(あ)地球では森林は減少していて、(い)地球温暖化にも関係しているという話を聞いたわ。

嶺：森林が減少すると、どうして地球は温暖化するのかな。

北：それはね、植物は(う)光合成によって、地球温暖化の原因と考えられている二酸化炭素を吸収して減らしているからよ。二酸化炭素を含めた(え)温室効果ガスとよばれる気体は、地表から放射される赤外線を吸収して、地球に再放射するのよ。赤外線は物質をあたためる効果があるので、二酸化炭素が大気中に増えると、温暖化が進んでいくわ。

嶺：それは大変だ。今すぐ二酸化炭素を減らさないと。ぼくたちができることは何だろうね。植物を増やせばいいのだから、植林をしようかな。それとも、大農場を作って、たくさんの農作物を育てようかな。

北：植林はすばらしい考えね。けど、大農場を作って農作物を育てるのは、森林を伐採(ばっさい)して畑を作らなければいけないので、地球温暖化を防ぐ解決策ではないわ。簡単に農場を作るっていうけど、農家ってとても大変なお仕事なのよ。単に畑を作って植物の種をまけばいいってわけじゃないわ。今では化学肥料があるけれど、土の中の養分の管理は結構難しいのよ。昔は、レンゲソウを育てたあとに農作物を植えていたことが多かったみたい。

嶺：どうして農作物を植える前にレンゲソウを育てるんだい。

北：生物の体にはいろいろな物質があるわ。その中には窒素を含むタンパク質やDNAなどの物質もあって、光合成によって作られるデンプンだけでは、これらの物質を作ることができないのよ。だから、植物は土からいろいろな物質を吸収しているの。(お)レンゲソウはある種の細菌(さいきん)と共生していて、その細菌からたくさんの窒素養分をもらっているの。だから、レンゲソウを育てれば、土にたくさんの窒素養分が供給されるわ。

嶺：めんどうだから、ぼくは化学肥料を使うことにするよ。

北：化学肥料は便利だけど、使いすぎると環境を汚染(おせん)するおそれがあるのよ。

嶺：それはどんな環境汚染なのかな。

北：化学肥料に含まれる窒素やリンなどの物質が川や湖に流れこんでしまい、植物の生育に必要な物質が増えてしまうの。こういう現象を富栄養化といって、それによって、赤潮やアオコが発生することがあるわ。

嶺：植物に必要な栄養が増えるならよさそうだけど。どうして環境が悪くなるのかな。

北：それはね、［　X　］

(1) 下線部 **(あ)** について、地球上の森林が減少している理由として、**誤っていると考えられるもの**を、次の**ア**～**オ**から一つ選び、記号で答えなさい。

ア　大規模な農場開発が行われているから。
イ　焼畑農業が行われているから。
ウ　発展途上国では燃料として大量の木材を利用しているから。
エ　大規模な森林火災が増えているから。
オ　草原に生育している植物が森林に入りこんでいるから。

(2) 下線部 **(い)** について、このまま地球温暖化が進行すると、地球ではどのようなことが起こると予想されますか。**誤っていると考えられるもの**を、次の**ア**～**オ**から一つ選び、記号で答えなさい。

ア　オゾン層の破壊(はかい)がさらに進み、地上に届く紫外線(しがいせん)の量が増える。
イ　移動能力の高い生物は、別の地域に移動して生活する。
ウ　海水面が上昇(じょうしょう)し、一部の生物の生息域が失われる。
エ　気温の変化に適応できない生物の個体数が減っていく。
オ　伝染病を媒介(ばいかい)する昆虫(こんちゅう)の生息域が拡大して、病気が広がる。

(3) 下線部（**う**）について、植物は光を吸収する葉緑体をもつため、光合成を行うことができます。ある溶液(ようえき)をつくり、その溶液に葉緑体を入れていないものと、葉緑体を入れたものを用意しました。図1のように、それぞれの溶液に4色の光（赤色・黄色・緑色・青色）を当てたところ、図1のように光が通りぬけました。この結果から考えられることとして適するものを、次の**ア**～**カ**から**二つ**選び、記号で答えなさい。

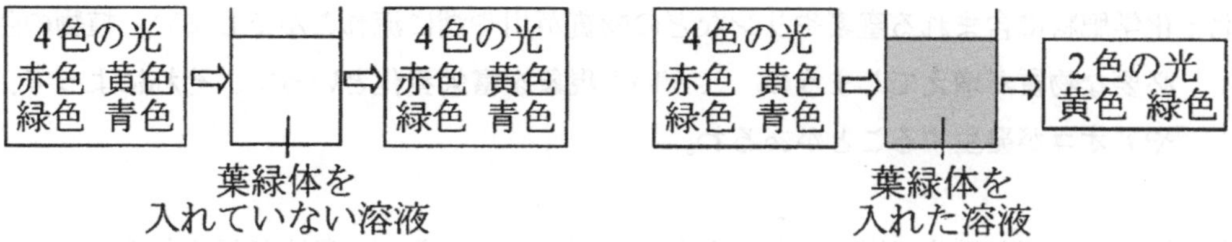

図1

ア 光合成では赤色や青色の光がよく使われる。

イ 光合成では緑色や青色の光がよく使われる。

ウ 光合成では緑色や黄色の光がよく使われる。

エ 葉緑体は緑色に比べて黄色の光を通しやすい。

オ 葉緑体は青色に比べて赤色の光を通しやすい。

カ 葉緑体は赤色に比べて緑色の光を通しやすい。

(4) 下線部（**え**）について、温室効果ガスである二酸化炭素の濃度(のうど)は世界各地で観測されています。日本では、岩手県の**綾里**(りょうり)、沖縄県の**与那国島**(よなぐにじま)、東京都の**南鳥島**で継続(けいぞく)的に観測されています。図2は、この3地点の2016～2018年の2月と8月の二酸化炭素濃度の変化を示しています。次の①と②に答えなさい。ただし、図2の[ppm] とは、1 ppm = 0.0001 % のことです。

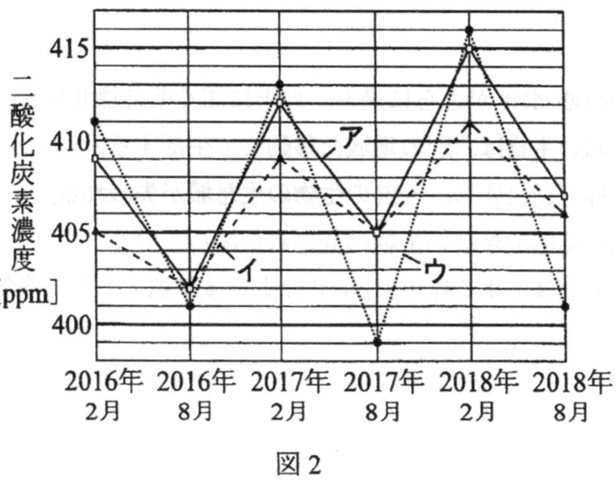

図2

① グラフが半年ごとに上がったり下がったりしている理由として、最も深く関係するものを、次の**ア～オ**から一つ選び、記号で答えなさい。

ア 動物の呼吸　　**イ** 植物の光合成　　**ウ** 細菌の分解
エ 水の蒸発　　**オ** 化石燃料の燃焼(ねんしょう)

② 岩手県の**綾里**の二酸化炭素濃度の変化を示すグラフを、図2のグラフの**ア～ウ**から一つ選び、記号で答えなさい。

(5) 下線部（**お**）について、レンゲソウの根を観察すると、小さなコブのような粒(つぶ)がたくさん見られました。この粒を調べると、根粒菌(こんりゅうきん)とよばれる細菌がたくさん観察されました。根粒菌は窒素養分をレンゲソウにあげるかわりに、レンゲソウからデンプンをもらいます。このように、おたがいが利益を得ることができる生物間の関係を「共生」とよびます。レンゲソウはミツバチとも「共生」の関係をもっています。レンゲソウとミツバチの「共生」では、それぞれがどのような利益を得ていますか。**レンゲソウ**と**ミツバチ**のそれぞれについて、一つずつ**簡潔に説明しなさい**。

(6) 文中の［ X ］に入る**北**さんの話を以下に示しました。［ ① ］～［ ③ ］に入る語句として、最も適するものを、次の**ア～ク**からそれぞれ一つずつ選び、記号で答えなさい。

> 化学肥料が川や湖に流れこむと、まず［ ① ］が増えて、［ ② ］も増えていくわ。そうすると、［ ① ］や［ ② ］を食べる微生物(びせいぶつ)が増えて、全体の生物量がどんどん増えるの。そのために、生物の排出物(はいしゅつぶつ)や死がいも増えて、これを分解する細菌が増えるのよ。すると、水中の［ ③ ］が減って、多くの生物が死んでしまい、生物の多様性が失われてしまうのよ。

ア 動物プランクトン　　**イ** 植物プランクトン　　**ウ** 大型の魚類
エ 小型の魚類　　**オ** 二酸化炭素　　**カ** アンモニア
キ 窒素　　**ク** 酸素

4

地球上にはさまざまな鉱物があります。4種類の鉱物A～Dについて、それぞれの性質を調べるために、【実験1】と【実験2】を行いました。次の問いに答えなさい。ただし、1 mL = 1 cm^3 であり、糸の重さと体積は考えないものとします。

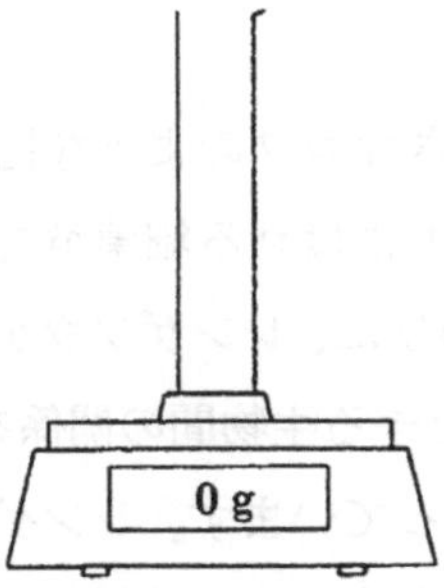

図1

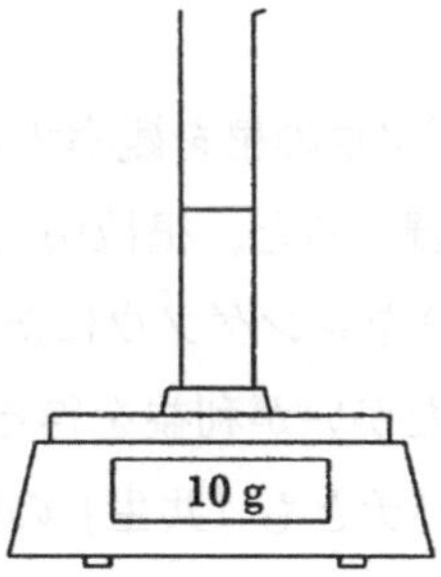

図2

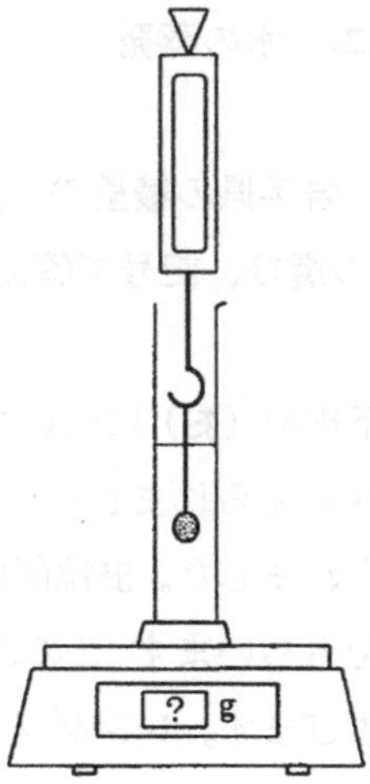

図3

【実験1】4種類の鉱物A～Dについてそれぞれの体積と重さの関係を調べる

手順1　図1のように、電子てんびんを水平な台の上に置き、20 mLまで測ることのできるメスシリンダーを電子てんびんの上にのせる。その後、重さの表示を0 gに合わせる。

手順2　図2のように、メスシリンダーに水を10 mL入れる。このときの電子てんびんの示す重さを読み取る。

手順3　図3のように、4種類の鉱物のうちの一つを糸でばねばかりにつるして、鉱物全体を水にしずめた状態にする。このときのメスシリンダー内の水と鉱物を合わせた体積、電子てんびんの示す重さ、ばねばかりの示す重さを読み取る。

手順2では、電子てんびんの示す重さは10 gでした。また、手順3では、4種類の鉱物それぞれについて、表1のような結果になりました。このとき、ばねばかりの示す重さは、鉱物を水にしずめるにつれて小さくなり、鉱物全体が水にしずんだときに表1の値になって一定になりました。このことは、次のような理由によると考えられます。

〔理由：水にしずめた物体は、その物体がおしのけた水の重さの分だけ軽くなるから。〕

表 1

鉱物	A	B	C	D
水と鉱物を合わせた体積 [mL]	12	13	14	11
電子てんびんの示す重さ [g]	12	13	14	11
ばねばかりの示す重さ [g]	12.6	9	17.2	1.7

(1) 地球上に存在している鉱物にはさまざまな色があります。黒っぽい色の鉱物として、最も適するものを、次の**ア**～**ク**から一つ選び、記号で答えなさい。

ア ルビー　**イ** エメラルド　**ウ** サファイア　**エ** ダイヤモンド
オ 水晶(すいしょう)　**カ** 磁鉄鉱　**キ** 石膏(せっこう)　**ク** 翡翠(ひすい)

(2) 鉱物には元素とよばれるさまざまな成分が含まれています。現在知られている元素はおよそ何種類ですか。最も適するものを、次の**ア**～**オ**から一つ選び、記号で答えなさい。

ア 100 種類　**イ** 200 種類　**ウ** 300 種類
エ 400 種類　**オ** 500 種類

(3) 鉱物 D は水に入れる前の重さが 2.7 g でした。鉱物 A～C の水に入れる前の重さがそれぞれ何 g かを答えなさい。ただし、答えが小数になるときは、小数第二位を四捨五入して、**小数第一位**まで答えること。

(4) 鉱物 A～C の 1 cm^3 あたりの重さがそれぞれ何 g かを答えなさい。ただし、答えが小数になるときは、小数第二位を四捨五入して、**小数第一位**まで答えること。

(5) と (6) は次のページにあります。

【実験 2】鉱物Dが水溶液に浮(う)くための条件を調べる

手順 1	図 1 のように、電子てんびんを水平な台の上に置き、20 mL まで測ることのできるメスシリンダーを電子てんびんの上にのせる。その後、重さの表示を 0 g に合わせる。
手順 2	図 2 のように、メスシリンダーに水を 10 mL 入れる。さらに、ある薬品 X を加えて水溶液にする。このときのメスシリンダー内の水溶液の体積を読み取る。
手順 3	図 3 のように、鉱物 D を糸でばねばかりにつるし、鉱物全体を水溶液にしずめた状態にする。このときのばねばかりの示す重さを読み取る。

手順 2 では、薬品 X は加える重さにかかわらず、すべて溶けました。また、**水溶液の体積は加える薬品 X の重さにかかわらず、10 mL のままでした**。手順 2 で加える薬品 X の重さを増やしながら実験をくり返したところ、ある重さを加えたときに、手順 3 でばねばかりの示す重さが 0 g となりました。さらに、ある重さよりも多くの薬品 X を加えると、鉱物 D を水溶液にしずめることができなくなって、液面に浮いた状態になりました。

(5)「加えた薬品 X の重さ」と「ばねばかりの示す重さ」の関係をグラフに表しなさい。ただし、解答用紙のグラフには、薬品 X を入れないときのばねばかりの示す重さを表す点があらかじめ描(えが)かれているので、ばねばかりの示す重さが 1.5 g、1 g、0.5 g、0 g（鉱物 D が浮きはじめる）になるときの薬品 X の重さを示す点を **4 点**描き、となり合う点と点を直線で結びなさい。また、薬品 X の重さが小数になるときは、小数第一位を四捨五入して、**整数**にしてからグラフに点で描くこと。

(6)「加えた薬品 X の重さ」が 5 g のとき、鉱物 D 全体を水溶液にしずめた状態での、**電子てんびんの示す重さ**が何 g かを答えなさい。ただし、答えが小数になるときは、小数第二位を四捨五入して、**小数第一位**まで答えること。

理科の試験問題はこれで終わりです。

計算用紙

令和２年度

北嶺中学校入学試験問題

社　　　　会

（40分）

（注意）

1　問題が配られても、「はじめ」の合図があるまで、中を開かないで下さい。

2　問題は全部で **17** ページで、解答用紙は１枚です。「はじめ」の合図があったら、まず、ページ数を確認してからはじめて下さい。もし、ページがぬけていたり、印刷されていなかったりする場合は、静かに手をあげて先生に伝えて下さい。

3　答えはすべて、解答用紙の指定された位置に書いて下さい。

4　字数が指定されている場合は、句読点や記号も１字として数えて下さい。

5　質問や用事がある場合は、静かに手をあげて先生に伝えて下さい。ただし、問題の考え方や、言葉の意味、漢字の読み方などについての質問には答えません。

6　「おわり」の合図で鉛筆をおき、先生が解答用紙を集めおわるまで、静かに待っていて下さい。

1　次の図に関する文を読み、後の問いに答えなさい。

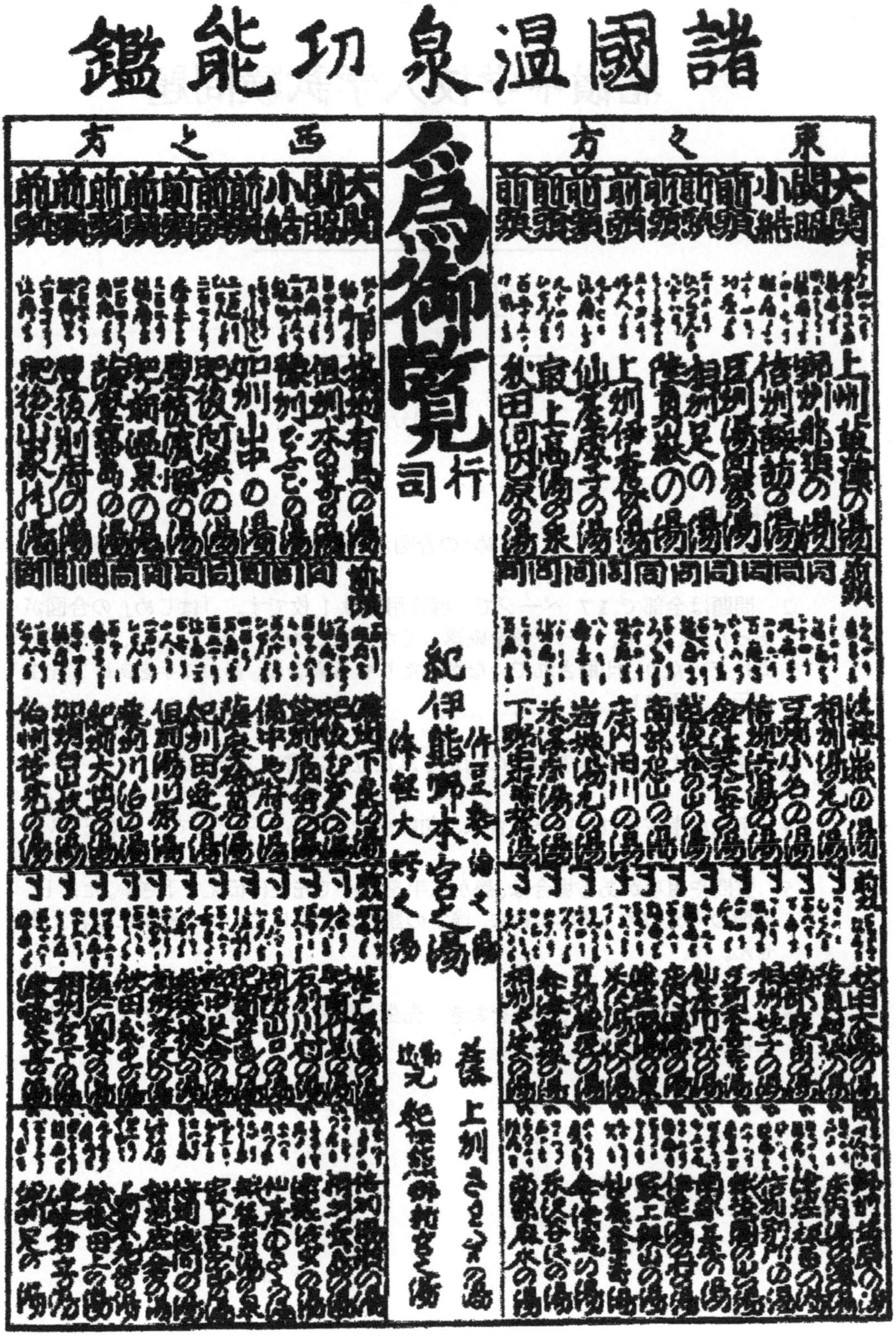

みなさんは、このような表を見たことがありますか。江戸時代半ばになると、相撲《すもう》が現在のような興行となり、庶民の間で好評を博すようになったころから「番付表」が作られるようになりました。相撲と同じように当時人気を博していた（　①　）の役者の人気を、相撲の番付表に見立て、それがさらにさまざまなジャンルに用いられ、「見立《みたて》番付」が数多く作られるようになりました。

この表は、温泉の効能を用いた見立番付の１つ「温泉番付」です。現在でも旅行会社などが、温泉のランク付けなどを行っていますが、その先駆《さきが》けと言っていいでしょう。当時の番付上の最高位が大関なのは、横綱が初めて番付に登場するのが明治時代の半ばのことだからです。

東の大関には「上州草津の湯」とあります。上州とは、旧国名の上野国《こうずけのくに》、現在の(a)群馬県に相当します。草津温泉は日本を代表する名湯の一つで、湯畑を中心に古い風情の温泉街があります。(b)上信越高原国立公園である西の河原の各所から温泉が湧き出し、湯の川となって流れ出しています。草津温泉の人気は今日も衰えず、観光経済新聞「2018 年度 にっぽんの温泉 100 選」でも１位になりました。なお、群馬県の草津町と滋賀県の(c)草津市とは、名前が同じということで(d)1997 年に友好都市提携を結びました。

西の大関には「播州《ばんしゅう》有馬の湯」とあります。播州とは旧国名の播磨国《はりまのくに》、現在の姫路市や(e)明石市など(f)兵庫県の瀬戸内海側に位置します。有馬温泉は、古くは『日本書紀』や『万葉集』、さらに清少納言が著《あらわ》した『枕草子』にも登場する歴史ある温泉です。近くには『ベルサイユのばら』などの作品を上演した、未婚の女性だけで構成される歌劇団が本拠を置く（　②　）市があります。

東の関脇には「野州《やしゅう》那須の湯」とあり、野州とは下野国《しもつけのくに》、現在の(g)栃木県に相当します。西の関脇には「但州《たんしゅう》木の嵜《さき》の湯」とあり、但州とは現在の兵庫県北部に相当する但馬国《たじまのくに》で、「木の嵜」は現在では城崎《きのさき》と表記される城崎温泉のことです。観光経済新聞「2018 年度 にっぽんの温泉 100 選」では、有馬温泉が６位、那須温泉 51 位、城崎温泉が 10 位となっており、那須温泉の順位が温泉番付とやや離れていますが、昔も今も人気にそう大きな差はないという結果になっています。そして何より、日本人が今も昔もランク付けを好むというところが面白いですね。

（1）文中の空らん（　①　）には、日本の伝統芸能があてはまります。次の図は、その様子を描いたもので、「市川團（団）十郎」「市川猿之助」らの名が記されています。（　①　）にあてはまる語を答えなさい。

（2）文中の空らん（　②　）市は兵庫県南東部にあり、「歌劇の町」「温泉の町」として有名ですが、大阪や神戸から電車で約30分という交通アクセスのよさから宅地開発が進み、ベッドタウンとなっています。（　②　）にあてはまる市の名を**漢字**で答えなさい。

（3）下線部(a)について、この県をはじめ関東地方には、冬から初春にかけて日本海側から季節風が吹きます。この風が山脈を越える際に、空気中の水蒸気を雨や雪として降らせるため、関東地方に吹くときにはとても乾燥します。とくに群馬県では、この乾燥した季節風が強く吹くことから、群馬県の名物とも言われています。この風の名を答えなさい。

（4）下線部(b)に関して、次の各問いに答えなさい。

ⅰ）上信越高原国立公園は、群馬県・長野県・新潟県にまたがる、全国で２番目に広い国立公園です。公園内には、活動が活発な火山がいくつかありますが、そのなかでも噴火によって噴き出された溶岩や軽石、火山灰などが積み重なってできた標高 2,568m の成層火山が最も高い山です。その火山の北の麓《ふもと》に位置するのが嬬恋《つまごい》村で、標高 800m～1,400m の高原で育てられたキャベツは、主に夏から秋にかけて出荷されます。この成層火山の名を**漢字**で答えなさい。

ⅱ）日本で最も広い国立公園は北海道の中央部にあり、その面積は 2,268 ㎢ です。北海道最高峰の旭岳を主峰とする火山群を中心に、トムラウシ山から十勝岳連峰、石狩岳連峰などの壮大な山々や、北海道を代表する石狩川と十勝川の源流地域を含む「北海道の屋根」といわれる一帯が国立公園に指定されています。これらの山岳は標高 2,000m 前後ですが、緯度が高いため本州の 3,000m 級に匹敵する高山環境を有しており、希少な生態系の宝庫です。この国立公園の名を**漢字**で答えなさい。

（5）下線部(c)について、草津市は江戸時代に、東海道と中山道が分岐《ぶんき》・合流する交通の要衝《ようしょう》として、荷物の運搬や、宿泊の設備が整えられた町として栄えました。このような町を何といいますか。

（6）下線部(d)に関して、次の各問いに答えなさい。

ⅰ）太平洋赤道域の日付変更線付近からペルーなどの南アメリカ沿岸にかけて、海面水温が平年より高くなり、その状態が１年程度続く現象が、世界各地に異常な天候を起こすと考えられています。1997 年春から 1998 年春にかけては、とくに南アメリカ沿岸付近の海面水温が上がり、各地で干ばつや大雨、異常高温などの災害が見られました。このような現象を何といいますか。次のア～エのうちから１つ選び、記号で答えなさい。

ア　エルニーニョ現象　　　イ　ラニーニャ現象
ウ　フェーン現象　　　　　エ　地球温暖化現象

ⅱ）1997 年、第３回気候変動枠組条約締約国会議（地球温暖化防止京都会議）が開かれ、温暖化の原因となる二酸化炭素などの温室効果ガスの削減率が先進国の間で取り決められました。いわゆる「京都議定書」と呼ばれるものです。さらに2015年には、2020年以降の温暖化対策として「パリ協定」が世界中のほとんどの国が参加して採択されました。ところが、2017 年６月、温室効果ガス排出量が世界２位のアメリカ合衆国が、パリ協定からの離脱を表明しました。アメリカ合衆国がパリ協定からの離脱を表明した理由を、簡潔に説明しなさい。

（7）下線部(e)について、明石市は「日本標準時子午線」の上にある、「子午線のまち」として知られています。この日本標準時子午線の経度は何度ですか。**漢字と算用数字**を用いて答えなさい。

（8）下線部(f)について、兵庫県は、北部は冬季に風や波が厳しい日本海、南部は温暖な気候で潮流の変化が大きい瀬戸内海と、まったく自然条件が異なる２つの海に面しており、古くから多彩な漁業が営まれてきました。そのうち、ある海産物は、瀬戸内海で漁獲量が多く、日本では古くからタンパク質の供給源として、さまざまな形で食べられてきました。北海道では稚内《わっかない》などの道北地方で、「しゃぶしゃぶ」にして食べるのが名物になっています。しかし、世界各地で食べられてきたのかと言えば、必ずしもそうではなく、例えばユダヤ教では「鱗《うろこ》のないもの」として食べることが禁じられており、また、イギリスやドイツなどのアルプス山脈以北の国では伝統料理には使われません。この海産物を、次のア～エのうちから１つ選び記号で答えなさい。

ア　イカ　　　イ　タコ　　　ウ　サメ　　　エ　ウナギ

（9）下線部(g)について、栃木県内を流れる川のなかで最も長い川は、茨城県で利根川に合流し、その上流域には、「2018年度 にっぽんの温泉100選」で21位になった温泉があります。この川の上流沿いにホテルや旅館が並ぶ温泉街は、箱根や熱海と並んで「東京の奥座敷」と呼ばれています。しかし、この温泉が発見された江戸時代には、日光の寺社領であったことから、利用は僧侶や大名に限られ、温泉番付には載《の》りませんでした。この栃木県のほぼ中央を流れる川の名を答えなさい。

2 次の文を読み、後の問いに答えなさい。

みなさんは、スポーツは好きですか。スポーツの祭典といえば、まずオリンピックを思い浮かべるでしょうが、その他に４年に１度開催されるサッカーワールドカップも世界中で人気があります。前回（2018年）のロシアワールドカップでは日本代表が粘り強さをみせ、感動した人も多かったのではないのでしょうか。サッカーの試合はロシア西部の都市を中心に行われましたが、ロシアの首都である（　①　）は、日本との時差がとても大きく、眠い目をこすりながら観戦した人もいたことでしょう。サッカーワールドカップが、東ヨーロッパ地域で開催されたのは、史上初めてのことでした。1930年に(a)南アメリカのウルグアイで開催されたのがサッカーワールドカップの始まりですが、その後の大会は、西ヨーロッパ諸国と南アメリカ諸国を中心に開催されてきました。

さて、ここでは前回のサッカーワールドカップの開催国であったロシアについて、気候や産業、日本との関係などをみていきましょう。

まず、ロシアの国土は東西に長く、最長１万km もの長さがあります。これは世界最長で、面積も世界最大です。(b)人口も多く、世界の上位 10 か国に入っています。国土が広いことから(c)気候もさまざまで、ヨーロッパロシアとよばれる西部では温帯や冷帯（亜寒帯）、シベリアとよばれる東部では冷帯（亜寒帯）、最も緯度が高い、（　②　）海に面している地域は寒帯になっています。

気候は、その地域の農業に大きな影響を与えます。ロシアは冬が非常に寒く、夏の気温も上がらないため、稲作はほとんど行われていません。一方、(d)小麦の栽培はさかんです。とくにロシア西部や(e)隣国のウクライナは、小麦の世界的な生産地になっています。

次に、ロシアの産業といえば、原油の産出に代表されるような豊富な地下資源をイメージする人も多いでしょう。ロシアの面積は、(f)旧ソビエト連邦の４分の３ほどですが、原油の埋蔵量は世界６位(2017年)、輸出量は世界２位(2015年)、産出量は世界１位(2015年)を誇っています。天然ガスも豊富で、(g)日本もロシアから天然ガスをたくさん輸入しています。

ロシアで産出される石油や天然ガス・石炭などの資源は、国内で消費されるものと、国外に輸出されるものに分かれます。資源が取れるところは、必ずしも工業地帯とは限りませんし、また輸出港に近いとも限りません。そのため、ロシアでは産出された資源を、国内のあちこちに輸送しなければなりません。そのためにさまざまな工夫をしています。

日本とロシアの関係は、貿易のうえでも重要です。日本は、原油や天然ガスなどの資源をたくさん輸入しているため、日本の対ロシア貿易は大幅な赤字になっています。一方、日本から輸出される自動車はロシアでも大変人気があります。ちなみに、ロシアのプーチン大統領は柔道八段であり、(h)日本との文化交流も積極的に行っています。現在の日本の（　③　）総理大臣との日露首脳会談も開かれており、両国の関係は、これからますます密接になっていくことが期待されます。常に世界の動きに目を向け、目まぐるしく変わる世の中をしっかりとらえていけるといいですね。

(1) 文中の空らん（　①　）～（　③　）に適する語句を答えなさい。ただし、（　②　）は**漢字**、（　③　）は**氏名**を**漢字**で答えなさい。

(2) 下線部(a)に関して、南アメリカでは、豊かな自然環境のもと、４億人以上の人々が生活しています。南アメリカで経済成長が最も著しい国はブラジルですが、ブラジルには２億を超える人々が居住しています。この国の内陸部には、かつて天然ゴムやコーヒー豆の産地として発展したマナウスという都市があります。この都市は、輸出に便利な沿岸部から約1,500km も内陸にあるので、天然ゴムやコーヒーなどの輸出品を港に運ぶために、マナウス周辺を西から東に流れる大河の水上交通を利用してきました。この大河は、流域面積が世界最大で、豊富な水によって周辺の熱帯林の生育を支えてきました。この熱帯林は、近年は開発が進められ、それにともなって火災が多発するなど、豊かな熱帯林が消失してしまわないか、世界中から心配されています。この熱帯林を流れる大河の名を答えなさい。

(3) 下線部(b)に関して、次のグラフの点Ａ～Ｃは、ロシア、アメリカ、韓国の各国の総人口を縦軸に、その国の首都の人口を横軸にとったものです（2018年）。点Ａ～Ｃが示す国の名の組み合わせとして正しいものを、下のア～カのうちから１つ選び、記号で答えなさい。

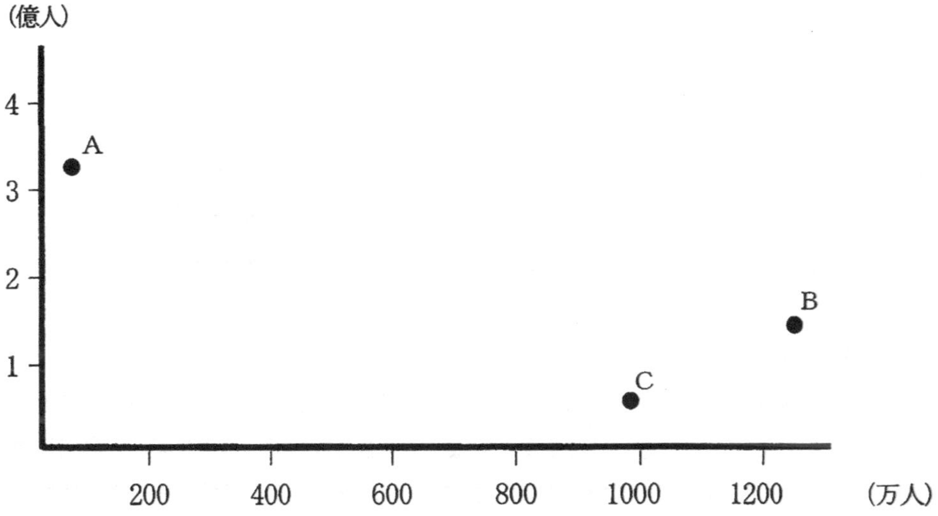

ア	Ａ ― ロシア	Ｂ ― アメリカ	Ｃ ― 韓国
イ	Ａ ― ロシア	Ｂ ― 韓国	Ｃ ― アメリカ
ウ	Ａ ― アメリカ	Ｂ ― ロシア	Ｃ ― 韓国
エ	Ａ ― アメリカ	Ｂ ― 韓国	Ｃ ― ロシア
オ	Ａ ― 韓国	Ｂ ― ロシア	Ｃ ― アメリカ
カ	Ａ ― 韓国	Ｂ ― アメリカ	Ｃ ― ロシア

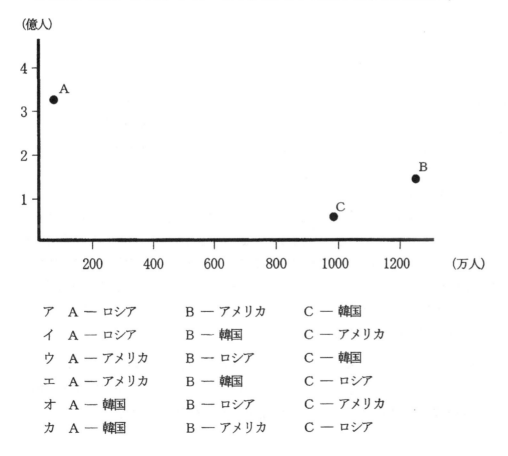

（4）下線部(c)に関して、次のA～Cの雨温図は、ロシアのイルクーツク、スペインのマドリード、ニュージーランドのウェリントンのいずれかを示したものです。これらの雨温図と都市の名の組み合わせとして正しいものを、下のア～カのうちから１つ選び、記号で答えなさい。

A　　B　　C

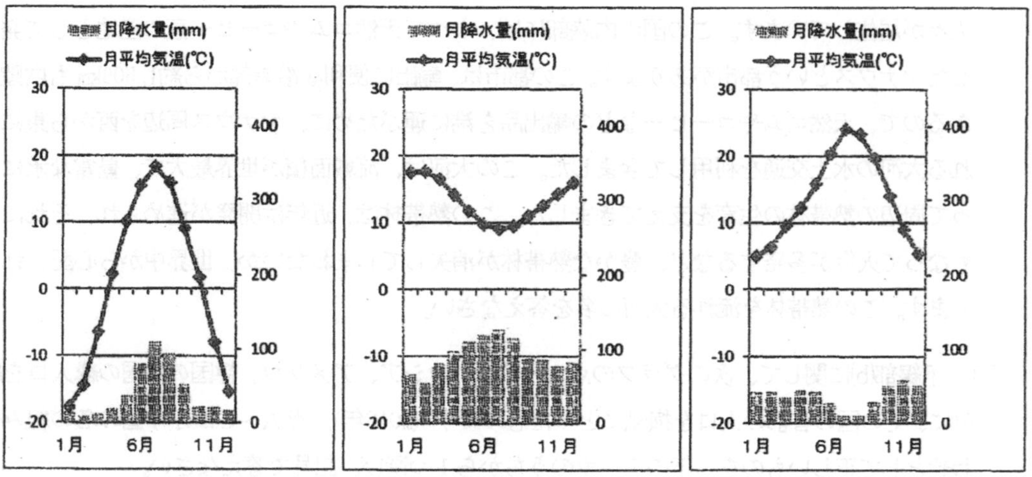

ア	A ― マドリード	B ― イルクーツク	C ― ウェリントン
イ	A ― マドリード	B ― ウェリントン	C ― イルクーツク
ウ	A ― イルクーツク	B ― マドリード	C ― ウェリントン
エ	A ― イルクーツク	B ― ウェリントン	C ― マドリード
オ	A ― ウェリントン	B ― マドリード	C ― イルクーツク
カ	A ― ウェリントン	B ― イルクーツク	C ― マドリード

（5）下線部(d)に関連して、次の各問いに答えなさい。

ⅰ）日本の食料自給率をみると、小麦の自給率は12％（2016年）と低く、国内で生産される量は決して多くありません。一方、米は小麦と異なり、自給率が98％（2016年）と非常に高く、国内で消費される米は、ほぼすべて自給できています。米は、本来は暑い地方の作物で、生育に水をたくさん必要とするという特徴があります。しかし、日本で最も年平均気温が高く、降水量も比較的多い沖縄県では、ごくわずかな生産量しかありません。沖縄県で米の生産量が少ない理由を、簡潔に説明しなさい。

ⅱ）日本で小麦の生産量が最も多いのは北海道、２番目は福岡県です（2016年）。福岡県は、かつて北九州工業地帯の中心として繁栄しましたが、それを支えたのは、日清戦争後の1901年に操業を開始した製鉄所でした。この製鉄所の名を**漢字**で答えなさい。

(6) 下線部(e)に関して、ウクライナについて説明した文として正しいものを、次のア～エのうちから1つ選び、記号で答えなさい。

ア　この国は、地中海につながる大きな海に面しています。1986 年には、この国の北部に位置するチェルノブイリにある原子力発電所で大規模な事故が発生しました。

イ　この国は、国土の約 70%以上が森林で、製紙・パルプ業が盛んです。1995 年にはEU（ヨーロッパ連合）に加盟するなど、ヨーロッパでの存在感を強めています。

ウ　この国は、かつてはスペインの植民地支配を受けていたため、現在でもスペイン語が公用語です。大西洋南部のフォークランド諸島をめぐってイギリスと対立を続けています。

エ　この国は、人口が世界で2番目に多い多民族国家で、たくさんの言語が使われています。近年は産業の発展がめざましく、特にコンピュータのソフトウェア産業が発展しています。

(7) 下線部(f)に関して、ソビエト連邦が崩壊し、ロシア連邦が独立したのは1991年のことでした。この年に起こった世界のできごととして適当なものを、次のア～エのうちから1つ選び、記号で答えなさい。

ア　前年に起きたイラクのクウェートへの侵攻に対して、アメリカを中心とする多国籍軍がイラクを空爆し、湾岸戦争が始まりました。

イ　イランで革命が発生し、その影響によりイランの原油産出量が激減したため、第2次石油危機が起こりました。

ウ　アームストロングを船長とするアメリカの宇宙船アポロ 11 号は、史上初めて人類の月面への着陸に成功しました。

エ　アメリカの大手金融機関であったリーマンブラザーズが倒産し、それにともなって世界全体の経済が危機的状況に陥りました。

(8) 下線部(g)に関して、日本はロシアから、毎年3,000億円前後の天然ガスを輸入しています。また日本と同様に、ヨーロッパの国々も、ロシアから多量の天然ガスを輸入しています。このようにロシアは、様々な国に天然ガスを輸出していますが、天然ガスを船を用いずに輸送する場合に、ある工夫をしています。その工夫の内容を、「何を使って輸送しているのか」と「効率的な輸送をするために、どのような形状で輸送しているのか」という2点を明らかにして、簡潔に説明しなさい。

(9) 下線部(h)に関して、日本にはたくさんのロシアの文化が伝わっています。文学や思想、料理などのほか、音楽もその例として挙げられます。なかでも、ロシアの作曲家による『白鳥の湖』は、バレエ作品として非常に有名で、同じ作曲家の作品である『眠れる森の美女』『くるみ割り人形』とともに3大バレエと呼ばれ、日本でも人気が高いです。3大バレエを作曲したロシアの作曲家の名を答えなさい。

3　次の文を読み、後の問いに答えなさい。

みなさんは、「北海道」という地名は、だれが名付けて、どのような意味があるのか、知っていますか。

北海道と名付けたのは松浦武四郎という人物でした。この探検家が、アイヌの人々と寝食をともにしながら、当時「蝦夷地」と呼ばれていた地域を調査し、これを北海道と命名してから、およそ150年が経ちました。松浦武四郎という人物と蝦夷地、北海道について、みていきましょう。

まず、松浦武四郎は、さまざまな顔を持っていました。画家、作家、地理学者、生物学者、(a)古物収集家、僧侶になったこともあり、探検もしました。明治時代には上級の役人にまでなりましたが、本人としては全国をめぐる旅行家でありたかったのかもしれません。

松浦武四郎は、1818年に現在の(b)三重県松阪市に生まれました。家の前の道路は（　①　）神宮へ続く道で「参宮街道」と呼ばれていました。そのころは「御陰参《おかげまい》り」という現象が流行して、とくに1830年には1年間に500万人ぐらいの人々が（　①　）神宮に訪れました。そのため、武四郎の家の前を多くの旅人たちが行き交って、旅人たちからたくさんの話を聞くことがあったことでしょう。武四郎が、後に全国各地を歩いてまわるようになったのは、生まれた家の場所が大きく関係していたのでしょう。

武四郎は、7歳のころから自宅近くのお寺で、お坊さんから読み書きを習いました。その時に大好きだった本は、(c)『名所図会《ずえ》』という本で、現在でいえば観光ガイドブックのようなものでした。武四郎はこの本を読み、日本にたくさんの見どころや景勝地があることを知ります。そして、自分も各地を旅して、いろいろな名所を見てみたいと思うようになっていきます。13歳の時に、彼は津藩の学者の塾に入門し、3年間学問に励みましたが、16歳になって突然塾をやめて江戸へ出ます。しかし、およそ1か月半で連れ戻されてしまいました。帰ってきた武四郎は、やっぱり旅に出たいという気持ちがとても強く、17歳から28歳まで、日本全国各地を歩き回る旅に出ます。

19歳で(d)四国八十八カ所霊場をすべて回り、20歳からは九州を一周します。武四郎の旅は、ただ見て回るだけではありませんでした。旅で訪れた神社の絵を描き、日記を記し、旅先で見たり聞いたりしたものを丹念に記録していきました。それが後に、蝦夷地での調査で、非常に多くの地図や地名を書き残すことにつながるのです。武四郎は、九州一周を果たした後、25歳で(e)壱岐、対馬に渡り、その先の朝鮮半島へ渡ろうとしましたが、それはかなわず、長崎に行きました。

(f)長崎では海外の情報を聞くことができ、ロシアが勢力を広げて蝦夷地をねらっていることを知りました。そしてその後、28歳から41歳にかけて、6回にわたって(g)蝦夷地を調査し、その範囲は樺太や国後島、択捉島にまで及びました。

令和二年度

入学試験問題国語解答用紙

北嶺中学校

一

問一 ア イ ウ

問二

問三

問四

問五

問六

問七

二

問一 A B C D E

問二 Ⅰ Ⅱ

問三 ア イ ウ エ

問四

4

(1)	(2)	(3)	(4)
cm^3	個	分　　　秒後	cm^3

5

(1)			(2)	
①		②	①	②
(i)	(ii)			
m	m	m	m^2	°

受験番号	氏　　　名

※120点満点
(配点非公表)

(1)	(2)	(3) A g	(3) B g	(3) C g
(4) A g	(4) B g	(4) C g		

(5)

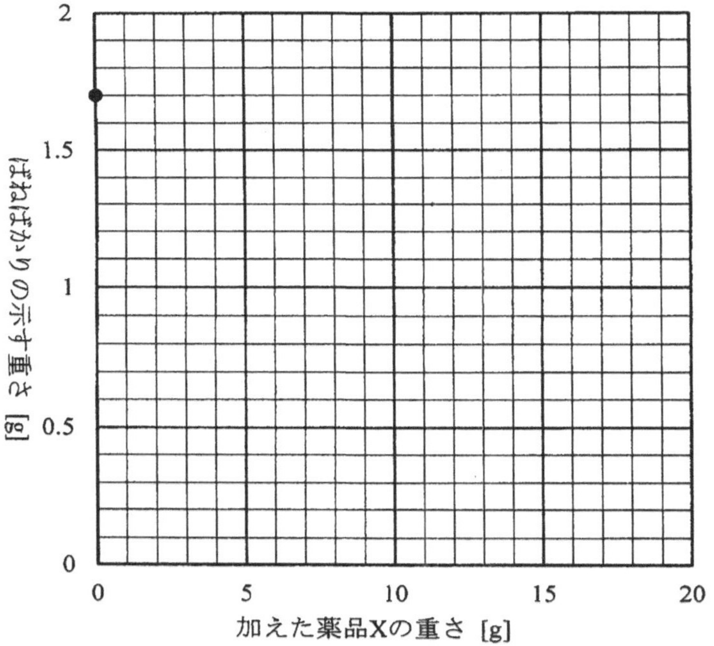

(6) g

受験番号	氏　　名

※80点満点
(配点非公表)

(4)　　(5) 県名　　県　都市名　　市

(6)　→　→　→

(7)

(8)　　(9)　　(10)

(11)　　(12)

4

(1)　　(2)　　(3)

(4)　　(5)　　文化　　(6)

(7)　　(8)　　(9)

(10)　i)　　ii)

(11)

受験番号	氏　　名

※80点満点
(配点非公表)

令和２年度

入学試験問題社会解答用紙

北嶺中学校

1

（1）　　　　（2）　　　　市　　（3）

（4）　i）　　　　ⅱ）　　　　国立公園

（5）　　　　（6）　i）

ⅱ）

（7）　　　　度　　（8）　　　　（9）

2

（1）　①　　　　②　　　　③

（2）　　　　（3）　　　　（4）

（5）　i）

ⅱ）　　　　（6）　　　　（7）

（8）

（9）

3

（1）　　　　（2）　　　　（3）

【解答

令和2年度　# 入学試験問題理科解答用紙　北嶺中学校

1

(1)			(2)
(3) ①	(3) ②	(3) ③	(4)

2

(1)	(2)	(3) g
(4) ① 人	(4) ② m	(4) ③ 秒間

3

(1)	(2)	(3)
(4) ①	(4) ②	

(5) レンゲソウ
(5) ミツバチ

(6) ①	②	③

【解答

令和２年度　# 入学試験問題算数解答用紙　北嶺中学校

1

(1)	(2)	(3)	(4)

2

(1)	(2)	(3)	(4)
円	倍	[ア]	cm^2

(5)					
[ア] 時	[イ] 分	[ウ] 秒	[エ] 時	[オ] 分	[カ] 秒

3

(1)	(2)		
	①		②
人	あめ 個	1年生 人	個

【解答

三

問五

問六

問五

問六

問七

三

問一

問二

Ⅱ

Ⅲ

問三

A

B

C

D

E

問四

距離が

問五

問六

受験番号

氏名

※120点満点
(配点非公表)

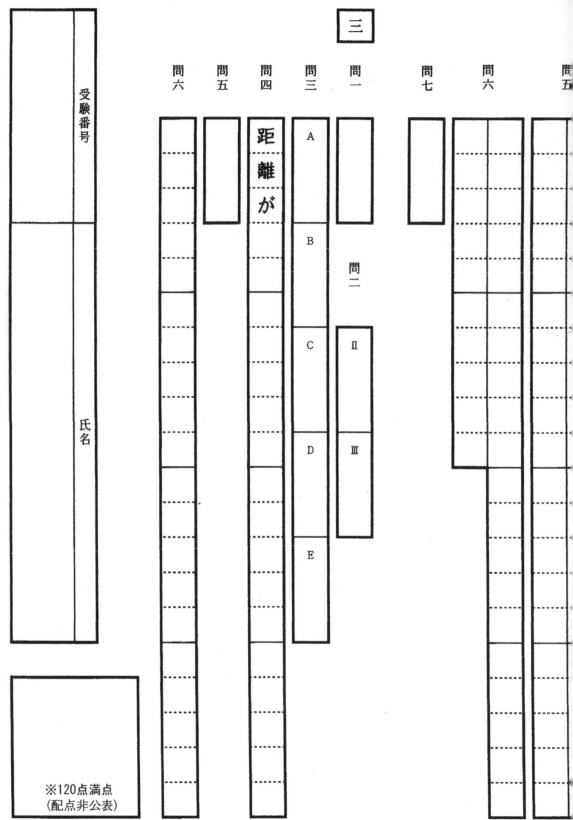

武四郎は、１回目から３回目の蝦夷地調査を終えると、(h)『蝦夷地大概図』という地図を作り、また『蝦夷日誌』という調査の記録をまとめました。その記録は人々の話題になり、いろいろなところから読ませてほしいと言われ、やがて、武四郎の名は幕府にも知れ渡り、幕府の役人として蝦夷地調査を行うことが命じられます。その後、４回目から６回目の調査は、幕府の役人として行いました。その調査は、武四郎がアイヌの人々に道案内をお願いし、彼らから食事をもらったり、「チセ」というアイヌの住居に泊めてもらったりしながら進めました。その中で武四郎は、アイヌ文化に深く触れるとともに、アイヌ文化は自分たちとは違った文化であり、アイヌ民族が独自にはぐくんできた素晴らしい文化であることに気づきます。

しかし、当時のアイヌの人々は、本州から渡ってきた日本人（和人）、とくに商人や役人によって、大変ひどい扱いを受けていました。武四郎が訪ねた村には、老人と子供しかいない村もありました。若い人たちは国後島や択捉島などへ連れて行かれ、今までしたことのない厳しい仕事をさせられているというのです。そのうえ、残された老人と子供も、何かにつけて暴力をふるわれ、わずかな食料で命をつないでいる状態でした。この状態を知った武四郎は、若い人たちが次々に連れて行かれ、アイヌの文化が失われていくことにとても危機感を感じ、幕府に対して開発よりもアイヌの人々の命を守るべきであることを訴えていきます。

(i)江戸時代が終わり明治時代になると、武四郎は蝦夷地をよく知る者として、(j)明治政府に設置された開拓使で「開拓判官」に就任しました。これは、長官、次官につぐ地位でした。1869（明治2）年、武四郎は蝦夷地の地名をつける仕事にあたり、この地を「北海道」と名付けました。北海道のもとになった案は「北加伊道」「日高見道」「海北道」「海島道」「東北道」「千島道」の６つあり、最終的に「北加伊道」の「加伊」が「海」となって、「北海道」と命名されました。「加伊」（カイ）とは、武四郎が天塩川流域を調査した時に、アイヌの長老から「カイという言葉には、この地で生まれたものという意味がある」と教えられたと記しています。「北加伊道」には、武四郎のアイヌの人々への敬愛の気持ちが込められていると言えるでしょう。

開拓使時代の武四郎は、今まで大変苦しい思いをしてきたアイヌの人々が暮らしやすい北海道にしようと取り組みます。しかし、武四郎の意見はなかなか聞き入れられず、明治政府の開拓政策はアイヌの人々にとって民族の尊厳を傷つけられるものでした。さらに、アイヌの人々にひどい労働を強《し》いてきた商人たちは、武四郎を辞めさせようと開拓使に働きかけます。そのため、武四郎はわずか半年で、自分から開拓使を辞め、それ以降は北海道から離れてしまいました。

わたしたちも、松浦武四郎のように、アイヌの人々と日本人（和人）とが共存できると考えていた人の生き方を学び、また(k)アイヌ文化をしっかりと学び、これからの生活にいかしていきたいですね。

（1）文中の空らん（　①　）に適する語句を**漢字**で答えなさい。

(2) 下線部(a)に関して、松浦武四郎は、写真でも首から下げているように、古墳時代の勾玉《まがたま》や管玉《くだたま》、鏡などを集めるのが好きでした。このような玉や鏡などが多数出土している島に、玄界灘の島があります。この島は、福岡県の宗像大社の沖津宮があり、島全体が御神体とされ、「神宿る島」として2017年にユネスコ世界遺産に登録されました。この島の名を答えなさい。

(3) 下線部(b)に関して、この県にある工業都市の四日市市には、石油化学コンビナートがあり、1960年ころには工場群からの排煙で、多数のぜんそく患者が発生しました。次のア～エの地にも石油化学コンビナートがありますが、このうち四日市市より西にあるものを１つ選び、記号で答えなさい。

ア 市原　　イ 鹿島　　ウ 水島　　エ 川崎

(4) 下線部(c)に関して、次の図は松浦武四郎が見たと思われる『江戸名所図会』の一枚で、日本橋の魚市の様子が描かれています。日本橋の魚市は、1923（大正12）年の関東大震災の後に築地へ移り、1935（昭和10）年に築地市場が正式に東京の中央卸売市場になりました。そして、その築地市場は2018年10月に83年の歴史を終え、新しい市場に移転しました。新しい市場の建てられた地名を答えなさい。

(5) 下線部(d)に関して、四国八十八カ所霊場には、徳島県にある霊山寺から時計回りに、一番から八十八番まで順番がつけられています。この霊場をめぐることは「遍路《へんろ》」「お遍路」と呼ばれますが、遍路を順番どおりに行う場合、八十八番霊場の大窪寺が最終の参詣地になります。この大窪寺は何県にありますか。県の名と、その県の県庁が置かれている都市の名を、それぞれ**漢字**で答えなさい。

(6) 下線部(e)に関して、この島々は九州と朝鮮半島との間にあって、日本と大陸との往来に立ち寄ることが多い所でした。この往来に関連する次のア～エについて、年代の古い順に並べ替えなさい。

ア　文永の役　　イ　邪馬台国と中国の往来　　ウ　文禄の役　　エ　倭と百済の往来

(7) 下線部(f)に関して、江戸時代の鎖国政策では、長崎において幕府と貿易が認められた国は2か国だけでした。その1国はオランダですが、もう1国が江戸幕府と交易できた理由を、その国の名と、1612年に出された法令や幕府の政策をあげて、簡潔に説明しなさい。

(8) 下線部(g)に関して、次のア～エの文のうちから、それぞれの島を往来した人物とその順路を説明したものとして適当なものを1つ選び、記号で答えなさい。

ア　伊能忠敬は、蝦夷地から奥尻海峡を渡って樺太に到着しました。
イ　間宮林蔵は、蝦夷地から間宮海峡を渡って樺太に到着しました。
ウ　伊能忠敬は、蝦夷地から宗谷海峡を渡って国後島に到着しました。
エ　間宮林蔵は、蝦夷地から根室海峡を渡って国後島に到着しました。

(9) 下線部(h)に関して、現在の地図は、国土交通省の国土地理院が測量し、作成しています。その測量において、水準測量の基準点となる「日本水準原点」がある場所は、国会議事堂や首相官邸、政党の本部などがある日本の政治の中心地です。この地名は、何町といいますか。**漢字**で答えなさい。

(10) 下線部(i)について、この間におこった戊辰戦争の際に、蝦夷地に渡って、共和国を名のり、その初代総裁となって新政府軍と最後まで戦った旧幕府側の人物の名を答えなさい。

(11) 下線部(j)に関して、開拓使の初代長官は、旧幕府時代から北方の重要性を説き、大砲や軍艦の建造をした、ある藩の大名だった鍋島直正でした。この藩の名として正しいものを、次のア～エのうちから1つ選び、記号で答えなさい。

ア　肥前　　イ　長州　　ウ　土佐　　エ　薩摩

(12) 下線部(k)に関して、2020年に北海道の白老町に「民族共生象徴空間」として、国立アイヌ民族博物館が開館します。日本の国立博物館は、国立科学博物館などを含めて全部で7館ありますが、そのうち、2005年に開館した国立博物館は、「主としてアジア諸地域との文化交流の歴史を主題として、わが国の文化が、アジアとの相互交流の歴史の中で形成された」ことを基本的な考えとする博物館です。この国立博物館の名を**漢字**で答えなさい。

4 **次の文を読み、後の問いに答えなさい。**

(a)日本で暮らす外国人(注 1)の数は約 256 万人に達し (2017 年)、なお増え続けています。その一方で、日本の人口は2008年の約1億2,800万人をピークに減少しています。日本の人口の約2%にあたる人が在留外国人で、その比率は年々高くなっています。これに在留期間の短い訪日外国人観光客数約2,800万人を加えれば、ものすごく多くの外国人が日本国内にいることになります。しかし、これが特異な現象かというと、そうとも言い切れません。移民・難民問題で揺れる欧米先進諸国では在留外国人が10%以上のところもあり、流動化している世界の中で、日本もその例外のままではいられないという見方もできます。

日本列島の歴史を振り返ってみても、列島の外から日本に移住してきた人やものは、そう珍しくありません。現代ほど多くありませんが、昔から日本列島に移り住んできた人たちがいました。日本列島に先住していた人たちは、後から移り住んできた人々と出会い、ある時には対立し、ある時には受け入れてきました。言葉、生活習慣などの文化の異なる地域からの人間と接触し、あるものは受け入れ、あるものは排除し、あるものは融合してきました。(b)日本列島に人々が住み始めてから、(c)大陸からいろいろな文物をもたらした人々との出会い、大陸の動乱に関わる人やものの動き、(d)遣隋使や遣唐使などの公的な交流、日宋貿易での商人や僧などを通した私的な交流、蒙古襲来とその影響、日明貿易と(e)倭寇の活動、(f)大陸からの産業技術の伝来、(g)ヨーロッパからの人や物の伝来と南蛮貿易、江戸幕府の対外政策などさまざまな形で外来の人やものと接触してきました。

江戸時代より以前は、日本は中国を中心にした東アジアの国際秩序の中で、中国や周辺諸国と交流したり、距離を置いたりする関係にありました。それぞれの国の領域がはっきりしないまま、本国と服属国のような関係を結ぶ国もありました。現代のように、国境を決めて領域を明確にし、対等な形で外交関係を結び、自国と相手国を明確に区別するようになったのは近代に入ってからのことで、約150年くらい前からです。このような近代的な国家の考え方は、もともとヨーロッパ発祥のもので、アジアにはありませんでした。この考え方が日本に入るのは、江戸時代の後半以降でした。開国・明治維新を経て、(h)日本の領域を画定し、(i)近代化・西欧化を図るために多くの外国人が来日し、文明開化・殖産興業が起こりました。欧米のような近代国家の体制を導入し、産業革命が始まり、資本主義経済が発展しました。(j)日清戦争、日露戦争では近代国家の体制が明確な形で現れ、ようやく日本も欧米諸国と肩を並べることができました。その後の(k)大正デモクラシーの時期と第二次世界大戦を経て、アメリカの大量生産・大量消費や文化が日本に流入してきました。現代日本の政治・経済・社会・文化は、日本に従来からあったものと外国から流入してきたものが対立しながら融合して形作ってきました。ある意味では、外来文化の影響を絶えず受け入れ、リニューアルしながら日本社会を形づくってきたと言えるでしょう。みなさんはどう考えますか。

(注 1) 日本で暮らす外国人とは、日本に3か月以上の中長期に滞在する外国籍の人々と特別永住者を指し、在留外国人ともよびます。

（1） 下線部(a)について、法務省入国管理局では、日本の在留外国人の人数を毎年末に発表しています。次のグラフは、そのデータ（2017 年）をもとに作成したものです。このグラフを分析した文として**誤っているもの**を、下のア～エのうちから１つ選び、記号で答えなさい。

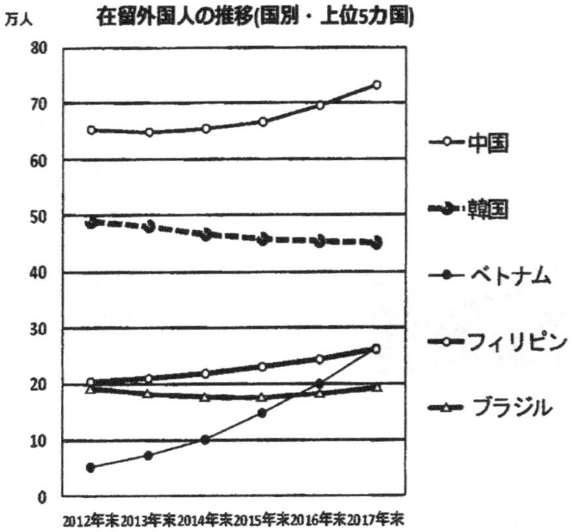

ア　グラフ中の６年間の在留外国人数が毎年減っているのは、韓国です。

イ　グラフ中の６年間で在留外国人数が約５倍増えているのは、ベトナムです。

ウ　2017 年末の時点で、在留外国人数の４分の１以上を占めているのは、中国です。

エ　2017 年末の時点で、在留外国人数の約 10%を占めているのは、フィリピンだけです。

（2） 下線部(b)に関して、日本列島では旧石器時代の遺跡に、人間や動物の骨の化石が残る例があまり多くありません。しかし、石器などの遺物は残り、また洞穴《どうけつ》などの特殊な環境では人間や動物の骨の化石も見つかっています。1946 年には、考古学好きな青年であった相沢忠洋が、関東ローム層とよばれる１万年以上前に堆積した火山灰層の中から石器を発見しました。後に学術調査が行われた結果、日本にも旧石器時代があったことが証明され、これ以降、全国各地で旧石器時代の遺跡が発見されるようになりました。相沢忠洋が石器を発見した遺跡の名として正しいものを、次のア～エのうちから１つ選び、記号で答えなさい。

ア　三内丸山遺跡　　イ　岩宿遺跡　　ウ　野尻湖遺跡　　エ　吉野ヶ里遺跡

（3） 下線部(c)について、５世紀頃から戦乱の多い大陸との往来がさかんになり、日本に移り住む渡来人が多くなりました。そのうち西文《かわちのふみ》氏の祖である王仁《わに》は『千字文』と『論語』を日本に伝えました。『千字文』は漢字の初級読本で書道の手本用にも使われました。『論語』は、中国のある思想家の教えを記した書物で、四書とよばれる儒教の教典の一つです。この思想家の名を答えなさい。

（4）下線部(d)に関して、遣隋使や遣唐使は、公式の使節のほかに、たくさんの留学生や留学僧も同行し、彼らは日本に帰国後、中国の進んだ文化を数多くもたらしました。そのような遣隋使や遣唐使の乗った船は、どのようなものでしたか。最も適当な図を、次のア～エのうちから１つ選び、記号で答えなさい。

ア

イ

ウ

エ

（5）下線部(e)に関して、江戸時代の人形浄瑠璃《じょうるり》の作品に『国性（姓）爺《や》合戦』があります。この作品の主人公和藤内《わとうない》は、中国人鄭芝竜《ていしりゅう》を父に、日本人田川マツを母にもつ鄭成功《ていせいこう》という人物をモデルにしたと言われ、浄瑠璃では和藤内が倭寇の活動が活発であった東シナ海で活躍する様子が描かれています。この作品を著した近松門左衛門らが活躍した、大阪や京都の町人が主な担い手になった江戸時代の文化を何といいますか。文化の名を答えなさい。

（6）下線部(f)に関して、さまざまな産業技術が日本のいろいろな時代に導入され、人々の生活を豊かにしてきました。次のア～エの文のうち、室町時代の産業技術の発達として正しいものを１つ選び、記号で答えなさい。

ア　農村では、備中ぐわや千歯こきなどの新しい農具が使われるようになりました。

イ　大陸から製鉄法が伝えられ、鉄製の武器や鉄製の農具などが作られるようになりました。

ウ　農村では、草や木の灰のほかに牛馬のしきわらを肥料にするようになりました。

エ　製糸工場や紡績工場が作られ、生糸・綿糸・綿織物などを作る繊維工業がさかんになりました。

（７）下線部(g)について、次のア～エの文は、南蛮貿易の時代の前後に日本にもたらされた人やものに関するものです。このうち、ヨーロッパ以外からもたらされたものを述べた文を１つ選び、記号で答えなさい。

ア　鉄砲が伝来し、日本の戦国大名の戦術が大きく変わりました。
イ　陶磁器の技術者が連れてこられ、有田焼・薩摩焼などが生産されました。
ウ　キリスト教が伝来し、西日本を中心に多くの信徒が増えました。
エ　首周りの襟《えり》や金平糖《こんぺいとう》・煙草《たばこ》などが伝えられ、日本の衣食生活に変化をもたらしました。

（８）下線部(h)に関して、明治時代に入って、日本と清国（中国）は領土をめぐって争うようになりました。争点になったのは、日本と清国の両方に属していた琉球でした。日清両国が交渉する中、琉球の漁民が遭難《そうなん》し、漂流して到着した清国の領土(島)で住民に殺害される事件が起きました。これを機に、明治政府は西郷隆盛の弟西郷従道《つぐみち》が兵を率いて初めての海外出兵を行い、事件が起こった一帯を占領しました。その後、日本は清国と和解して兵を引きあげましたが、この事件で日本が出兵した清国の領土（島）はどこですか。

（９）下線部(i)に関して、1877 年６月に明治政府に招かれてアメリカから一人のお雇い外国人が来日しました。彼は横浜駅で汽車に乗り、現在の東京都の大森を通過した時に貝殻の積み重なった崖を見つけました。母国で貝塚調査を行ったことがあった彼は、のちに大森の崖を発掘調査し、多くの石器・土器・人骨などを発見しました。この遺跡は大森貝塚と名付けられ、日本最初の発掘報告書が出版されました。この大森貝塚を発見・発掘した人物の名を答えなさい。

（１０）下線部(j)について、次の各問に答えなさい。

ⅰ）国と国とが結ぶ条約や協定の中で、最も大切な条項は第１条だといわれますが、日清戦争の講和条約として結ばれた下関条約の第１条には、「清国は（　①　）国の完全無欠なる独立自主の国たることを確認す。」とあります。これは清国が（　①　）国を、清国に服属している国ではなく、完全なる自主独立の国であることを認めるという意味です。（　①　）に入る国の名を答えなさい。

ⅱ）1905 年８月からアメリカ大統領セオドア＝ローズヴェルトの仲介で、日露戦争の講和会議が開かれました。会議が開かれたのは、アメリカ合衆国ニューハンプシャー州のある都市でした。条約の交渉は、日本全権の小村寿太郎とロシア全権のウィッテの間で行われましたが、双方には複雑な思惑があり、交渉は難航しました。この難しい交渉の仲介役をセオドア＝ローズヴェルトは果たし、翌月には無事に講和条約が結ばれました。この講和会議が行われ、条約が結ばれた都市の名を答えなさい。

（１１）下線部(k)に関連して、次のグラフは、1910 年から 1921 年の日本の貿易額（輸入額・輸出額）の推移を示したものです。このグラフを見ると、1915 年から 1918 年の間は貿易額が急増し、輸出額が輸入額を上回っています。その理由について、原因となったできごとを書きながら、下の２つの語句を使って説明しなさい。

日本の貿易額の推移(1910～1921年)

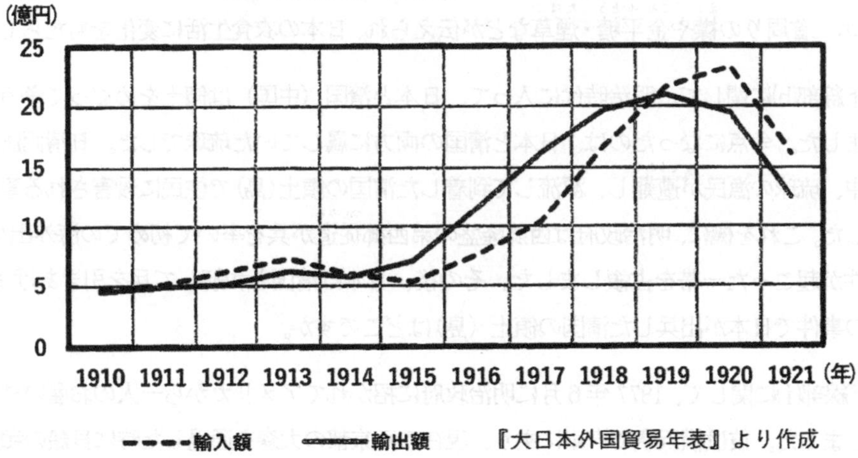

『大日本外国貿易年表』より作成

ヨーロッパ　　中国

2020(R2) 北嶺中
教英出版